T0246622

Carrera y familia

Claudia Goldin

Carrera y familia
El largo viaje de las mujeres
hacia la igualdad

Traducción de Gala Sicart Olavide

taurus

El papel utilizado para la impresión de este libro ha sido fabricado a partir de madera procedente de bosques y plantaciones gestionadas con los más altos estándares ambientales, garantizando una explotación de los recursos sostenible con el medio ambiente y beneficiosa para las personas.

Penguin
Random House
Grupo Editorial

Carrera y familia
El largo viaje de las mujeres hacia la igualdad

Título original: *Career & Family*

Primera edición en España: septiembre, 2024
Primera edición en México: septiembre, 2024

D. R. © 2024, Claudia Goldin

D. R. © 2024, Penguin Random House Grupo Editorial, S. A. U.
Travessera de Gràcia, 47-49, 08021, Barcelona

D. R. © 2024, derechos de edición mundiales en lengua castellana:
Penguin Random House Grupo Editorial, S. A. de C. V.
Blvd. Miguel de Cervantes Saavedra núm. 301, 1er piso,
colonia Granada, alcaldía Miguel Hidalgo, C. P. 11520,
Ciudad de México

penguinlibros.com

D. R. © 2024, Gala Sicart Olavide, por la traducción

ISBN: 978-607-384-948-7

Impreso en México – *Printed in Mexico*

ÍNDICE

Lista de figuras y tabla   9

Lista de figuras, tablas y fuentes digitales   11

1. El nuevo problema sin nombre   17
2. Entregando el relevo   39
3. Bifurcación en el camino   73
4. El grupo quiere dar el salto   95
5. Un punto de encuentro con Betty Friedan 123
6. La revolución silenciosa 155
7. La revolución asistida 187
8. *Mind the Gap* 209
9. El caso de la abogada y la farmacéutica 241
10. De guardia 265

Epílogo: El final del trayecto (amplificado) 297

Agradecimientos 319
Apéndice de figuras y tabla: fuentes y notas 325
Apéndice de fuentes 337
Referencias bibliográficas 347
Notas 359
Índice alfabético 417

LISTA DE FIGURAS Y TABLA

FIGURAS

1.1. Desigualdad de género e inequidad en la pareja.

2.1. Cinco grupos de mujeres con titulación universitaria a lo largo de un siglo.

2.2. Porcentaje de mujeres con titulación universitaria que han permanecido solteras, por edad y año de nacimiento.

2.3. Porcentaje de mujeres con titulación universitaria sin hijos, por edad y año de nacimiento.

2.4. Tasa de participación en la población activa por edad y año de nacimiento: mujeres con titulación universitaria que se han casado en alguna ocasión.

2.5. Tasa masculina y femenina de graduados universitarios (a la edad de treinta años).

4.1. Matrimonio e hijos de las mujeres con titulación universitaria y de un grupo de mujeres ilustres.

4.2. Barreras matrimoniales y conservación de empleo para el profesorado escolar (1928-1951).

5.1. Porcentaje de hombres y mujeres (de todos los niveles académicos) que están de acuerdo con la siguiente afirmación: «Es probable que un niño o una niña en edad preescolar lo pase mal si su madre trabaja».

6.1. Media de edad a la que las mujeres con titulación universitaria se casan por primera vez (nacidas entre 1925 y 1988).

6.2. Expectativas de empleo y actitud de las mujeres jóvenes por edad y año.

6.3. Porcentaje de mujeres entre el total de graduados en las siguientes titulaciones: Medicina, Derecho, Odontología y máster en Administración de Empresas (MBA).

6.4. Ocupaciones de las mujeres con titulación universitaria de entre treinta y treinta y cuatro años: de 1940 a 2017.

7.1. Éxito de carrera y familia en cuatro grupos de edad entre 1931 y 1965.

7.2. Carrera y familia para titulados superiores (proyecto *Harvard and Beyond*) quince años después de la universidad.

8.1. Cociente de ingresos anuales medios de mujeres respecto a hombres trabajando a tiempo completo, todo el año: de 1960 a 2018.

8.2. Ingresos anuales relativos de las mujeres (respecto a los hombres) con títulos universitarios: Grupo 5, nacidas entre 1958 y 1983.

8.3. Cociente de ingresos anuales de las mujeres (respecto a los hombres) con un máster en Administración de Empresas [MBA] por años desde la titulación.

8.4. Cociente de ingresos de las mujeres (respecto a los hombres) con titulación universitaria según sector ocupacional.

9.1. Porcentaje y distribución de horas de trabajo de mujeres y hombres doctorados en Derecho (JD): entre cinco y quince años después de obtener la titulación.

9.2. Porcentaje y distribución del contexto laboral de mujeres y hombres doctorados en Derecho (JD): entre cinco y quince años después de obtener la titulación.

9.3. Porcentaje de mujeres entre todos los farmacéuticos y graduados en Farmacia, y porcentaje de trabajadores por cuenta propia entre farmacéuticos.

TABLA

2.1. Matrimonio, hijos y empleo en cinco grupos de mujeres con titulación universitaria.

LISTA DE FIGURAS,
TABLAS Y FUENTES DIGITALES

Este material está disponible en la página web de la PUP (Princeton University Press) del libro en el enlace siguiente: <https://assets.press.princeton.edu/releases/m30613.pdf>

CAPÍTULO 2

Figura 1A (C2): Porcentaje de mujeres blancas sin titulación universitaria que permanecieron solteras, por edad y año de nacimiento.

Figura 2A (C2): Diferencias de porcentajes entre las mujeres blancas que permanecieron solteras con y sin titulación universitaria.

Figura 3A (C2): Mediana de hijos de las mujeres con titulación universitaria.

Figura 4A (C2): Índices de titulación universitaria masculina y femenina por raza (a los treinta años).

Figura 5A (C2): Cociente de hombres en la universidad respecto a mujeres, por año de asistencia y año de nacimiento.

Figura 6A (C2): Fecundidad y matrimonio para las tituladas en Radcliffe/Harvard respecto a todas las tituladas universitarias.

Parte A: Porcentaje de mujeres que permanecieron solteras, por edad y grupo de nacimiento, para todas las tituladas universitarias y para las graduadas en Radcliffe/Harvard.

Parte B: Porcentaje de mujeres sin hijos, por edad y por grupo de nacimiento, para todas las tituladas universitarias y para las graduadas en Radcliffe/Harvard.

Tabla 1A (C2): Porcentaje de hombres y de mujeres estudiantes universitarios en instituciones de educación mixta: de 1897 a 1980.

CAPÍTULO 3

Apéndice (C3): Cuestionario de 1928 para las exalumnas de Radcliffe: más información.

Apéndice (C3): Calculando la matriz de «éxito» del Grupo 1.

CAPÍTULO 4

Tabla 1A (C4): Porcentaje de maestras casadas, por edad, raza y religión.

CAPÍTULO 5

Tabla 1A (C5): Porcentaje de exalumnas de Radcliffe con títulos de posgrado, por año de graduación: 1900 a 1969.

Tabla 2A (C5): Porcentaje de universitarias con determinados títulos de grado, por año de titulación.

Tabla 3A (C5): Algunas características demográficas y económicas de las tituladas universitarias: promoción de junio de 1957, encuestadas en enero de 1958 y 1964.

Tabla 4A (C5): Algunas características demográficas y económicas de las tituladas universitarias: promoción de 1961, encuestadas en primavera de 1961, 1962, 1963, 1964 y 1968.

Figura 1A (C5): Porcentaje de casadas con un titulado universitario según la educación de las mujeres, para las nacidas entre 1912 y 1980.

Parte A: Porcentaje de mujeres que contraen matrimonio con titulados universitarios: tituladas universitarias versus diplomadas en la escuela secundaria.

Parte B: Porcentaje de mujeres que contraen matrimonio con titulados universitarios: tituladas universitarias versus mujeres con no más de tres años de universidad.

Apéndice (C5): Encuesta de la Oficina de la Mujer del año 1957 y seguimiento en 1964: más información.

Apéndice (C5): Los datos de *Great Aspirations*: más información.

Apéndice (C5): Encuesta del centenario del Radcliffe College, 1977: más información.

CAPÍTULO 7

Apéndice (C7): Éxito de carrera y familia: más información.

Apéndice (C7): El proyecto *Harvard and Beyond*: más información.

CAPÍTULO 8

Apéndice (C8): Ocupaciones en el American Community Survey (ACS) y la muestra O*NET.

Tabla 1A (C8): Ocupaciones en la ACS y agrupación según industria.

Tabla 2A (C8): Valores O*NET y cocientes de ingresos por sexo.

Figura 1A (C8): Desigualdad en los ingresos y la brecha salarial de género.

Figura 2A (C8): Cociente de ingresos anuales de las mujeres (respecto a los hombres) con MBA a aproximadamente 13 años (10 a 16 años) desde la titulación.

CAPÍTULO 9

Apéndice (C9): Conjunto de datos de la Encuesta de investigación sobre exalumnos de la facultad de Derecho de la Universidad de Míchigan: más información.

Apéndice (C9): Encuestas nacionales sobre la fuerza laboral de farmacéuticos: 2000, 2004, 2009: más información.

Tabla 1A (C9): Ecuación de los ingresos de titulados JD. Encuesta sobre exalumnos de la facultad de Derecho de la Universidad de Míchigan, muestra longitudinal.

CAPÍTULO 10

Apéndice Figura 1A (C10): Horas trabajadas de los médicos por especialidad, sexo y edad.

Parte A: Médicos hasta una edad de cuarenta y cinco años.

Parte B: Médicos mayores de cuarenta y cinco años.

Apéndice Figura 2A (C10): Porcentaje de mujeres veterinarias, a tiempo parcial y propietarias, por edad.

Parte A: Porcentaje de mujeres por grupo de edad.

Parte B: Porcentaje de veterinarios a tiempo parcial en la consulta privada, por grupo de edad.

Parte C: Porcentaje de veterinarios propietarios en la consulta privada, por grupo de edad.

Apéndice (C10): Estudio de Seguimiento Comunitario: más información.

Tabla 1A (C10): Los médicos y la brecha salarial de género.

Apéndice (C10): American Veterinary Medical Association (AVMA). Conjuntos de datos de 2007 y 2009: más información.

Tabla 2A (C10): Los veterinarios y la brecha salarial de género.

EPÍLOGO

Apéndice Figura 1A (Epílogo): Descontento de género: búsqueda de expresiones en el *New York Times*, de 1960 a 2019.

Apéndice Figura 2A (Epílogo): Horas de cuidado infantil de madres con estudios universitarios y empleadas, con esposos también con estudios universitarios y empleados, según la edad del hijo menor.

1

En la actualidad, y más que nunca, las parejas de toda índole tienen dificultades para encontrar un equilibrio entre el trabajo y la familia, la vida laboral y la vida en el hogar. Colectivamente hablando, como nación, nos estamos dando cuenta de la importancia y del valor que tiene el cuidado a los seres queridos para las generaciones del presente y del futuro. Estamos empezando a ser conscientes del coste que supone en cuanto a pérdida de ingresos, carreras truncadas y concesiones en la pareja (heterosexual u homosexual), así como de las exigencias especialmente rigurosas a las que se enfrentan las madres y los padres solteros. Se trata de una toma de conciencia que es anterior a la pandemia, pero que esta ha puesto en el punto de mira.

En 1963, Betty Friedan escribió sobre las mujeres con titulación universitaria a las que les resultaba frustrante verse convertidas en amas de casa al cuidado de los hijos. Identificó que estas tenían un «problema sin nombre». Casi sesenta años después, la mayoría de las universitarias logran desarrollar una carrera profesional, pero sus ingresos y posibilidades de ascenso —en comparación a los hombres junto a quienes se graduaron— siguen generando en ellas la sensación de haber sido lanzadas a la cuneta. También el de estas mujeres es un «problema sin nombre».

Aunque lo cierto es que podemos llamarlo de varias maneras: discriminación sexual, prejuicio de género, techo de cristal, mamás profesionales, abandono...; elijan el que quieran. Y es un problema que parece tener soluciones inmediatas. Debemos instruir a las mujeres a ser más competitivas, y prepararlas para que negocien mejor. Tenemos que denunciar los favoritismos implícitos de quienes ocupan cargos de mando. Es necesario que el Gobierno garantice que la paridad de género en los consejos de administración de las empresas sea un requisito legal, así como que se cumpla el precepto de «mismo trabajo, mismo sueldo».

El clamor de la población femenina de Estados Unidos —y del resto del mundo— por una respuesta de este tipo es cada vez mayor. Sus preocupaciones pueblan los titulares de todos los periódicos del país (y las portadas de los libros). ¿Necesitan acaso más motivación? ¿Ser más firmes? ¿Por qué no son capaces de ascender a los puestos de responsabilidad de las empresas al ritmo que lo hacen sus colegas masculinos? ¿Por qué no se les recompensan los conocimientos y la experiencia como merecen?

Son más las dudas que asaltan a tantas mujeres, dudas que comparten con sus parejas o que quedan relegadas a discusiones privadas con sus amistades cercanas. ¿Haces bien en salir con alguien cuya carrera le consume tanto tiempo como a ti la tuya? ¿Abandonarás la idea de formar una familia, aunque estés segura de que quieres una? ¿Congelarás tus óvulos si a los treinta y cinco años no tienes pareja? ¿Estás dispuesta a abandonar una carrera ambiciosa (que puede que hayas estado construyendo desde que hiciste la selectividad) para tener hijos? Si no lo estás, ¿quién preparará a los niños el almuerzo, los recogerá de las clases de natación y responderá a la llamada angustiante de la enfermería de la escuela?

Las mujeres siguen sintiéndose estafadas. Se ven relegadas en sus carreras y ganan menos que sus maridos y colegas masculinos. Se les dice que esos problemas se los han buscado ellas mismas. No compiten con la suficiente agresividad ni negocian como deberían; no exigen un lugar en la mesa y, cuando lo hacen, no piden lo suficiente. También se les dice que los problemas que padecen no son culpa suya, aun cuando estos les vayan a suponer la ruina. Los *boys club* se aprovechan de ellas, las discriminan, las acosan y las excluyen.

Todos estos fenómenos existen. Pero ¿son la raíz del problema? ¿Son la causa de la gran diferencia de salarios y perspectivas profesionales entre ellos y ellas? Si estas cuestiones se solucionaran por obra de algún milagro, ¿sería este mundo de hombres y mujeres, de parejas y jóvenes progenitores, un mundo completamente diferente? ¿Es este conjunto de problemas el «nuevo problema sin nombre»?

Aunque se han producido animados debates públicos y privados que han sacado a luz asuntos de importancia, a menudo somos culpables de infravalorar la magnitud y la dilatada trayectoria de la disparidad de género. Una determinada empresa recibe una reprimenda, se produce una nueva incorporación femenina a una sala de juntas, unas cuantas compañías líderes en tecnología ofrecen bajas por paternidad; he aquí soluciones que son el equivalente económico a ofrecer una caja de tiritas a alguien que tiene la peste bubónica.

Este tipo de actuaciones no han servido para eliminar la diferencia salarial entre hombres y mujeres. Y nunca remediarán por completo la desigualdad de género, porque solo tratan los síntomas. No posibilitarán que la población femenina llegue a tener una carrera y una familia en la misma medida en que lo hace la masculina. Si queremos cerrar la brecha, o al menos reducirla, debemos primero llegar a la raíz profunda de esos obstáculos y dar al problema un nombre más preciso: trabajo codicioso.[1]

Solo puedo confiar en que cuando lean estas líneas, la pandemia —que continúa furibunda conforme escribo el final de este capítulo— haya perdido intensidad, y que hayamos aprendido alguna de sus severas lecciones. Esta crisis sanitaria ha magnificado algunas cuestiones, ha acelerado otras, y ha expuesto muchas que llevaban largo tiempo acentuándose. Pero la tensión que se da entre el cuidado a los demás y el trabajo precede en muchas décadas a esta catástrofe global. El trayecto que nos lleva a alcanzar y conciliar carrera y familia se inició hace más de cien años.

Durante la mayor parte del siglo XX, la discriminación contra las mujeres fue un enorme impedimento para que estas pudieran desarrollar una carrera. Existen documentos históricos de las décadas de 1930 a 1950 que muestran pruebas incriminatorias irrefutables —evidencias incontrovertibles de prejuicio y discriminación en empleo y salarios—. A finales de los años treinta del siglo pasado, los directores de varias empresas respondían a sus encuestadores: «El trabajo de prestamista no es para chicas», «Los que hacemos este trabajo [venta de automóviles] tenemos que estar en contacto con el público. No sería aceptable que lo realizaran mujeres», «No pondría a una mujer en un puesto de agente [de corredurías]».[2] Estas declaraciones se hicieron en los últimos años de la Gran Depresión. Pero, incluso en el competitivo mercado laboral de finales de la década de 1950, los representantes de las empresas afirmaban categóricamente que «No contratamos a madres con hijos pequeños», «Se recomienda a las mujeres casadas que tengan bebés no reincorporarse al trabajo», «El embarazo es causa de dimisión voluntaria [aunque] la empresa tendrá mucho gusto en readmitir a las mujeres cuyos hijos estén en edad de empezar la educación secundaria».[3]

Las llamadas «barreras matrimoniales» —las leyes y políticas empresariales que restringían el empleo a las mujeres casadas— se aplicaron de manera desenfrenada hasta la década de 1940. Se transformaron entonces en barreras sobre el embarazo y políticas de contratación que excluían a las mujeres con hijos pequeños. Las instituciones académicas y algunas agencias gubernamentales prohibían que las mujeres trabajaran en el mismo lugar que sus maridos. Un número incontable de empleos estaban restringidos por sexo, estado civil y, por supuesto, raza.

En la actualidad, las pruebas incriminatorias no son tan explícitas. Los datos que reflejan verdadera discriminación de sueldo y empleo, aunque trascendentales, son hoy relativamente escasos. Eso no significa que muchas mujeres no se enfrenten a discriminación y prejuicios, o que el acoso y las agresiones sexuales en el lugar de trabajo hayan desaparecido. No es casualidad que el movimiento #MeToo haya llegado a todos los rincones de Estados Unidos. A finales de la década de 1990, Lilly

Ledbetter presentó una denuncia de acoso sexual contra Goodyear Tire ante la Comisión para la Igualdad de Oportunidades de Empleo (EEOC, por sus siglas en inglés) y ganó el derecho de demanda, lo cual supuso una gran victoria para ella, pese a retirar las acusaciones cuando fue readmitida como supervisora. Esto sucedió años antes de que llevara frente a los tribunales su famoso caso de discriminación salarial. Ledbetter había recibido bajas calificaciones de rendimiento y prácticamente ningún aumento de sueldo debido a la actitud discriminatoria de los compañeros varones a quienes supervisaba, y la de quienes, ocupando las posiciones de mayor responsabilidad, ignoraron el sexismo de sus subordinados. En su caso, el cien por cien de la diferencia entre el salario de sus colegas y el que recibía ella se debía a discriminación.

¿Por qué persiste entonces la diferencia de salarios si la igualdad de género en el trabajo parece estar por fin a nuestro alcance, y vivimos un momento en el que la población femenina puede acceder a más profesiones que nunca? ¿Están las mujeres recibiendo verdaderamente un sueldo menor por el mismo trabajo? Por lo general, eso ya apenas ocurre así. La discriminación salarial en términos de ganancia desigual por un mismo trabajo supone solo una pequeña parte de la brecha salarial. El problema hoy en día es otro.

Algunos atribuyen la brecha salarial de género a la «segregación ocupacional» —a la idea de que hombres y mujeres eligen de forma voluntaria, o se ven inducidos a elegir, ciertos oficios que estereotípicamente pertenecen a un género (como enfermera versus doctor, o maestra versus profesor), y que las profesiones escogidas difieren en salarios—. Sin embargo, los datos nos cuentan una historia diferente. De las casi quinientas profesiones del censo de Estados Unidos, dos terceras partes de la diferencia de salario por género responden a factores *propios* de cada profesión.[4] Si las profesiones de las mujeres imitaran la distribución masculina —si las mujeres fueran doctoras, y los hombres, enfermeros—,[5] quedaría eliminada, a lo sumo, una tercera parte de la diferencia salarial entre hombres y mujeres.

Por tanto, sabemos de manera empírica que la mayor porción de la brecha salarial se encuentra en otra parte.

Los datos longitudinales —la información recogida durante el transcurso de la vida de un individuo— sobre los ingresos nos permiten ver que, en el momento en que ellos y ellas obtienen su título de grado superior, sus sueldos son sorprendentemente similares. En los primeros años de empleo, la brecha salarial es modesta entre, por ejemplo, los graduados universitarios y los recién titulados en un máster en Administración de Empresas (MBA), y se explica en gran parte por las diferencias en la elección de áreas de estudio y profesiones.[6] Hombres y mujeres parten de la misma línea de salida. Disponen de similares oportunidades, pero, como sus elecciones difieren ligeramente, se produce una pequeña brecha salarial inicial.

Es más adelante, unos diez años después de obtener la titulación universitaria, cuando las diferencias salariales se hacen más evidentes. Ambos sexos trabajan en distintos sectores del mercado laboral y para empresas diferentes. No es de extrañar que estos cambios generalmente empiecen a darse un año o dos después del nacimiento del primer hijo, y que, casi siempre, afecten de forma negativa a la carrera de las mujeres. Aunque la brecha en sus ingresos también se experimenta inmediatamente después de contraer matrimonio.

En Estados Unidos, que la población femenina pudiera acceder a una carrera cambió radicalmente la relación entre familia y economía. No llegaremos al fondo de la cuestión de la brecha salarial de género hasta que conozcamos la trayectoria de un problema que es mucho mayor, y del que la brecha es síntoma. Esta resulta de una pausa en la carrera, que se debe fundamentalmente a la inequidad en la pareja. Para entender de verdad lo que esto significa, debemos emprender un viaje en el que poder observar el papel que juegan las mujeres en la economía estadounidense, y considerar las transformaciones que esta ha sufrido en el último siglo.

Centraremos nuestra atención especialmente en las mujeres que poseen un título universitario, ya que estas son quienes han dispuesto de más oportunidades para desarrollar una carrera, y que a lo largo de los años han ido creciendo en número. En el año 2020, casi un 45 % de las mujeres de veinticinco años se ha graduado, o lo hará pronto, tras cuatro años de universidad. El porcentaje de hombres es solo del 36 %.[7] Por supuesto, las mujeres que poseen una titulación universitaria no siempre han superado en número a los hombres. Durante mucho tiempo, y por motivos diversos, ellas estuvieron en gran desventaja por lo que respecta a poder acudir a clase y obtener un título de grado. En las universidades de Estados Unidos de 1960 había 1,6 hombres por cada universitaria graduada en una titulación de cuatro años. A finales de la década de los sesenta y principios de los setenta, las cosas empezaron a cambiar; y, en 1980, los hombres perdieron su ventaja. Desde entonces, anualmente se gradúan más mujeres que hombres en titulaciones de cuatro años.[8]

La población femenina no solo está obteniendo títulos en universidades en cantidades nunca vistas; sus aspiraciones son también cada vez mayores. Más que nunca, las universitarias logran acceder a los mejores estudios de posgrado y a las más ambiciosas carreras. Poco antes de la Gran Depresión, el 23 % de las mujeres con titulación universitaria alcanzaba alguno de los más altos grados académicos y profesionales, como un doctorado, las carreras de Derecho y Medicina o un MBA. Este dato no solo muestra que el porcentaje se ha cuadruplicado en cuatro décadas; a lo largo de este mismo periodo de cuarenta años, la fracción ha seguido siendo del 30 % para los hombres. La consecución de una carrera a largo plazo, bien remunerada y gratificante —algo que está intrínsecamente relacionado con la propia identidad—, ha sido una ambición creciente para la población femenina.

Cada vez son más las mujeres que tienen hijos —más que nunca desde el final del *baby boom* estadounidense—. Casi el 80 % de las tituladas universitarias que tienen hoy entre cuarenta y cinco y cuarenta y nueve años han tenido al menos un hijo (suman los 1,5 puntos porcentuales que incluyen las adopciones formalizadas por mujeres que no han dado a luz). Hace quince

años, únicamente el 73% de todas las universitarias había teni
do un hijo antes de los cuarenta y cinco años. Por tanto, entre
las mujeres con titulación universitaria nacidas en los primeros
años de los setenta, se da una tasa de fecundidad considerablemente superior a la de las tituladas universitarias nacidas a mediados de los cincuenta.[9] Actualmente hay más mujeres que
nunca como Keisha Lance Bottoms, Liz Cheney, Tammy Duckworth, Samantha Power y Lori Trahan, todas ellas con hijos,
exitosas carreras y que en la actualidad tienen alrededor de cincuenta años.

Las universitarias ya no aceptan sin cuestionarlo poder tener
una carrera pero no una familia. Y a quienes tienen hijos ya no
les satisface del todo formar una familia sin lograr una carrera.
Por lo general, quieren las dos cosas. Pero conseguirlo requiere
afrontar horarios imposibles y tomar un gran número de decisiones difíciles.

El tiempo es un buen nivelador. Todos disponemos de la
misma cantidad de horas diarias y debemos tomar la difícil
decisión de distribuirlas. El problema principal para las mujeres
que tratan de alcanzar un equilibrio entre una carrera exitosa y
una familia feliz es la distribución del tiempo. Invertir en una
carrera a menudo supone la dedicación de una considerable
cantidad de tiempo y hacerlo en una edad temprana, justo en
los años en que una «debería» dedicarse a tener hijos. Por lo
general, poder disfrutar de la familia también requiere de gran
parte del día. Las decisiones que tomamos tienen consecuencias
muy diferentes, y disponemos de muy poco margen de correc-
ción. Hace cincuenta años, el consejo que una ejecutiva empresarial, madre de tres hijos, daba a las mujeres más jóvenes que
tenían el afán de apostar por una carrera era: «Es duro, pero id
a por ello».[10]

Siempre estamos tomando decisiones, como salir de fiesta o
estudiar, apuntarnos a un curso difícil o a uno fácil; y el momento en que lo hacemos es a veces de gran importancia. Casarse
pronto, casarse tarde. Realizar estudios de posgrado, buscar un
trabajo inmediatamente. Tener un hijo ahora, arriesgarse a no

poder ser madre más adelante. Dedicarle tiempo a un cliente, pasar tiempo con un hijo. Para las mujeres con titulación universitaria, estas grandes decisiones respecto a la distribución del tiempo, de importantes consecuencias, se empiezan a tomar más o menos al finalizar el bachillerato.

No hace muchos años, las universitarias se casaban a edades sorprendentemente tempranas. Hasta cerca de 1970, la edad promedio del primer matrimonio de las mujeres con titulación universitaria era de unos veintitrés años.[11] El primer hijo nacía poco después. El matrimonio temprano solía impedir a las mujeres continuar sus estudios, al menos de manera inmediata. Era más habitual que las parejas recién casadas se trasladaran debido a la carrera y los estudios del marido que a los de la esposa. Las mujeres no siempre aprovechaban las perspectivas de futuro que ofrecían sus propias carreras. En cambio, a menudo sacrificaban estas para garantizar el bienestar de la familia.

Las mujeres que se graduaban en la universidad entre la década de 1940 y finales de la de 1960 se casaban pronto porque postergar el matrimonio podía causarles problemas. Poco después de haber iniciado una relación seria (y sexual), decidirse por la exclusividad, el noviazgo, y por dar el gran salto final hacia el compromiso constituía una importante póliza de seguros ante un embarazo prematrimonial. En un mundo en el que la población femenina no tenía control sobre una contracepción eficaz, no había mucha elección.

En 1961 ya existía la píldora anticonceptiva, había sido aprobada por la Administración de Alimentos y Medicamentos de Estados Unidos (FDA, por sus siglas en inglés) y estaba en posesión de un gran número de mujeres casadas. Pero las leyes estatales y las convenciones sociales no permitían su distribución entre las jóvenes solteras. Estas restricciones empezaron a eliminarse alrededor de 1970 por motivos diversos y que habitualmente nada tenían que ver con la contracepción. La píldora dio a las tituladas universitarias la posibilidad, nueva para ellas, de planificar sus vidas y obviar la primera de las restricciones. Podían matricularse en grados de educación y capacitación superior, estudios que supondrían una gran inversión de tiempo —más bien una dedicación total—. El matrimonio y los hijos podían posponerse lo suficiente como para que la mujer sentase las bases de una carrera fructífera.

Fue entonces cuando las cosas empezaron a cambiar de manera radical. Después de 1970, la edad en la que se producía el primer matrimonio comenzó a incrementarse, y continuó haciéndolo año tras año, tanto que la edad promedio del primer matrimonio de las tituladas universitarias es hoy de unos veintiocho años.[12]

No obstante, aunque el problema de la falta de tiempo se solucionó, surgieron otros. Los estudios de posgrado empezaron a realizarse a mayor edad y completarlos llevaba más tiempo. En un gran número de sectores, desde el académico al sanitario, de la abogacía a las finanzas o a la consultoría, el primer ascenso tenía lugar cada vez más tarde; además, los años adicionales fueron incrementándose, de manera que apareció un nuevo asunto que solucionar: la distribución del tiempo.

Hace aproximadamente una década, el primer ascenso laboral se producía a una edad de poco más de treinta años. En tiempos más recientes este sucede entre los treinta y cinco y los cuarenta. No es un margen de tiempo que ayude mucho a dar a luz al primer hijo después de un ascenso a nivel de asociada, titular o de cualquier otro tipo. El primer nacimiento suele ocurrir antes de que se presenten las oportunidades decisivas en una carrera. La llegada de los hijos, por lo general, pone fin a los ascensos, así como estos, con frecuencia, arruinan las posibilidades de ser madres.

El tiempo está organizado de una manera despiadada. Tener que esperar a los treinta y cinco años para tener el primer hijo juega en contra de las mujeres que deseen formar una familia. Sin embargo, las tituladas universitarias han superado todas las expectativas por diversos medios, incluido el uso de las técnicas de reproducción asistida. La proporción de mujeres con hijos se ha incrementado enormemente entre las que acaban de cumplir los cuarenta y cinco años.[13] Pero esta mayor tasa de fecundidad no logra que la frustración, la tristeza y el dolor físico de quienes no pudieron tener hijos sea menor, ni significa que las mujeres que sí los tuvieron puedan mantener sus carreras.

A pesar de todas estas dificultades, se han producido cambios históricos positivos que van en la dirección adecuada; transformaciones que nos acercan a una mayor igualdad de género y a que la población femenina pueda confiar más en sus capacidades y eficiencia. Las mujeres tienen un mayor control sobre la natalidad. Contraen matrimonio más tarde y, por consiguiente, permanecen en este por más tiempo. La población femenina supone hoy una enorme fracción del total de los titulados universitarios. Son multitud las mujeres que se inscriben en cursos de educación superior, profesional y académica, y se gradúan como primeras de la clase. Las mejores empresas, organizaciones y departamentos las contratan. ¿Qué ocurre entonces?

Es justo cuando una mujer progresa en su carrera y logra, además, tener hijos cuando surge el mayor problema. El tiempo. El cuidado de los hijos requiere tiempo. La carrera requiere tiempo. Independientemente de lo adinerada que esta sea, una pareja no puede ceder a terceros todas las responsabilidades de la crianza de sus hijos. Además, ¿por qué traer niños a este mundo si no vas a poder ocuparte de ellos y darles tu amor?

Este fundamental problema de tiempo supone tener que acordar quién estará «de guardia para la casa», quién podrá salir antes de la oficina para llegar a casa rápidamente. Ambos progenitores podrían. La equidad en la pareja supondría compartir el cincuenta por ciento de la responsabilidad. Pero ¿cuánto le costaría esto a la familia? Mucho. Y las parejas hoy en día son más conscientes que nunca de tal realidad.

A medida que la aspiración por tener una carrera y una familia ha ido en aumento, una cuestión importante referente a la mayoría de las carreras se ha hecho manifiesta, visible, primordial. El trabajo, para quienes se hallan en plena carrera profesional, es codicioso. Aquel que trabaje horas extraordinarias, nocturnas o de fin de semana, ganará mucho más.

TRABAJO CODICIOSO

La codicia del trabajo exige a las parejas con hijos o personas a su cargo que se especialicen. Especializarse no quiere decir resignarse. Las mujeres seguirán ansiando una carrera exitosa, pero uno de los miembros de la pareja tendrá que estar «de guardia para la casa», o dispuesto a salir de la oficina o del lugar de trabajo al instante y prácticamente sin preaviso. Esa persona va a tener un trabajo bastante flexible y no se va a esperar de ella que responda a un correo electrónico o a una llamada telefónica a las diez de la noche. Ese mismo progenitor no va a tener que cancelar su asistencia a un partido de fútbol infantil porque debe atender a una adquisición o fusión de empresas. El otro progenitor, sin embargo, deberá estar «de guardia para el trabajo» y dedicarse a todo lo contrario. El impacto que esto tendrá en cuanto a ascensos, adelantos e ingresos es evidente.

El trabajo que realizan los profesionales especializados y los cargos superiores nunca ha dejado de ser codicioso. En la abogacía siempre se ha trabajado hasta altas horas. En la academia se juzga a sus miembros por su producción intelectual y se espera de ellos que no dejen descansar el cerebro ni por la noche. Antes, la mayoría de los doctores y las doctoras, o los veterinarios y las veterinarias, estaban de guardia las veinticuatro horas del día, los siete días de la semana.

Recientemente, el valor de los puestos de trabajo codicioso se ha incrementado a causa de la creciente desigualdad de ingresos, exacerbada desde inicios de la década de 1980. Las ganancias de quienes están en lo más alto de la distribución de ingresos se han disparado. El empleado que más se esfuerce recibirá el mejor premio. En los trabajos que exigen jornadas largas y que ofrecen menor flexibilidad se paga desproporcionadamente mejor, mientras que los sueldos en otro tipo de empleos se han estancado. Así, los puestos a los que las mujeres ya les resultaba difícil acceder, como los del sector de las finanzas, son precisamente los que en las últimas décadas ofrecen mayores ingresos. El joven analista en capital privado que ha estado involucrado en todas las fases de un acuerdo, que se ha encargado de elaborar los complicados resúmenes de gastos y beneficios, que ha asistido a cada una de las reuniones y cenas de trabajo, tiene muchas probabilidades de conseguir tanto una buena bonificación como el ascenso esperado.

Puede que la creciente desigualdad en los sueldos sea uno de los motivos por los cuales la brecha salarial entre los hombres y las mujeres con títulos universitarios haya permanecido sin cambios desde hace décadas, aunque las credenciales y la situación de ellas hayan mejorado. Debe de haber una razón por la que esta brecha es hoy mayor que la que había en la sociedad de finales de los ochenta y principios de los noventa. Las mujeres nadan a contracorriente; tratan de mantenerse firmes a pesar de la presión de una desigualdad salarial endémica.

Trabajo codicioso significa también que la equidad en la pareja ha sido y continuará siendo sacrificada en favor del aumento de ingresos familiares. Y, cuando se acaba con la equidad en la pareja, se acostumbra a poner fin también a la igualdad de género —salvo en las parejas del mismo sexo—. Las normas de género heredadas se ven consolidadas de diversas maneras para acabar adjudicando a las madres la responsabilidad del cuidado de los hijos y para que, conforme las hijas crezcan, sean estas quienes se encarguen del cuidado de la familia.

Tomemos como ejemplo al siguiente matrimonio (un modelo basado en una pareja que conocí hace unos años): Isabel y Lucas. Ambos se titularon en la misma escuela de arte y después hicieron exactamente el mismo grado de Tecnologías de la Información. Más tarde fueron contratados por la misma empresa, a la que llamaremos InfoServices.

A cada uno de ellos InfoServices les dio la posibilidad de elegir entre dos puestos. El primero ofrecía un horario regular y flexibilidad en cuanto a la hora de inicio y fin de la jornada. En el segundo se les pediría de improviso que trabajaran algunas noches y fines de semana, aunque el total de horas anuales no resultaría muy superior. En el segundo puesto se paga un 20% más para atraer así a personas con talento dispuestas a trabajar en horarios y días cambiantes. Además, es de este cargo de donde InfoServices selecciona a sus encargados. Se trata del puesto «codicioso», y por el que inicialmente optaron tanto Isabel como Lucas. Capaces y libres de obligaciones en igual medida, ambos pasaron varios años trabajando al mismo nivel y con el mismo sueldo.

Poco antes de cumplir los treinta, Isabel sintió que necesitaba más flexibilidad y margen de maniobra en su vida para poder dedicar más tiempo a su madre enferma. Permaneció en Info-Services, pero se cambió al puesto que, a pesar de requerir la misma cantidad de horas, ofrecía más flexibilidad de horario. Era un trabajo menos codicioso en cuanto a exigencias y menos generoso en el sueldo.

Podemos ver las trayectorias de Isabel y Lucas en la Figura 1.1. El camino que empezaron juntos y en el que Lucas permanece —el codicioso e inflexible— está marcado por una línea en negrita y conlleva una paga por hora (implícita si la persona está asalariada, y explícita si se le paga por horas) que asciende con el número de horas o con las exigencias horarias particulares. Si Lucas trabaja sesenta horas a la semana, se le pagará más de 1,5 veces lo que se le pagaría si hiciera cuarenta horas. La tarifa implícita por hora asciende con el número de horas trabajadas (o con la inflexibilidad de horas), lo que significa que Lucas va a poder doblar sus ingresos semanales sin tener que trabajar el doble de horas a la semana.

El nuevo puesto de Isabel, el más flexible, está representado por la línea discontinua. Su paga por hora es constante, de manera que no importa cuántas o qué horas trabaje; la tarifa seguirá siendo la misma. Si su jornada semanal comprende sesenta horas, se le pagará exactamente 1,5 veces más de lo que cobraría si trabajara cuarenta horas. Vemos que una semana normal para Lucas, en un trabajo codicioso, lo sitúa en el rombo. De manera equivalente, una semana normal en el nuevo puesto de Isabel la sitúa en el punto.

Cuando la pareja decidió tener un hijo, supo que al menos uno de los progenitores tendría que garantizar su disponibilidad

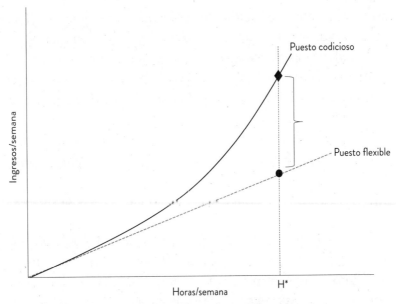

Figura 1.1. Desigualdad de género e inequidad en la pareja.
Notas: Considere los dos puestos ofrecidos a Isabel y Lucas. Uno es flexible y no importa cuántas horas a la semana haga el empleado; la paga por hora será la misma. El otro puesto es menos flexible (o «codicioso») y, cuantas más horas se trabajan, más sube la tarifa por hora. El eje horizontal representa las horas trabajadas por semana (o una medida indicativa de que ciertas horas deben ser trabajadas). El eje vertical representa las ganancias totales por semana. H* es el número de horas semanales habituales, como son cuarenta o cuarenta y cinco. La diferencia entre el rombo (el puesto codicioso) y el punto (el puesto flexible) ilustra la cantidad de ingresos a los que renuncia un trabajador cada semana si no se emplea en el puesto codicioso.

en todo momento. Los dos no podían trabajar en el puesto que tenía Lucas, inflexible y de horas imprevisibles. Si lo hubieran hecho, ninguno de ellos hubiera estado disponible en caso de que llamaran de la enfermería de la escuela o si en mitad de la jornada la guardería cerrara de repente. Si el puesto requiriese que ambos estuvieran en la oficina los jueves a las once en punto de la mañana, solo les quedaría cruzar los dedos para que su hijo no se cayera del columpio sobre esa hora, o para que el abuelo o la abuela no tuviera entonces una cita médica.

Ambos podrían haber elegido el puesto de Isabel. Pero, como estaban planeando tener una familia, no podían permitirse que los dos tuvieran ese sueldo. Hacerlo supondría renunciar a los ingresos adicionales que Lucas traía a casa. Tenían que poner en la balanza el deseado reparto al cincuenta por ciento del cuidado del hijo y el costo que eso implicaba, que podría ser muy elevado; sacrificarían la equidad en la pareja por unos mayores ingresos familiares.

Como sucede en la mayoría de las parejas heterosexuales que esperan un hijo, Isabel permaneció en el puesto flexible y Lucas en el más codicioso. (Esto seguiría siendo así aunque excluyéramos los primeros meses después de dar a luz y la primera infancia del hijo).

Lucas continuó ganando más que Isabel, y desde la llegada de los hijos la brecha entre sus salarios no hizo más que aumentar. Él obtuvo ascensos; ella no. Para otras parejas en puestos similares, la diferencia salarial puede crecer incluso antes de ser padres, ya que las parejas que planean tener hijos a menudo se trasladan a lugares donde las posibilidades de empleo sean mayores, especialmente para el marido. Ese es uno de los principales motivos por los que la brecha salarial de género es todavía sustancial.

En las parejas del mismo sexo la brecha salarial que se produce no es de género, pero es muy posible que la equidad se vea fatalmente afectada por motivos idénticos a los que originaron las decisiones de Isabel y Lucas. En un mundo de trabajos codiciosos, se paga un precio muy elevado por la equidad de pareja.

Si las mujeres no estuvieran de guardia para la casa, podrían trabajar en puestos en los que las horas extraordinarias, los horarios cambiantes, la disponibilidad por las noches y los fines de semana trabajados se pagaran de manera desproporcionadamente alta —y, en efecto, muchas lo hacen—. A las que acaban de salir de la universidad o que tienen menos responsabilidades en el hogar no les importa optar por hacer horas extraordinarias y en horarios exigentes. Pero, cuando hay un bebé, las prioridades cambian. Ser el principal cuidador ocupa tiempo, y las mujeres se ven de repente estando de guardia para la casa. Tener más disponibilidad para la familia supone ofrecer menos dedicación a sus jefes y clientes. Las mujeres tienden a reducirse la jornada o a aceptar trabajos en los sectores laborales de mayor flexibilidad —y en los que se gana mucho menos—. Las responsabilidades decrecen conforme los hijos se hacen mayores y más independientes, y a partir de entonces los ingresos femeninos ascienden hasta entrar en correspondencia con los masculinos. Más adelante aparecerán, sin embargo, otras exigencias familiares que reemplazarán a las del cuidado de los hijos.

La historia de Isabel y Lucas no es atípica. A medida que los titulados universitarios se emparejan y empiezan a planear una familia, se ven forzados, simple y llanamente, a decidirse por un matrimonio entre iguales o por uno en el que haya más dinero.

UN MATRIMONIO ENTRE IGUALES

Hace algún tiempo pregunté a mis estudiantes de seminario qué esperaban del matrimonio. Una de ellos respondió al instante: «Yo quiero que un hombre desee lo mismo que yo». Aquella afirmación me llamó la atención por lo cándido de su anhelo de equidad. Desde entonces, muchos de mis estudiantes y de mis amigos han repetido eso mismo, pero nunca de una manera tan clara y sucinta. No obstante, el persistente dilema se halla en que, aunque se encuentre una pareja así, si ambos miembros tienen carreras exigentes, el coste sobre la equidad de la familia será muy alto, y lo será también sobre los ingresos familiares si los dos optan por carreras menos exigentes. Para maximizar el potencial de ingresos de la familia, uno de los miembros de la pareja debe comprometerse a desempeñar un trabajo que implique muchas horas en la oficina, mientras que el otro sacrificará parte de su carrera al desempeñar un trabajo de muchas horas en casa. Este último, independientemente de su sexo, ganará menos.

El género de la persona no es un factor que pueda ser ignorado, porque muy a menudo quien hace sacrificios en su carrera para estar en casa —hoy y siempre— es la mujer. Las mujeres no son más perezosas o poseen menos talento, además de que parten de la misma línea de salida que los hombres. Debido en gran medida a las arraigadas normas de género que iremos analizando, incluso las mujeres más ambiciosas y de más talento han sentido la necesidad de ralentizar sus carreras por el bien de la familia. Los hombres pueden crear una familia y dar un paso adelante en sus carreras porque las mujeres dan un paso atrás para aportar más tiempo al hogar. Ambos salen desfavorecidos: ellos renuncian a pasar tiempo con la familia; ellas renuncian a su carrera.

Para el lector contemporáneo, que las mujeres tengan carreras (donde dar un paso atrás o adelante) puede parecer una idea tan normalizada que ni siquiera merezca consideración. Las mujeres cursan sus estudios igual que los hombres, y como ellos tratan de procurarse una educación superior y una carrera profesional provechosa. Pero merece la pena detenernos un momento a pensar cuán nueva es esta situación. A principios del siglo XX muy pocas universitarias con hijos formaban parte de la población activa, y que tuvieran algo parecido a una carrera profesional era casi impensable. Las que se dedicaban a trabajar generalmente no tenían hijos ni solían casarse. Más de un siglo después, las mujeres no solo trabajan; tienen además importantes carreras y muchas logran, o tratan de lograr, poder conciliarlas con la familia en un matrimonio equitativo. Esto es algo que ocurre por primera vez en la historia.

Cuando el rol económico de más de la mitad de la población se ve alterado, se produce una transformación histórica asombrosa —una con una cantidad inmensa de ramificaciones—. La vida de las tituladas universitarias ha evolucionado radicalmente, y los efectos de este profundo cambio se hacen eco en el conjunto de la sociedad estadounidense, afectando a la organización social del trabajo, de la escuela y de las familias. Cuando las mujeres dejaron el hogar para incorporarse a la población activa, no solo cambiaron un trabajo no remunerado por otro remunerado. Dejaron atrás las responsabilidades domésticas para ocupar puestos que requerían amplia formación, que pasaron a formar parte de su identidad y a los que a menudo dedicaron toda su vida.

Cada una de las generaciones de mujeres del siglo xx dio un paso más para recorrer este trayecto, mientras una multitud de adelantos en el hogar, la empresa y la escuela, así como en la contracepción, allanaban el camino. Cada generación amplió sus horizontes, aprendiendo de los éxitos y fracasos de quienes les precedían y brindando lecciones a la siguiente ola de mujeres. De la una a la otra, cada generación fue entregándose el relevo. Hemos ido avanzando desde la cruda realidad de tener que elegir entre tener una familia o una carrera hasta la posibilidad de tener carrera y familia, y hacia una mayor igualdad en los salarios y en la pareja. Se trata de una progresión complicada, polifacética, que aún se está desarrollando.

Si consideramos que la transformación ocurrida a lo largo de tantas décadas ha sido abrumadoramente positiva, ¿por qué seguimos teniendo que lidiar con las enormes diferencias entre hombres y mujeres respecto a salarios, profesiones, puestos de trabajo, así como con las profundas disparidades en cuanto a responsabilidades familiares?

Las jóvenes mujeres de hoy, especialmente durante la todavía activa crisis de la COVID-19, están preocupadas —y tienen motivos para ello—. Aunque recorran la senda que allanaron sus bisabuelas, abuelas y madres (la mayoría de las cuales también estaban preocupadas), continúan ante la dicotomía de tener que dedicarse a sus carreras o a sus familias. Gracias a los avances tecnológicos y al incremento en la formación, los grados profesionales y las oportunidades, se han eliminado muchos obstáculos y derribado algunos muros de contención del éxito de las mujeres. Como veremos, en este recorrido centenario, se han desprendido múltiples capas de la diferencia de género, se han echado abajo muchas barreras para el empleo femenino, y se ha acabado con multitud de restricciones de tiempo. El cielo se ha despejado de nubes. Y ahora, con más luz, las causas por las que se produce la diferencia final son muy claras.

De manera colectiva hemos llegado al momento en que podemos preguntarnos cómo cambiar el sistema para lograr mayor igualdad de género y equidad en la pareja. Cómo modificar el diagrama, el del trabajo codicioso de Lucas y el trabajo flexible de Isabel, para que ambos empleos resulten satisfactorios. La respuesta, como veremos más adelante, es que debemos cambiar la estructura misma del trabajo.

Tenemos que conseguir que los puestos flexibles sean más abundantes y provechosos. Este trayecto nos llevará a determinar si eso es posible y cómo lograrlo. Pondrá al descubierto la necesidad de mayor apoyo a progenitores y cuidadores para que lleguen a ser miembros más productivos de nuestra economía. Desentrañará la relación entre la productividad económica y el cuidado de la infancia en edad preescolar y escolar, asunto que ha llegado repentinamente a los hogares y ganado relevancia.

Cuando mejor comprendíamos por qué es tan difícil para las mujeres tener al mismo tiempo una carrera y una familia —y podíamos tratar de concebir una solución al problema—, nos vimos envueltos en una pandemia de proporciones globales. Nos arrolló un tsunami. Pasamos del a. C. (antes de la COVID) al d. C. (durante la COVID); de una «vieja normalidad» a unas circunstancias que han truncado familias, enfermado a millones de personas, dado muerte a cientos de miles de ciudadanos de Estados Unidos, y acabado con años de crecimiento económico en muchos países del mundo. Puede que también hayan puesto fin al precario progreso en las carreras de muchas jóvenes madres que intentaban escribir comunicados, artículos académicos e informes de consultoría a la vez que prestaban atención a sus clientes y a sus pacientes, todo ello mientras enseñaban a sus hijos a sumar y restar.

Nos estamos adentrando en una inexplorada era p. C./d. C.; un mundo que en parte es ya posterior a la COVID (p. C.), en cuanto a que muchas escuelas y empresas han abierto, pero que mantiene muchas de las restricciones y los vestigios de la época d. C. La entrada en el mundo p. C./d. C. ha puesto al descubierto otro de los defectos de la sociedad y la economía estadounidenses: el cuidado a las personas, que tan esencial es para los objetivos profesionales de la población femenina y para la equidad en la pareja, resulta también crucial para el funcionamiento del conjunto de la economía. Las mujeres no pueden ser trabajadoras esenciales en dos lugares al mismo tiempo. Algo va a tener que cambiar.

Volveremos a examinar —muchas más páginas adelante— el mundo p. C./d. C., pero para entender del todo cómo hemos llegado aquí y cómo podemos, de la mejor manera posible, aprovechar esta oportunidad de reevaluar el trabajo codicioso, debemos regresar al principio. El anhelo de las tituladas universitarias por formar una familia y desarrollar una carrera lleva mucho tiempo forjándose. Es una aspiración que se ha estado fraguando, ha estado cambiando, emergiendo y transformándose a lo largo de varios momentos clave de nuestra historia.

En el punto de partida de nuestro viaje, durante un tiempo en que las diferencias de formación académica entre hombres y mujeres eran enormes y cuando ocuparse del hogar requería muchas más horas y esfuerzo que hoy, nadie hubiera podido imaginar que lo que iba a impedir que en la actualidad se produjeran condiciones de igualdad serían estos dos factores: la estructura del trabajo y nuestras instituciones de cuidado a las personas.

Aunque hayamos alcanzado una era de paridad económica entre hombres y mujeres sin precedentes, en algunas cosas todavía parecemos estar en la Edad Media. Nuestras estructuras de trabajo y de atención a los demás son reliquias de un pasado en el que solo los hombres gozaban tanto de una carrera como de una familia. Nuestra economía está atrapada en una manera de funcionar anticuada, obstaculizada por métodos primitivos de división de las responsabilidades.

Ahora que más mujeres que nunca aspiran a tener carreras, familias y equidad en la pareja, y que más parejas que nunca deben organizarse ante las competitivas exigencias de tiempo, es imperativo que entendamos lo que la brecha de género económica verdaderamente dice de nuestra economía y de nuestra sociedad, para poder así encontrar soluciones que cierren la brecha y hagan que trabajo y vida sean más justos para todos. Los datos que se ofrecen en los capítulos siguientes demostrarán que cada generación ha progresado, que las normas de género y las estructuras de trabajo llevan décadas evolucionando, y que debemos continuar esta senda.

Este libro cuenta la historia de cómo a lo largo del pasado siglo surgieron las aspiraciones por tener una carrera, una familia e igualdad, y de qué manera podemos hoy alcanzar estas metas. No existe una solución fácil, pero, si logramos por fin comprender el problema y lo llamamos por su nombre, seremos capaces de allanar el terreno para seguir adelante.

2

Jeannette Pickering Rankin, nacida en 1880 en el pequeño municipio de Hellgate, se graduó en 1902 en la Universidad de Montana.[1] Tras interesarse desde sus inicios por el trabajo social, se dedicó en cuerpo y alma a la defensa del sufragio femenino en ambas costas del país y regresó a Montana siendo una líder nacional. En 1916 logró un escaño en la Cámara de Representantes, pasando a ser la primera mujer en ser elegida para un puesto federal. Fue también la única mujer con poderes para votar una legislación por la que había estado trabajando incansablemente para ratificar la decimonovena enmienda, la del sufragio de las mujeres.

Acérrima pacifista, Rankin se sumó a los cincuenta votos negativos del Congreso cuando en 1917 se declaró la guerra contra Alemania. El resultado belicista la desanimó a presentarse a la reelección en la Cámara y, en su lugar, trató de lograr, aunque sin éxito, un escaño en el Senado. Muchos años después, en 1940, recuperó su asiento en la Cámara Baja justo a tiempo para emitir su voto, el único que fue contrario, el 8 de diciembre de 1941, día en que Estados Unidos declaró la guerra a Japón. A pesar de recibir fuertes presiones, se negó a que la votación fuera unánime, insistiendo en que «como mujer no puedo ir a la guerra, y me niego a enviar a nadie por mí».[2]

Aunque logró distinción y singularidad en la política, Rankin fue la típica mujer de su tiempo con carrera y titulación universitaria. No tuvo hijos; nunca se casó. De las 23 mujeres de su generación electas como representantes de Estados Unidos, más del 30% no tuvo descendencia.[3] A pesar de que esta cifra pueda parecer elevada, es considerablemente más baja que el porcentaje de tituladas universitarias de la época que no tuvieron (o adoptaron) hijos.

Pero adelantémonos en el tiempo por un momento. Tammy Duckworth, nacida en 1968, se graduó en la Universidad de Hawái en 1989.[4] Fue elegida para la Cámara de Representantes en 2012 y se convirtió en senadora por Illinois en 2016. Tuvo a su primera hija en 2014, a los cuarenta y seis años; su segunda hija nació en 2018. Su hija Maile fue el primer bebé de la historia de Estados Unidos en entrar en los salones del Capitolio mientras se celebraba una sesión. La senadora Duckworth ha sido pionera en muchos aspectos: es una veterana condecorada, la primera mujer con discapacidad elegida para el Congreso y la primera mujer asiático-americana electa por Illinois. Y, extraordinariamente, ha logrado formar una familia y tener una satisfactoria carrera.

Duckworth no está sola en el Congreso. La senadora de Nueva York, Kirsten Gillibrand, nacida en 1966, tiene dos hijos.[5] El segundo lo tuvo siendo miembro de la Cámara, en 2008. La representante en Washington, Jaime Herrera Beutler, nacida en 1978, ha dado a luz tres veces desde 2013. Diez mujeres miembros del Congreso, tanto republicanas como demócratas, han tenido hijos estando en el cargo. Salvo Yvonne Brathwaite Burke, quien en 1973 fue la primera mujer congresista en tener un hijo mientras ocupaba su cargo, las otras nueve congresistas (de la Cámara de Representantes) que han dado a luz al menos una vez estando en el puesto lo han hecho a partir de 1995, a edades que van de los treinta y cuatro a los cuarenta y seis años.[6] Estas mujeres han combinado carrera y familia tal y como lo han podido hacer siempre sus colegas masculinos.

Rankin y Duckworth delimitan cinco grupos diferentes de mujeres con titulación universitaria nacidas desde finales del siglo XIX. Rankin pertenece al Grupo 1; Duckworth al Grupo 5.

Las mujeres en cada uno de los cinco conjuntos se parecen entre ellas más que a las de los otros grupos.

Aunque existe un punto inicial en este recorrido, no hay un punto final —no aún—. En el marco del trayecto que vamos a realizar, el último año de nacimiento de las mujeres del Grupo 5 es cercano a 1980, de manera que podremos observar el camino de las mujeres hasta poco después de sus cuarenta años y así comprender de manera más completa la evolución de sus carreras profesionales y de sus vidas en familia. Por consiguiente, una mujer como la representante Alexandria Ocasio-Cortez, nacida en 1989, no será incluida en los datos que vamos a analizar.

Para hacernos una idea del sendero que las mujeres han recorrido, conozcamos primero brevemente cada uno de los grupos, del 1 al 5.

Las diferencias entre los grupos se centran en las aspiraciones y en las decisiones de sus miembros, las que fueron animadas a tomar y las que en efecto pudieron tomar en el terreno laboral y en la familia. El grupo de tituladas universitarias en el que encontramos a Jeannette Rankin casi siempre tuvo que elegir entre empleo —en ocasiones una carrera, aunque normalmente solo un trabajo— y familia. Un siglo después, las compañeras de Duckworth tienen la intención y la esperanza de alcanzar ambas cosas.

A lo largo de estos cien años, las mujeres se han enfrentado a obstáculos en las dos áreas; en el trabajo y en la familia. Han existido barreras a la contratación, como lo es la prohibición a las mujeres casadas de ejercer como maestras y profesoras, o las limitaciones para trabajar en oficinas y cargos públicos. A la población femenina se le impidió obtener un título de grado superior en ciertas instituciones. En algunas de las mejores universidades de derecho, negocios y medicina las mujeres estaban vetadas. Las empresas ofrecían algunos puestos únicamente a los hombres, y otros solo a las mujeres. Muchas ocupaciones estaban dirigidas en exclusiva a las personas blancas, de manera que las barreras eran todavía más altas para las mujeres de color. Las normas sociales en comunidades y familias imponían mandatos no oficiales, pero igualmente poderosos, como que las madres no debían trabajar mientras los hijos fueran pequeños, o, en algunos casos, nunca.

La mayor parte de los muros legales y de procedimiento que entonces restringían los logros de la población femenina han sido hoy superados. Las normas sociales han experimentado fuertes cambios. Pero el sexismo, el amiguismo entre hombres y el acoso sexual se mantienen. El trayecto con destino a una carrera y una familia ha sido arduo —un recorrido largo y lleno de curvas, con ascensos y descensos, barreras y peajes—. Aunque las ambiciones de la mujer para desarrollar una carrera y formar una familia empezaron mucho antes, nuestra aventura se inicia poco más de un siglo atrás, cuando por primera vez se crearon registros fiables, en especial los del censo de población de Estados Unidos.[7]

No hay una definición de familia o carrera que a todo el mundo parezca perfecta, ni puede esta ser completamente inclusiva. Pero, para comprender mejor el cambio en las decisiones, ambiciones y oportunidades de las mujeres a lo largo del último siglo, es necesario trazar líneas claras y crear definiciones exactas.

En este trayecto centenario, «familia» implica la presencia de un hijo (o hija), adoptivo o biológico, pero no necesariamente la de un esposo (o esposa). Las familias son entidades muy personales. Yo tengo un marido y un perro, y son mi familia. Pero no constituirían una familia según la definición que empleo en las páginas que siguen.

«Carrera», aunque menos personal, también es difícil de definir. La palabra viene del latín *carraira* («camino para carruajes»), y esta de *carrus* («carro»), que tiene la misma raíz. Se trata de un término relacionado con el concepto de correr y con el de carretera para vehículos. Una carrera es el trayecto que recorre una persona y por el que progresa la vida. Debe ser continua durante cierto periodo de tiempo. «Carrera» no significa solo estar empleado en un trabajo; generalmente supone avanzar y persistir. Implica aprender, crecer, invertir y recoger frutos. Para las mujeres a las que seguiremos, una carrera se define como un empleo duradero y codiciado que, por el tipo de actividad —es-

critora, maestra, doctora, contable—, a menudo conforma la
propia identidad. Una carrera no tiene por qué iniciarse justo
después del grado académico más alto, sino que puede desarro-
llarse más tarde.

Por otra parte, un empleo no suele llegar a conformar nuestra
identidad ni es nuestro propósito en la vida. Con frecuencia, es
solo una manera de generar ingresos y, por lo general, no conlleva un conjunto de objetivos muy marcado. Por el contrario, como
afirmó una miembro del Grupo 2 entrevistada en 1970, «una
carrera —construirla y progresar en ella— requiere atención total. De otro modo, no es una carrera, sino un trabajo».[8]

En la práctica, las carreras son lo que un individuo considere ocupación —alguien para quien el sueldo puede no impor-
tar—. Existen voluntarias y líderes de movimientos sociales que
han mejorado la vida de mucha gente, aunque ganen muy poco
o nada. Pero, aunque su rol de virtuosas y bienhechoras sea relevante, la mejor manera de profundizar en el progreso de las
mujeres es utilizando la definición de carrera basada en el empleo y los ingresos de una persona durante cierto periodo de
tiempo. En el apéndice de fuentes (C7) «Éxito de carrera y familia» se describe la definición de carrera que utilizo.

Sandra Day O'Connor formó parte de la Escuela de Derecho de
Stanford en 1952 mientras estudiaba en dicha universidad —a
pesar de no encontrar trabajo en ningún bufete de abogados—.
Shirley Chisolm derribó barreras convirtiéndose en la primera
mujer negra elegida al Congreso, además de ser la primera mujer en presentarse a la presidencia por el Partido Demócrata, y
la primera persona negra en hacerlo. Estuvo casada dos veces.
No tuvo hijos. Virginia Apgar, médica y anestesista de obstetricia quien ideó el test que se realiza a los recién nacidos y que
lleva su nombre, nació en 1909. Abandonó su misión de hacerse cirujana después de que su mentor le advirtiera de que debía
evitar un puesto de residente de cirugía, porque, según le dijo,
habían fracasado demasiadas mujeres en esa empresa. La animó,

en cambio, a entrar en el nuevo campo de la anestesiología, que previamente había sido una especialidad de enfermería. Apgar nunca se casó, señalando al respecto que «lo que ocurre es que no he encontrado a un hombre que sepa cocinar».[9]

O'Connor, Chisolm y Apgar fueron desalentadas y excluidas de muchas maneras, pero todas ellas perseveraron. Eran mujeres extraordinarias. Pocas personas estudiarían Derecho si, tras aprobar los exámenes, se les negara un puesto de trabajo. A nadie le gustaría que le dijeran que, debido a su sexo, no puede perseguir sus sueños. La mayoría de las mujeres no aspirarían a una ambiciosa carrera si para alcanzarla tuvieran que sacrificar la maternidad, el matrimonio o una relación de pareja satisfactoria. Nunca sabremos la incalculable cantidad de talento femenino que ha sido infrautilizado.

Conforme se ponía fin al desánimo de las tituladas universitarias, sus metas, carrera y familia —logros que a los hombres con educación superior siempre se les han presupuesto—, se convirtieron en dos aspiraciones en la misma medida. Esta excepcional convergencia de las ambiciones de los graduados masculinos y femeninos es importante, porque todos han salido ganando, no solo las mujeres que llevan unas vidas cada vez más satisfactorias y plenas. Esta convergencia supera el beneficio individual. Sus efectos van mucho más allá de ganar confianza en la eficacia y las capacidades propias.

Cuando hay menos obstáculos, los costos de formación se reducen, aumenta la aceptación, se elimina la discriminación y la distribución de talento mejora en todos los sectores de la economía. Según estimaciones recientes, de un 20 % a un 25 % del crecimiento económico de Estados Unidos desde 1960 se debe a que se han eliminado barreras en el empleo, la formación y la educación de las mujeres y de las minorías.[10] Quien en otro tiempo hubiera sido una secretaria judicial ahora tiene la oportunidad de llegar a ser abogada; la entonces maestra de ciencias de una escuela de primaria puede hoy ser doctora. Individualmente y a nivel personal, las mujeres ganan. Pero esos beneficios personales favorecen también a todos los miembros de la sociedad debido a la mejor distribución de los recursos y a un mayor crecimiento económico.

El angosto camino que lleva a las universitarias a lograr una combinación exitosa de carrera y familia empezó a allanarse conforme fueron eliminados los grandes obstáculos para que las casadas consiguieran empleo. Y siguió haciéndolo gracias a los significativos avances en la tecnología para el hogar y en la concepción y la contracepción. Las generaciones posteriores tomaron gradualmente conciencia de que la carrera y la familia son dos metas que deben perseguirse de forma simultánea. Cada vez más parejas en las últimas décadas han descubierto el valor de esforzarse por establecer relaciones equitativas. Para poder comprender mejor esta evolución, examinaremos los cinco grupos de mujeres con titulación universitaria teniendo en cuenta que la trayectoria de cada uno viene marcada por el grupo anterior. De manera colectiva, la vida de estas mujeres describe una de las evoluciones sociales y económicas más relevantes de la historia.

Es sorprendente lo bien que encajan las universitarias de los últimos cien años (y unos pocos más) en estos cinco grupos diferenciados (véase la Figura 2.1). Cada uno de estos está unificado por las limitaciones a las que se enfrentaron sus miembros y cuáles fueron sus aspiraciones a pesar de estas. Las edades a las que contrajeron matrimonio y a las que dieron a luz, y la proporción de quienes nunca hicieron lo uno o lo otro, son también similares dentro de los grupos, y muy diversas entre cada uno de ellos.

Las agrupaciones también difieren en cuanto a combinaciones de carrera, trabajo, matrimonio y familia. Se podría suponer que estas discrepancias se deben al gran incremento en el número de mujeres que iban a la universidad y que se graduaban en cada momento, o a cambios en el tipo de mujeres que asistían. Pero en la mayoría de los casos no es así. Como veremos a lo largo del libro, las diferentes prioridades y logros de sus miembros responden a desarrollos sustanciales en la sociedad y en la economía. Los saltos que se dan de un grupo al siguiente se deben principalmente a elementos que estaban más allá del control individual y que no son específicos de la población femenina, y mucho menos de la universitaria.

Aunque estén bien diferenciados y delimitados, cada grupo ha entregado al siguiente un importante relevo. Este testigo conserva las huellas de las mentoras, maestras y consejeras que han contribuido a progresos y alcanzado logros significativos. Las mujeres del Grupo 5, por ejemplo, se han beneficiado enormemente de las pioneras del Grupo 4, quienes en gran número ocuparon posiciones de abogacía, de administración de empresas, en el sector académico y en el de la medicina. Pero el relevo ha servido también de advertencia, llevando consigo consejos sobre posibles pasos en falso y sugiriendo a la siguiente generación rutas alternativas. De las experiencias de las mujeres del Grupo 4, las del Grupo 5 han aprendido que se paga un precio por esperar demasiado a tener hijos. Las mujeres del Grupo 4 aprendieron del grupo predecesor que reincorporarse a la población activa a menudo resulta difícil.

Los grupos están determinados por año de nacimiento. Los límites cronológicos se sitúan a una distancia desigual (de veinte años en el primero, veintiséis en el segundo, veinte en el tercero, solo catorce en el cuarto y veintiuno en el quinto), y la edad de las mujeres consideradas llega hasta algo más de los cuarenta años. En estas páginas resolveremos cuestiones como qué tienen en común las mujeres que forman parte de estos importantes grupos, cómo queda delimitado cada uno de ellos y, basándose en las circunstancias y las decisiones que tomaron aquellas que recorrieron parte del trayecto con anterioridad, qué podrán mejorar las mujeres venideras. Conozcamos brevemente cada uno de estos grupos.

GRUPO 1. FAMILIA O CARRERA

Las mujeres del Grupo 1 nacieron aproximadamente entre 1878 y 1897, y se graduaron en la universidad entre 1900 y 1920. Son las que están menos unificadas dentro de los grupos en cuanto a logros

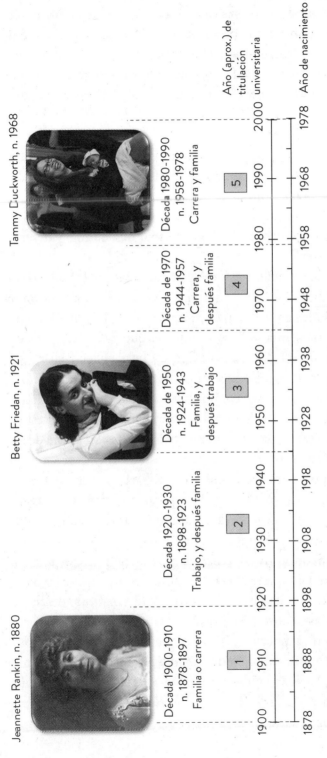

FIGURA 2.1. Cinco grupos de mujeres con titulación universitaria a lo largo de un siglo.

Fuentes: Imagen de Betty Friedan © Schlesinger Library, Radcliffe Institute, Harvard University; imagen de Tammy Duckworth © Chip Somodevilla/Getty Images News.

alcanzados a lo largo de sus vidas. La mitad no tuvo hijos, ni biológicos ni adoptivos; la otra mitad sí.[11] De las mujeres que no
tuvieron hijos, la gran mayoría —si no todas— estuvieron empleadas en algún momento de sus vidas. De entre quienes sí fueron
madres, muy pocas trabajaron. Casi una tercera parte del grupo
nunca se casó. Para el 70 % de las que contrajeron matrimonio,
este llegó de manera tardía.

A grandes rasgos, las miembros de este grupo inicial lograron
tener familia o carrera, aunque muchas tuvieron diversos trabajos (no carreras). Solo unas pocas escogidas pudieron trabajar
por un sueldo y tener una familia. Hubo, claro, excepciones. Una
muy pequeña parte de ellas logró formar una familia y desarrollar una carrera.

Muchas universitarias de esta época conquistaron carreras
prósperas, pero nunca se casaron o tuvieron hijos. Sus nombres
están recogidos en *Notable American Women* [Mujeres estadounidenses ilustres], una serie de volúmenes que incluyen a personajes ilustres como Edith Abbott, Grace Coyle, Helen Keller, Alice
Paul y Jeannette Rankin. Se trata de una lista donde también
figuran varias grandes economistas (además de Edith Abbott)
como Mary van Kleeck, Hazel Kyrk y Margaret Reid, investigadora de la Universidad de Chicago (y la única economista de alto
nivel con la que coincidí durante mis estudios).

El Grupo 1 también incluye a mujeres casadas sin hijos, como
Katharine Dexter McCormick, a quien la fortuna proveniente
de la maquinaria agrícola de su difunto marido resultó de gran
ayuda para proseguir una investigación que la llevaría a crear la
píldora anticonceptiva. Katherine fue mucho más que una adinerada heredera que sabía cómo utilizar su dinero; se convirtió
en la primera mujer de la historia del MIT (Instituto de Tecnología de Massachusetts) en titularse en Biología.

Fueron muy pocas las que alcanzaron carrera, matrimonio
e hijos. Esta lista, también del *Notable American Women*, es muy
corta. En ella aparecen la autora Mary Ritter Beard, que junto
con su marido Charles escribió *The Rise of American Civiliza-
tion* [El nacimiento de la civilización americana]; Jesse Daniel

Ames, a quien se considera fundadora del movimiento contra los linchamientos en el Sur de Estados Unidos; Pearl Syndenstriker Buck, que a través de la literatura dio vida a los campesinos de China, y Katharine Sargeant Angell White, editora de ficción de la revista *New Yorker* (y esposa de E. B. White, quien cautivó al mundo con *La telaraña de Carlota*).

En esta lista también está Sadie Mossell Alexander, la primera mujer negra en conseguir un doctorado en Economía. Mosell Alexander no está entre las economistas mencionadas porque abandonó la especialización al no poder alcanzar un puesto de académica. Se casó, obtuvo un título profesional de Derecho, tuvo dos hijos, estuvo empleada la mayor parte de su vida en el bufete de abogados de su marido y, posteriormente, se puso a trabajar por su cuenta hasta convertirse en la primera persona negra en llegar a ser juez del Tribunal de Primera Instancia de Filadelfia.

De las 237 mujeres con titulación universitaria del Grupo 1 que aparecen en los volúmenes del *Notable American Women*, menos del 30 % tuvo hijos, y solo un poco más de la mitad se casó.[12] Quienes consiguieron aparecer en el *Notable* desarrollaron una carrera extraordinariamente exitosa. Tanto el porcentaje de las que tuvieron hijos como el de las que contrajeron matrimonio es algo menor que el de las universitarias que no aparecen en el compendio. De todas formas, estas cifras siguen siendo muy bajas.

La lista de mujeres ilustres hubiera sido infinitamente más larga si las miembros del Grupo 1 se hubieran casado y hubieran tenido hijos, además de haber mantenido el nivel de intensidad en sus trabajos; si se hubieran hallado ante menos barreras y lejos de las difíciles decisiones que a menudo se vieron obligadas a tomar. Yendo un poco más lejos, y tal vez esto sea aún más importante, la lista hubiera sido más larga si más mujeres se hubieran animado a invertir en mayor formación y a perseguir una carrera, y por consiguiente hubieran cedido el testigo del talento a las siguientes generaciones.

De haber sucedido así, las mujeres que vinieron después, como las del Grupo 3, probablemente habrían estado menos confinadas en sus casas porque hubieran tenido un precedente que las ayudara a aspirar a carreras satisfactorias. Habrían invertido más en su educación y estudiado disciplinas superiores que las llevaran a alcanzar una profesión. El talento habría quedado mejor distribuido en la sociedad. La productividad habría sido mayor. Son incalculables los resultados que se podrían haber obtenido.

A lo largo de la historia, a muchas mujeres homosexuales, lo fueran abiertamente o no, la ley les prohibía contraer matrimonio, aunque algunas lesbianas de principios del siglo xx ya no ocultaban sus relaciones. Este fue el caso de Dorothy Wolff Douglas, economista del Amherst Collége en Massachusetts, quien había estado casada con Paul Douglas, economista de la Universidad de Chicago y senador de Estados Unidos por Illinois, y que, cuando se separó de este, se fue a vivir con Katherine DuPre Lumpkin, socióloga y escritora. Muchas otras, debido a limitaciones sociales o personales, se abstuvieron de expresarse libremente, incluso en privado. A Rachel Carson, quien con su *Primavera silenciosa* advirtió a América de los peligros del DDT, algunos biógrafos la consideran homosexual.

Cabe señalar que las universitarias con mayores recursos familiares tenían el lujo de poder evitar el matrimonio, fueran homosexuales o no. Aquellas que provenían de familias menos adineradas con frecuencia debían casarse a edades tempranas para garantizarse el sustento.

El Grupo 1 experimentó una serie de limitaciones que hicieron que conciliar empleo y familia fuera casi imposible. Cuando, en su edad tardía, se les preguntó por qué no se habían casado, muchas respondieron que no habían tenido la necesidad de hacerlo. Incluso quienes provenían de familias con menos recursos económicos podían mantenerse a sí mismas, puesto que los sueldos de las trabajadoras con formación eran más elevados. Muchas permanecieron solteras no porque aspiraran a algo mejor, sino porque normalmente querían conservar su independencia y escapar de las normas patriarcales de su tiempo.

GRUPO 2. TRABAJO, Y DESPUÉS FAMILIA

El Grupo 2, de las nacidas entre 1898 y 1923, y graduadas entre 1920 y 1945, es un grupo de transición. Las circunstancias de sus miembros se parecen a las del Grupo 1 en el inicio, con una tasa baja de matrimonios, pero en el tramo final se asemejan a las del Grupo 3, que presentan altos índices de matrimonios, se casan jóvenes y tienen muchos hijos.

Puesto que la edad de matrimonio de las mujeres del Grupo 2 fue relativamente tardía (como lo fue para las del Grupo 1), este grupo de transición está ampliamente categorizado como el de las que primero tuvieron trabajo, y después familia. La mayoría de las mujeres que finalmente se casaron tuvieron hijos. Y, aunque gran parte de estas estuvieran empleadas durante algún tiempo antes de casarse, después del matrimonio no acostumbraban a trabajar de forma remunerada.

Muchas de ellas tuvieron otras aspiraciones que fueron sofocadas por poderosos factores externos, incluido el de la incipiente Gran Depresión. Con la enorme recesión económica llegó la expansión de las políticas restrictivas, como las que prohibían el empleo de oficina a las mujeres casadas y las que ampliaban prohibiciones similares sobre puestos en el sector público como los de la enseñanza.

Al inicio del Grupo 2 encontramos a mujeres como Barbara McClintock, cuyo trabajo en el campo de la genética le valió el Premio Nobel, y Alice Kober, quien contribuyó al desciframiento del lineal B. Ninguna de las dos se casó. Junto a ellas están Zora Neale Hurston, folclorista y escritora dedicada a la experiencia negra en Norteamérica, y Grace Hopper, pionera en ciencias de la computación y contraalmirante de la Armada de Estados Unidos. Ambas se casaron; ninguna de las dos fue madre. Ada Comstock contrajo matrimonio a los sesenta y siete años después de una larga y distinguida carrera como primera presidenta del Radcliffe College. Estas mujeres, aunque poco comunes, son representativas de la primera sección del Grupo 2.

Bella Savitzky Abzuf, congresista de gran temperamento, Betty Friedan, autora de *La mística de la feminidad*, y Dina Shore, cantante y personalidad televisiva, fueron también miembros del Grupo 2. Las tres se casaron y tuvieron hijos. Se trata de miembros característicos del colectivo conforme se va transformando en el Grupo 3. Los componentes menos célebres del Grupo 2 incluyen a dos valientes maestras de escuela de San Luis, Missouri: Anita Landy y Mildred Barden, quienes desafiaron unas leyes que les causarían el despido después de casarse. Su caso, del que pronto sabremos más, puso fin a la mayoría de las barreras matrimoniales en las escuelas públicas.

GRUPO 3. FAMILIA, Y DESPUÉS TRABAJO

Las mujeres del Grupo 3, nacidas entre 1924 y 1943, se parecen más entre ellas que las de cualquier otro grupo. Expresaron aspiraciones y alcanzaron logros análogos, se casaron jóvenes, muchas de ellas tuvieron hijos, estudiaron disciplinas académicas parecidas y encontraron primeros trabajos similares. Si las mujeres del Grupo 1 habían tomado caminos diferentes —el de formar una familia o el de desarrollar una carrera—, las del Grupo 3 marcharon al unísono.

Esta uniformidad se debió en parte a que varias barreras laborales fueron derribadas. Pero también a que las mujeres de este grupo obtuvieron sus títulos universitarios entre 1946 y 1965, cuando los cambios en las corrientes demográficas auguraban matrimonios tempranos y familias numerosas. Más del 90 % de las tituladas universitarias del Grupo 3 contrajo matrimonio, y la mayoría lo hizo joven. Casi todas las que se casaron tuvieron hijos y un gran número de ellas consiguió un empleo inmediatamente después de graduarse, incluso nada más casarse. Pero, conforme iban teniendo hijos y haciéndose cargo de ellos, abandonaban la población activa en tropel.

Muchas quisieron reincorporarse al trabajo cuando los hijos se hicieron mayores, y otras utilizaron aquel tiempo para prepararse para una carrera. Dadas las interrupciones en el empleo y la priorización de la familia, a la mayoría les costó incorporarse a una población activa cuyas características habían cambiado radicalmente desde que la dejaron, además de que numerosas mujeres carecían de las habilidades profesionales requeridas. La mujer promedio del Grupo 3 tenía primero familia, y después trabajo.

Sin embargo, aunque en cuanto a tiempo de dedicación e importancia la prioridad fuera el hogar, para una gran parte de las miembros de este grupo esa circunstancia se vio interrumpida. En la década de 1960 se dispararon las tasas de divorcio de las casadas. Si en los años cincuenta el 12 % de las universitarias se divorciaba tras veinte años de matrimonio, en los sesenta lo hacía el 30 %.[13] A algunas de las mujeres del Grupo 3 les debió coger por sorpresa que los estados cambiaran sus leyes de divorcio a un modo «unilateral», es decir, a que cualquier miembro de la pareja pudiera disolver el matrimonio. Quienes se habían estado dedicando a las tareas domésticas y tenían escasa experiencia laboral contaban con poco poder de negociación en el hogar.

La mayoría de las mujeres del Grupo 3 que habían dejado la población activa para tener hijos después regresaron a empleos diversos, especialmente en la enseñanza y en la oficina. Aunque desconocemos a muchas de ellas, sabemos los nombres de algunas de las que finalmente encontraron su vocación profesional. Por ejemplo, Erma Bombeck, Jeanne Kirkpatrick, Grace Napolitano y Phyllis Schlafly. Esta última, irónicamente, hizo carrera intentando truncar las carreras de otras mujeres.

Hubo quienes, por necesidad o por voluntad propia, jamás dejaron de trabajar. Algunas tenían que seguir ganando dinero después de un divorcio, en particular si tenían hijos. Parece ser que la escritora Toni Morrison, ganadora del Premio Nobel, nunca hacía una pausa en el trabajo. Tras su divorcio se convirtió en editora para Random House, crio a sus dos hijos y de madrugada, antes de prepararles el desayuno, escribió novelas brillantes e inolvidables.

Las aspiraciones de las mujeres del Grupo 3 se reflejan en las ideas que tenían de su propio futuro y que están registradas en varias grandes encuestas. Estas universitarias se casaron temprano y tuvieron más hijos que sus predecesoras, pero muchas de ellas afirmaron que durante el matrimonio deseaban un empleo, aunque sus hijos todavía fueran pequeños. Sus aspiraciones quedaron para la posteridad en el libro superventas de Betty Friedan. Sin embargo, como veremos, la realidad era muy diferente. Las del Grupo 3 tuvieron más oportunidades. A partir de 1950, una vez eliminadas las barreras matrimoniales, el trabajo abundaba para las casadas. Y las aspiraciones habían cambiado.

GRUPO 4. CARRERA, Y DESPUÉS FAMILIA

Este es el grupo de las nacidas entre 1944 y 1957 que obtuvieron sus títulos de educación superior entre mediados de la década de 1960 y finales de la de 1970. Las mujeres que lo conforman sin duda aprendieron de las experiencias de sus antecesoras. La transformación del Grupo 3 al Grupo 4, en cuanto a matrimonio, hijos, ocupaciones y empleo, es la más radical que veremos en la historia de estas generaciones.

Las miembros del Grupo 4 llegaron a la edad adulta en el momento en que el movimiento feminista alcanzaba su madurez. Estas mujeres conocían las limitaciones y frustraciones sobre las que Betty Friedan había escrito en su obra *La mística de la feminidad*, pero, en lo que respecta a las decisiones académicas y profesionales, podremos observar que se vieron menos influenciadas por las «ruidosas» revoluciones de los sesenta y los setenta que por una revolución más silenciosa. A pesar de que aquel estruendoso movimiento también fuera de algún modo catalizador, las del Grupo 4 posiblemente se vieron más influenciadas por el título inglés de cortesía «Ms.» que por Gloria Steinem, la fundadora de la revista *Ms.* (y prominente feminista).

Se trata de mujeres que, desde muy jovencitas, habían visto cómo sus madres, tías y hermanas mayores, las miembros del

Grupo 3, se reincorporaban a la población activa cuando sus hijos abandonaban el nido. Algunas de aquellas se habían reincorporado al empleo sin dudarlo. Otras habían planificado cuidadosamente una vida en la que primero serían madres y después se pondrían a trabajar. Pero los empleos que el Grupo 3 buscó y obtuvo generalmente tuvieron poco que ver con las carreras de por vida a las que aspiraban las mujeres del Grupo 4. Las madres a menudo imaginaron una trayectoria diferente para sus hijas. «A mi hija le aconsejo que busque tener familia y carrera. Eso ahora es posible», diría sobre su hija del Grupo 4 una erudita, pero desempleada, miembro del Grupo 3.[14]

Las del Grupo 4 también fueron testigos de que muchas mujeres del grupo predecesor se hallaron, de improviso, divorciadas y con destrezas profesionales relativamente obsoletas. Las integrantes del Grupo 4 aprendieron a edad temprana que poseer las aptitudes profesionales adecuadas sería importante no solo para sus propias carreras, sino también para el sustento de sus hijos y el suyo propio. Un matrimonio ya no era para siempre, si es que alguna vez lo había sido. Quienes eran madres en los grupos 2 y 3 sabían también que «lo peor es que te dejen en la madurez, viuda o divorciada, sin tener una identidad propia ni algo que te apasione».[15]

La tasa de divorcio del Grupo 4 fue todavía más elevada que la de las miembros de la parte final del Grupo 3. De las que se casaron en la década de 1970, el 37 % no llegó a celebrar los veinte años de matrimonio. Mientras que, en los sesenta, el porcentaje (principalmente de mujeres del Grupo 3) había sido de un 29 %.[16]

A pesar de la cantidad de matrimonios rotos que se dio en el Grupo 4, esto no cogió por sorpresa a sus integrantes como lo hiciera con las del Grupo 3. Las mujeres del Grupo 4 lo habían visto venir desde muy jóvenes. El relevo que sus antecesoras les habían entregado venía con la advertencia de que el matrimonio podía constituir una unión inestable, y llevaba inscrito el peligro de invertir en la carrera del marido en lugar de en la propia. La tasa de divorcio empezó a disminuir. Fue tan baja entre quienes se casaron a partir de la década de 1980 como lo había sido en la de 1960. La población femenina empezó a contraer matrimonio más tarde y, aunque las leyes de divorcio fueran más permisivas, sus matrimonios eran más estables.

Las mujeres del Grupo 4 iban a hacer las cosas mejor que las del Grupo 3. Vieron que el conjunto del Grupo 3 no priorizó la educación profesional o universitaria, ni las carreras a largo plazo. Las del Grupo 4, puesto que tenían más claras sus metas, se preparaban ya en el instituto para ir a la universidad; elegían mejor sus disciplinas y títulos académicos con el objetivo de desarrollar una carrera duradera.

Las de este grupo pensaron que primero debían encaminarse hacia la carrera profesional, y después formar una familia. Pensaron que, si lograban encarrilar aquella, la llegada de los hijos no la desbarataría. La familia sería la parte fácil —o al menos eso podían suponer a juzgar por los altos índices de fecundidad de las mujeres del Grupo 3—. Además, en el Grupo 4 estaban equipadas con algo de lo que las jóvenes de generaciones anteriores habían carecido: la píldora anticonceptiva.

Provistas de una mejor herramienta de control de la natalidad, podían postergar el matrimonio y la maternidad con muy pocas consecuencias inmediatas. La contracepción era efectiva, conveniente y era controlada por ellas mismas, cosa que les suponía poder adquirir más formación y escalar posiciones en sus carreras sin por ello tener que renunciar a una vida social y sexual activa. Pero muchas aplazaron demasiado la maternidad. Aproximadamente el 27 % de las universitarias del Grupo 4 nunca tuvieron hijos. Estas mujeres aspiraron a tener carrera, y después familia, pero las aspiraciones no necesariamente son logros.

Algunas de las más conocidas componentes del Grupo 4 son Hillary Clinton y Carol Mosley Braun, la primera mujer negra electa para el Senado de Estados Unidos. Ambas se casaron —de una es bien sabido— y las dos son madres. Entre otras, están también Condoleezza Rice y Sonia Sotomayor; ninguna de las dos tiene hijos.

Las mujeres del Grupo 4 fueron las primeras en aspirar profusamente a las profesiones mejor remuneradas y prestigiosas como son la abogacía, la medicina o la dirección de empresas. Deseaban lo que sus colegas masculinos habían perseguido siempre: mejorar su situación económica, lograr el respeto de sus compañeros de trabajo y alcanzar la posición más elevada en la carrera profesional deseada. Los hombres de este grupo también aumentaron su propio deseo por alcanzar esos logros.[17] La familia era importante, pero, de alguna forma, iba en el asiento de atrás, mientras que la formación de posgrado y los progresos profesionales conducían el vehículo.

GRUPO 5. CARRERA Y FAMILIA

Este es el grupo de las tituladas universitarias nacidas a partir de 1958 que iniciaron sus estudios de grado alrededor del año 1980. Con el fin de permitir que sus miembros tengan tiempo suficiente para tener hijos y para poder observar qué decisiones toman a partir de entonces, definiré los años de nacimiento del Grupo 5 en un rango que va de 1958 a 1978, aunque el grupo continúe activo. Este está compuesto por mujeres que vieron los errores de cálculo que cometieron sus antecesoras. A menudo, aquello que se pospone no llega a lograrse. Las del Grupo 5 se dijeron a sí mismas que tener una carrera no iba a seguir eclipsando la posibilidad de una familia.

A pesar de que también postergarán tanto el matrimonio como la maternidad, e incluso se demorarán más en su consecución, estas mujeres han elevado con creces las tasas de fecundidad. Como en el Grupo 4, se han servido de una importante variedad de técnicas reproductivas, incluida la fecundación *in vitro*. La ayuda que han tenido en este caso ha sido para la concepción, no para la contracepción. Las miembros de este grupo final, en su mayoría, han aspirado a tener carrera y familia.

LA IMPORTANCIA DE LOS LÍMITES

Ahora ya podemos regresar a la cuestión de por qué estas mujeres encajan de manera tan perfecta en estos cinco grupos diferenciados. Se trata de un puzle que se puede resolver si analizamos los datos demográficos y económicos de que disponemos sobre los matrimonios, los nacimientos y el empleo.

La edad a la que las mujeres se casan es un indicador valioso de las distinciones entre los grupos (véase la Figura 2.2). Se ha comprobado que el hecho de que una mujer contraiga matrimonio (o se empareje) pronto, tarde o nunca está relacionado con sus planes de carrera e hijos. Lo primero que podemos observar en la figura es la forma de U que se extiende del Grupo 1 al Grupo 5. El porcentaje más bajo corresponde al Grupo 3, donde casi un 8 % de sus miembros nunca se casó y el 20 % seguían solteras a edades cercanas a los treinta años. En el Grupo 5, casi la mitad de las mujeres no se había casado aún cerca de cumplir los treinta.

En la actualidad, el uso del matrimonio como indicador social puede parecer obsoleto. Hoy se puede tener una pareja para toda la vida y obviar completamente la institución del matrimonio. Muchas parejas cohabitan durante largo tiempo antes de casarse y ya no resulta demasiado relevante a qué edad lo hagan. Pero en cuanto a las tituladas universitarias, incluso en los grupos más recientes, el 90 % de ellas estuvieron o están casadas a los cincuenta años.

Puesto que el censo de población de Estados Unidos de 1940 fue el primero en incluir información sobre logros académicos y estado civil, en los grupos iniciales no hay información disponible en cuanto a edades. Asimismo, aunque a lo largo de la historia sean comunes las relaciones entre personas del mismo sexo, los datos relativos a los matrimonios y uniones homosexuales han empezado a aparecer solo en los últimos tiempos.[18] Finalmente, como el matrimonio por categorización racial contiene diferencias, y porque debo analizar una población cerrada, en este libro he limitado los datos a los relativos a mujeres blancas

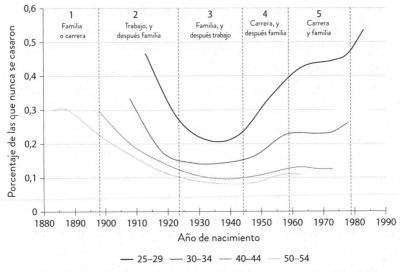

FIGURA 2.2. Porcentaje de mujeres con titulación universitaria que han permanecido solteras, por edad y año de nacimiento.
Véase apéndice de figuras y tabla.

de origen norteamericano, aunque más adelante hablaré de diferencias raciales. Debo resaltar que, por lo que respecta al resto de los datos, todos los grupos raciales están incluidos.

Las tasas de matrimonio de las universitarias del Grupo 1 son muy bajas. Incluso a una edad de poco más de cincuenta años, únicamente el 70 % se había casado. El Grupo 2 no difiere del Grupo 1 al inicio, pero hacia el final solo el 10 % de las mujeres de cincuenta años no había contraído matrimonio en alguna ocasión. Las edades más tempranas a las que se casaban y la fracción de casadas más elevada se encuentran en el Grupo 3, en el que casi el 80 % habían contraído matrimonio a edades comprendidas entre los veinticinco y los veintinueve años. Prácticamente todas las mujeres que en algún momento se casaron lo hicieron antes de cumplir los treinta.

El Grupo 4 postergó el matrimonio, y esa tendencia continúa en el Grupo 5. Pero, aunque los matrimonios en estos grupos se produjeran más tarde, el número de las que finalmente se casaron sigue siendo muy elevado. Puede que la tasa de matrimonios ocurridos alrededor de los treinta años se asemeje a la del Grupo 1 —de las mujeres nacidas a finales del siglo xix—, pero la comparación acaba ahí. Si bien las universitarias nacidas a partir de 1940 pospusieron el matrimonio, muy pocas permanecieron solteras.

Otro modo de medir en qué momento se producía el matrimonio es la edad a la que la mitad del grupo estuvo alguna vez casada. O, lo que es lo mismo, la edad promedio al contraer matrimonio.[19] Las tituladas universitarias en la mitad del Grupo 3, nacidas entre mediados de los años veinte y principios de los cuarenta, se casaron a los veintitrés años aproximadamente. Pero para las del Grupo 4, nacidas de 1950 a 1955, una diferencia de solo cinco años, la edad promedio del primer matrimonio alcanzó los veinticinco años, y se ha continuado incrementando. Para las universitarias nacidas en 1980, nada más cruzar el límite del Grupo 5, la edad supera los veintisiete.

El incremento de la edad de matrimonio de veintitrés a veintisiete años ha tenido enormes consecuencias. Significa que las mujeres pueden estudiar títulos superiores y formarse profesionalmente sin tener que preocuparse por la familia, y sin necesidad de desplazarse geográficamente a causa de los estudios o el trabajo de sus maridos.

Las tasas de matrimonio de las mujeres que nunca fueron a la universidad difieren de las que sí lo hicieron.[20] El porcentaje de las que cursaron estudios universitarios y se graduaron es creciente a lo largo de los grupos, y es una distinción importante que pronto va a ser considerada. Las que no fueron a la universidad se casaron jóvenes y, en los primeros grupos, lo hicieron en mayor medida. El conjunto de no universitarias no experimentó las altas tasas de soltería del Grupo 1. Pero en los grupos de las nacidas recientemente se ha producido un considerable receso de matrimonios entre aquellas que no fueron a la universidad. En estas diferencias existe una excepción importante: todas las mujeres nacidas entre finales de la década de 1940 y principios de la de 1960 que se casaron lo hicieron a edades tempranas.

Los datos sobre el matrimonio delimitan claramente los grupos. El Grupo 1 tenía un bajo índice de matrimonios, incluso en las edades más avanzadas.[21] El Grupo 3 se casaba temprano. Los grupos 4 y 5 postergaron mucho el matrimonio, pero finalmente se casaron casi tanto como en el Grupo 3. Las diferencias entre los grupos 4 y 5, como veremos, aparecen después del matrimonio: con la llegada (o no) de los hijos.

Las mujeres negras con titulación universitaria comparten con las blancas algunos de los patrones de matrimonio de la Figura 2.2; en los primeros grupos su tasa de matrimonios era baja, en el Grupo 3 tenían la tasa más alta, y en los grupos 4 y 5 se casaban significativamente tarde. En estos dos últimos grupos, el matrimonio de las mujeres negras universitarias no solo se ha postergado —como lo ha hecho entre las universitarias blancas—, sino que a edades más avanzadas continúa mostrando bajos índices.

Si las mujeres se quedan embarazadas nada más salir de la universidad, es poco probable que continúen con su formación académica. Sus carreras seguramente se verán pausadas. Lo opuesto ocurre cuando se puede posponer la maternidad. La relación estrecha que históricamente ha existido entre matrimonio y fecundidad ha cambiado en los últimos tiempos, pero el número de mujeres con titulación universitaria, solteras y sin pareja, que tienen hijos sigue siendo bajo.[22]

En la Figura 2.3 se puede observar el porcentaje de mujeres con titulación universitaria que nunca tuvieron hijos. Las líneas onduladas en el gráfico se asemejan a las que reflejan las mujeres que nunca se casaron. Las líneas para los grupos 4 y 5 contienen datos recabados con mayor frecuencia y, por consiguiente, aparecen irregulares. Si añadimos las adopciones, el porcentaje de mujeres con hijos incrementa en 1,6 puntos porcentuales aproximadamente.[23] (La diferencia vertical entre las líneas muestra el grado en que los nacimientos se retrasaron).

Aunque existan semejanzas entre los datos de matrimonio y de natalidad, hay una diferencia obvia, y es que un matrimonio no necesariamente produce hijos. Esta es la disparidad más importante entre los grupos 4 y 5. En ellos, los matrimonios se produjeron a edades y en números similares, pero en el Grupo 5

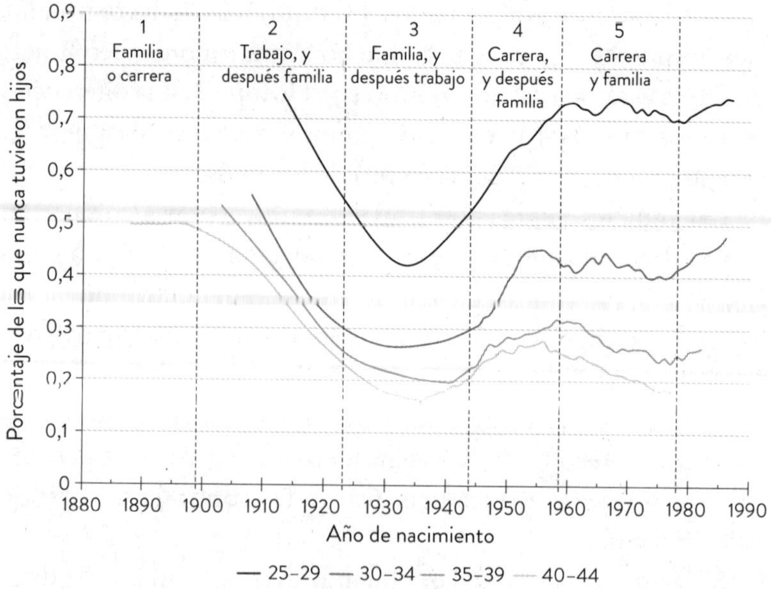

FIGURA 2.3. Porcentaje de mujeres con titulación universitaria sin hijos, por edad y año de nacimiento.
Véase apéndice de figuras y tabla.

fueron más quienes al final tuvieron un hijo, aunque esto suce-diera a una edad relativamente tardía.

Más de la mitad de las mujeres del Grupo 1 nunca tuvieron hijos.[24] El Grupo 2, de la misma manera que sucede con los datos sobre matrimonios, extiende un puente entre los bajos niveles de fecundidad del Grupo 1 y las elevadas tasas del Gru-po 3. Este último presenta una imagen totalmente distinta. Más del 90 % de las que se casaron tuvieron al menos un hijo —es el grupo con la tasa de fecundidad más alta de los que estamos considerando—.[25] Al término de su vida reproductiva, solo un 17 % de las mujeres nunca dio a luz. Entre las que tuvieron hijos, el promedio en los años más fértiles fue de 3,14 partos por mujer.[26]

Las mujeres del Grupo 4 aplazaron el momento de la mater-nidad, y la proporción de las mujeres que nunca tuvieron hijos se disparó. Hacia el final de este grupo, un 45 % de sus componentes tuvieron un hijo cumplidos los treinta y cinco. Un retraso de tal magnitud da como resultado que el porcentaje de mujeres que nunca darían a luz alcance un límite del 28 % aproximadamente. Estos hechos ocurren para todas las tituladas universitarias, no solo para quienes llevaban a cabo estudios de posgrado o se graduaban en reputadas instituciones de estudios superiores.

Las mujeres del Grupo 5 continuaron postergando la maternidad, pero intervenciones médicas como la fertilización *in vitro* les permitieron recuperar el tiempo perdido. En la totalidad del grupo, el promedio de partos es de 1,8, y de un 2,2 para quienes ya tenían al menos un hijo.[27]

Las tasas de fecundidad de las mujeres blancas y negras con formación universitaria son muy parecidas a las totales, que incluyen todas las razas. Estas similitudes se mantienen, si bien si los índices de matrimonio en los dos grupos más recientes son muy diferentes.

Las tasas de participación en la población activa de las mujeres con titulación universitaria que se casaron alguna vez nos ayudan también a observar las diferencias entre los grupos.[28] (Los datos demográficos y económicos de los cinco grupos están resumidos en la Tabla 2.1). No obstante, estos índices no varían tanto entre los grupos como lo hacen los de matrimonio y maternidad. En el empleo no se producen estas variaciones porque, a lo largo de la historia, este ha ido incrementando de manera estable para el conjunto de mujeres.[29] La única excepción, sin embargo, la constituyen las mujeres negras con titulación universitaria; son estas quienes desde la fecha más temprana en que se observan datos de ocupaciones y empleo femenino tienen índices de empleo excepcionalmente altos.

Consideremos la tasa de empleo de las mujeres en los tres grupos de edad de la Figura 2.4 (página 66) con edades comprendidas entre los veinticinco y los cuarenta y nueve años.[30] Los datos empiezan en el Grupo 2, ya que el censo de población de 1940 fue el primero en ofrecer información sobre niveles de educación y empleo. La primera delimitación se da entre los grupos 2 y 3. El Grupo 2 tenía una baja participación cuando sus componentes eran jóvenes (y estaban casadas), pero creció conforme avanzaron en edad. Debido a que muchas tenían hijos, en el Grupo 3 se produjo casi la misma participación a edades tempranas que en el 2, pero con los años creció de una manera muy significativa; estas entraron a formar parte de la población activa cuando sus hijos empezaron a ir al colegio; así fue para algunas de las mujeres más conocidas del grupo, desde Erma Bombeck hasta Jeane Kirkpatrick, pasando incluso por Phyllis Schlafly.

Entre un 75 % y un 85 % de las mujeres del Grupo 3 formaban parte de la población activa a una edad cercana a los cincuenta años (para las mujeres negras del grupo, el porcentaje era de entre un 88 % y un 93 %). Así pues, a pesar de que las familias eran numerosas y de la baja participación en el empleo de las del Grupo 3 durante su juventud, a edades más avanzadas las altas tasas de empleo eran elevadas. De hecho, lo eran casi tanto como las de las miembros de los grupos 4 y 5, quienes habían iniciado sus carreras mucho antes.

Debemos señalar algunos aspectos cruciales respecto al volumen de nuestros grupos de tituladas universitarias en relación con la población, y a la proporción de hombres y mujeres entre los titulados universitarios. En el trayecto que estamos realizando, por «universidad» entenderemos prácticamente siempre la institución donde se cursan cuatro años de estudio, y con «graduación» o «titulación» nos referiremos a la obtención de un título de grado o licenciatura (no a diplomas o títulos técnicos superiores). En ocasiones incorporaremos a nuestro análisis a las mujeres que obtuvieron un título en escuelas de magisterio de dos años, especialmente cuando esto constituía la vía de entrada a la profesión de enseñante.

En el año 1900 era poco común graduarse en la universidad, tanto para los hombres como para las mujeres. Por aquel entonces se titulaban menos de uno de cada treinta jóvenes, o, lo que es lo mismo, menos de un 3 % de ellos. Estos niveles eran mucho menores entre las personas negras. Dando un salto temporal hasta el año 1990, vemos que casi una de cada dos mujeres estaba entonces destinada a graduarse en la universidad (véase la

Años universitarios [Año de nacimiento] Aspiración/logro	(A) Nunca casadas (a la edad de 30)	(B) Nunca casadas (a la edad de 50)	(C) Sin hijos (a la edad de 44)	(D) Alguna vez casadas, de 25 a 29 años, en la población activa	(E) Alguna vez casadas, de 45 a 49 años, en la población activa
Grupo 1: 1900-1919 [1878-1897] Familia o carrera	53 %	32 %	50 %	-20 %	30 %
Grupo 2: 1920-1945 [1898-1923] Trabajo, y después familia	38 %	19 %	36 %	28 %	58 %
Grupo 3: 1946-1965 [1924-1943] Familia, y después trabajo	16 %	9 %	18 %	35 %	73 %
Grupo 4: 1966-1979 [1944-1957] Carrera, y después familia	21 %	9 %	27 %	76 %	85 %
Grupo 5: 1980-2000 [1958-1978] Carrera y familia	27 %	12 %	21 %	83 %	84 %

TABLA 2.1. Matrimonio, hijos y empleo en cinco grupos de mujeres con titulación universitaria.
Véase apéndice de figuras y tabla.

Figura 2.5 y la Figura 4A [C2] del apéndice digital).[31] Los niveles de las mujeres negras están dos décadas, o más, por detrás de los de las mujeres blancas.[32]

En este periodo de tiempo los índices han ido variando; se han producido incrementos y ligeras disminuciones, pero existen

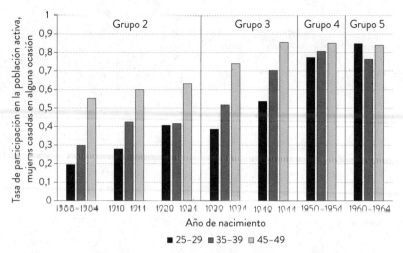

FIGURA 2.4. Tasa de participación en la población activa por edad y año de nacimiento: mujeres con titulación universitaria que se han casado en alguna ocasión.
Véase apéndice de figuras y tabla.

dos anomalías tan notables que merecen ser explicadas. Los
índices de titulación masculina ascendieron de manera muy
pronunciada entre mediados y finales de la década de 1960, para
después caer en picado. La causa tanto de la rápida subida
como del desplome fue la guerra de Vietnam. El enorme ascenso respondía a las prórrogas que permitían evitar la llamada a
filas (hasta que se graduaran) a los hombres lo suficientemente
afortunados como para tener estatus de estudiante de grado. El
anormal decrecimiento se debió a reducciones en el reclutamiento y a que la intervención militar de Estados Unidos en
Vietnam llegó a su fin.[33]

Otra particularidad que requiere mención es el punto en el
que se dio un cambio de tendencia, el momento en que se empezaron a graduar más mujeres que hombres.[34] Los varones con
titulación universitaria siempre habían superado vastamente en
número a las tituladas universitarias, especialmente entre los cincuenta y los sesenta. Pero, alrededor de 1980, las mujeres los alcanzaron y acabaron por superarlos. Las mujeres negras adelan-
taron a los hombres negros en unos diez años. Desde entonces
las universitarias han continuado ampliando su ventaja.

Podemos considerar las series de personas con titulación universitaria de dos maneras. Una (de la que hemos hablado) tiene en consideración a los individuos nacidos aproximadamente en un mismo año. Pero la edad de los estudiantes varía y no es raro que los universitarios de treinta años asistan a las mismas clases que los veinteañeros. Esta mezcla de edades se ha producido a lo largo de la historia, sobre todo a mediados del siglo xx, después de que un gran número de soldados (en su mayoría hombres) regresaran a sus hogares.

Otra serie relacionada ofrece cifras precisas de universitarios por año académico, cosa que nos permite comprender mejor las interacciones sociales en los campus y en las clases. Esta nos muestra el cociente por sexo en cada uno de los espacios de la universidad: en el aula, en la biblioteca, en los cuartos de las residencias, en los centros de alumnos y en los lugares de ocio.

El cociente masculino y femenino (o cociente de sexo) de esta serie nos revela que, desde mediados de los cuarenta hasta mediados de los sesenta, había en la universidad muchos más hombres que mujeres.[35] Por ejemplo, a finales de la década de 1940, este cociente alcanzó un número sorprendente: había 2,3 universitarios masculinos por cada universitaria, aunque en la serie por año de nacimiento fuera solamente de 1,5. El resultado sobrante es igual al de los soldados que habían regresado del servicio, algunos de los cuales ya estaban casados, aunque otros fueran solteros, con lo que su presencia incrementaba mucho las oportunidades de las universitarias de encontrar una pareja adecuada.[36]

También es importante tener en cuenta el histórico aumento de la educación mixta. Se produjo un cambio en lo que la universidad había significado en cada época para hombres y mujeres. Una transformación que en gran parte dependía de si los estudiantes masculinos y femeninos residían en el mismo campus. A finales del siglo xix y durante la primera década del siglo xx —particularmente en ciertas regiones del país—, una parte sustancial de los alumnos estudiaba en universidades no mixtas. Del conjunto de universitarios que se graduaron en el

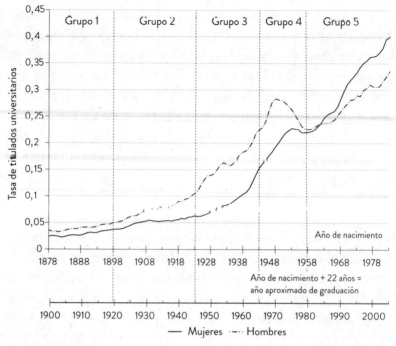

FIGURA 2.5. Tasa masculina y femenina de graduados universitarios (a la edad de treinta años).
Véase apéndice de figuras y tabla.

año 1900, el 40 % de las mujeres y el 46 % de los hombres asistían a clase en centros no mixtos.[37] Pero la fracción de estudiantes de grado en centros de educación mixta incrementó de manera rápida y significativa; tanto es así que en la década de 1930 el porcentaje de estudiantes en centros no mixtos descendió a menos del 30 %. En 1966, a las vísperas de que en la mayoría de las universidades de élite se produjera una histórica integración, únicamente el 8 % de las estudiantes de grado y el 5 % de los estudiantes masculinos acudían a clases no mixtas en centros de educación superior.

A lo largo del siglo, sin embargo, la universidad ha sido comúnmente un lugar donde encontrar pareja. Los centros no mixtos solían estar interconectados y a menudo existía una ruta de autobús que los enlazaba los fines de semana. Incluso los centros mixtos, especialmente aquellos en los que la presencia de estudiantes femeninas de grado era escasa, estaban asociados a las universidades no mixtas cercanas. Al autobús que unía el MIT con el Wellesley College se le llamaba, coloquialmente, «la lanzadera de los arrumacos».

A juzgar por el enorme incremento de asistencia a la universidad desde principios del siglo xx, se podría deducir un cambio, dominante en todos los grupos, del perfil de la persona que cursaba estudios y se graduaba en la universidad. Después de todo, las universitarias de los alrededores del año 1900 procedían, en muy mayor medida, de familias más adineradas que las de los años posteriores. Estas podían permitirse no contraer matrimonio. Puede que las que fueron a la universidad en la década de 1950 sean quienes más deseaban tener hijos. Y las que han obtenido una titulación universitaria en los últimos tiempos difieren de las demás presumiblemente porque han optado por una carrera. Pero los cambios principales que hemos visto en la proporción de casadas y en la de fecundidad, en esencia, no tienen que ver con el tipo de mujer que iba a la universidad, ni con la clase de familias que enviaban a sus hijas a estudiar a estas. Se trata de transformaciones más profundas.

Esto lo podemos confirmar examinando, a lo largo del siglo, a las mujeres que pertenecían al mismo estrato social y que asistieron a las mismas universidades. En todos los grupos, también entre quienes crecieron en un entorno familiar y educativo similar, veremos que se producen transformaciones considerables que evidencian la necesidad de delimitar cada grupo. O, dicho de otra manera, incluso cuando los entornos de algunas mujeres son los mismos, los cambios que se observan en cuanto a matrimonio, fecundidad y empleo afectan a todas las miembros del grupo.

Tomemos como ejemplo a las mujeres que se graduaron en el Instituto de Estudios Avanzados del Radcliffe College/Harvard.[38] Disponemos de datos con un detalle extraordinario sobre ellas. Estas jóvenes mujeres han sido tradicionalmente seleccionadas de entre las más brillantes, capaces y motivadas del país.

Además, durante la mayor parte del periodo que estamos considerando, las estudiantes fueron escogidas, de manera desproporcionada, de entre las familias más adineradas de la nación. Esta información es significativa, porque de 1880 a 1940, la admisión a las elitistas universidades privadas se forjaba en la preparatoria escuela secundaria privada.[39] Aun así, el porcentaje de mujeres de Radcliffe (graduadas desde principios del siglo xx hasta finales de la década de 1970) que asistió a una escuela secundaria privada fue, de forma casi constante, de un 45 %.[40]

Pero, aunque compartan extracto social, la propensión a casarse y tener hijos de las mujeres de Radcliffe no difiere mucho de la tendencia general de la población desde alrededor del año 1900.[41] Las fracciones, por edad y por grupo, de las mujeres que permanecieron solteras son prácticamente las mismas, y los puntos de inflexión, casi idénticos. Los datos más sorprendentes en cuanto a matrimonios aparecen en el Grupo 3. Desde finales de la década de 1940 hasta principios de los años sesenta, las mujeres de Radcliffe se casaron temprano y en gran número. En ese sentido, no fueron diferentes a las tituladas que se graduaron en universidades menos distinguidas. Cambios similares se pueden observar en los datos sobre la natalidad.[42]

Helen Taussig, pionera cardióloga pediátrica e hija del economista de Harvard Frank Taussig, estudió en Radcliffe en los años próximos a la Primera Guerra Mundial. Nunca se casó, y fue una de las típicas miembros del Grupo 1 que pudo mantener su carrera. Adrienne Rich, reconocida poeta, se casó más o menos un año después de graduarse en Radcliffe, en 1953, y tuvo tres hijos en rápida sucesión. Tras la muerte de su marido, inició una relación con una mujer con quien pasaría el resto de su vida. Rich fue una ejemplar (y a la vez atípica) integrante del Grupo 3. Linda Greenhouse, periodista ganadora del Premio Pulitzer, está a la vanguardia del Grupo 4. Se casó a los treinta y cuatro años, más de una década después de graduarse en Radcliffe, y tuvo su primer hijo a los treinta y ocho.

Así que las de Radcliffe, por lo que a matrimonio e hijos se refiere, son como las demás mujeres. Esto no se debe a que una gran parte de las tituladas universitarias asistiera a universidades no mixtas de élite, puesto que, salvo en el periodo más temprano, las tituladas en universidades no mixtas suponían un pequeño porcentaje del total.[43] Se puede observar que los cambios en cuanto a la elección de un tipo de centro u otro no causaron gran impacto en las extraordinarias transformaciones que se produjeron para las mujeres a lo largo de los cinco grupos.

¿Por qué, entonces, sucedieron estos importantes cambios en las carreras y las familias de las mujeres del Grupo 1 al Grupo 5? Se trata de la sucesión generacional de un siglo, enfatizada por transformaciones fundamentales en la economía y la sociedad.[44] Cada grupo recogió el relevo y recorrió una nueva distancia de un trayecto común, saltando obstáculos y tratando de esquivar barreras. Cada generación se ha visto enfrentada a restricciones siempre cambiantes, y ha experimentado múltiples avances tecnológicos en la reproducción y en el hogar que han ido allanando el camino.

A lo largo de este recorrido, especialmente en los últimos años de la década de 1960 y a principios de la de 1970, la olla a presión del descontento ante el desempleo, los ascensos profesionales, los ingresos y la vida familiar acabó por explotar de una manera que resultaría revolucionaria. El activismo nacional se aproximó a las asociaciones locales y a los llamados grupos de sensibilización, todavía más cercanos, que se reunían en las viviendas de las mujeres. Cada generación se ha concentrado en hallar la mejor manera de alcanzar sus propias metas y dejar huella de su legado.

En el largo camino que han realizado estos grupos, no solo las aspiraciones de las mujeres han variado su curso. Se ha producido también una transformación en la noción que tienen los hombres de la ambición y la calidad de las carreras de sus esposas ideales. En el Grupo 1, las universitarias tenían un 20 % menos de probabilidades de haberse casado a los cincuenta años que las mujeres sin titulación, y en el Grupo 3, un 5 % menos.[45] Pero al llegar al Grupo 5 la situación da un giro radical. Una titulada universitaria tiene un 5 % más de probabilidades de contraer matrimonio que una mujer sin formación de grado. Esto, en parte, se debe a que los hombres con titulación universitaria son más propensos a casarse con sus homólogas femeninas.

Las frecuentes uniones entre parejas, incluidas las del mismo sexo, que poseen igual nivel académico y similar ambición profesional han impulsado a ambos progenitores a invertir más en sus carreras. Mantener empleos con largas jornadas de oficina y encargarse a su vez de una familia que exige todas las horas posibles de dedicación es dificultoso para cualquier persona. En cada uno de los grupos, las decisiones conjuntas de los matrimonios son cruciales para entender cómo la generación actual podrá mejorar el legado de las anteriores. Entre los más grandes retos y las mayores metas de hoy están las de desarrollar una carrera y formar una familia en el seno de una relación de pareja equitativa. Una vez conseguido esto, debemos preguntarnos: ¿a dónde nos llevará el siguiente relevo?

Conozcamos primero a cada uno de los grupos.

3

En 1971, siendo yo estudiante de grado en la Universidad de Chicago, con frecuencia veía a una mujer de pelo gris cargada con una gran caja rectangular camino de la sala de ordenadores. En la caja había cientos de tarjetas perforadas con códigos, algunos de ellos de una sola línea. Todos aquellos códigos, en una secuencia precisa, eran necesarios para llevar a cabo un simple análisis estadístico como, por ejemplo, un cálculo de media aritmética. En invierno, esa señora mayor caminaba fatigosamente por la nieve vestida con un gran abrigo largo de lana gris y unas botas de agua negras. Pude observar cómo, debido a esas condiciones, la mujer se movía con mucho cuidado, pues, si la caja se le caía, los códigos se desordenarían.

Aquella señora era Margaret Gilpin Reid. Tenía setenta y cinco años y llevaba una década jubilada como profesora de Economía. Para mis compañeros de universidad y para mí, era «una de las antiguas».[1]

También yo en los días de invierno llevaba a la sala de ordenadores similares cajas rectangulares con tarjetas perforadas. Mis botas eran altas, unas Frye de cuero, y mi abrigo corto, a la moda, casi no me cubría la minifalda. Seguro que pasaba frío. Pero tenía estilo. A Margaret y a mí nos separaba algo más que la edad, algo más que la moda. Yo no podía saber entonces que su trabajo y sus ideas poblarían mi mente y mis investigaciones. Y lo que es más importante: no me podía imaginar que su vida contribuiría a mi manera de entender la evolución del papel de las mujeres en la economía.

De todas formas, Margaret Reid ya entonces me impresionaba.[2] Era una mujer con mucha determinación y que continuaba ejerciendo un relevante trabajo de investigación. Pero nunca me dirigí a ella. En cambio, me dedicaba a observarla como si de una aparición de otra época se tratara.

En su calidad de «una de las antiguas», contribuyó a construir un puente entre las universitarias del pasado y las que hoy llenan las aulas en las que doy clases. El carril que Margaret ocupó fue uno estrecho, el de las mujeres que lograban una carrera pero no un matrimonio —y, si se casaban, no tenían hijos—. Algo más ancha era la vía de las mujeres del Grupo 1 que no tenían carrera. La mayoría se casaron y tuvieron hijos. Los carriles de este puente metafórico del pasado se han ido modificando con los años. Algunos son hoy más amplios, otros se han estrechado. En tiempos recientes han sido más las mujeres con carrera que se han casado, y aún más las casadas que han tenido hijos. En definitiva, los carriles han empezado a convergir.

Me gustaría haber sido más perspicaz y haber iniciado una conversación con Margaret en mis días de estudiante. Qué ingenua fui, incapaz de reconocer la importancia de sus aportaciones en el campo de la economía; qué desdicha no haber apreciado en aquel momento su contribución a este largo trayecto.

En 1992, a Gary Becker le fue otorgado el Premio Nobel por su trabajo en la aplicación de la economía sobre diversos aspectos del hogar y de la familia, como son el matrimonio, el divorcio, la fertilidad y la distribución del tiempo. Con más de medio siglo de antelación, Margaret Reid escribió una tesis titulada *Economics of Household Production* [La economía de la producción doméstica]. El por entonces Iowa State College publicó el texto original de la tesis doctoral. Que esta (con unas cuestiones de manual suplementarias) apareciera en una editorial prestigiosa hizo que fuera accesible a profesores y estudiantes de otras instituciones.

El estudio de Reid fue uno de los primeros en dimensionar el valor del trabajo doméstico no remunerado y analizar los motivos por los que las mujeres deciden trabajar en el hogar o hacerlo, por dinero, fuera del hogar. Cuando Margaret inició su investigación, las mujeres casadas estaban empezando a incorporarse al mundo laboral, generalmente en puestos administrativos, de manera que aquel relevante estudio resultó de gran actualidad.

El objetivo de Margaret era que las tareas no remuneradas de las mujeres fueran incorporadas al cálculo de la renta nacional. Tradujo la importancia económica del trabajo de la población femenina al lenguaje de contabilidad de la renta nacional en un momento en el que esta materia, desconocida hasta entonces, empezaba a tomar forma. Estamos tan acostumbrados a leer en primera página artículos sembrados de jerga económica —PNB, PIB, renta nacional, tasa de desempleo— que no nos damos cuenta de cuán recientemente se crearon estos términos. Hubo una persona que jugó un extraordinario papel en generarlos: un inmigrante llamado Simon Kuznets.

Simon Kuznets abandonó Rusia en 1922 y se doctoró por la Universidad de Columbia en 1926. Un año después pasó a formar parte del equipo de investigación de la Oficina Nacional de Investigación Económica (NBER, por sus siglas en inglés), una institución fundada en la ciudad de Nueva York en 1920 para poner los cimientos de la investigación económica estadística en Estados Unidos, materia de la que el Gobierno se ocuparía en la década de 1930.[3] Kuznets, a quien se le otorgó el Premio Nobel en 1971, fue el tutor de mi tutor de tesis, Robert W. Fogel, también premiado con el Nobel y a quien con orgullo considero mi abuelo intelectual.

A inicios de los años treinta, cuando la economía estadounidense se dirigía en caída libre hacia la peor crisis de su historia, el Congreso solicitó al NBER los servicios de Kuznets para hacerse una idea de cuánto había bajado el producto nacional.[4] Los miembros del Congreso consideraban que conocer el daño causado por la recesión económica les permitiría encontrar una solución para aquella catástrofe. Asimismo, el Departamento de Comercio tenía que hallar un sistema de contabilidad general como la renta nacional que midiera la capacidad productiva de la nación y que fuera válido no exclusivamente en los tiempos extraordinarios que se estaban viviendo, sino en cualquier momento de la historia. Kuznets era la persona idónea para encargarse de ambas tareas.

Al mismo tiempo que Reid se entregaba a la causa de la inclusión del trabajo no remunerado de las mujeres en los cálculos de ingresos de la nación, Kuznets formulaba su propia versión de esos enigmáticos, aunque terriblemente importantes conceptos. Cuando este finalizó el borrador de su informe para el Congreso, Margaret Reid acababa de poner fin a su tesis doctoral y había publicado un manual en el que se abogaba por la inclusión de los servicios del hogar en las estimaciones de producción del país.

Las mujeres y otros miembros de las familias trabajaban en sus hogares para producir los bienes y servicios que constituían una parte significativa del consumo de prácticamente toda la ciudadanía. Kuznets, como muestra en el informe al Congreso y en sus posteriores escritos, tenía enormes dudas sobre si incluir las tareas no remuneradas de cuidados y del hogar en sus estadísticas. Finalmente decidió no hacerlo.

En su informe al Congreso destacó que «se ha considerado que este gran grupo de servicios deben omitirse de la renta nacional, especialmente porque no se dispone de una base fiable para estimar su valor».[5] Reid argumentó que esos servicios debían tenerse en cuenta y, en los noventa años que han pasado desde entonces, son muchas las personas que se han hecho eco del postulado de la investigadora.

Una de las ideas centrales en esta cuestión es que, al no estar remuneradas ni contabilizadas en la renta nacional, las labores de cuidado de todo tipo quedan devaluadas.[6] En diferentes momentos, diversos grupos de apoyo, especialmente aquellos que abogan por un mejor trato a los cuidadores en general y a las mujeres en particular, han calculado el valor de este trabajo no remunerado en el total de la economía. Las últimas cifras —un 20% del producto nacional bruto— son sobrecogedoras. Aunque Margaret nos mostró varios métodos para realizar el cálculo, hoy predominan los procedimientos estimativos de Kuznets. Procesos que excluyen las tareas en el hogar y cualquier otra labor no remunerada.

Los caminos intelectuales de Margaret y Simon se fueron entrecruzando a lo largo de la década de 1930. A mediados de los años cuarenta trabajaron juntos en un importante y controvertido encargo concerniente al índice del coste de la vida, conocido hoy como el índice de precios de consumo (IPC). Margaret Reid perteneció a los más altos círculos del mundo académico y de la política. Fue una mujer destacada de su tiempo. Cuando yo estudiaba en la universidad, ella me había parecido una anomalía, una mujer que se había retirado hacía mucho tiempo de un departamento que, cuando yo formaba parte de él, estaba constituido solo por hombres. También fue la única mujer economista que conocí siendo estudiante. No me di cuenta entonces de lo progresista de sus ideas sobre el empleo de la población femenina, ni de la contribución que las tareas de cuidado y del hogar suponen sobre la renta de toda la nación.

Bajo cualquier punto de vista, Margaret Reid tuvo una carrera exitosa. Se doctoró por la Universidad de Chicago en 1931 y fue nombrada profesora del Iowa State College en 1934. Durante la Segunda Guerra Mundial, tras un periodo en el Gobierno federal que duraría hasta 1948,[7] pasó a ser profesora de la Universidad de Chicago en los departamentos de economía y de economía doméstica (en 1951). A lo largo de su carrera académica publicó cuatro libros importantes y numerosos artículos en las más prestigiosas revistas de economía.

¿Fue Margaret Reid la Marie Curie de la economía doméstica? Tal vez. Aunque hubo más candidatas a esta distinción. Una de ellas fue Hazel Kyrk, la mentora de Margaret en Chicago.

Hazel Kyrk se doctoró por la Universidad de Chicago en 1920; como Margaret, pero once años antes. Ambas impartieron clases en el Iowa State College y ocuparon varios cargos en el Gobierno. En 1925, Kyrk obtuvo un puesto en el cuerpo docente de la Universidad de Chicago y fue ascendida a profesora titular en 1941, casi medio siglo antes de que yo me convirtiera en la primera mujer catedrática del departamento de economía de Harvard. Las similitudes que se dan entre las carreras de Reid y Kyrk son sorprendentes. También lo son las personales. Si bien para mí Margaret fue una rareza, aunque magistral, no se trató de una excepción entre las mujeres del Grupo 1.

Ni Reid ni Kyrk se casaron nunca; ninguna fue madre (aunque Kyrk tuvo a su cargo a la hija adolescente de su prima).[8] No dispongo de documentación relativa a sus intereses matrimoniales o a una posible inclinación por personas de su mismo sexo, ni documentos donde expresen el deseo de tener hijos.[9]

Como les sucedía a muchas mujeres de su grupo, tanto Reid como Kyrk alcanzaron sus carreras a edades tardías. Tenían cerca de treinta y cinco años cuando se doctoraron, y obtuvieron sus cátedras pasados los cincuenta. Que el cénit profesional en carreras de tal magnitud se alcanzara tan tarde suponía que contraer matrimonio, por no hablar de tener hijos, resultara mucho más difícil, si no imposible.

Uno de los principales motivos por los que ambas empezaron a despuntar tardíamente es que tuvieron que proporcionarse su propio sustento cuando estudiaban en la universidad, pues ninguna provenía de familias particularmente adineradas.[10] A menudo se cree que las universitarias de principios del siglo xx procedían de entornos elitistas. Si bien esto podía ser cierto en el Noreste de Estados Unidos, no era así en el Medio Oeste ni en el Oeste. Reid era de Manitoba, Canadá, y Kyrk, de Ohio.

La manera de vivir de Reid y Kyrk fue similar a las de esas pocas tituladas de los años previos a la Primera Guerra Mundial y nacidas antes de la llegada del siglo xx; fue parecida a la de las demás mujeres que desarrollaron carreras profesionales, no necesariamente de gran renombre, pero en las que fueron apreciadas por sus estudiantes y colegas, y donde contribuyeron a la evolución de la ciencia y a la mejora de las políticas públicas.

OBSTÁCULOS Y RESTRICCIONES

Como hemos visto, de todas las mujeres que se graduaron en la universidad alrededor de 1910, el 30 % nunca se casó y el 50 % nunca tuvo hijos.[11] Incluso entre las casadas, el 29 % no tuvo descendencia. Estas cifras resultan asombrosamente altas desde una perspectiva histórica. Para las universitarias nacidas un poco más adelante, entre 1925 y 1975, la proporción de solteras a los cincuenta años era menor del 12 %.[12] En este sentido, entre el Grupo 1 y los que le siguen hay un abismo.

Las cifras de matrimonio y fecundidad del Grupo 1 incluyen a *todas* las mujeres que se graduaron en la universidad entre los años 1900 y 1919 —no solo a las que provenían de familias adineradas o a las que estudiaron en las universidades de élite no mixtas del Noreste—. No abarcan únicamente a quienes alcanzaron grandes logros en las ciencias, las artes o la literatura. Si bien estas tasas de soltería y ausencia de hijos son altas, todavía lo son más para las mujeres que a lo largo de su vida iban a realizar contribuciones «ilustres» (como Margaret Reid y Hazel Kyrk).

Lo que marca esas diferencias no es una cuestión de elección, es decir, no se trata de que los intereses matrimoniales de las tituladas universitarias del Grupo 1 fueran distintos de los de grupos subsiguientes.[13] Las vidas de las universitarias de 1910 no eran intrínsecamente distintas de las de 1930 o 1950. Lo que las hacía diferentes, puesto que se enfrentaron a restricciones y obstáculos desiguales, no fueron sus preferencias, sino las opciones de que disponían.

Las normas sociales y las regulaciones de contratación a menudo impedían a las casadas acceder a un puesto de trabajo, por no hablar de desarrollar una carrera. Estas leyes, las más restrictivas de la primera mitad del siglo XX, fueron de dos tipos. Por un lado, estaban las regulaciones de las empresas y los gobiernos que prohibían la contratación o el empleo en ciertos puestos de mujeres casadas, como por ejemplo los de la enseñanza. A esas prohibiciones, sobre las que profundizaremos en el siguiente capítulo, se les dio el nombre de «barreras matrimoniales». Comprendemos ahora por qué, aunque entre las maestras de escuela y académicas del Grupo 1 fuera elevada, la fracción de las casadas —excepto en el caso de las mujeres negras— fue mucho menor.

El otro tipo de regulaciones son las que impedían que las mujeres casadas ocuparan puestos en las mismas instituciones, departamentos, empresas o agencias gubernamentales que sus maridos. Las leyes que regularon esta prohibición estuvieron vigentes en las universidades hasta los años cincuenta del siglo pasado (y en algunos casos hasta mucho más tarde), y son la razón por la cual, en los primeros grupos, la proporción de académicas entre las mujeres ilustres es menor que en el resto de los grupos. Este tipo de normativa imposibilitó que muchas mujeres pudieran expresar su talento y trabajar en los campos que más les podían interesar. Se les privó de sus carreras para que permanecieran en sus matrimonios.

Parece ser que estas restricciones fueron las que acabaron con el matrimonio entre la economista Dorothy Wolff Douglas y Paul Douglas, un distinguido catedrático de Economía y posterior senador de Estados Unidos por Illinois. Después de que Paul ocupara un puesto en la Universidad de Chicago y de que Dorothy no lograra una posición académica en la misma ciudad, ella se marchó (con sus cuatro hijos) al Smith College y Paul se fue a Amherst, ambos en Massachusetts. Dorothy no se hubiera conformado con ser solo la esposa de un famoso economista, ya que ella tenía la misma profesión. Pero Amherst College tampoco satisfizo a Paul, y el matrimonio no tardó en romperse.[14]

Existieran o no esos obstáculos oficiales y extraoficiales, las enormes exigencias domésticas dificultaban tener una carrera y una familia.[15] Si bien en 1920 había electricidad en la mayoría de los hogares de las ciudades, estos no estaban provistos de refrigeradores modernos, lavadoras, aspiradoras, secadoras ni, por supuesto, microondas. Aquellos que disponían de ingresos suficientes podían contratar los servicios regulares de empleados domésticos, pero, de todas formas, llevar una casa suponía mucho trabajo.

Además de los aspectos rutinarios del hogar, en las primeras dos décadas del siglo XX a menudo se producían situaciones de vida o muerte. La contracepción era rudimentaria, lo que provocaba que las familias, generalmente ya de por sí más numerosas de lo deseado, aumentaran su número de miembros. La presión sobre la familia se vio intensificada por el alto nivel de mortalidad infantil.[16] En el año 1900, nada más completarse la modernización de los sistemas de saneamiento urbanos, uno de cada ocho bebés moría antes de cumplir el año. En 1915, fallecía uno de cada diez. En una época en la que no existían los antibióticos, tanto las madres como sus hijos morían en cantidades alarmantes a causa de infecciones. El dinero, la educación y el estrato social al que pertenecieran poco podían hacer para prevenir una muerte prematura.

De entre las mujeres del Grupo 1 que fueron madres y que contribuyeron de manera notable a las ciencias, la literatura y las artes, un 9 % experimentó la muerte de un hijo pequeño.[17] En Estados Unidos, la tasa de mortalidad de los bebés de granjeros era menor que la de los nacidos en las ciudades, aunque estos hubieran sido hijos de académicos.[18] Una madre con un empleo, por no hablar de una carrera, tenía muchas posibilidades de sentirse culpable de que su hijo pequeño enfermara, y sin duda así se sentía si este finalmente fallecía.

LAS «ILUSTRES»

Definir «carrera» de una manera consistente a lo largo de los grupos es algo intrínsecamente subjetivo. En lugar de considerar los ingresos, ocupaciones, cualidades u honores de un individuo para medir qué contribuciones son superlativas, me he servido de las compilaciones de un grupo de estudiosas que se han dedicado a filtrar miles de candidaturas. Estas expertas son las autoras de los cinco tomos de la obra titulada *Notable American Women*, a la que anteriormente me he referido y en la que se hallan las biografías de mujeres norteamericanas que alcanzaron hitos extraordinarios. Cada uno de los volúmenes contiene información sobre esas mujeres por orden cronológico de fallecimiento.[19]

Las diferentes entradas son resúmenes biográficos escritos por una especialista en la materia. Hemos extraído datos de varios aspectos de las vidas de quienes aparecen en estos breves textos —fecha de nacimiento, titulación universitaria, año de matrimonio (si lo hubo), nacimiento o adopción de hijos y logros en la carrera—. El último volumen fue compilado en 1999, de manera que solo los grupos 1 y 2 —de las nacidas aproximadamente entre 1878 y 1897, y entre 1898 y 1923— contienen entradas suficientes para ser estudiadas, ya que, como se ha destacado, ninguna de las ilustres estaba viva en el momento en que se escribió su biografía.[20]

Las universitarias del Grupo 1 fueron diferentes del resto de la población femenina de su época, pero las ilustres lo fueron todavía más. Tomemos como ejemplo el matrimonio. En el pasado, la mayoría de los estadounidenses se casaban siendo, en términos absolutos, excepcionalmente jóvenes. En especial si los comparamos con sus homólogos del Reino Unido, Francia y Alemania. Respecto a estos países, las familias norteamericanas ganaban sueldos considerables. La desigualdad en los ingresos (lo crean o no) era menor en Estados Unidos que en el resto del mundo. Cualquier pareja podía casarse y construir un hogar en cualquier lugar del vasto territorio estadounidense. Prácticamente a lo largo de toda la historia del país, menos de una de cada diez mujeres, incluidas las contemporáneas del Grupo 1 sin estudios universitarios, permanecía soltera. Pero la tasa de matrimonio de quienes se habían educado en la universidad era notablemente más baja, y entre las ilustres era incluso inferior.

El índice de soltería de las universitarias del Grupo 1 era del 30%. Para las ilustres con titulación universitaria, el porcentaje era del 44%; casi 1,5 veces más que la del conjunto de universitarias.

Si bien las diferencias en las tasas de matrimonio son muy grandes, las discrepancias en cuanto a la concepción son todavía mayores. De entre todas las mujeres de esa franja de tiempo, independientemente de su formación académica, solo el 20% nunca tuvo hijos biológicos o adoptivos.[21] El 50% de las mujeres con titulación universitaria no tuvo descendencia, independientemente de los reconocimientos y logros personales obtenidos. Pero el porcentaje de ilustres del Grupo 1 sin hijos fue de casi el 70% —solo tres de cada diez fueron madres—. Sin duda, las universitarias del Grupo 1 no eran como sus contemporáneas sin titulación. También fueron diferentes de todas las demás mujeres con titulación universitaria de la historia de Estados Unidos.

El hecho de que las ilustres y el resto de las tituladas universitarias no tuvieran hijos se debía a que no se casaban. Las solteras de principios del siglo XX, en particular aquellas económicamente solventes, podrían haber adoptado, y algunas lo hicieron. A diferencia de lo que sucede en la actualidad en Estados Unidos, donde existe gran demanda pero poca provisión de niños en adopción, a principios del siglo XX había una gran cantidad de bebés esperando tener un hogar. El índice de natalidad era considerable, en especial entre las inmigrantes, y las mujeres que daban a luz fuera del matrimonio tenían alternativas muy limitadas.

Existen muy pocos ejemplos de ilustres universitarias casadas que decidieran adoptar. Menos son los ejemplos de ilustres solteras que adoptaron —aunque las hay—. Durante la década de 1920, en los años en que impartía clases en el Oberlin College, Hazel Kyrk vivía con Mary Emily Sinclair, la primera mujer en obtener un doctorado en Matemáticas por la Universidad de Chicago. Sinclair era profesora en Oberlin y, alrededor de los treinta y cinco años, adoptó a un niño y una niña. Tuvo la fortuna de poder permitirse un año sabático cuando los críos eran pequeños.[22] Pero las mujeres de carrera y solteras que pudiesen adoptar y a su vez mantener una vida profesional eran muy pocas.

Las universitarias del Grupo 1 parecían ser capaces de ofrecer un solo legado: o hijos o carrera. De las cien mujeres con titulación universitaria que aparecen en la lista de ilustres del Grupo 1, solo 56 estuvieron alguna vez casadas, y solo 31 tuvieron hijos. Para ellas fue prácticamente imposible conciliar familia y carrera. Afortunadamente, hoy es muchísimo más fácil hacerlo.

Aunque, reiterémoslo, el de las ilustres fue un grupo especial. El comité de editoras las seleccionó entre miles de candidatas casi tan notables como ellas. Sería una proeza seguir la pista a todas las tituladas universitarias que lograron tener algo parecido a una carrera y que, aun así, no fueron elegidas por las editoras como «suficientemente ilustres».

Conociendo qué proporción del Grupo 1 logró desarrollar una carrera, podemos determinar cuántas alcanzaron lo que hoy tantas aspiran a conseguir: carrera y familia. También es posible establecer qué porcentaje del grupo formó una familia pero no una carrera, así como las demás combinaciones y transformaciones de «carrera y familia». Los cálculos empiezan con dos porcentajes que ya hemos establecido. De todas las tituladas universitarias del Grupo 1, el 30% nunca se casó, y un significativo 50% no tuvo hijos. Estos son datos para todas las tituladas universitarias, no solo para las que tenían, además, una carrera. Si incorporamos la información sobre las mujeres ilustres (que, sin excepción, desarrollaron una profesión), vemos que un poco más de la mitad llegaron a casarse, y un poco menos de un tercio fueron madres.

La fracción de las universitarias del Grupo 1 que alcanzaron una carrera nos ofrece las cifras necesarias para dar perspectiva a los logros del grupo. Podemos asumir sin riesgo a equivocarnos que un máximo de aproximadamente un 30% de las mujeres con titulación universitaria del Grupo 1 tenían una carrera entre los cuarenta y los cincuenta años. Teniendo en cuenta esta asunción, tan solo el 9% del Grupo 1 tuvo carrera e hijos a los cincuenta, y un 17% desarrolló una carrera y llegó a casarse a esa edad.[23] (Realizar el cálculo de carrera y familia por edad resulta más sencillo en los grupos 3, 4 y 5, y queda descrito en la Figura 7.1).

Por consiguiente, Margaret Reid y Hazel Kyrk no fueron tan distintas de quienes, entre sus contemporáneas, también lograron desplegar una carrera. De hecho, si a los veinticinco años de graduación —alrededor de 1935 en el caso de Kyrk y en 1945 en el de Reid— hubieran celebrado un reencuentro universitario, se hubieran reunido con una buena pandilla de mujeres con vidas similares a las suyas. Aproximadamente el 21 % de sus compañeras de clase tendría una carrera, aunque no hijos, y el 13 % contaría con una carrera, pero no se habría casado. Solo la mitad de las compañeras podría enseñar fotos de sus hijos y nietos, y el 30 % no hubiera tenido marido a quien convencer para que la acompañara a la reunión.[24]

A finales de la década de 1940, según la documentación existente, a estos reencuentros asistía un número desproporcionado de mujeres sin hijos. Posiblemente acudieran por camaradería. Esto pronto cambió, y lo contrario pasó a ser la norma para las que se graduaron en los cincuenta y en los sesenta. Las que tenían hijos iban más a menudo que las que no eran madres.[25] Más que por amistad, a estos eventos se acudía para presumir de hijos y nietos.

La inmensa mayoría de las universitarias del Grupo 1 nunca desarrollaron una carrera, tuvieran o no hijos. Pero eso no significa que no trabajaran. Casi todas las solteras pasaron a formar parte de la población activa al acabar los estudios.[26] Su capacidad de procurarse el sustento les permitió no casarse y mantener su independencia.

Las ilustres del Grupo 1 fueron académicas, periodistas, escritoras, trabajadoras sociales y maestras —profesiones preferidas por dos tercios del total—. Pero sus ocupaciones diferían dependiendo de su estado civil y situación familiar. Las ilustres casadas eran menos proclives a convertirse en académicas y maestras que a ser escritoras, periodistas, abogadas y artistas. Las que tenían hijos eran todavía más propensas a ser escritoras y periodistas, y se dedicaban en mayor número a estas ocupaciones que a ninguna otra. Los motivos son evidentes. Con frecuencia, a las solteras solo se les permitía acceder a oficios académicos y en la enseñanza. En cuanto a áreas como la literatura y las artes, el acceso no les estaba restringido, de manera que en estas les era más sencillo conciliar el empleo con la vida familiar.

No en vano existe un papel de periodista enamoradiza recurrente en las películas de mediados del siglo xx. *La mujer del año*, largometraje aparentemente basado en la vida de Dorothy Thompson y protagonizado por Katharine Hepburn y Spencer Tracy, se encuentra entre los mejores del género.

Dorothy Thompson, estrella norteamericana de la radio, periodista y reportera en la Alemania nazi, fue un caso extraordinario incluso entre las ilustres periodistas casadas de su época. Otros ejemplos son Pearl Sydenstricker Buck, ganadora de un Premio Nobel y autora de *La buena tierra*; Freda Kirchwey, editora de *The Nation*; Helen Rogers Reid, presidenta del *New York Herald Tribune*, y Katherine Sergeant Angell White, editora de ficción del *New Yorker*. Estas ilustres lograron lo máximo: desarrollaron carreras excepcionales y, además, se casaron y tuvieron hijos.

Como les sucedía a muchas casadas ilustres, Tess Harding y Sam Craig, la pareja protagonista de *La mujer del año*, sufrían tensiones dentro del matrimonio. Aunque en la versión hollywoodiense la pareja al final se reconcilie, la realidad era diferente. Entre las ilustres del Grupo 1 se producían unos índices de divorcio considerablemente altos. A pesar de que la muestra sea pequeña, podemos ver que más de una cuarta parte de primeros matrimonios acabaron en divorcio y lo hicieron sobre todo antes de 1940, año en que estos aumentaron de forma espectacular en toda Norteamérica. Por consiguiente, una tasa del 25 % era inusualmente alta para su tiempo.[27]

Las ilustres habían alcanzado la edad adulta en el momento álgido de la era progresista de Estados Unidos, en la que las mujeres lucharon por el derecho a voto —y lo lograron—. Ellas tomaron partido y se interesaron por las principales preocupaciones sociales y económicas de su tiempo: la pobreza, la desigualdad, el racismo y la inmigración (asuntos que un siglo después nos siguen acuciando). Algunas de estas mujeres provenían de familias comprometidas políticamente, de padres y abuelos que habían trabajado en los gobiernos federales y del Estado, o fueron criadas por abolicionistas y madres que lucharon por los derechos de la mujer. Otras se convirtieron también en sufragistas.

La mayoría de las pertenecientes a la primera generación de académicas de Estados Unidos formaron parte del profesorado de las mejores universidades, y sus escritos se publicaron en las revistas más prestigiosas. Sin embargo, no quisieron permanecer en su torre de marfil. Fueron activistas que fundaron casas de asentamiento y trabajaron en ellas; militantes que compaginaron la academia con la política; empiristas que para recabar datos entrevistaban a trabajadores de fábricas, a prisioneros y a inmigrantes.

Muchas de estas mujeres conocieron a la gran Jane Addams, fundadora de la Hull House de Chicago y ganadora del Premio Nobel de la Paz en 1931. Hubo quienes, incluso, vivieron en esta casa de asentamiento, como por ejemplo la influyente economista política Edith Abbott y su hermana menor, Grace, incansable activista en contra de la explotación infantil y directora durante trece años de la Oficina de la Infancia de Estados Unidos.[28]

Algunas instituciones jugaron un papel crucial en las vidas de las ilustres de esta era, como son la Universidad de Chicago, el Iowa State College, Columbia, Harvard-Radcliffe y el Wellesley College. Muchas se graduaron en departamentos como el de economía doméstica y administración del hogar de la Universidad de Chicago (cerrado en 1956) y de otras universidades.[29]

Del asombroso conjunto de activistas que fueron las ilustres del Grupo 1, la más conocida probablemente sea Frances Perkins, otra de las reformistas sociales influidas por Addams. Perkins se casó en 1913 y no tardó en tener una hija. Poco después su marido desarrolló una enfermedad cerebral incapacitante, cosa que obligó a Frances a trabajar fuera de casa. Esa circunstancia hizo que Perkins no tardara en ser un miembro importante del círculo político de Nueva York y se convirtiera en la comisionada de Industria cuando Franklin D. Roosevelt era gobernador del estado.[30]

En 1932 Roosevelt, ya como presidente, nombró a Perkins secretaria de Trabajo, posición que ocupó hasta 1945 —convirtiéndose en la persona que ha permanecido por más tiempo a la cabeza del Departamento de Trabajo de Estados Unidos—. Perkins participó en la elaboración de la legislación social más amplia del siglo XX: colaboró en el diseño de un sistema de Seguridad Social nacional y de sus respectivas leyes de seguros para el desempleo.

Pero la única razón por la que Frances Perkins, casada y con una hija, pudo llegar a ser secretaria de Trabajo es porque su marido (que con anterioridad había perdido la mayor parte de su fortuna) no podía mantenerla. Incluso cuando su esposo todavía podía trabajar, Frances mantuvo su nombre de soltera (y luchó en los juzgados por su derecho a hacerlo) para distanciarse del trabajo de su esposo en la oficina del alcalde de Nueva York. Los recursos humanos que se han perdido en Estados Unidos son incalculables, a juzgar por los enormes sacrificios que debieron hacer las mujeres por tan solo un empleo.

A diferencia de lo que sucede con los grupos posteriores a los años sesenta, no tenemos datos significativos sobre cuáles fueron las aspiraciones de las jóvenes mujeres de aquel tiempo. Pero algo sabemos de ello gracias a los artículos y las encuestas de las décadas de 1890 a 1920. Mucha de aquella información tiene que ver con la salud de las universitarias desde finales del siglo XIX. En algunos escritos se argumentaba que la universidad debilitaba físicamente a las mujeres, rebajando su aptitud para el matrimonio y la concepción.[31] Estas afirmaciones hoy parecen descabelladas, y también en su día fueron ridiculizadas por muchos. Pero el índice de matrimonios de las universitarias fue tan inferior al de las que no cursaron títulos de grado que muchas personas creyeron cierta aquella teoría.

La psicóloga Milicent Shinn afirmaba que estas mujeres no permanecían solteras porque sus vidas estuvieran llenas de acción y aventura —la mayoría eran maestras—.[32] La auténtica causa era que no tenían por qué casarse con el primero que les gustara. Las universitarias tenían opciones.

Estas, a diferencia de las no universitarias, no necesitaban contraer matrimonio para subsistir económicamente. Podían proporcionarse su propio sustento. «La titulada universitaria es más rigurosa en sus estándares de matrimonio, pero está menos presionada que las demás mujeres a aceptar a quien no cumpla ciertos requisitos, porque se puede ocupar mejor de sí misma estando sola». Shinn aseveró, tal vez carente de pruebas concluyentes, que «los matrimonios desdichados son prácticamente desconocidos para las universitarias».[33] Aunque más adelante advirtió que las bajas tasas de casamientos podrían estar relacionadas con la demanda. «A los hombres —reflexionaba— no les gustan las intelectuales».[34] Sea como fuere, las tituladas universitarias podían ser más exigentes que el resto. Dadas las restricciones sobre las casadas, visto lo que les estaba permitido, o no, hacer en el matrimonio, siempre que fuera viable, la opción preferida por muchas sería permanecer solteras.

Amelia Earhart se lo dejó muy claro a su futuro marido, el editor George Putnam, en la carta que le escribió antes de la boda: «Debes recordar mi reticencia a casarme, la sensación que tengo de que al hacerlo echaré a perder las oportunidades que me brinda un trabajo que significa tanto para mí».[35] Putnam no arruinó su carrera profesional ni impidió que subiera al avión en el que seis años después, triste y misteriosamente, desaparecería sobre el Atlántico.

La idea de que las universitarias no contraían matrimonio porque podían mantenerse a sí mismas queda confirmada en los resultados de un estudio de Katharine Bement Davis publicado en 1928 en *Harper's Magazine*. La información proviene de una encuesta realizada a 1.200 universitarias solteras que habían obtenido su titulación hacía al menos cinco años. Casi todas las encuestadas tenían entre treinta y cuarenta años. La inmensa mayoría se mantenía económicamente sin ayuda de nadie.[36] Las respuestas a la pregunta de por qué no se habían casado fueron diversas, pero la más habitual era: «No he conocido al hombre adecuado»; o, lo que es lo mismo, podían ser selectivas y no comprometerse con alguien solo por una cuestión de dinero.

En raras ocasiones afirmaron que seguían solteras para poder continuar con su vocación. Más bien, sabían que si contraían matrimonio tendrían que renunciar a su independencia. Puede que no consideraran que sus empleos constituían una carrera de la forma en que lo hacemos hoy, pero habían logrado tener una vida fuera del hogar, y eso es algo que muy pocas se hubieran podido permitir estando casadas.[37]

La autora del estudio, Katharine Bement Davis, era una persona extraña y enigmática. Aunque poco se conoce sobre su vida privada, sabemos que llegó a ser, en palabras del *New York Times* (1930), «una ilustre trabajadora de la sociología».[38] Se interesó por varios aspectos de la criminología, en particular por el estudio de las prostitutas.[39] Fue contratada por John D. Rockefeller Jr. para investigar las causas de la prostitución para la Oficina de Higiene Social de la Fundación Rockefeller, de la que sería secretaria desde 1917 hasta 1928.

Mediante aquel estudio tuvo la posibilidad de profundizar en su interés por la sexualidad humana. Alrededor del año 1920, la Fundación Rockefeller financió la amplia investigación de Davis que supondría un punto de partida para los estudios, más clínicos, de William Masters y Virginia Johnson. De hecho, la encuesta de universitarias de su artículo provenía de su propia investigación sobre sexualidad.[40]

Su interés en el tópico de las bajas tasas de matrimonio y fecundidad de las tituladas universitarias tenía un lado oscuro. Davis fue también una destacada defensora de la eugenesia. En la década de 1890 se habían intensificado los sentimientos contrarios a la inmigración. Los eugenésicos, preocupados por el bajo índice de fecundidad y matrimonios de las universitarias, se preguntaban si estas estaban de algún modo cometiendo un «suicidio de la raza» y, con ello, echando a perder los mejores genes de Estados Unidos.

Otra encuesta, contemporánea a la de Davis, pero menos imprecisa, fue la realizada por exalumnas del Radcliffe College con motivo de la celebración del cincuenta aniversario de la universidad, en 1928. El sondeo revela los deseos de familia y carrera de las universitarias.[41] Quienes se graduaron en la década de 1910 no habían tenido esperanzas de poder conciliar matrimonio y empleo. Pero las que obtuvieron sus títulos universitarios solo diez años después fueron mucho más optimistas.

En respuesta a si podían «conciliar con éxito carrera y matrimonio», el 20 % de quienes se graduaron en la década de 1910 y se habían casado afirmó estar «totalmente de acuerdo». Diez años después, el porcentaje era del 35 %. Las esposas empezaban a sentirse mucho más esperanzadas de poder dedicarse a sus carreras dentro del matrimonio. Estas eran las respuestas de quienes estaban totalmente de acuerdo en que podrían conciliar matrimonio y carrera, pero además había otras que se sentían «esperanzadas» por alcanzar el éxito en ambos frentes. Un 50 % de las universitarias de la década de 1910 (y un 70 % de la de 1920) estaban «esperanzadas» o «totalmente de acuerdo» en lograr ambas cosas.

Si bien las universitarias creían poder llegar a conciliar carrera y matrimonio, eran menos optimistas en cuanto a carrera y maternidad. Solo un 10 % de ellas juzgó «sin reservas» poder alcanzar el doble objetivo de formar una familia y desarrollar una carrera. Si incluimos al conjunto de las «esperanzadas», se produce un incremento que supone una tercera parte. Entre las que ya tenían hijos, el nivel de optimismo se mantiene.

Aunque las cosas estaban mejorando para las universitarias que querían «más», las aspiraciones de carrera y familia de la mayoría se harían realidad muchas décadas después.

Con el Grupo 1 se inicia esta expedición centenaria en busca de carrera y familia. En muchos sentidos, estas mujeres vivieron y trabajaron en una época mágica. Entre muchas otras cosas, se encargaron de las casas de asentamiento, fueron líderes de sus comunidades, doctoras, administradoras de prisiones. Lucharon por el derecho a voto, por la clausura de los talleres clandestinos,

por el fin de la explotación infantil, por un salario mínimo, por
la limitación de la jornada laboral y por el control de la natalidad. Pero la única razón por la que la mayoría de ellas tuvo
éxito es porque habían tomado la decisión, a menudo a edades
tempranas, de perseguir sus vocaciones. Se apoyaron las unas a
las otras y, unidas, se mantuvieron a flote, se dieron cobijo e
impartieron clases en las universidades a jóvenes mujeres con
aspiraciones similares. Son tantas y tan variadas sus experiencias
que es difícil elegir una que resulte ilustrativa.

Cada generación alcanza sus propios éxitos, entrega el relevo
a la siguiente y aprende de las decisiones de sus mayores, que,
en muchos casos, son acertadas. Los pasos que siguieron estas
mujeres son los adecuados si tenemos en cuenta las restricciones
de su tiempo; gracias a ellas las siguientes generaciones pudieron
ver con claridad lo que el futuro les deparaba.

Las jóvenes coexisten con sus mayores, como lo hice yo con
Margaret Reid, quien era una anciana cuando tuve la ocasión
de observar cómo caminaba con dificultad sobre la nieve. No
fui consciente de las trabas que debió sortear en su juventud ni
de las subsecuentes decisiones que se vio obligada a tomar. Pocas mujeres de su generación lograron superar tantos obstáculos
como ella.

Algunas barreras fueron eliminadas. Para las mujeres ya no
era necesario dedicar tanto tiempo a las tareas del hogar. No
tenían que prescindir de su vida social por culpa de una contracepción rudimentaria. A diferencia de lo que le sucedió a Hazel
Kyrk, la formación académica no debía ser postergada por falta
de ingresos. Una gran cantidad de cambios tecnológicos liberó
a la población femenina de arduas y monótonas tareas en el
hogar, y le ofreció protección ante decisiones vitales. Resulta
irónico que estos resulten precisamente los mecanismos que el
trabajo de investigación de Reid puso al descubierto. Pero son
muchos los obstáculos que siguen en pie. Sadie Mosell Alexander, la primera mujer negra que logró un doctorado en Economía, se dedicó a la abogacía al no poder conseguir un puesto de
académica debido a la discriminación racial.[42]

La crónica del trayecto que va del Grupo 1 a la actualidad revela la importancia de unos poderes de tal envergadura que nos resultan incontrolables, unas fuerzas que son como desplazamientos tectónicos moviendo enormes placas y que obligan a quienes están sobre ellas a tener que adaptarse para mantener el equilibrio. Se trata de los poderes que aumentan el crecimiento económico y regulan la distribución de los ingresos, los que incrementan la demanda de empleo en sectores específicos y la hacen disminuir en otros. Son los robots y la mecanización de la actualidad, el enorme incremento del comercio con países como China, con la subsecuente disminución de la demanda de trabajadores poco cualificados y la mayor necesidad de especialistas.

El hecho de que yo pudiera ver a Margaret Reid caminar fatigosamente hacia la sala de ordenadores evidencia que ella y yo estuvimos una vez en el mismo lugar, en el mismo momento. Yo admiré su perseverancia y dedicación a la vez que creí con firmeza que mi vida sería distinta (salvo por el andar trabajosamente sobre la nieve). De su ejemplo aprendí que las mujeres podían poner tanto empeño en su investigación como lo hacían los profesores. Ella no solo supuso para mí un ejemplo en la distancia. Fue mucho más que eso; alguien que me ayudó a ver lo que es posible y desear lo aparentemente inalcanzable. Margaret fue como una aparición: un recordatorio del pasado y una esperanza para el futuro.

4

El verano en que cumplí diecisiete años leí por primera vez *El grupo*, la novela semiautobiográfica de Mary McCarthy. En ella cuenta la historia de ocho jóvenes mujeres que se graduaron en el Vassar College en el infortunado año de 1933. Publicado en 1963, el libro entró rápidamente en la lista de los más vendidos del *New York Times*, donde permanecería durante dos años. La obra estuvo sumariamente prohibida en varios países por sus «descripciones directas sobre el sexo, la contracepción y la lactancia materna», en palabras del *Guardian*.[1]

Aunque fuera menos provocadora que otras novelas prohibidas de su tiempo, yo forré *El grupo* discretamente con el papel marrón que corté de una bolsa de la compra, y la leí en el trayecto que iba de mi trabajo de verano en el bajo Manhattan al apartamento de mis padres, situado al este del Bronx. Trabajaba de mecanógrafa y de chica de los recados en el departamento comercial de la editorial Macmillan, ubicada junto a la Quinta Avenida y cerca de Greenwich Village —no muy lejos de la iglesia episcopal de St. George, lugar donde se celebra la boda con la que se inicia la narración—. Una paga semanal de 65 dólares me daba para algunos gastos y era suficiente para comprarme la ropa que me pondría mi primer año en la Universidad de Cornell. Como las chicas de la novela, yo también me paseé por «la pintoresca avenida MacDougal, Patchin Place y Washington Mews»[2] con ojos rebosantes de juventud e inocencia. (Aunque solo durante la hora que tenía para comer).

Se trata de una obra especial. No solo fue un éxito de ventas; creó un nuevo estilo literario e inspiró numerosas novelas, como por ejemplo *Sexo en Nueva York* de Candace Bushnell. Más de un siglo después, *El grupo* aún conecta con muchas generaciones y les habla de las motivaciones de las mujeres universitarias, su identidad y su deseo de carrera y familia.

Las ocho protagonistas aspiraban a conseguir trabajos relativamente importantes después de la universidad, incluso contemplaban una carrera. Una de ellas quería trabajar en el mundo editorial, otra ser veterinaria, una tercera fue a una escuela de posgrado para convertirse en profesora de Historia del Arte. Las otras se buscaron trabajos temporales de venta al público, de asistencia social, de enseñanza en una escuela pública o como empleada en la Administración del apasionante *New Deal* de Roosevelt. Todas ellas querían llegar a ser ciudadanas honradas y productivas.

Habían decidido que se pondrían a trabajar después de graduarse, al menos por algún tiempo, para evitar sucumbir y convertirse en «lánguidas flores» como sus madres. Casi todas habían nacido alrededor de 1910 y provenían de familias prominentes —igual que Mary McCarthy—. Pertenecían al Grupo 2. Sus madres, nacidas en la década de 1880, formaron parte del Grupo 1 y se enfrentaron a la cruel decisión de tener que elegir entre familia y trabajo, de modo que su aspiración era posiblemente la de desarrollar una carrera. Aquellas ocho madres se habían decidido por la familia. Ninguna tenía una carrera digna de mención, y solo dos de ellas habían estado empleadas alguna vez.

Las hijas de la novela rechazaron el estilo de vida de sus madres. Compartían la idea de que «lo peor que me podría pasar... es convertirme en alguien como mi padre o mi madre». Estas ocho graduadas de Vassar preferían «ser pobre de solemnidad y vivir a base de pescado de lata que verme obligada a casarme con uno de esos aburridos señoritos de cara morada». Eran mujeres decididas a vivir siendo algo más que esposas, y se hicieron la promesa de relacionarse con personas más allá del círculo social de clase alta al que pertenecían.

Un nuevo orden estaba dejando atrás al antiguo. Había un demócrata en la Casa Blanca, y se podía entonar la canción «Happy Days Are Here Again». Aunque se tratara de familias republicanas, creían que aquellos cambios serían buenos para todos. Renovado el optimismo de pensar que sus hijas podrían lograr más de lo que ellos habían conseguido, sus padres las animaban y alentaban sus ambiciones.

Una no puede más que maravillarse ante el hecho de que esas ocho mujeres, en el apogeo de la Gran Depresión, encontraran empleo y lo mantuvieran por algún tiempo, incluso después del matrimonio. Además del elevado nivel de paro, las jóvenes graduadas se enfrentaban a los diversos obstáculos laborales para las mujeres casadas. Si bien es cierto que esas barreras, incluidas las «matrimoniales» y las prohibiciones de trabajar en el mismo lugar que sus esposos, existían ya antes de la recesión, a medida que se acentuaba la miseria económica se hicieron más importantes.

Las chicas de *El grupo* estuvieron en el epicentro de la transición generacional de las universitarias. Son mujeres que habitan el salto que se da entre el Grupo 1, con bajas tasas de matrimonio y todavía menores niveles de fecundidad, y el Grupo 3, con altos índices en los dos frentes. En mitad de aquello sucedió un desastre económico inaudito: la Gran Depresión. Aunque las recién graduadas esperaran grandes cosas de la vida, tuvieron que conformarse con algo más deprimente.

Los inicios del siglo xx habían visto nacer nuevas aspiraciones en la población femenina. Las universitarias querían buenos trabajos e incluso carreras. Pero también deseaban casarse y tener hijos. La generación de sus madres solo podía contemplar uno de estos dos grandes hitos, y muchas tuvieron que realizar enormes sacrificios y buscar soluciones intermedias. Tener una carrera significaba renunciar a una familia. Formar una familia implicaba descartar una carrera o un buen empleo. Las hijas ansiaban ambas cosas de la misma manera que lo hacen las universitarias de hoy. El Grupo 2 puso el punto de mira en la carrera y la familia, y lo alejó de la terrible decisión salomónica que sus madres se vieron obligadas a tomar.

No obstante, el mundo aún no estaba preparado para madres universitarias y trabajadoras. Una detrás de otra, casi todas las protagonistas de *El grupo* acabaron casándose y teniendo hijos. Dejaron a un lado la ambición de una carrera, al menos durante el poco tiempo que los lectores pasamos con ellas, pero pudieron trabajar estando casadas debido, sobre todo, a la enorme demanda de empleos administrativos que se produjo antes del mazazo de la Gran Depresión.

El Grupo 2 está compuesto por mujeres variopintas. Las nacidas en los primeros años del intervalo de tiempo que comprende llevaron vidas similares a las integrantes del Grupo 1, de bajos índices de matrimonio y fecundidad. Las vidas de las nacidas en los últimos años fueron similares a las del Grupo 3, con tasas de fecundidad y matrimonio elevadas. Mary McCarthy nació en 1912, en plena mitad del periodo. Como tantas de las nacidas alrededor de ese año, y a diferencia de las más mayores, Mary tuvo un hijo (además de cuatro maridos, cosa mucho menos habitual).

Puesto que se producen tantas diferencias dentro del Grupo 2, resulta útil separar a las mujeres en dos partes, asignando a la primera los años de nacimiento de 1898 a 1914, y a la segunda los años de 1915 a 1923.[3] Así, podemos observar la enorme disparidad en cuanto a matrimonios y fecundidad entre las universitarias del grupo. La Figura 4.1 muestra las cifras para todas las tituladas universitarias y las ilustres (las mujeres excepcionales que hemos visto en el capítulo anterior) de los grupos 1 y 2.

Todas las ilustres, sin excepción, tuvieron carreras admirables. Es complicado identificar a las mujeres de carrera de estos grupos iniciales sirviéndonos de otros conjuntos de datos, pero estas no eran únicamente mujeres de carrera. También contribuyeron a la sociedad de forma extraordinaria. No es de sorprender, pues, que en los grupos 1 y 2 las ilustres tuvieran muchos menos hijos que el total de las tituladas universitarias. Asimismo,

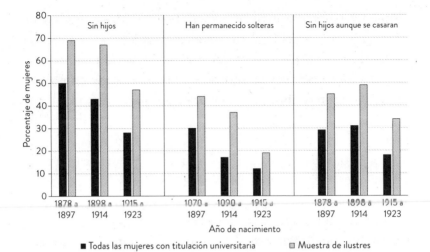

FIGURA 4.1. Matrimonio e hijos de las mujeres con titulación universitaria y de un grupo de mujeres ilustres.
Véase apéndice de figuras y tabla.

es mayor la proporción de ilustres que nunca se casaron. Debemos destacar que los cambios sobre el matrimonio y la fecundidad entre estas y el conjunto de todas las mujeres con titulación universitaria son asombrosamente similares.

En el Grupo 1, un 44% de ilustres permanecieron solteras, mientras que en el conjunto de todas las tituladas el porcentaje es del 30%. Para cuando llegamos a la segunda porción del Grupo 2, solo un 19% de ilustres permanecieron solteras, siendo de un 12% el porcentaje para el total de las tituladas. Aunque las ilustres fueran extraordinarias, sus índices de matrimonio eran casi idénticos a los del conjunto de las mujeres con titulación universitaria, que, a su vez, fueron muy similares a los de todas las mujeres, independientemente de su formación académica.[4] Las universitarias ya no eran vistas como inadaptadas sociales, e incluso las más ilustres de ellas no parecían tanto unos bichos raros.

También la tasa de fecundidad se incrementó en ambos grupos. A pesar de que solo la mitad de las universitarias del Grupo 1 tuvo hijos, y aunque el porcentaje de las ilustres fue todavía menor, en la segunda parte del Grupo 2 las mujeres con titulación universitaria resultaban menos anómalas. De entre las que se casaron, únicamente el 18 % nunca dio a luz y solo un tercio de las ilustres tampoco tuvo descendencia. Las mujeres con titulación universitaria y las ilustres no fueron exactamente como las demás en términos de fecundidad, pero sí en cuanto al matrimonio. Sus vidas, en la esfera privada y en la intimidad, se parecían más a las del resto de la población femenina.

Hacia finales del Grupo 2, más mujeres que realizaron contribuciones sociales excepcionales se casaron, y fueron más las casadas que tuvieron hijos. Algo había cambiado. Algo que permitía a las mujeres de éxito contraer matrimonio y ser madres. De hecho, muchas de aquellas mujeres alcanzaron el éxito después de haber formado familias y, como las protagonistas de *El grupo*, cuando finalizaron la universidad tenían mayores expectativas que las generaciones que las precedieron. Pronto aspiraron a un futuro más allá de la familia, pero también se propusieron formar una.

El Grupo 2 quiere dar el salto de los índices de matrimonio y fecundidad bajos a los altos; de las que ganaron el derecho a voto a las madres del *baby boom*. Que se deban superar tan enormes distancias merece una explicación. Las tituladas universitarias aspiraban a poseer una identidad fuera del hogar y, además, a formar una familia. ¿Qué había cambiado?

Mucho. Pero casi ninguna de las transformaciones tuvo que ver directamente con la población femenina o con su potencial para exigir cambios sociales y económicos. Se produjeron grandes avances en la tecnología para el hogar y para las empresas. En la década de 1920, la mayoría de las viviendas urbanas disponía de energía eléctrica, lo que permitía contar con electrodomésticos como frigoríficos, aspiradoras y lavadoras. En cuanto a las empresas, estas dispusieron de electricidad antes que los hogares, y sus oficinas y plantas habían sido rápida y abundantemente equipadas.

Empresas, consumidores y gobiernos compraron productos nuevos y se hicieron con equipamiento tecnológico. En consecuencia, algunos aspectos de la economía cambiaron, y esta creció en su conjunto. Las regulaciones del Gobierno poco hicieron para ampliar la contratación de mujeres o para neutralizar algunas de las muchas restrictivas normas sociales. Muy al contrario, durante los años treinta varias administraciones locales intensificaron sus prohibiciones en forma de barreras matrimoniales.

Como se ha mencionado anteriormente, uno de los muchos cambios tecnológicos que se produjeron y que tuvieron gran impacto en las vidas de la población femenina fue la aparición de los electrodomésticos. El precio de estos había bajado mucho, lo que permitía a cada persona y a la familia media comprar aparatos modernos que las liberaran de las tareas más arduas del hogar. Las neveras eléctricas, inexistentes hasta 1925, en la década de 1940 pasaron a formar parte de un 70 % de los domicilios; en un 50 % de estos había una aspiradora y aproximadamente el 60 % de las viviendas disponía de una lavadora. A principios del siglo XX las familias empezaron a calentar sus hogares con calefacción central. Podían beber agua potable del grifo. Podían tirar de la cadena del inodoro gracias a que las ciudades disponían de una red de alcantarillado y los ciudadanos se podían permitir comprar sanitarios con sistema de accionado. El ahorro de tiempo que supusieron estas mundanas y menos sensacionales innovaciones fue enorme, a pesar de que fuese menor la atención que se les dio en comparación con la multitud de distintos aparatos eléctricos para la casa.[5]

Todas esas innovaciones revolucionaron los hogares urbanos, redujeron el tiempo dedicado por las mujeres a las labores domésticas y las liberaron para que pudiesen ser más productivas trabajando fuera del hogar.

De todas formas, sin la adición de otro conjunto de cambios, en este caso en el mercado laboral, el impacto de las innovaciones tecnológicas hubiera sido mucho menor. Las transformaciones del mercado en los primeros años del siglo XX incrementaron de manera espectacular la demanda de trabajadores administrativos y alteraron para siempre el papel de la mujer en la población activa, así como el de sus maridos y el de toda la sociedad. Estos cambios se debieron a una innovación tecnológica distinta de la que había transformado los hogares.

A lo largo de la historia de Estados Unidos, la población femenina se había dedicado a profesiones administrativas de diversa índole. Pero a principios del siglo XX se produjo una explosión de la demanda de trabajadores con más cerebro que fuerza, más talento que corpulencia. Durante los siglos XVIII y XIX las mujeres habían sido maestras, bibliotecarias, periodistas, escritoras y enfermeras. Aquellas que tenían estudios superiores ocuparon puestos en el Gobierno, fueron doctoras, académicas o abogadas. Los trabajos de oficina, incluidos los de atención al público, mecanografía y contabilidad, habían sido de menor importancia hasta la llegada del siglo XX.[6] Los cambios después del año 1900 se sucedieron de manera excepcionalmente rápida. Mientras el número de trabajadoras en servicios de especialización se multiplicó por 3,5 en los años que van de 1900 a 1930, el de las empleadas de oficina se multiplicó por ocho.[7]

En 1900 únicamente el 17% del total de empleadas del país tenía un trabajo administrativo, y una gran parte de ellas —el 35%— eran maestras. La mayoría de las maestras estaban solteras (acuérdense de Laura de *La casa de la pradera*). También ese era el caso en la mayoría de las empleadas de oficina.[8] Las mujeres que formaban parte de la población activa en los inicios del siglo XX eran mayoritariamente jóvenes y solteras, en especial las trabajadoras de oficina. Pero este perfil empezó a cambiar conforme los requisitos en los empleos se transformaban.

Aproximadamente un 45% de la fuerza laboral femenina en 1930 estaba empleada en muy diversos trabajos administrativos, incluidos los de oficina, los de las agencias, los comercios, y los de tipo administrativo (entre los que estaban incluidos los de enseñanza). De hecho, a partir de 1900 aumentó la proporción de maestras en el conjunto de todas las trabajadoras. Pero, debido al gran incremento de la demanda general de empleos de oficina, el conjunto de maestras —contemplado en el de trabajadoras administrativas— cayó hasta un 18% (del 35%). Dicho de otro modo, la proporción de maestras descendió casi la mitad.

La mayor necesidad de enseñantes se debía fundamentalmente a que la educación secundaria del país estaba en expansión. Pero la demanda en los demás trabajos administrativos se había incrementado todavía más. Prácticamente se requerían en todos los sectores, como en el de la producción, los seguros, las empresas de servicios (en especial la telefonía), las finanzas, la venta minorista y la venta por catálogo (para los grandes almacenes Sears o Montgomery Ward, por ejemplo).

Esta revolución industrial de las oficinas provocó una amplia demanda de trabajadores, y los empleos de este tipo proliferaron. Ya no se daba el caso de que cada empresa tuviera una única secretaria que fuera la guardiana de los secretos de la compañía. La espectacular división del trabajo que se produjo en las décadas de 1910 y 1920 lo cambió todo. Las empresas crecieron de manera gigantesca y el rol de secretaria quedó dividido en multitud de tareas. La oficina se pobló de mecanógrafas, taquígrafas, contables, y operadoras de todo tipo de aparatos como calculadoras, máquinas litográficas y equipos de dictado. Aunque las secretarias permanecieron, de repente se vieron rodeadas de un ejército de soldados rasos.

En la segunda mitad del siglo XIX la producción de Estados Unidos se vio alterada de manera fundamental por la mecanización y por una intrincada división del trabajo. Esta Revolución Industrial de Estados Unidos fue el motor de la innovación en los métodos de producción masiva. Con la llegada del siglo XX se produjeron evoluciones tecnológicas de un impacto igualmente rompedor en las oficinas, en los comercios y en los innumerables entornos profesionales.

No solo cambiaron las actividades laborales. También se incrementó el número de mujeres de todas las edades que se incorporaron a la población activa. La mayor demanda de trabajadores de oficina y de vendedores supuso que hubiera más empleos y estuvieran mejor pagados. Una mayor remuneración hizo que más mujeres quisieran incorporarse al mercado laboral, puesto que su valor en él empezaba a superar al trabajo en el hogar u otras actividades. Las transformaciones en las oficinas supusieron una auténtica revolución económica, especialmente para la población femenina.

También los hombres se vieron afectados por los cambios en las oficinas, pero el impacto que estos produjeron en sus vidas fue mucho menor. En 1900, el porcentaje de hombres en la población activa que estaban empleados en puestos de oficina era del 17 % (la misma cifra que para las mujeres de ese año); en 1930 era del 25 %, un incremento anecdótico comparado con el de la población femenina. Para ellos, el incremento fue del 8 %; para ellas, del 28 %. Los poderes que incrementaban la demanda de trabajadores administrativos afectaban mucho más a las mujeres que a los hombres.[9]

La revolución económica que tanto aumentó la demanda de oficinistas y vendedores al por menor también añadió valor a las habilidades numéricas y a la alfabetización en general. El beneficio económico de haber ido a la escuela fue entonces tan grande como el provecho que ha supuesto ir a la universidad en décadas más recientes —a partir de 1980—. Los empleos de oficina requerían trabajadores capaces de tomar dictados en una jerga complicada y elaborar correspondencia inteligible. Se necesitaba a quienes pudieran hacer correcciones ortográficas sin ayuda de una aplicación o crear hojas de cálculo sin un Excel; gente que supiera muy bien cómo hacer las cosas.

La mayor demanda de empleo resultó en un incremento de la exigencia de trabajadores con una formación mejor de la que se ofrecía en las escuelas de la Norteamérica rural, o en las aulas de los urbanos y decimonónicos colegios de educación secundaria. La respuesta del país a estas nuevas necesidades del mercado fue un «movimiento de educación secundaria» —apelativo dado al aumento de estudiantes de secundaria que se produjo en gran parte de la nación en los alrededores de 1910—. Aunque este movimiento nació con el siglo XX, había sido precedido en áreas de Estados Unidos por un «movimiento de educación académica» de carácter privado. El hecho de que los progenitores quisieran sufragar la educación secundaria de sus hijos demuestra que aquel movimiento fue una campaña social verdaderamente importante.

De 1910 a 1940 aparecieron institutos por toda la nación y la educación secundaria se disparó.[10] En 1910, solo el 10 % de los jóvenes de dieciocho años finalizaban el instituto, mientras que en 1940 la mayoría de estos lo hacía. El porcentaje de jóvenes que se graduaron en el instituto fue mayor lejos del Sur de Estados Unidos, región que siempre ha bajado la media de escolarización del país. Aquella fue superior para los blancos que para los negros, quienes a menudo acudían a escuelas segregadas y mal financiadas y residían en distritos escolares en los que no siempre se impartía educación secundaria. Los índices de asistencia y graduación fueron también más altos en los lugares alejados de zonas industrializadas donde se persuadía a los jóvenes, especialmente a los chicos, a que fueran a trabajar a la fábrica en vez de ir a estudiar al aula.

La juventud entró en tropel a los institutos. En la década de 1920, las chicas asistían a clase y se graduaban en mayor número que los chicos en todos los estados de la nación. Estaban más capacitadas y sacaban mejores notas, de igual manera que hoy más mujeres que hombres se matriculan y logran un título universitario. Cuando se les permite brillar, queda demostrado que las chicas son mejores en clase.

La explosión de «buenos» trabajos de oficina supuso que las mujeres con una formación académica razonable pudieran encontrar un empleo menos exigente físicamente y en el que, en muchos sentidos, estuvieran más seguras que las empleadas en cadenas de producción o en el servicio doméstico (el anterior centro neurálgico de ocupación de la población femenina). Los trabajos de oficina se efectuaban en lugares más limpios y confortables que las fábricas. En todos los casos se trataba de oficios que implicaban tareas menos sucias, peligrosas y desagradables. Además, se solía cobrar mejor.

Cuando los trabajos de la población femenina están principalmente en las fábricas y en el servicio doméstico, a menudo se produce un estigma sobre el empleo; en particular sobre el de las casadas. Si la mayoría de los trabajos disponibles son insalubres e inseguros, que una mujer casada trabaje indicará a los

demás (a los vecinos y parroquianos, por ejemplo) que su esposo, si tiene buena salud, es un holgazán y un descuidado. Se
tratará de un marido que permite a su esposa tener un empleo
que no solo la mantiene alejada de sus hijos y del cuidado del
hogar, sino que también pone en riesgo su salud.

Algunas normas sociales fueron creadas para incentivar a los
hombres a entrar en el mercado laboral y garantizar el sustento
de sus esposas e hijos.[11] Muchos empleos masculinos eran muy
duros, y aquellas convenciones querían servir de reprimenda a
los maridos y padres que buscaban consuelo en los bares del
barrio y en otras actividades en las que dedicarse a malgastar.
Para la mayoría de los hombres, trabajar resultaba penoso y
agotador, y los estándares sociales evolucionaron para proteger
a los más vulnerables y para reducir la carga sobre los demás
ciudadanos.

Pero las condiciones de trabajo mejoraron para gran parte de
las personas. Las jornadas laborales en los puestos del sector
administrativo eran más cortas y se realizaban en entornos menos
rigurosos. A medida que el empleo se hacía más agradable y la
población femenina adquiría mejor formación académica, el estigma que existía sobre el empleo de las mujeres casadas empezó
a ser menor, y en algunos casos desapareció por completo.[12]

El crecimiento del empleo administrativo modificó la estructura de trabajo para todas las mujeres —incluso para aquellas
sin titulación universitaria—.[13] Estos cambios les permitieron,
también a aquellas con un nivel académico más alto, trabajar no
solo antes del matrimonio o mucho más tarde en la vida, sino
incluso después de casarse. Puesto que la edad promedio de
matrimonio de las universitarias siguió siendo moderadamente
alta —hasta la década de 1940, cuando empezó a bajar en picado—, trabajar después del matrimonio significaba que se podía
mantener un empleo durante varios años antes de la llegada, si
se daba, de los hijos. Una titulada universitaria podía tener un
trabajo, adquirir experiencia laboral, y luego dar a luz. Cuando
los hijos fueran mayores se reincorporaría a un puesto posiblemente similar al que había dejado.

Las mujeres que se titularon en la universidad en torno a principios del siglo xx tuvieron motivos para entender el matrimonio como una pérdida. Pero las que lo hicieron una década o dos más tarde, de 1920 en adelante, vieron el matrimonio de manera muy diferente. No tenían que renunciar a su empleo después de casarse, al menos no durante algún tiempo. El auge del sector administrativo en general supuso una transformación radical en la vida de la población femenina, incluida la de quienes poseían mayor formación académica.

El grupo de Mary McCarthy sigue a sus protagonistas hasta el año 1940, justo cuando se cumplen siete años de sus graduaciones universitarias. No sabemos lo que les sucedió a las ocho amigas durante y después de la Segunda Guerra Mundial, pero, por lo que respecta a sus homólogas en la vida real, muchas se reincorporaron a la población activa en los años inmediatamente posteriores a la guerra, antes de cumplir los cuarenta. Había el doble de mujeres empleadas a los cuarenta y siete años que a los veintisiete.

De las universitarias nacidas alrededor de 1910 y que estuvieron casadas en alguna ocasión, menos del 30 % tenían un empleo entre los veinticinco y los treinta años. Sin embargo, entre los treinta y cinco y los cuarenta, el porcentaje era de un 40 %, y a finales de la cuarentena, de un 60 % (véanse la Figura 2.4 y la Tabla 2.1).

Dos factores provocaron que se doblara el empleo en ese periodo de veinte años. El primero es que muchas de las mujeres de veintisiete años eran madres con niños pequeños. Veinte años después, los hijos vivían fuera del hogar familiar. Pero había también importantes componentes externos que afectaban a las vidas de esas mujeres, como por ejemplo la creciente demanda de capacidades como las suyas. Un análisis cuidadoso demuestra que aproximadamente la mitad del cambio que se dio en el empleo femenino se debió a cada uno de estos fenómenos.[14] Es decir, la mitad del incremento tuvo que ver con las transformaciones del ciclo de la vida; decrecieron las exigencias en el hogar, en especial en cuanto a los hijos. Pero la otra mitad fue ocasionada por las transformaciones económicas generalizadas.

Una serie de alteraciones en la economía incrementaron la demanda de empleo en ciertos sectores, en particular en el de servicios (como el de la venta al por menor), lo que provocó un descenso en la demanda en otros (como la agricultura). Hemos visto anteriormente que, desde principios del siglo XX, el «cambio sectorial» produjo un auge de los trabajos administrativos. La población femenina se vio afectada en mayor medida que la masculina, y el impacto sobre las tituladas universitarias fue el mismo que para las demás mujeres.

En 1929, las ocho protagonistas de *El grupo* que empezaban sus estudios universitarios en Vassar podían soñar con tener un empleo tras graduarse, casarse unos años después y seguir en su puesto durante algún tiempo antes de tener hijos. Entonces se retirarían unos años y más tarde se reincorporarían a un trabajo en el que posiblemente tratarían de desarrollar una carrera. Su futuro sería diferente del de sus madres y las demás mujeres del Grupo 1.

Pero en la década de 1930 el cielo llamaba a tormenta en Estados Unidos. El empleo se hizo incierto para la mayoría de sus ciudadanos. Las perspectivas eran especialmente sombrías para las mujeres casadas, incluso para las más afortunadas. La tasa de paro había pasado a ser un porcentaje de dos dígitos, y en algunos momentos la primera cifra era un dos. Nunca se había dado un desempleo tan alto en el país. Y aquella situación, por fortuna, no se ha vuelto a producir. (El desempleo en la era de la COVID-19 se disparó hasta alcanzar casi un 15 % en abril de 2020, pero descendió rápidamente hasta el 6 % en invierno de 2021).

La falta de trabajo no fue el único nubarrón gris. La Gran Depresión hizo retroceder en el tiempo a la población femenina y mermó sus posibilidades de lograr un empleo. Precisamente cuando las casadas estaban progresando, en especial las que poseían formación académica, las políticas y las regulaciones conocidas como «barreras matrimoniales» se intensificaron; cuando los planes de futuro de las mujeres se habían empezado a tener en cuenta, los esfuerzos por eliminar dichas barreras en la enseñanza se habían convertido en una cosa del pasado.

BARRERAS MATRIMONIALES

Aunque antes de la Gran Depresión ya se hubieran impuesto sobre muchas profesiones, estas regulaciones se intensificaron con el enorme incremento del desempleo, las largas colas de racionamiento y la creciente desesperación económica de la década de 1930. Los diez años de Depresión llevaron a ampliar y a endurecer las políticas que excluían a la población femenina de los mejores trabajos.

Las barreras matrimoniales eran las políticas de contratación y despido de las empresas privadas y de las agencias gubernamentales, en especial dentro de la educación pública. Existían restricciones de dos tipos.[15] Unas tenían que ver con que las mujeres casadas pudieran o no ser contratadas. Estas regulaciones se denominaron barreras a la contratación. Las otras eran concernientes a si las empleadas que contraían matrimonio después de haber obtenido un empleo debían ser despedidas, y se denominaron barreras de retención.

En los distritos escolares de Estados Unidos había más barreras a la contratación que de retención. Las de retención prohibían a los distritos mantener empleadas a las maestras que se casaran, aunque su historial fuera impecable. Muchos distritos optaron por estrategias discretas. Cuando un inspector territorial quería despedir a una docente, la mejor manera era utilizar la excusa del matrimonio.

Con la Gran Depresión proliferaron los distritos escolares que imponían políticas de barreras matrimoniales, y se basaron en los niveles de desempleo para justificar su aplicación. Tanto los distritos escolares como las empresas privadas defendían aquellas medidas argumentando que, cuando las mujeres contraían matrimonio con un hombre sano, este podía ocuparse de mantenerlas, además de que otras personas —las mujeres solteras, viudas y cualquier hombre— podían necesitar el empleo más que ellas. Justo antes de que se produjera el crac del 29, varios estados habían sido contrarios a las existentes barreras matrimoniales y evitaban que los distritos escolares aplicaran dichas regulaciones. Durante la Depresión ocurriría todo lo contrario.[16]

La información sobre la extensión que alcanzaron las barreras matrimoniales es sorprendentemente escasa teniendo en cuenta su gran importancia. No existen datos sistematizados entre las empresas. En la década de 1920, los más de 120.000 distritos escolares del país generalmente creaban sus propias políticas de contratación y despido del profesorado. Por fortuna, los sindicalistas de la Asociación Nacional de Educación realizaron varios sondeos en diferentes años que nos permiten precisar el número de maestras afectadas por las regulaciones en cuatro momentos críticos.

El primero se produce en 1928, inmediatamente antes de la caída de la bolsa, y nos ofrece un punto de referencia dado que ningún distrito hubiera aprobado regulaciones en previsión de la Gran Depresión. La segunda ocasión se da entre 1930 y 1931, en los primeros años de la crisis. El tercer momento ocurre en 1942, antes de la participación de Estados Unidos en la Segunda Guerra Mundial. Y existe un último sondeo de 1950-1951, durante la reactivación económica de la posguerra.

En 1928, con la economía aún floreciente, cerca de un 60% de los estadounidenses de las ciudades vivían en distritos escolares que ponían en práctica las barreras matrimoniales, y casi la mitad lo hacía en los distritos que también aplicaban barreras de retención (véase la Figura 4.2). En ellos se declinaba la contratación de maestras con impecables credenciales si estaban casadas. Algunas de las más experimentadas empleadas eran despedidas tan solo porque tenían un marido físicamente capaz.

Conforme el desempleo crecía durante la Gran Depresión, se aplicaron más barreras matrimoniales sobre las maestras. Se trata de regulaciones que afectaban a un 73% de la población

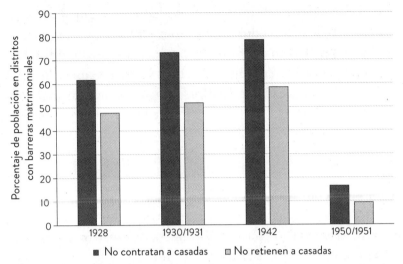

FIGURA 4.2. Barreras matrimoniales y conservación de empleo para el profesorado escolar (1928-1951).
Véase apéndice de figuras y tabla.

urbana de Estados Unidos. En 1942, después de que las exigencias de la Segunda Guerra Mundial redujeran el desempleo casi a cero, un porcentaje todavía mayor de la población urbana (cercano al 80 %) residía en distritos escolares en los que se imponían sanciones a la contratación de maestras. Ya no había desempleo, pero los distritos tardaron en reconocer que las barreras matrimoniales no solo eran discriminatorias, sino que habían empezado a dañar los objetivos propios de la enseñanza.

Aunque la información disponible referente a las barreras matrimoniales de las trabajadoras de oficina es menor que la relativa a las maestras, algunas empresas de varias grandes ciudades la proporcionan para los años iniciales y finales de la Gran Depresión. Los datos indican que conforme la crisis iba disipándose, en 1940, cerca de un 40 % de las empleadas de oficina se veían afectadas por una política de empresa que prohibía la contratación de mujeres casadas. Un porcentaje menor, el 25 %, estaba bajo una política de empresa que despedía a las mujeres cuando se casaban.[17] Estas cifras serían bastante superiores si se pudieran incluir las acciones facultativas de los directores.

Para las casadas y con formación académica era difícil obtener un empleo de oficina durante la Gran Depresión, y las posibilidades empeoraban conforme lo hacía la crisis económica. De manera que las barreras matrimoniales se dieron antes, durante y después de la década de 1930, y las regulaciones restringieron severamente las opciones de empleo de las casadas con formación académica.[18]

En los grupos 1 y 2, las mujeres de color con titulación académica tuvieron índices de empleo y matrimonio muy diferentes a los de las mujeres blancas. Las primeras trabajaban, se casaban y tenían hijos —todo al mismo tiempo—. Sin embargo, las universitarias blancas del Grupo 1, o trabajaban, o se casaban. Pocas lograban ambas cosas.

Un 30% de las mujeres blancas del Grupo 1 permanecieron solteras, mientras que, entre las mujeres negras de los dos primeros grupos, el porcentaje era menor del 10%. Las solteras blancas del Grupo 2 descendieron a un 15%, la mitad que en el Grupo 1. Sea como fuere, la proporción de mujeres negras con titulación universitaria que se casaban era mucho mayor que la de las blancas.

Las mujeres negras tituladas tuvieron también una tasa de participación en la población activa muy superior que la de sus homólogas blancas. En 1940, un 65% de las mujeres negras del Grupo 2 que permanecieron solteras tenía un empleo, a diferencia del escaso 30% de las blancas.[19] Las diferencias se producen hasta que cumplen los cincuenta años. ¿A qué se deben estas disparidades laborales y matrimoniales de las mujeres del Grupo 2 según su raza?

Parte de la discrepancia en el empleo de las universitarias casadas negras y el de las blancas tiene que ver con los menores ingresos de las familias negras. Los hombres negros, por un gran número de cuestiones, ganaban mucho menos que los blancos, y sus esposas se buscaban un empleo para poder llegar a fin de mes. Pero esto no explica por qué es tan grande la fracción de población femenina negra con formación universitaria que se casó. Solo revela por qué eran más, de entre quienes se casaron, las que trabajaban.

Otra causa de la disparidad probablemente esté relacionada con el hecho de que las mujeres negras siempre han trabajado, en esclavitud y en libertad. Y el estigma social para una mujer trabajadora en la comunidad negra era mucho menor que en la comunidad blanca.[20] Pero esta razón tampoco lo esclarece todo. Aunque es posible que las mujeres negras que trabajaban en la agricultura y en el servicio doméstico estuvieran menos estigmatizadas, las oportunidades laborales de las tituladas universitarias eran otras.

Las mayores disparidades en las tasas de matrimonio y empleo de las universitarias casadas negras y las blancas se producen porque las barreras matrimoniales en el Sur segregado, donde hasta 1940 vivía la mayor parte de la población negra de Estados Unidos, eran escasas. En general, los distritos escolares sureños imponían menos restricciones de este tipo. También se podía dar el caso, con iguales resultados, de que la obligación de cumplir las leyes vigentes fuera más laxa.

Los sondeos mencionados anteriormente no ofrecen datos en cuanto a barreras matrimoniales por región, y mucho menos por raza. Para los investigadores, esas encuestas constituyen el único conjunto estadístico existente sobre aquellas regulaciones; son una especie de manuscritos del mar Muerto de las barreras matrimoniales en la enseñanza. Pero disponemos de otros datos que pueden llenar el vacío de las pruebas perdidas: la información relativa al porcentaje de maestras que se casaron, por raza. Cuanto mayor sea el número de maestras casadas, menos estrictos habrán sido las barreras matrimoniales.

En 1920, las maestras de escuela negras que se habían casado (de treinta y cinco años o más) constituían el 50% del total.[21] El doble o el triple que en el caso de las maestras blancas en el Sur, y seis veces más que en el de las del Norte. En 1940, todavía ocurría que la mitad de las maestras de escuela negras (de treinta y cinco años o más) estaban casadas. El porcentaje de las casadas blancas se incrementó, pero seguía siendo considerablemente inferior al de aquellas. Habían contraído matrimonio muchas más profesoras negras que blancas, lo que sugiere que, en el Grupo 2, las barreras matrimoniales fueron más laxas para las mujeres negras con titulación universitaria.

En el Sur posiblemente no había tantas prohibiciones con respecto al estado civil de las maestras, y había muchas menos, sin duda, en las escuelas para negros. La ausencia de barreras matrimoniales para las maestras sureñas, en especial para las docentes negras, se explica en parte por la menor provisión de maestras allí que en otras regiones del país. El Sur necesitaba tantos enseñantes como fuera posible, en especial enseñantes negros. Por motivos similares, las barreras matrimoniales iban a ser una cuestión del pasado para todo el profesorado escolar de Estados Unidos.

Anita Landy y Mildred Basden fueron dos maestras de escuela pública con una reputación intachable en la enseñanza. Ambas consiguieron su empleo nada más acreditarse como profesoras. En 1929, Landy empezó a dar clases de inglés y matemáticas a los niños más mayores de una escuela primaria, y en 1935 Basden comenzó a enseñar lengua y literatura inglesa en un colegio. Desde que fueron contratadas, no pasó para ellas un año en que no trabajaran, hasta 1941.

En el verano de aquel año, Landy se casó con Arthur Weis, exjugador de los Chicago Cubs. También Basden contrajo matrimonio en 1941. Es probable que las dos celebraran sus bodas con despreocupación. Pero, unos meses después, tanto la una como la otra recibieron un sobre proveniente de la Junta de Educación de San Luis. No era una tarjeta de felicitación por sus recientes matrimonios; era una carta de despido que hacía referencia a una regulación que llevaba vigente, y se aplicaba, desde 1897. Esta decía lo siguiente: «El matrimonio de cualquier empleada de la Junta se considerará dimisión».[22] Ante aquello, ambas interpusieron un recurso.

Este tipo de despidos hubieran pasado desapercibidos en el pasado. Pero los tiempos estaban cambiando. Las mujeres trabajaban en la industria de la guerra y en los puestos civiles que los reclutas y voluntarios habían dejado vacantes. Además, en varios sectores se abogaba por la abolición de las barreras matrimoniales. Aunque también había resistencia al cambio. En 1944, las dos demandantes perdieron sus respectivos casos.

Landy y Basden presentaron inmediatamente sendas apelaciones ante el Tribunal Supremo del estado de Missouri. En 1947, año en que muchas escuelas de la nación estaban aboliendo sus regulaciones de barreras matrimoniales, aquel tribunal resolvió a favor de las dos mujeres. En el trascurso de los seis años que duró el proceso, Anita Weis ocupó una posición de maestra en un barrio de la periferia en el que no se aplicaban estas restricciones a las mujeres casadas. Mildred había abandonado la enseñanza y fundado un pequeño negocio casero. Ambas habían dado a luz a dos hijos. Tras ser oficialmente readmitida, Weis, tan enérgica como el primer día, dejó su trabajo y «por una cuestión de principios» se reincorporó a dar clases en el distrito escolar de San Luis.

En los años 1950 y 1951 la incidencia de las barreras a la contratación había descendido hasta afectar a algo menos de un 17 % de la población de cada distrito escolar, y las de retención habían disminuido en un 10 %. Las prohibiciones sobre el matrimonio serían pronto eliminadas por completo en todos los distritos escolares del país.

Sabemos también que muchas empresas eliminaron estas barreras, aunque eran pocas las que llevaban un registro que haya llegado a nuestros días sobre los cambios de personal que se producían en la compañía. Una de esas excepciones fue IBM. En enero de 1951, el vicepresidente y el tesorero de la empresa firmaron un documento de jerga legal brillantemente confeccionada. «A efectos inmediatos y hasta nuevo aviso: (1) A una empleada femenina no le será requerido el abandono de su puesto en la empresa tras contraer matrimonio. (2) La empresa considerará a la mujer casada elegible para el empleo. Lo aquí establecido constituye una modificación de la política habitual de la empresa de no admitir como empleado de plantilla regular a una mujer casada, a no ser que esta constituya el principal soporte de su familia».[23] La naturaleza temporal de este cambio parecía estar diseñado para proteger a la compañía en el caso de que esta requiriera volver a despedir a mujeres casadas.

Aunque en la enseñanza y en los trabajos de oficina las barreras matrimoniales se hubieran reducido después de la Segunda Guerra Mundial, en otras ocupaciones seguían muy presentes. Por ejemplo, entre los auxiliares de vuelo. Después de la Ley de los Derechos Civiles de 1964, las empresas no podían discriminar a sus empleados por sexo, pero sí por estado civil. Así, las restricciones que afectaran a mujeres y hombres por igual serían válidas. No lo serían las que afectaran solo a las mujeres.

United Airlines, con la ambición de añadir atractivo a los vuelos con destino a Honolulú y dar a la ruta «el color de la región», había contratado a un equipo masculino de auxiliares de vuelo hawaianos. A esos hombres no se les aplicaban barreras matrimoniales. En 1968, la aerolínea fue declarada culpable de violar al artículo VII de la Ley de los Derechos Civiles de 1964 y fue obligada a eliminar sus regulaciones sobre el matrimonio. Los *friendly skies* de su eslogan pasaron a ser un poco más amistosos.[24] A las compañías aéreas que contrataron a auxiliares de vuelo masculinos bajo las mismas restricciones sobre las personas casadas se les permitió continuar con sus políticas por más tiempo.

¿Por qué existieron aquellas barreras antes de la recesión económica, y por qué persistieron después de la Gran Depresión? En el caso de la enseñanza, los distritos escolares ganaban más que perdían con esas medidas. Durante la mayor parte de aquel periodo, había muchas jóvenes enseñantes disponibles. Las maestras casadas eran generalmente más mayores que las solteras y, aunque tuvieran mayor experiencia, resultaban más costosas. Además, tenían un problema añadido: sus maridos. Los distritos escolares y sus directores querían disponer de una plantilla que fuera dócil, no de una que viniera de la mano de agresivos defensores de las profesoras (los sindicatos de enseñantes vendrían después). Por otro lado, gran parte de las maestras casadas de aquellos años iban a dejar el puesto poco después de contraer matrimonio, cuando tuvieran hijos.

Los motivos por los que existían estas barreras en la década de 1930 son diversos. Según afirmó una empresa, las mujeres eran «menos eficientes después del matrimonio; eran demasiado descuidadas porque sabían que pronto dejarían el puesto». En algunos casos, dominaba la actitud conservadora de la persona que hacía las contrataciones. El gerente de una empresa editorial de Filadelfia opinaba que «algunos hombres son muy egoístas; deberían proteger a sus mujeres», y al director de la editorial, la Presbyterian Board of Christian Education, le parecía, cosa que no es de extrañar, que, «siempre que les sea posible, las mujeres casadas deberían quedarse en casa».[25]

Sin embargo, la situación laboral de la población femenina pronto empezaría a cambiar. El mercado se hizo más competitivo. La demanda de trabajadores superaba la oferta. Los distritos escolares y las empresas comenzaron a perder más de lo que ganaban si continuaban con las regulaciones discriminatorias sobre el matrimonio. Las restricciones no tardaron en ser revocadas —aunque a menudo quedaron sustituidas por regulaciones contra el embarazo—. Otras barreras, como la ley que prohibía que esposas y maridos trabajaran en el mismo lugar, seguían vigentes en varios sectores, por ejemplo, el gubernamental o el de la banca, donde eran consideradas una salvaguarda importante ante «la posibilidad de que se produzca una confabulación entre dos miembros del banco».[26] También en el mundo académico existían normativas de este tipo.

Mary Jean Bowman, economista de la educación, y C. Arnold Anderson, sociólogo de la educación, eran profesores asociados en el Iowa State College cuando se conocieron y más adelante se casaron. Junto al economista Theodore Schultz (quien ganaría un Premio Nobel) y otros espléndidos docentes del Iowa State, abandonaron sus cargos universitarios en torno a 1943 por lo que fue conocido como «la controversia de la margarina».[27] Sucedió que un grupo de presión de la industria de los productos lácteos quiso persuadir a varios académicos a que alteraran los resultados de una investigación para que afirmara que la margarina era un buen sustituto de la mantequilla. La guerra había reducido mucho las provisiones de productos lácteos y Estados Unidos necesitaba un producto alternativo a la mantequilla. (Parece ser que la industria láctea en Iowa tenía más poder que la del maíz). El rector de la universidad tomó partido por los industriales y esa violación de la libertad académica provocó la dimisión en masa de los economistas del Iowa State. La mayoría de estos, los mejores, se fueron a dar clases a la Universidad de Chicago.

Pero Bowman y Anderson no pudieron seguir a sus compañeros porque la Universidad de Chicago tenía en vigor una ley que impedía que marido y mujer trabajaran en el mismo centro. Se apresuraron entonces a ir a Washington, donde en tiempos de guerra trabajarían para el Gobierno, darían clases en la Universidad de Kentucky y tendrían un hijo. Cuando en 1958 la Universidad de Chicago revocó la prohibición, pudieron entrar a formar parte de su profesorado y reencontrarse con sus antiguos colegas.

Entre las ilustres, el porcentaje de académicas (incluidas las que aparecen como investigadoras científicas) es considerablemente mayor en el Grupo 1 que en el Grupo 2, y es todavía más grande entre quienes nacieron en los últimos años del Grupo 2. Una de las posibles razones de ello es que, como sucede en el caso de Bowman y Anderson, las puertas de entrada a la profesión académica en los años cincuenta empezaron a abrirse a los matrimonios de profesores —y en el Grupo 2 había más académicas casadas que en el Grupo 1—. Desde aquel momento las ilustres del segundo grupo no solo serían profesoras e investigadoras científicas, podían también estar casadas y mantener su rango profesional, su identidad y su nivel de satisfacción vital.

VIDA POR ENTREGAS

A las ilustres del Grupo 2 que se casaron y tuvieron hijos a menudo les tocó esperar para poder alcanzar el momento de gloria en sus carreras. Los motivos difieren en cada caso, aunque para la mayoría el cuidado de los niños y las carreras de sus maridos juegan un papel importante. La demógrafa Irene Barnes Taeuber contrajo matrimonio con Conrad Taeuber, también demógrafo, y tuvo dos hijos. Trabajó a tiempo parcial mientras los niños fueron pequeños, y después, en la década de 1930, siguió a Conrad a Washington. Más adelante, Irene se distinguiría en el campo de la demografía con un libro pionero, publicado en 1958, sobre la historia demográfica de Japón. Fue ascendida a investigadora jefa en 1961, a la edad de cincuenta y cinco años.

Las universitarias del Grupo 2 experimentaron una vida por entregas de varios tipos. Sus madres, sin embargo, tuvieron generalmente una sola vida: la de casarse y tener hijos. Aquí confluyen las dos generaciones de *El grupo* de Mary McCarthy. Como pronto veremos, las mujeres del Grupo 3 se ocuparon de planear las diferentes entregas de los capítulos de sus vidas: un empleo, un matrimonio, el hogar y, en la madurez, la reincorporación al trabajo.

Pocas universitarias de generaciones anteriores tuvieron una vida por entregas como la de Ada Comstock. Ada se graduó en el Smith College en 1897, fue la rectora para las mujeres de la Universidad de Minnesota y posteriormente rectora y decana en funciones del Smith College. En 1923, a los cuarenta y siete años, se convirtió en la primera decana a tiempo completo del Radcliffe College.

Desde que se fundara, Radcliffe no había dispuesto de un cuerpo docente propio. Los profesores de Harvard daban clases a los estudiantes masculinos de Harvard y luego caminaban hasta las instalaciones de Radcliffe para impartir esas mismas lecciones a las mujeres. En 1943, cuando muchos de los hombres de Harvard estaban más ocupados en la guerra que en el campus, Ada tuvo la audacia de trabajar con la administración de la universidad para la integración de muchas de las clases de los dos centros. En lugar de que los profesores de Harvard tuvieran que desplazarse al campo de Radcliffe, serían las estudiantes femeninas del College las que caminarían hacia los edificios de

Harvard para recibir, junto a los hombres, las lecciones de arte y humanidades que allí se impartían. El camino que recorrían cada día las llevaría a sincronizar el paso con los hombres. El año 1943 marcó el inicio de la verdadera educación mixta en ambas instituciones. También señalaría dos cambios importantes en la vida de Ada Comstock.

Ese fue el año en que se retiró de Radcliffe, sabiendo que había contribuido a un cambio en las vidas de los hombres y las mujeres del futuro. Un capítulo de su vida había llegado a su fin, y otro empezaría pronto. El 14 de junio, una semana después de dar oficialmente por finalizadas sus actividades en Radcliffe, Ada se casó con Wallace Notestein en la Christ Church de Harvard Square. Wallace, profesor *sterling* [el más alto rango académico] de Historia Inglesa en la Universidad de Yale, era un viejo amigo suyo de Minnesota. Ninguno de los dos había estado casado antes. Ella tenía sesenta y siete años, y él sesenta y cinco.

La noticia de la boda apareció en el *New York Times* al día siguiente. Muchas otras nupcias fueron mencionadas. Casi todos los novios eran soldados en activo y la mayoría de las novias eran recién graduadas. Una de ellas se había titulado por la Universidad de Carolina del Norte en 1942, otra seguía estudiando en el Smith College, y otra se había graduado en el Sweet Briar College en 1940. Solo unas pocas se habían sacado el título a finales de los años treinta. Aquellas mujeres eran la nueva ola del futuro. Sus maridos, por fortuna, no continuarían por mucho tiempo en el servicio militar activo. Casi de la noche a la mañana, ellas habían rejuvenecido asombrosamente.

Ada Comstock tuvo una vida de mujer de carrera del Grupo 1. Pero se vio inmersa en el vasto mar de los cambios demográficos y económicos de los primeros años de la década de 1940, periodo en que las universitarias del Grupo 2 cursaban sus últimos años de estudio. Se había casado por primera vez precisamente cuando, a las edades más tempranas de la historia de Estados Unidos, las tituladas universitarias empezaban a contraer matrimonio y a tener hijos. Las diferentes entregas de su vida presagiaban algunas de las metas del Grupo 4. Había tenido primero una carrera y después un matrimonio.

Ada nos recuerda que nuestras vidas pueden ser largas y contener diversos capítulos. Wallace y ella vivieron en New Haven, Connecticut, y permanecieron casados durante veintiséis años, hasta el día que Wallace murió, a los noventa. Ada Comstock vivió hasta los noventa y siete años.

5

The Honeymooners, una popular comedia de televisión de mediados de la década de 1950, se emitía en directo desde un decorado que parecía más un bloque de viviendas de alquiler que un conjunto de casas adosadas de posguerra. Estaba ambientada en los años cincuenta, pero se mostraban también escenas retrospectivas. A Ralph Kramden, conductor de autobús, y a su mujer, Alice, les costaba llegar a fin de mes. Lo mismo les sucedía a sus mejores amigos Norton y Trixie. Ninguna de las dos parejas tenía hijos. Lograban subsistir semana a semana, aunque ni Alice ni Trixie tenían un trabajo remunerado. Podrían haberlo tenido: para las mujeres había empleo disponible y bien pagado. Pero como Ralph dijo a Alice cuando esta empezó a buscar trabajo después de que él fuera despedido: «Mientras seas mi mujer, no trabajarás. Aún conservo mi orgullo».[1] Alice ganó aquella discusión, como hacía a menudo, y consiguió un empleo como secretaria, que conservó durante una semana.

Lucille Ball, en el rol de la protagonista epónima de *I Love Lucy*, conocida serie de la década de 1950, no tenía trabajo salvo cuando cómicamente se saltaba sus obligaciones de ama de casa y esposa del líder musical Ricky Ricardo (interpretado por su marido en la vida real, Desi Arnaz). Como sucedía en la vida misma, ante la posibilidad de que ella trabajara Ricky le decía: «De ninguna manera».[2] Aunque *The Honeymooners* fuera más radical retratando a un marido autoritario, en ninguna de las dos comedias se ofrecía una imagen del papel de la mujer —ni de ciertos matrimonios— que estuviera muy lejos de la realidad.

Otro popular programa de televisión de aquellos años tenía como personajes principales a niños y a parejas más felices. Con el apropiado nombre de *Father Knows Best* [Papá lo sabe todo], los Anderson —Margaret, ama de casa, y Jim, viajante comercial— tenían que lidiar con los problemas diarios de sus hijos, dos de los cuales eran adolescentes al inicio de la serie. En otra serie de la época, *Leave It to Beaver*, quedaba plasmada una familia de suburbios —June Cleaver, ama de casa, Ward Cleaver, oficinista de nueve a cinco, y sus hijos Wally y Beaver— vistos todos bajo la perspectiva del joven Beaver.

Margaret Anderson y June Cleaver representaban a las perfectas esposas y amas de casa de mediados de la década de 1950 contentas de quedarse en casa —para siempre—. June llevaba puesto un vestido y un collar de perlas cuando limpiaba la cocina. Alegres, tranquilas y sensatas, ella y Margaret no tenían mayor ambición que la de poder solucionar los problemas de sus hijos.

Antes de los años cuarenta se daba por sentado que las mujeres casadas, incluso las que no tenían hijos, no debían trabajar fuera de casa. Muchas de ellas, en cuanto daban a luz, se convertían en mamás profesionales, otras eran esposas profesionales antes de tener hijos. Pero en la década siguiente el papel de las mujeres empezó a cambiar. *The Honeymooners* miraba al pasado con humor para reírse de una serie de crecientes tensiones. *I Love Lucy* seguía bromeando sobre los roles de género, pero era también un reflejo de la prosperidad de los cincuenta. En *Father Knows Best* y *Leave It to Beaver* se quería mostrar la nueva familia ideal.

Si bien Margaret, June, Alice y Lucy eran personajes de ficción, ¿en qué circunstancias vivían las mujeres reales?

En el libro de merecido éxito de Betty Friedan, *La mística de la feminidad* (1963), del que se vendieron millones de ejemplares y del que se dice que encendió la mecha de la llama de la segunda ola del feminismo, se nos cuenta que esas madres de televisión, lejos de ser ficticias, representaban la realidad. Según Friedan, las mujeres de Estados Unidos se retractaban del papel de cuidadoras de la generación anterior. A las universitarias de la década de 1950 se les decía que «las mujeres femeninas de verdad no quieren carreras, educación superior o derechos políticos».[3]

Irónicamente, Betty Friedan miró al pasado para encontrar una mejora en la situación de la mujer. La década de los cincuenta le parecía una regresión, un retroceso respecto a los logros de las mujeres del pasado —que habían conseguido entrar en las universidades—. Pero en aquellos años «dos de cada tres chicas que se matriculaban en la universidad abandonaban a mitad de curso» y «el 60 % abandonaba la universidad para casarse». Anteriormente, las universitarias habían aspirado a una carrera, ambición alimentada por los trabajos remunerados de juventud y, de repente, en opinión de Friedan: «En América las chicas crecían sin haber tenido siquiera un trabajo fuera de casa». Tiempo atrás acudían en masa a buscarse una profesión, mientras que después «muy pocas, cada vez menos mujeres entraban a formar parte de la población activa».[4]

Ninguna de esas afirmaciones era cierta, ni por aproximación. Para los estadounidenses el pasado no era de color de rosa, ni mejor.[5] En la década de 1950, eran más las mujeres que se graduaban en la universidad —muchas más—. Mientras un 5,8 % de las nacidas alrededor de 1920 obtuvieron sus cualificaciones tras cursar un título de cuatro años, entre las nacidas en los años cercanos a 1940 el porcentaje era del 12 %.[6] La población femenina no solo se graduaba en mayor número, sino que además muchas de aquellas tituladas prosiguieron su formación académica.

Por tanto, no es verdad que «muy pocas, cada vez menos» universitarias en los años cincuenta se graduaran y se incorporaran a una profesión respecto a la generación anterior. El número de mujeres con titulación universitaria que obtuvieron títulos de grado superior se incrementó alrededor de un 30 % en los cursos de mediados de la década de 1940, y en un 40 % entre la población femenina que se graduó a mediados de la década de 1960.[7] El total de mujeres que obtuvieron un título de grado superior se multiplicó por tres.[8]

El rol y las ambiciones de las mujeres no estaban en regresión, sino en expansión. Sus oportunidades y capacidades iban viento en popa.

Friedan estaba preocupada fundamentalmente por las mujeres que se graduaban en las universidades más elitistas. En esencia, su mensaje se centraba en que las mujeres con capacidades superiores y una gran determinación innata estaban echando a perder sus sueños por una «mística de la feminidad». Al considerar solo a un selecto grupo de estudiantes de grado, Friedan podía observar cómo las ambiciones de la flor y nata de las estudiantes iban cambiando con los tiempos. La metodología podía parecer aceptable. Pero ella estaba equivocada.

Por ejemplo, de las graduadas del Radcliffe College en las décadas de 1920 y 1930, aproximadamente un 7 % obtuvieron algún tipo de título superior más allá de un máster. Eso mismo hicieron el 12 % de las mujeres que se graduaron en los primeros años de los cincuenta, y un 18 % de las tituladas a finales de esa misma década. De manera que, en la era de la «mística de la feminidad», el número de mujeres tituladas en universidades de élite que obtuvieron importantes posgraduados fue mayor que en tiempos de sus predecesoras.[9]

Por otra parte, ¿qué ocurre con la idea de que esas universitarias abandonaban los estudios en cuanto encontraban a su media naranja? Hasta mediados de la década de 1970, las estudiantes ciertamente dejaron los estudios universitarios en mayor número que sus homólogos masculinos. Pero la tasa de abandono no estaba de ninguna manera próxima a la que sugiere Friedan —quien afirmaba que eran «dos de cada tres»—. La realidad es que la tasa de abandono entre las mujeres de esa generación fue más baja, no más alta, que la de la generación anterior.[10]

Friedan a menudo lamentaba la pérdida de talento femenino entre quienes se habían matriculado en universidades de élite. Pero los datos de que disponemos sobre esas mujeres, recogidos aquí a partir de la información proporcionada por las estudiantes y graduadas de Radcliffe, indican que la tasa de abandono también decreció desde los años veinte hasta principios de los sesenta. El índice que resulta relevante es el del porcentaje de universitarias de primer y segundo año que no finalizaron el grado y que, a grandes rasgos, nos proporciona la cantidad de estudiantes que abandonaron los estudios tras encontrar (presumiblemente) a su media naranja. Mientras la tasa de abandonos fue más o menos del 15 % en los años de entreguerras, en la década de 1950 fue del 7 %, y una década después, solo del 3 %.[11] Por consiguiente, casi todas las mujeres de Radcliffe que en los años sesenta superaron su primer año de universidad llegaron a titularse.

Teniendo en cuenta los empleos que desempeñaron poco después de graduarse, ¿qué fue de sus ambiciones iniciales? Aproximadamente tres cuartas partes de las universitarias de la década de 1950 trabajaban a tiempo completo seis meses después de obtener la titulación. Fue así también para las casadas. A las mujeres con titulación universitaria de los años cincuenta, incluso si se casaban jóvenes, no les faltaba ambición.

Aunque es cierto que priorizaron la familia. Ahí Friedan estuvo muy acertada. La mayoría contraía matrimonio y se apresuraba a tener hijos poco después de graduarse. Si bien muchas de ellas habían estado empleadas nada más salir de la universidad, la inmensa mayoría dejaron el trabajo en cuanto dieron a luz. Pero la decisión de dedicarse a la vida doméstica y reincorporarse al trabajo cuando los hijos estuvieran en edad escolar fue fruto de la planificación. Esas mujeres, contrariamente a lo que nos podría hacer suponer la eterna reemisión de los episodios de *Father Knows Best* y *Leave It to Beaver*, no estaban confinadas en sus hogares como quien cumple cadena perpetua.

Los primeros años del siglo xx no fueron mejores para las tituladas universitarias que los años cincuenta. Esto es así porque muchas universitarias de los grupos 1 y 2 no se casaron. Recordemos que, de entre las que se graduaron a principios de siglo, casi un tercio nunca contrajo matrimonio, y que, de todas las graduadas, la mitad no tuvo hijos. Las miembros del Grupo 3, graduadas en la década de 1950, tuvieron más (no menos) oportunidades de elegir que las de los grupos previos debido a que fueron muchas más las que se casaron y un gran número de ellas dio a luz. Pudieron elegir formar primero una familia, y después tener un trabajo (y, en ocasiones, una carrera).

Pero esto no significa que los años cincuenta del siglo pasado fueran perfectos. No fue así.

Alice, Trixie y Lucy no eran universitarias. La población femenina con titulación superior tenía más oportunidades que sus homólogas con menos formación académica. Que una mujer casada tuviera un empleo podía hacer pensar que su marido de clase trabajadora era un holgazán o que cobraba poco. Pero ese no era el caso del titulado universitario marido de una titulada universitaria. Este traería a casa unos buenos ingresos, y que su mujer trabajara para contribuir económicamente no pondría su orgullo en entredicho.

Aunque sus maridos se opusieran menos de lo que Ralph se oponía a Alice, y si bien solían mostrar pocas reticencias, las mujeres con titulación universitaria de los años cincuenta y principios de los sesenta tenían dudas con respecto a trabajar fuera de casa mientras sus hijos fueran pequeños.[12] «La razón principal […] por la que no trabajo —escribiría años después de graduarse una universitaria que se había titulado en el año 1957— es porque me parece necesario dedicarle tiempo a mi hogar y a mi familia». Otra mujer, que había tratado de mantener su empleo remunerado, decía resignada: «Mis hijos son pequeños y el tiempo que pasan con la canguro parece que les está cambiando. Así que creo que lo mejor es que me quede en casa... Echaré de menos la enseñanza».[13] Únicamente un 30% de las madres que se graduaron en 1957 o en 1961 trabajaron por un salario después de haber formado una familia y antes de que sus hijos fueran al colegio.[14]

El desempleo femenino estaba también relacionado con la escasez de servicios de cuidado infantil de calidad y asequibles. En el pasado, como en la actualidad, a las mujeres que no ganaban mucho dinero y tenían hijos en edad preescolar se les iba el sueldo en pagar los impuestos y el cuidado de los niños. Una de estas destacó: «Si hubiera sido más fácil encontrar una niñera conveniente y a un precio razonable, seguramente me hubiera buscado un empleo después de mi segundo hijo. Pero no tiene sentido trabajar solo para pagar a la cuidadora».[15]

En cuanto esas mujeres llegaban a los cuarenta años aproximadamente, sus índices de participación en la población activa se disparaban. Siete de cada diez trabajaban por un sueldo, y la mayoría estaban empleadas a tiempo completo. De hecho, casi todas las que se incorporaron al mercado laboral cuando sus hijos menores comenzaron a ir a la escuela elemental habían planeado su vuelta mucho antes. Esas mujeres habían obtenido sus títulos de grado y sus calificaciones con la idea de su futura reincorporación.

Los obstáculos a los que las tituladas universitarias se enfrentaron en los años posteriores a la década de los cuarenta fueron muchos menos que en generaciones anteriores. Las barreras oficiales y legales para el empleo de la población femenina habían sido enormes antes de 1940, y en algunos casos estas habían sido mayores para las tituladas que para la población femenina con menor formación académica.

Consideremos a las maestras de la escuela pública. En la década de 1950, esta profesión pasó a ser la principal ocupación de las tituladas universitarias, especialmente de aquellas con hijos en edad escolar. Cuando una maestra acababa su jornada laboral, sus hijos salían de la escuela. Si, durante el verano y las vacaciones, sus hijos estaban en casa, también lo estaba ella. Después de tomarse una baja, tal vez para tener otro hijo, podía regresar a su trabajo sin perder la posición.

Pero, antes de la década de 1940, la profesión de maestra, como hemos visto en el capítulo anterior, estaba fuera del alcance de la mayoría de las mujeres casadas en muchos distritos escolares de Estados Unidos. Y lo mismo ocurría con los empleos de oficina. Las barreras matrimoniales estaban presentes en todas las áreas de trabajos administrativos, incluida la enseñanza.

De hecho, estuvieron vigentes en numerosos distritos escolares antes de aplicarse también en la empresa privada.

Incluso en el año 1928, cuando la economía estadounidense era todavía floreciente y nadie sabía que estaban al borde de la Gran Depresión, en la mitad de los distritos escolares del país se despedía a las maestras que contrajeran matrimonio, y en seis de cada diez se negaban a contratar a mujeres casadas. Las perspectivas para las maestras de escuela fueron aún peores a partir de la colosal recesión económica de los años treinta.[16]

Aunque en los puestos de oficina de antes de la Depresión se tratara a las casadas algo mejor que en los distritos escolares, nada más empezar esta aproximadamente un tercio de las oficinas despedían a las mujeres que contraían matrimonio, y la mitad no contrataba a mujeres casadas. La situación no dejó de empeorar a medida que la crisis continuaba.

Las mujeres negras con titulación universitaria de los años anteriores a la década de 1940 sufrieron el impacto de las barreras matrimoniales menos que las blancas. Como hemos señalado en el capítulo anterior, esto pudo deberse a que en el Sur existían menos distritos escolares con este tipo de restricciones, o que donde sí estaban vigentes estas se aplicaban con menos celo.

Ya vimos hace algunas páginas que a Dorothy Wolff Douglas, economista y esposa del también economista de la Universidad de Chicago (y más adelante, senador) Paul Douglas, se le negó un puesto en la universidad en aplicación de la ley que prohibía que esposa y marido trabajaran en el mismo lugar. Dorothy se fue a dar clases al Smith College y Paul dejó su cargo de profesor en Chicago para incorporarse, por un breve periodo, al Amherst College.[17] Cabe mencionar que Dorothy Wolff Douglas jugó un papel importante en la formación de Bettye Goldstein (más adelante Betty Friedan). Cuando esta era una estudiante de grado en el Smith College, Dorothy le dio clases de Economía, y la familiarizó con las teorías económicas radicales y el pensamiento feminista.[18]

En los años cuarenta crecieron las oportunidades para las casadas con titulación universitaria. Tras el enorme incremento de la demanda de productos para la guerra y el descenso de la fuerza laboral masculina debido al reclutamiento, la cifra de dos dígitos del índice de desempleo de la década de 1930 quedó relegada al pasado. Las políticas laborales discriminatorias que a tantos les parecían adecuadas antes de y durante la Gran Depresión quedaron súbitamente sin efecto.

Llegados los años cincuenta, la mayoría de los tribunales estatales puso fin a las barreras matrimoniales.[19] Los tiempos habían cambiado. Las regulaciones que permanecían vigentes en los distritos escolares y en las empresas dejaron de aplicarse (aunque muchas de las normativas de funcionamiento diario en las empresas del sector privado nunca se han eliminado). Como se indicaba en 1956 en una gran compañía de seguros: «Antes el departamento de personal no estaba a favor del empleo de mujeres casadas... pero las compañías de seguros [ahora] las contratamos para cubrir nuestras necesidades».[20]

La mayor demanda femenina en el mercado laboral durante la Segunda Guerra Mundial y la posguerra repercutía sobre todas las mujeres, independientemente de su formación académica. Ir a la universidad se convirtió en una buena opción para las jóvenes que estaban considerando continuar sus estudios después del instituto. Una titulada universitaria podía entrar en la población activa, así como casarse y tener hijos. A las mujeres que contrajeran matrimonio, el título universitario no solo les serviría para decorar la pared.

Aunque el costo de la matrícula universitaria, por tratarse entonces de instituciones públicas, fuera bajo, la formación académica resultaba cara. Asistir a clases requería tiempo y con frecuencia suponía tener que vivir lejos del hogar y pagar costosos alojamientos y comida. Conforme obtener un título académico fue garantizando a la población femenina la posibilidad de trabajar en varios puestos incluso después de casarse, la universidad comenzó a merecer la pena. La cifra de matriculaciones aumentó en las décadas de 1940 y 1950, y la brecha entre el número de mujeres y hombres que se graduaban inició su largo descenso. (La tasa de tituladas superaría a la de los hombres alrededor de 1980, pero por ahora no nos centraremos de esto).[21]

Para la población femenina de los años cincuenta, las ventajas de obtener un título universitario fueron diversas. La mayoría tuvieron que ver con el empleo. Algunas se tradujeron en trabajo inmediato, aunque los auténticos beneficios aparecían generalmente más adelante. Un título universitario, y a menudo también un certificado de enseñanza, actuaba de póliza de seguros ante la defunción de un esposo —o de un matrimonio—. Además, un empleo constituía «un buen lugar donde caer», como se decía entonces. Siempre existía la posibilidad de que le ocurriera algo a un marido. El divorcio, la discapacidad y la muerte podían acontecer en cualquier momento. «La formación académica de una esposa —escribió un universitario en 1957— se puede considerar como una póliza de seguros». Otra persona señaló que la educación «es seguridad».[22]

Sin embargo, la mayoría de la población femenina de aquel entonces estaba en algún momento entre la población activa, independientemente de si a sus parejas les ocurría alguno de los muchos infortunios de la vida. Las mujeres trabajaban antes y después del matrimonio, y, en cualquier caso, antes de tener hijos. La reincorporación al mercado laboral se producía cuando los hijos estaban, al menos, en la escuela elemental.

Los títulos universitarios no eran meros adornos, y las universitarias no se preparaban académicamente solo para cubrir contingencias. Tampoco fueron a la universidad para incrementar sus posibilidades de cazar a un futuro titulado (aunque las universitarias fueran quienes más universitarios cazasen). Algunas consideraciones, incluidas las de Betty Friedan, nos podrían llevar a creer que la mujer que encontrara a su media naranja en la universidad y dejara los estudios para casarse sería una triunfadora. Pero eso no era así. No, si en lugar de la carrera de la mujer tenemos en cuenta la verdadera formación académica del hombre con el que se casaría.[23] Tampoco sería una triunfadora en cuanto a su bienestar general.[24]

Si bien es cierto que las universitarias de la década de 1950 acabarían por aprovechar su formación académica en el mercado laboral, la universidad era, en efecto, un buen lugar para encontrar marido. De manera desproporcionada, las universitarias se casaban con los universitarios. Y la seguridad económica que ofrece un titulado universitario es mayor que la que pueda garantizar un hombre con menos estudios. Además, después de la Ley de Reajuste de Militares de la Segunda Guerra Mundial y de la guerra de Corea, en las universidades había muchos más hombres. Antes de que el llamamiento a filas para participar en la Segunda Guerra Mundial vaciara las instituciones académicas de estudiantes masculinos, por cada mujer universitaria había 1,3 hombres; después de que regresaran los soldados y muchos de ellos aprovecharan la Ley de Reajuste de Militares, en la universidad había 2,3 hombres por cada mujer.[25] Las universitarias siempre tuvieron más fácil encontrar un marido en el campus, pero especialmente las que cursaron sus estudios entre las décadas de 1950 y 1970.

Comparadas con quienes poseían un título de educación secundaria, las mujeres que se graduaron en la universidad desde mediados de los años cincuenta hasta principios de los setenta tuvieron más de 60 puntos porcentuales de ventaja en cuanto a casarse con un hombre. Para una mujer con educación secundaria las probabilidades eran del 10%, mientras que para una titulada universitaria estas eran de un 70%.

La fracción de tituladas universitarias que contraían matrimonio con sus homólogos masculinos se incrementó a lo largo de los años. Fue un 70% para el conjunto de las que se graduaron a finales de la década de 1950, mientras que había sido de un 50% entre las que se titularon a principios de la de 1930. El porcentaje continuó siendo alto para quienes se graduaban entre finales de los años cincuenta y principios de los setenta, cuando cayó a un 65% (a los niveles de finales de la Segunda Guerra Mundial).[26]

Las mujeres descritas en *La mística de la feminidad* tenían más control sobre sus vidas que el que habían poseído las tituladas universitarias de otros grupos, y más del que Friedan les reconoce. Las universitarias planificaron su futuro. Las barreras se empezaban a derrumbar y las casadas podían por fin optar a diversos puestos de trabajo. Pero aún existían limitaciones. En aquella sociedad todavía se veía como un oprobio que una mujer con hijos pequeños trabajara fuera de casa.

OLAS DE CAMBIO

Mientras jóvenes y mayores en Estados Unidos empezaban a adaptarse a la vibrante economía de posguerra, se estaban produciendo una serie de cambios demográficos que iban a afectar a la sociedad estadounidense de las décadas venideras. Unas transformaciones tan monumentales que continúan teniendo efecto en la economía de la población del país hoy en día. El *baby boom* concernió en igual medida a las mujeres universitarias y a las que no lo eran. Aunque se consideran varias posibilidades, todavía no sabemos exactamente por qué se desplomó el índice de matrimonios, cuál es la causa del extraordinario incremento de la natalidad, y a qué se debe que estos cambios duraran tanto tiempo.

Una variación demográfica así no tiene precedentes en la historia de Estados Unidos. Esta generó una nueva normalidad por lo que se refiere a la edad de matrimonio y al tamaño de la familia. Medio siglo después hemos idealizado los años posteriores a la Segunda Guerra Mundial considerándolos una época gloriosa de nuestra nación. Sin embargo, si observamos cualquier serie cronológica de nacimientos y matrimonios, veremos lo atípicas que fueron las décadas de 1950 y 1960. Y, a pesar de lo que muchos afirmen, la calidad de vida estadounidense de aquel periodo era considerablemente peor de lo que resultaría en las décadas siguientes. No obstante, puesto que se trataba de una época que emergía de una larga depresión económica y de una guerra mundial, para los que la vivieron fue como una bocanada de aire fresco.

El primer cambio demográfico importante en el Estados Unidos de posguerra fue el gran descenso en la edad de matrimonio. Las nupcias se habían pospuesto durante la Gran Depresión debido al alto índice de desempleo (que a menudo excedía el 20 %). Las recesiones económicas generalmente provocan un incremento en la edad de matrimonio, así como un descenso del número de casamientos.[27] La Gran Depresión duró casi una década. Sin embargo, las transformaciones demográficas que se produjeron entonces no fueron tan significativas como para que después de la Segunda Guerra Mundial el país pudiera regresar a su «antigua normalidad».

La disminución de la edad del primer matrimonio documentada a principios de la década de 1940 compensó sobradamente el incremento que se había producido en los años treinta. Tuvieron lugar transformaciones mucho más relevantes que las experimentadas en otros países después de la Segunda Guerra Mundial. Mientras que en el extranjero los ciudadanos se casaban para recuperar el tiempo perdido, en Estados Unidos lo hacían a edades más tempranas, y eso fue así no solo en el día de la Victoria sobre Japón, sino durante las siguientes dos décadas.[28]

Los ciudadanos estadounidenses estaban entusiasmados por contraer matrimonio y formar una familia. Incluso las mujeres no tan jóvenes, las que se habían titulado en los primeros años del siglo xx, se vieron arrolladas por aquel fervor matrimonial coincidente con la participación del país en la Segunda Guerra Mundial. Recordemos que Ada Comstock, tras una carrera exitosa en la administración universitaria, se casó por primera vez en 1943 —a los sesenta y siete años—. Mildred McAfee, quien fuera la séptima rectora del Wellesley College y la primera directora de la Reserva de Mujeres de la Marina (WAVES, por sus siglas en inglés) durante la Segunda Guerra Mundial, contrajo matrimonio por primera vez en 1945. McAfee se encargó en solitario de la integración de las WAVES. Cuando dio por finalizada esa labor, se casó con el decano de la escuela de Teología de Harvard. Tenía cuarenta y cinco años.

La segunda gran transformación de posguerra fue la disminución de la edad a la que se daba a luz por primera vez. Las norteamericanas daban a luz antes, y las parejas tenían más hijos. El resultado de ello fue el conocido *baby boom*. Era de suponer que inmediatamente después del conflicto bélico se produciría un incremento de la natalidad, pues las guerras retrasan los nacimientos ya que los hombres están en el campo de batalla, pero, de la misma manera que el matrimonio temprano no fue una consecuencia solo de la Gran Depresión, el incremento de la natalidad no fue únicamente el resultado del fin de la contienda.

La época del *baby boom* empezó en 1946 y duró hasta 1964. Con anterioridad se había producido un pequeño *boom*, en 1942, cuando por un breve periodo de tiempo se aplicaron unas leyes de reclutamiento que garantizaban prórrogas de alistamiento a los padres de recién nacidos. Es de gran importancia para nuestro trayecto considerar que el *baby boom* afectó por igual a las parejas con y sin formación académica, de manera que el grupo de las mujeres con titulación universitaria alcanzó tasas de matrimonio y de fecundidad similares a las del conjunto sin titulación.

Los matrimonios tempranos de la población femenina de los años cincuenta tuvieron como resultado jóvenes madres. Casi el 60% de las mujeres con titulación universitaria dieron a luz a su primer hijo antes de los treinta años.[29] Un sondeo de la Oficina de la Mujer sobre tituladas universitarias de 1957 nos ofrece una imagen parecida. Nos indica que un 64% dio a luz en los siete años posteriores a la graduación. Solo el 17% de las mujeres que se titularon en la universidad en la década de 1950 nunca tendría un hijo.

Tradicionalmente las universitarias se casaban más tarde que las mujeres con titulación de educación secundaria o que quienes abandonaron sus estudios universitarios, y un porcentaje importante de universitarias permaneció soltera. Por ejemplo, las tituladas de principios del siglo XX contraían matrimonio más tarde que las mujeres sin titulación, y aproximadamente un 30% nunca se casó;[30] asimismo, las universitarias que optaron por el matrimonio dieron a luz más tarde de lo que lo harían las mujeres de los años cincuenta.

Solo un 8 % de las universitarias de la década de 1950 permanecieron solteras. Además, las de este grupo que se casaron lo hicieron jóvenes. Casi tres cuartas partes contraían matrimonio antes de cumplir los treinta, a una edad media del primer matrimonio de solo veintitrés años —por tanto, la mitad de ellas se casó menos de un año después de acabar la universidad—. Las encuestas realizadas en 1957 sobre las estudiantes que estaban en su último año de universidad muestran que casi el 40 % estaban prometidas y se casarían solo seis meses después de su graduación.

El hecho de que fueran tantas las universitarias de la década de 1950 que contrajeron matrimonio poco después de graduarse nos hace suponer que muchas conocieron y se prometieron a sus futuros maridos mientras estudiaban. Diversas analistas se preguntaron, como lo hiciera Friedan, si verdaderamente eran los estudios lo que llevaba a la universidad a las mujeres que se casaban nada más graduarse. Ya hemos visto que la tasa de abandono universitario que Friedan indica en su libro es más que exagerada. Y lo es en la misma medida que la autora resta importancia al empeño que las mujeres ponían en planificar su futuro.

El área de estudio con frecuencia nos indica la experiencia académica universitaria. La disciplina académica generalmente marca el camino del trabajo o la carrera a los que el estudiante planea acceder.[31] En los años cincuenta, en torno a cuatro de cada diez tituladas universitarias elegían estudios relacionados con la enseñanza. También eran populares entre ellas las disciplinas de cuidados a la infancia, desarrollo infantil, nutrición, biblioteconomía y trabajo social. En total, alrededor de la mitad de las mujeres que se graduaron en la década de 1950 obtuvieron empleos en sectores directamente relacionados con la disciplina que estudiaron.

El porcentaje de las estudiantes que se titularon en un área de estudios relacionados con su trabajo fue, de hecho, considerablemente mayor si tenemos en cuenta que incluso quienes no se titularon en grados relacionados con la enseñanza a menudo se matriculaban en cursos, y conseguían certificados, de enseñanza. Según un sondeo de la promoción de 1957, más de seis de cada diez graduadas finalizó la universidad aquel año habiendo obtenido un certificado de enseñanza, aunque solo el 33 % se hubiera matriculado en un grado de educación.[32]

Así pues, más de la mitad de las tituladas de la década de 1950 salió de la universidad con la preparación adecuada para encontrar trabajo en un sector de poco riesgo y de gran demanda, que ofreciera un horario congruente con el cuidado del hogar y de los hijos. La enseñanza, la enfermería, el trabajo social y otras disciplinas atractivas para tantas universitarias constituyeron, y aún hoy constituyen, un área de empleo integrada generalmente por mujeres, con escaso margen de ascenso y donde el salario es menor que en otros puestos que ocupan los trabajadores masculinos con titulación universitaria. Aun así, estos empleos resultaban muy tentadores por las comodidades que ofrecían.

La población femenina escogía sus disciplinas académicas con la intención de lograr un trabajo remunerado en el futuro. Muchos de esos empleos no estaban al alcance de las mujeres casadas de los años anteriores a la década de 1940, pero después de la Segunda Guerra Mundial las maestras casadas de la escuela pública sí podían trabajar. El aumento del número de hijos por pareja dio como resultado una mayor demanda de enseñantes. La mayor fecundidad implicaba también un incremento en el número de mujeres que, en busca de un puesto que les permitiera conciliar la familia con el trabajo, decidían dedicarse a la enseñanza.

Las áreas de estudio de más de la mitad de las tituladas universitarias estaban orientadas a un futuro puesto laboral específico. ¿A qué se debe el interés de las universitarias por esas disciplinas, si no a su intención de lograr en algún momento un trabajo remunerado? Más de un 60 % de aquellas estudiantes habían obtenido certificados de enseñanza. ¿No sería porque eso prácticamente les garantizaba un puesto de maestras? Quizá hubieran disfrutado más cursando grados como Literatura, Historia del Arte, lenguas extranjeras o Música. Pero la mayoría de esas mujeres se decidieron por titulaciones que las llevaran a conseguir trabajos que pudieran conciliar con la familia. «La enseñanza —afirmaba una graduada del Grupo 3— es una carrera ideal para una mujer que también quiere ocuparse de su familia. Yo pude dejar mi empleo y reincorporarme trece años después sin penalización alguna».[33]

Por lo común, las tituladas universitarias de la década de 1950 no buscaban mantener una carrera a largo plazo, pero sí que se preparaban para trabajar fuera de casa en algún momento de sus vidas.[34] La mayoría pasaba a formar parte de la población activa tarde o temprano. Las universitarias de los años cincuenta del siglo pasado planificaron ocuparse de una familia y después ponerse a trabajar. En general, la mayoría lo consiguió.

UN PLAN DE ACCIÓN

Friedan estaba en lo cierto cuando afirmaba que, desde finales de la Segunda Guerra Mundial hasta mediados de los años sesenta, en Estados Unidos se santificaba la familia, con la figura de la esposa y madre como eje principal. También tenía razón al señalar que la gran oferta de electrodomésticos de las décadas de 1920 a 1950 significó que la realización de las tareas del hogar supusiera una pequeña fracción del tiempo que había ocupado en el pasado. No cabe duda de que las empresas de publicidad tenían con qué incentivar a las mujeres para que utilizaran ciertos productos. Pledge, un abrillantador de muebles, las desafiaba a que dejaran la mesa del comedor tan brillante que se pudieran ver reflejadas en ella. Las marcas de productos de limpieza para la cocina y el baño animaban a las amas de casa a limpiar todas las superficies del domicilio familiar, incluida la taza del váter, como para comer sobre estas. Pero Friedan se equivocaba al asegurar que en esa época se había dado un paso atrás respecto a la situación y las ambiciones profesionales de las tituladas universitarias de la generación previa.

Millones de personas leyeron *La mística de la feminidad*. Fue el libro de cabecera de una revolución. Pero ¿por qué muchas de las afirmaciones de Friedan fueron incorrectas? Uno de los motivos es que la autora comparaba los logros en las carreras de las mujeres de la década de 1950 con los de un subgrupo de tituladas universitarias más mayores y que no se habían casado ni tenían hijos.

Desde esa posición Friedan no podía observar a todo el grupo de tituladas universitarias de la generación anterior, ni tampoco apreciar sus logros. La mayoría de quienes desarrollaron una carrera en la generación precedente no se casaron, ni tuvieron hijos, y, de las que sí lo hicieron, la mayor parte nunca tuvo un empleo. Sin embargo, las universitarias de la década de 1950 fueron capaces de lograr ambas cosas, una después de la otra.

Las tituladas de los años cincuenta dispusieron de más oportunidades que sus predecesoras. Los índices de matrimonio y fecundidad de quienes se graduaron en la primera década del siglo xx fueron los más bajos de entre todos los grupos. Y estas tasas no se vieron compensadas por unos éxitos impresionantes en sus carreras. Puesto que a menudo se veían obligadas a decidir entre tener una carrera o una familia, fueron demasiadas las mujeres que no lograron ni la una ni la otra. Poner la mirada en el pasado hizo que Friedan tampoco supiera reconocer las ambiciones de las tituladas de la década de 1950. Publicó su libro demasiado pronto como para haber podido apreciar lo que aquellas mujeres acabaron logrando y entender cuál había sido su plan de acción.

Cuando las universitarias de los años cincuenta llegaron al final de su vida laboral, habían alcanzado un nivel de éxito en sus carreras superior al de las mujeres de los primeros años del siglo xx, especialmente en cuanto a los logros de conciliación laboral y familiar. Sus vidas tuvieron muchos capítulos. Friedan las conoció en un periodo en el que estaban confinadas en sus hogares. Nos mostró las frustraciones y quejas de muchas de ellas. Pero las miembros de este grupo no estaban atrapadas en el tiempo. Muchas habían planeado su fuga bastante antes de que la obra de Friedan viera la luz.[35]

Conocemos las aspiraciones de aquellas mujeres gracias a las encuestas de las décadas de 1950 y 1960. Dichos sondeos aportan una amplia información sobre los graduados universitarios de aquellos años en todo el país. El equipo encargado de realizarlos seleccionó a mujeres (y a algunos hombres) que constituyeran una muestra representativa de la nación, y para ello confirieron a cada conjunto de datos la envergadura estadística necesaria. No se trataba de hacer pequeñas encuestas en una o dos universidades. La intención era reflejar a todas las instituciones que ofrecían titulaciones de grado en el conjunto de Estados Unidos. Nos referiremos a dos grandes encuestas en concreto. Una abarca a las mujeres que cursaron su último año de universidad en el año 1957. La otra incluye a los hombres, y comprende a quienes iban a graduarse tras el curso de 1961.

LA PROMOCIÓN DE 1957

En enero de 1958, la Oficina de la Mujer del Departamento de Trabajo de Estados Unidos analizó una encuesta realizada a las mujeres que se graduaron en junio de 1957.[36] Siete años después se hizo una encuesta de seguimiento, considerando que algunas de las tituladas universitarias podían requerir formación adicional, puesto que les estaba resultando difícil reincorporarse a la vida laboral tras haber abandonado la población activa para ocuparse de sus hijos.

La encuesta inicial sobre la promoción de 1957, realizada seis meses después de que sus integrantes obtuvieran su titulación, recogía información cumplimentada por 6.000 mujeres.[37] Si consideramos que el número de universitarias que obtuvieron un título de grado en junio de 1957 fue de 88.000, el porcentaje total de encuestadas en aquel curso resultó del 7%. Aquel fue un sondeo muy amplio, y constituyó una labor impresionante de la Oficina de la Mujer.

Cada una de las encuestadas había cursado sus estudios en una de las 153 universidades (mixtas o no) seleccionadas. El grupo de estudio fue distribuido regionalmente y por tipo y tamaño de la institución, de manera similar a como se hizo con los conjuntos de todas las tituladas universitarias de 1957. Por tanto, puede resultarnos de utilidad para analizar los diversos aspectos del conjunto de tituladas universitarias de aquel periodo. El sondeo de seguimiento de 1964 contó con las respuestas de aproximadamente 5.000 participantes.

Ambas encuestas sobre la promoción de 1957 muestran con claridad que las universitarias tenían previsto continuar con su formación académica, encontrar un trabajo y, en algunos casos, desarrollar una carrera. Sin duda, la familia era para ellas lo primero. Pero eso no significa que estuvieran confinadas en sus hogares para siempre.

Aunque estas mujeres se casaban a edades tempranas, antes de hacerlo la mayoría tenía un empleo, en ocasiones durante varios años. Seis meses después de la graduación, el 40 % había contraído matrimonio, y una de cada cuatro casadas había tenido hijos. Pero un 82 % del total se puso a trabajar nada más graduarse (también quienes, además, asistían a clases nocturnas) casi siempre en empleos a tiempo completo. De entre las empleadas, seis de cada diez eran maestras. Solo un 7 % del total de mujeres (y, de manera desproporcionada, las que tenían hijos pequeños) no estaba buscando trabajo.[38]

Así pues, ¿de dónde había sacado Friedan que las universitarias de la década de 1950 habían perdido interés por la muy puritana ética del trabajo? Es cierto, y quizá de ahí venga su idea, que, aunque ya formaran parte de la población activa, solo un 18 % de las tituladas en 1957 afirmó estar «planificando el desarrollo de una carrera». La mayoría respondía que dejarían el empleo cuando se casaran o tuvieran hijos. Y eso, en efecto, es lo que hicieron. Pero quienes pensaban en dejar de trabajar también confiaban en que, con el tiempo, se reincorporarían.[39] Y así fue. Esas mujeres no aspiraban a ser como Margaret Anderson o June Cleaver.

Siete años después, tras haber contraído matrimonio y tenidos hijos, ¿cumplieron sus intenciones iniciales? La mayoría lo hizo. A los siete años de haber obtenido su título, el 85 % de las estudiantes de la promoción de 1957 estaban casadas, y el 78 % tenía hijos, la mayoría de ellos en edad preescolar. Muchas de ellas habían dado a luz en un momento en que las normas sociales eran contrarias a que las madres de niños en edad preescolar trabajaran fuera de casa y los servicios de cuidado infantil eran escasos; pero, a pesar de todo, el 26 % de estas tituladas universitarias tenía un empleo.

Merece hacer hincapié en ello: a esas mujeres no les faltaba ambición. Cerca de la mitad de ellas estaban trabajando, y una quinta parte, además, cursaba estudios de posgrado. Pero nunca se consideraron a sí mismas mujeres de carrera. Una de ellas afirmaría: «Soy ama de casa y madre, no puedo decir que sea una mujer con una auténtica carrera, [aunque] me gusta dar clases».[40]

No querían quedarse en casa todo el tiempo. Si bien la mayoría afirmaba que trabajaban para mantener a su familia, el 13 % señaló que su empleo equivalía a «tener una carrera», y una cuarta parte adicional mencionó que quería formar una familia más adelante. De manera significativa, en 1964 más del 80 % aspiraba a poder trabajar en el futuro (incluso quienes ya lo estaban haciendo).

Los mayores obstáculos a los que se enfrentaron esas mujeres fueron las normas de su época; preceptos que dictan que una madre con hijos pequeños *debe* quedarse en casa y que es posible que los hijos lo «pasen mal» si sus madres trabajan. Desde 1977 hasta nuestros días, la General Social Survey (GSS) [encuesta social general], se ha encargado de realizar sondeos entre los estadounidenses con la pregunta de si creen que «es probable que un niño o una niña en edad preescolar lo pase mal si su madre trabaja». El porcentaje de quienes están de acuerdo con esta afirmación ha ido declinando según el año de nacimiento de los encuestados, como podemos observar en la Figura 5.1. En-

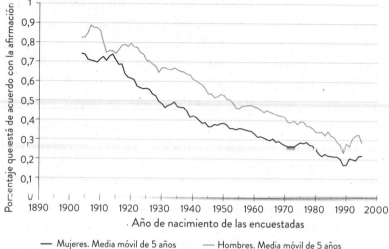

FIGURA 5.1. Porcentaje de hombres y mujeres (de todos los niveles académicos) que están de acuerdo con esta afirmación: «Es probable que un niño o una niña en edad preescolar lo pase mal si su madre trabaja».
Fuente: Microdatos de 1977 a 2016 de General Society Survey (GSS) [encuesta social general].
Véase apéndice de figuras y tabla.

tre los nacidos en la primera mitad del siglo xx, un 80 % de los hombres y un 70 % de las mujeres estaban de acuerdo con dicha afirmación. Pero, para quienes nacieron a finales de siglo, solo a un 20 % de las mujeres y a un 30 % de los hombres les parecía acertada.[41] Gracias a que los individuos fueron entrevistados a diferentes edades, estos datos pueden ofrecernos una visión de las normas sociales imperantes tanto en su juventud como en una edad más avanzada de sus vidas. Aunque se observan los cambios de opinión de una persona con el paso del tiempo, el factor más importante para determinar el grado de concordancia con la afirmación planteada es, sin lugar a dudas, el año de nacimiento de dicha persona.

En cuanto a los obstáculos impuestos a las mujeres, ¿qué papel juegan sus maridos? Los despóticos, aunque divertidos, maridos de Alice y Lucy (Ralph y Ricky) se negaban a que sus mujeres buscaran trabajo, incluso antes de que hubiera niños de por medio. Pero Alice y Lucy no habían ido a la universidad.

En 1964, las universitarias casadas lo tenían más fácil —el 83 % de los maridos no se oponían ni al empleo ni a los planes de futuro laboral de sus esposas—. Incluso en las familias con niños pequeños, solo un 21 % de los esposos era contrario a que su mujer trabajara fuera de casa.[42]

Quienes se oponían a que sus mujeres trabajaran eran principalmente los maridos de las que no estaban empleadas fuera del hogar ni buscando trabajo. Podemos suponer que la disconformidad de estos no es necesariamente un factor decisivo para ellas, puesto que quienes se casan, por norma general, tienen bastante en común; de manera que es posible que ambos miembros de la pareja opinaran que el lugar de una esposa es el hogar. Sin embargo, encontramos declaraciones como la de esta mujer, quien señala que su marido «considera que ser madre y esposa es un trabajo a tiempo completo. Ahí se acaba la discusión».[43]

A pesar de todo, las exalumnas de la promoción de 1957 tenían un plan de acción. Que pasaran el día en casa no quiere decir que no se aburrieran, y que pudieran reincorporarse a la población activa no significa que en el trabajo estuvieran en igualdad de condiciones. En los sondeos de la Oficina de la Mujer de 1957 y 1964 se pedía a las encuestadas «añadir comentarios» para ofrecerles la oportunidad de expresar las quejas que pudieran tener. Con el tiempo, el tono de las respuestas cambió; en 1964 muchas mujeres se hicieron eco de las reclamaciones de Friedan.

Seis meses después de graduarse, las mujeres de la promoción de 1957 estaban felices y esperanzadas. La universidad les había ido bien. La vida acababa de empezar para ellas, estaban planeando casarse o lo habían hecho hacía poco, y se veían teniendo hijos. «Mi intención es casarme en junio —escribió una—, y me siento mucho más preparada que quienes no van a la universidad». Otra dijo: «Quiero desarrollar una carrera como trabajadora social. Si me caso, me gustaría reincorporarme cuando mis hijos vayan al colegio».[44]

La mayoría de aquellas mujeres estaba trabajando en su primer empleo, ocupando un puesto para el que se habían preparado en la universidad. Muchas opinaban que haber cursado estudios en humanidades les ofrecía una oportunidad única en la vida. «Es importante tener un buen trabajo que esté relacionado con lo que has estudiado, pero lo es aún más la satisfacción personal que te da tener una formación en artes y humanidades». Algunas de las encuestadas consideraban que sus estudios académicos les servirían para ser buenas esposas y madres: «En el Macalester College [...] se nos prepara para el trabajo, pero requerimos también cursos de cultura general, política o religión que nos proporcionen la formación necesaria para ser buenas esposas y miembros activos de la comunidad». A otras les parecía todo lo contrario: «La formación académica que he adquirido me es extremadamente valiosa para apreciar la vida y lograr un empleo, pero resulta casi inútil de cara a mis responsabilidades como ama de casa».

Aunque la mayor parte recordara los años de universidad con nostalgia, algunas exalumnas eran críticas con la formación recibida por no haberlas preparado lo suficiente y de manera más general para el mundo de los negocios, el empleo y el desarrollo de una carrera. Curiosamente, un gran número de antiguas estudiantes reprendía a su universidad por no haber impartido cursos de tareas administrativas. «En el estudio de grado de Artes Escénicas se deberían incluir cursos de tipografía y caligrafía para quienes van a empezar su carrera en el mundo del teatro». Las universitarias que se titularon en un grado de enseñanza a menudo se lamentaban de la falta de «experiencia práctica en clase, y de tener que asistir a tantas clases magistrales». (Una queja habitual entre las encuestadas de todas las edades).

Las respuestas dadas en 1964, siete años después de la titulación, son más variadas. En torno a un tercio de las encuestadas rellenó la sección de comentarios adicionales. Tanto ellas como sus respuestas se dividen en dos grupos bien definidos. La gran mayoría de las exalumnas estaban incorporadas a la población activa o pretendían incorporarse pronto. Las demás eran como Margaret y June, mujeres que se consideraban a sí mismas amas de casa permanentes.

La siguiente respuesta es característica del grupo mayoritario: «Como la mayoría de las mujeres que conozco, he disfrutado mucho de la universidad y del trabajo, y ahora no tengo empleo porque debo ocuparme de mis hijos. Sin embargo, cuando el más pequeño vaya al colegio, pienso volver y pasarme los veinticinco años que me quedan para la jubilación en un trabajo que me satisfaga (probablemente dando clases)». Así de contentas parecían estar tres cuartas partes de las mujeres del sondeo. La porción de las que lo estaban menos, la cuarta parte, expresó que su insatisfacción se debía a la discriminación laboral, a los bajos salarios y sobre todo a los problemas de conciliación del trabajo con la familia en un mundo en que los servicios de cuidado infantil eran caros y escasos. «Mi experiencia laboral con las personas con trastornos [mentales] me produjo muchas satisfacciones… [Pero] me costó tanto encontrar a alguien competente que se hiciera cargo de mis hijos […] que no pude seguir ocupándome de todo».

Las mujeres que se parecían a June y Margaret, una pequeña parte del total, escribieron comentarios como: «En la actualidad estoy felizmente "empleada" por un esposo y unos hijos que me quieren, y me mantengo muy ocupada cocinando, cosiendo, limpiando, entreteniendo, leyendo y viajando». Estas amas de casa parecían estar más satisfechas que la mayoría de las madres que trataban de sobrellevar problemas de tiempo y que estaban deseando reincorporarse al trabajo.

LA PROMOCIÓN DE 1961

Los puntos de vista de las mujeres de la promoción de 1957 no son únicos.[45] Cuatro años después, una organización privada realizó un sondeo todavía más importante y amplio en el que incluyó tanto a mujeres como a hombres.[46] Los graduados de 1961, aunque acataran muchas de las normas sociales de su época, tenían también planes de futuro.

Los resultados de la encuesta original y del primer seguimiento quedaron recopilados en varios volúmenes, uno de ellos titulado apropiadamente *Great Aspirations* [Grandes aspiraciones].[47] Puesto que los sondeos eran demasiado extensos para las computadoras de aquellos tiempos, solo una pequeña parte de los datos recogidos pudo ser analizada; además, el material que fue registrado estaba relacionado, principalmente, con las respuestas masculinas. Aunque la información relativa a las mujeres que vio la luz fuera escasa, hemos podido redescubrir recientemente ooo toooro oculto.[48]

El proyecto *Great Aspirations* pretendía determinar si los titulados universitarios, masculinos y femeninos, habían tenido la intención de continuar su formación académica llevando a cabo estudios de posgrado o matriculándose en escuelas profesionales. También investigó ciertos asuntos concernientes a las mujeres universitarias. Las encuestas abordaban esclarecedoras cuestiones sobre las aspiraciones de los participantes, sus logros y su percepción de las normas sociales del momento.

Como ocurriera con el de 1957, los sondeos de la promoción de 1961 demuestran que aquellas mujeres tenían una serie de ambiciones que iban más allá de ser amas de casa. Casi todas pretendían ponerse a trabajar en cuanto se graduaran.[49] Inmediatamente después, muchas se casarían y a continuación tendrían hijos.[50] La mayoría tenía la intención de reincorporarse al lugar de trabajo, e invertiría en formación académica y profesional para asegurarse de poder hacerlo.[51]

En 1968, varios años después de finalizar sus estudios universitarios, únicamente el 17 % de las mujeres consideraba que ser ama de casa era su meta a largo plazo. Este porcentaje, aunque mayor que el 10 % de quienes fueron encuestadas solo un año después de graduarse, sigue siendo bajo. A pesar de que estuvieran ocupándose del cuidado de sus hijos a tiempo completo, a un 83 % no les parecía que su aspiración de futuro fuera estar al cuidado de la casa las veinticuatro horas del día.

Los hijos y el hogar eran, de acuerdo con un 70 % del grupo, las prioridades de esas mujeres durante la siguiente década. Pero, al mismo tiempo, un asombroso 50 % de ellas deseaba también poder desarrollar una carrera a los diez años de casadas.

Como sucedió entre la promoción de 1957, las universitarias se casaban poco después de graduarse: el 42% contrajo matrimonio en menos de un año.[52] Siete años después de la graduación, el 84% estaban casadas y el 81% de estas tenían hijos.

En la primavera de 1961, poco antes de su graduación, los universitarios rememoraban las ambiciones con las que habían empezado los estudios de grado. Muchos de aquellos hombres y mujeres habían supuesto que continuarían su formación en colegios profesionales o en cursos de posgrado. Eso es lo que hicieron, un año después de obtener la titulación, casi un 20% de las mujeres y el 35% de los hombres. En la encuesta realizada a los siete años de la graduación, el porcentaje de los que estaban cursando estudios de posgrado o lo habían hecho en algún momento era del 30% para las mujeres y del 50% para los hombres. De acuerdo con los datos relativos a los logros de todos los miembros de la promoción de 1961, la mitad de las mujeres y la mitad de los hombres habían obtenido un título de máster o superior.[53]

En la actualidad, las tituladas universitarias continúan con su formación académica en la misma medida en que lo hacen los hombres. Obtienen casi igual número de doctorados, y se doctoran en Derecho o en Medicina (aunque obtengan menos másteres en Dirección de Empresas) en la misma medida que sus homólogos masculinos. Aunque estas cifras puedan parecer muy elevadas en comparación con las de finales de la década de 1950 y principios de 1960, las de aquellos años fueron significativamente superiores a los porcentajes que se podrían deducir de las descripciones que hicieran Betty Friedan y otros autores sobre la población femenina de la época.

Sin embargo, ¿por qué creemos que esas mujeres se parecían a Margaret Anderson y June Cleaver? Porque, como hemos comprobado, las tituladas universitarias de los años cincuenta ponían a la familia ante todo. En 1964, el 37% de las mujeres de la promoción de 1961 que estaban casadas y trabajaban a tiempo completo todavía se referían a sí mismas como a «amas de casa».

Las encuestadas expresaron sus opiniones sobre los restric
tivos roles de género. El sondeo *Great Aspirations* les planteaba
afirmaciones al respecto como la siguiente (que hemos menciono-
nado anteriormente y que el GSS incorporó a la encuesta en 1977):
«Es probable que un niño o una niña en edad preescolar lo pase
mal si su madre trabaja». El 60 % de las mujeres (y el 66 % de
los hombres) estaban muy o bastante de acuerdo con tal afirmación.[54] Otras cuestiones que indagan sobre el grado de ape
go a las normas sociales del momento tienen que ver con las
«carreras» de las mujeres. Tres cuartas partes de las encuestadas
estaban conformes con la aseveración siguiente: «Para una esposa es más importante respaldar la carrera de su marido que
desarrollar una carrera propia». Un porcentaje similar apoyaba
que «una mujer casada no puede hacer planes de carrera a largo
plazo, porque depende de los que haya hecho su marido respecto a la suya propia».

Estas opiniones eran compartidas por muchos en aquellos
tiempos. La creencia de que un niño en edad preescolar lo pasaría mal si su madre no estaba en casa las veinticuatro horas
del día era la razón principal por la que las mujeres no querían
un empleo mientras sus hijos fueran pequeños. Pero a eso había
que añadirle la falta de guarderías. Y la carencia de estas se
debía a que no existía demanda suficiente. Se trataba del problema clásico de si es primero el huevo o la gallina. Para que
cambiara la noción de que los niños lo pasaban mal cuando su
madre estaba trabajando, era necesaria una transformación de
las posibilidades de gestionar el cuidado de los hijos.

Esa misma idea tenía mi madre, quien llegó a ser una muy
respetada directora de escuela primaria en Nueva York. Me la
repetía siendo yo joven, e incluso pasados los cuarenta, cuando
mis sobrinas, sus nietas, estaban entregadas al cuidado de sus
hijos. «Los niños pequeños —decía— están mejor con sus madres». Ella no empezó su carrera de docente hasta que yo tuve
edad de ir al colegio. Pasé mucho tiempo sin saber si de verdad
mi madre creía aquello o si tan solo se regía por las normas de
su época. Se lo pregunté hace poco. Con cien años me contestó

que un niño en edad preescolar estará perfectamente bien cuidado en una buena guardería, quizá incluso mejor, mientras su madre esté en el trabajo. Hubo un tiempo en que ella sencillamente no podía siquiera soñar que hubiera alternativas a que las madres tuvieran que quedarse en casa. Al final de su vida, sin embargo, le costaba imaginar lo contrario.

Las otras dos afirmaciones respecto a la importancia de la carrera del marido reflejan la comparativa de ingresos de la pareja. Puesto que al hombre se le suponían salarios mucho más elevados que los de la mujer, cosa que habitualmente era cierta, encauzar los objetivos de la carrera del marido traería más dinero a la familia.

Podría parecer que estas son ideas anticuadas de mujeres poco ambiciosas, pero no es así. Incluso quienes aspiraban a obtener un posgrado no creían que fuera posible trabajar mientras los niños fueran pequeños, y, visto el estado de la oferta de guarderías, lo más probable es que tuvieran razón. La prioridad para ellas era la familia, pero también tenían en mente un trabajo e incluso una carrera. Aunque las tituladas universitarias de la década de 1950 tuvieran muchas ataduras, como las de Margaret y June, se propusieron liberarse de ellas. Finalmente salieron de sus crisálidas y batieron las alas.

Las miembros más conocidas de este grupo crearon «familia, y después carrera», pero para ello tuvieron que recorrer un camino lleno de curvas. Muchas de aquellas mujeres resurgieron en la madurez para desplegar sus talentos y sus anhelos.

La humorista Erma Bombeck nació en 1927 y se graduó en la Universidad de Dayton en 1949. Ese mismo año se casó con Bill Bombeck, a quien había conocido en la universidad. Comenzó su carrera de escritora cuando su nueva familia se estaba formando, pero abandonó la profesión durante diez años para dedicarse a criar a sus tres hijos. Años después resurgiría como columnista y escribió, con enorme éxito, divertidas historias sobre las familias de los suburbios estadounidenses.

Jeane Kirkpatrick, la primera mujer embajadora de Estados Unidos en las Naciones Unidas, nació en 1926, tuvo tres hijos y obtuvo un doctorado en Ciencias Políticas dos décadas después de graduarse. Inició su actividad política pasados los cuarenta años y fue nombrada embajadora en 1981.

Nacida en 1936, Grace Napolitano educó junto con su marido a sus cinco hijos, y a la edad de treinta y cinco obtuvo un puesto en la Ford Motor que ocupó durante veinte años. Presentó su primera candidatura para un cargo público (en el consejo municipal) a los cincuenta, y a los sesenta y siete pasó a ser miembro de la Cámara de Representantes de Estados Unidos.

Carrie Meek se graduó en 1946 en el Campus para Negros de la Universidad Agrónoma y Mecánica de Florida. Tuvo que trasladarse a otro estado para obtener su titulación de posgrado, puesto que en Florida los estudios de especialización estaban vetados a las personas de color. Más adelante se convirtió en docente y en activista de su comunidad en Miami. A los cincuenta y cuatro años fue elegida miembro de la Cámara de Representantes de Florida, y en 1992 se convirtió en la primera congresista negra de Florida desde la Reconstrucción (1877). Llegada su jubilación, su hijo, Kendrick Meek, fue elegido para ocupar el cargo que ocupara ella.

Phyllis Schlafly, la conocida conservadora, anticomunista y antifeminista que antagonizaba con Betty Friedan, es la excepción que confirma la regla. Nacida en 1924, Schlafly escribió un libro de gran éxito sobre la presidencia del Gobierno, fue activista de la causa conservadora y tuvo seis hijos. Se tituló en Derecho (no sin la oposición de su marido) a la edad de cincuenta y cinco años para promover el antifeminismo e, irónicamente, desarrolló una carrera tardía abogando por que las mujeres se dedicaran a ser madres y esposas a tiempo completo.

De entre la población femenina de entonces, muy pocas —como hicieron Bombeck, Kirkpatrick, Meek, Napolitano y Schlafly— reaparecerían para desarrollar una carrera en la madurez.

La reincorporación al empleo pasados los cuarenta años de las mujeres con titulación universitaria de la década de 1950 había sido el resultado de sus planes a largo plazo. Pero esta vuelta coincidió con los grandes cambios sociales que darían paso a la era de la carrera y la familia.

Las tituladas de los años cincuenta del siglo pasado se ubican en la mitad de nuestro largo trayecto. Tuvieron muchas más oportunidades que sus antecesoras, pero muchas menos de las que tendrá la población femenina de generaciones posteriores.

En la década de 1950, las mujeres casadas que disponían de una titulación universitaria podían trabajar de maestras e incluso podían tener un empleo a tiempo parcial. Los sondeos realizados a principios de los años sesenta muestran que la mayoría de los hombres con titulación universitaria no se oponían a que sus esposas trabajaran —a algunos la idea les entusiasmaba—. Las universitarias por fin tenían la ocasión de formar una familia, tener un trabajo y, unas pocas, desarrollar una carrera.

Tuvieron la oportunidad de alcanzar mayores logros que las integrantes de los grupos anteriores. Hubo más mujeres que desarrollaron una profesión, así como las que lograron tener una carrera y una familia. Las tasas de abandono universitario fueron menores que en los grupos previos. A estas tituladas, sin duda, no les faltaba ambición.

Pero, como señalara acertadamente Erma Bombeck, «si la vida es como una caja de bombones, ¿por qué en la mía solo hay envoltorios?». Los comentarios en la encuesta de seguimiento de 1964 mostraron el lado oscuro del progreso que las universitarias habían experimentado. Algunas de las que tenían formación en campos tradicionalmente masculinos se quejaban de que «cada vez que buscaba trabajo [con una titulación de Ingeniería Química], no paraba de leer artículos en los que se decía [...] lo mucho que se debe animar a las mujeres a que ocupen puestos de ingeniería... Me moría de la risa». «He podido experimentar los prejuicios de las empresas cuando se trata de contratar a mujeres para puestos que suelen ser adjudicados a hombres... Incluso bajo el llamado "sistema de mérito" de la Administración pública», se lamentaba otra.[55]

Tal vez el obstáculo más restrictivo ante el que se veía este grupo era la muy generalizada noción de que los niños pequeños sufrirían si sus madres se convertían en «egoístas mujeres de carrera». El dilema, expresado por muchos, era el siguiente: «La mujer casada, inteligente y que verdaderamente quisiera trabajar fuera de casa, ¿debería hacerlo, aunque sus hijos lo pasen mal por su ausencia, o debería sacrificar sus propias necesidades por el bienestar de estos?». Como señaló una de las encuestadas, «el coste que supone ceder el cuidado de un hijo para volver a los estudios [...] hace que económicamente [el empleo] no salga a cuenta». La falta de guarderías asequibles hacía que fuera todavía más difícil desviarse del precepto de que la madre debía quedarse en casa.

El vacío y las frustraciones de aquella generación constituían el tema del célebre libro de Betty Friedan que queda encapsulado en la pregunta de la autora: «¿Esto es todo?». Pero la domesticidad acabaría pronto. Esas mujeres estructuraron una vida por entregas, se decidieron por tener primero familia, y después trabajo (y en menor medida algunas acabarían por lograr tener familia, y después carrera).

Aunque Friedan viera con acierto el papel que la educación jugaba en la vida de la población femenina, se equivocó en cuanto a las aspiraciones del grupo. Su libro se situaba en el centro de un muy diverso trayecto para lograr más igualdad para las mujeres y mayor equidad en las parejas. Miró al pasado en busca de un momento que hubiera sido mejor para las tituladas universitarias. Pero el pasado no había sido mejor. Los cambios se estaban produciendo en aquel entonces, y sus beneficios serían aprovechados incluso por las mujeres a las que Friedan trataba de describir. Lo que ella logró, sin embargo, fue contribuir con su libro a que despertara el deseo de aquellas mujeres por ser independientes, y a alentar la confianza de que lograrían cambiar el *statu quo*. Echó la leña que avivaría el fuego de las graduadas de las décadas de 1960 y 1970, quienes iniciarían una revolución silenciosa que iba a transformar el mapa social de Estados Unidos.

6

Mary Richards, el personaje principal en la serie de televisión *The Mary Tyler Moore Show*, estuvo al frente de la revolución silenciosa. En 1970, tras romper con su novio, Mary se trasladó a Mineápolis y logró su puesto soñado en la televisión local como productora asociada en un programa vespertino de noticias. Tenía treinta años, una titulación universitaria, y estaba soltera y feliz. Aspiraba a continuar desarrollando su carrera y llevar una vida social activa. Ambas cosas le iban muy bien, provista como estaba de talento natural, carisma, encanto y un arma secreta: la píldora.

La serie duró siete temporadas en las cuales Mary tuvo más de una docena de novios y dos compromisos matrimoniales. Durante ese tiempo nunca dejó de ser aquella genuina mujer del Medio Oeste americano que adoraban las audiencias de todo el país. Además, no se conocía programa de televisión que hubiera tratado antes el tema del control de natalidad. ¿Cómo abordaron los guionistas la cuestión de la píldora anticonceptiva? Con humor y discreción, en la segunda temporada.

Los padres están de visita en casa de Mary y, conforme sale del apartamento, la madre le dice al padre: «¡No te olvides la píldora!». La hija y el padre responden al unísono: «¡No lo haré!». Luego una avergonzada Mary trata de disimular mientras su padre se la queda mirando con cierta desaprobación. Estaban en el año 1972, y era la primera vez que la píldora se mencionaba en una telecomedia.

Esta medida anticonceptiva fue aprobada como tal por la Administración de Alimentos y Medicamentos de Estados Unidos (FDA, por sus siglas en inglés) en 1960, y se puso a la venta bajo receta médica al año siguiente. Inmediatamente, millones de mujeres casadas empezaron a tomarla. Pero las leyes de muchos estados prohibían la distribución de anticonceptivos a las esposas menores de edad, salvo que tuvieran consentimiento parental. Y la mayoría de edad estaba generalmente en los veintiún años. En 1969 eran solo siete los estados donde la mayoría de edad era menor. Lo crean o no, esas leyes estatales llevan vigentes (y a menudo se han aplicado) más de cien años, y tienen su origen en un decreto antivicio de la época victoriana.[1]

A finales de los años sesenta y durante los setenta, un gran número de estados habían modificado sus legislaciones para rebajar la mayoría de edad, y en muchos casos los derechos de las menores se habían ampliado en los tribunales. Esos cambios legales tuvieron poco que ver con la sexualidad y la contracepción, y todavía menos con la píldora. La reforma más importante fue la de la vigesimosexta enmienda a la Constitución de Estados Unidos, que daba a los ciudadanos de dieciocho años el derecho a voto, y que hizo que 36 estados se apresuraran a rebajar la mayoría de edad en sus territorios.

En 1972, al menos doce estados habían atenuado las restricciones de prescripción de la píldora (y de otras formas de control de la natalidad) para las chicas solteras menores de dieciséis años sin autorización parental. En 1974 eran ya 27 los estados sin dichas restricciones, y en otros 43 la mayoría de edad se había rebajado lo suficiente como para que las universitarias de primer año pudieran obtener la famosa pastilla.[2]

La píldora tuvo dos madres y por lo menos cuatro padres, aunque fue huérfana durante mucho tiempo porque, a pesar de que más adelante todo el mundo la quiso, hubo una época en que se consideró una droga que nadie se atrevía a producir. Una vez aceptada por los consumidores, la industria farmacéutica no perdió la ocasión de sacar partido.

El sueño de Margaret Sanger, pionera del control de la natalidad y controvertida idealista, fue diseñar una pastilla que pudiera controlar la concepción. En 1916, Sanger inauguró en Brooklyn un centro de control de natalidad, lo que iba en contra de la ley que prohibía la distribución de productos contraceptivos. Fue detenida inmediatamente, pero no se dio por vencida y dedicó su larga vida a ayudar a mujeres de todos los grupos étnicos a prevenir el embarazo. Su actividad, sin embargo, no fue del todo honorable.[3]

Sanger había soñado en crear una píldora que se pudiera tomar con el zumo de naranja matutino. Un sorbito y, *voilà*, se acabó el riesgo de embarazo, así como el tener que depender de un hombre —como sucedía en esos casos—. Pero aquel sueño solo se hizo realidad en los últimos años de su vida. Para empezar, los procesos bioquímicos de ovulación no fueron del todo comprendidos hasta 1937, y la ciencia de las hormonas sintéticas fue desconocida hasta finales de la década de 1940. Además, la ciencia no era el único obstáculo. Un proyecto al que se opondrían católicos y otros grupos del todavía puritano Estados Unidos recibiría escasa financiación. Durante algún tiempo, incluso la industria farmacéutica pareció amedrentada.

En 1949, Sanger convenció a Katharine Dexter McCormick para que apoyara económicamente su investigación sobre la quimérica pastilla. Katharine, la segunda madre, había obtenido una licenciatura en Biología por el MIT en 1904,[4] y se había casado con el vástago de los McCormick, un adinerado empresario de maquinaria agrícola. Su marido había muerto en 1947 dejándole la inmensa fortuna que ella utilizó, en parte, para financiar el trabajo de Gregory Pincus relacionado con la píldora. Mientras tanto, Carl Djerassi, de los laboratorios Syntex, había producido una versión sintética de la progesterona, y Frank Colton, de la farmacéutica A. G. Searle, logró en 1953 sintetizar otra hormona relacionada con el ciclo menstrual femenino. Poco después, los investigadores Pincus y John Rock llevaron a cabo pruebas de prevención de la ovulación con hormonas sintéticas. De algún modo, había nacido la píldora anticonceptiva. Después a Rock, católico practicante, se le ocurrió imitar el ciclo de la mujer, sugiriendo dosis intermitentes de veintiún días más siete días de descanso. (A pesar de que algunos argumentaran que con su idea de inducir químicamente el ciclo femenino Rock tenía la esperanza de que el papa diera su aprobación, lo cierto es que lo hizo para que las mujeres pudieran ver con sus propios ojos que no estaban embarazadas).

Aunque Mary Richards estaba soltera, era mayor de edad. Aun así, a los estadounidenses de aquel entonces les llevó tiempo aceptar el sexo prematrimonial en televisión. Incluso las parejas casadas, como Lucy y Desi, dormían en camas separadas. Pero, en general, para la mayoría de los telespectadores el estilo de vida de Mary no era escandaloso. La audiencia estaba preparada para ver un episodio que mencionara la píldora, y lo estaba también para una telecomedia que tuviera como protagonista a una mujer de carrera que reclamaba sus derechos y el salario que merecía.

Mary no fue más que la abanderada involuntaria de un movimiento que pronto se extendería por todo el país: la revolución silenciosa, que transformaría para siempre la sociedad, la educación, el matrimonio y la familia estadounidenses, y que lo haría en un lapso asombrosamente breve. A diferencia de los movimientos más ruidosos de finales de la década de 1960 y principios de 1970 en los que se producían manifestaciones para la liberación de la mujer promovidas por grupos como la Organización Nacional de Mujeres y sus facciones más radicales, la silenciosa fue una revolución defendida por muchas mujeres que no eran conscientes de su propia significancia histórica.[5] Solo de manera retrospectiva podemos examinar el papel que jugaron en aquella enorme transformación.

La revolución silenciosa cambió de manera radical la receta de la felicidad. La píldora aportó parte de la liberación que la población femenina había estado reclamando a gritos en la revolución ruidosa. Permitió a las miembros del Grupo 4 empezar unas carreras profesionales que requerían importantes inversiones de tiempo y dinero por adelantado, como en los sectores de la abogacía, la medicina, la academia, las finanzas y la dirección de empresas. Aquellas mujeres necesitaban libertad y tiempo. Pero, como con Mary Richards, eso no quería decir que fueran a dejar de tener citas románticas o relaciones íntimas con personas del sexo opuesto.

Esa generación femenina continuaba el trayecto de las mujeres del Grupo 3, quienes en gran medida se casaron poco después de graduarse y a continuación se pusieron a tener muchos hijos. Como hemos visto, la mayoría de ellas había planeado reincorporarse a la población activa cuando sus hijos fueran más mayores, y eso es lo que hicieron en gran número. Los campos en los que habían decidido graduarse les permitieron obtener empleos en ocupaciones como la de maestras.

Mi madre insistía —incansablemente— en que me sacara un certificado de enseñanza igual que había hecho mi hermana mayor. Así tendría «un buen lugar donde caer», como tan a menudo decía. Con esa expresión definía un trabajo al que una podría acceder cuando los hijos fueran a la escuela o en caso de que el marido te dejara (vivo o muerto). Mi respuesta, repetida de manera igualmente incansable, era: «Se cae bien sobre un sofá, no sobre un título». Yo era una defensora del Grupo 4. No quería un trabajo tradicionalmente femenino, ni uno que fuera estable y para siempre. Buscaba la emoción, que suele venir acompañada de incertidumbre, que ofrecía un doctorado en un campo altamente competitivo y dinámico.

Las mujeres que se graduaron en la universidad en los años setenta fueron muy diferentes de las de la década anterior. Pero ambos grupos estaban intrínsecamente vinculados. Muchas de las del grupo de las más mayores, cuyos hijos iban a la escuela en los setenta, habían empezado a reincorporarse al mercado laboral, mientras que las más jóvenes estaban finalizando sus títulos de grado. Estas últimas vieron lo que las otras habían hecho: sacarse un título universitario y buscarse un empleo que dejaron en cuanto tuvieron hijos. Muchos años después se reincorporaron a la población activa trabajando en puestos mayoritariamente femeninos y con salarios bajos.

Las mujeres del Grupo 4 estábamos seguras de que podríamos hacer mejor las cosas. Veíamos un futuro nuevo y diferente. Si anteponíamos nuestra carrera a la familia, lograríamos incrementar las posibilidades de desarrollar una profesión bien remunerada y satisfactoria, una en la que pudiéramos permanecer por mucho tiempo. Muchas en este grupo ocuparían puestos parecidos a los que los hombres han ocupado siempre, de estatus y sueldo elevados. Eso implicaba invertir en títulos de posgrado. Lo que para gran parte de nosotras significaba, a su vez, tener que posponer el matrimonio y, por consiguiente, retrasar la llegada de los hijos. Pero seríamos capaces de hacerlo. Después de todo, nosotras teníamos algo que las del Grupo 3 no tuvieron: la píldora. Y estaba a nuestro alcance siendo aún jóvenes, cuando podíamos dedicarnos a estudiar posgrados y formarnos profesionalmente.

En ninguno de los grupos previos hubo tal elevado número de universitarias que entraran a formar parte de profesiones y sectores tan orientados a la consecución de una carrera. La cima más alta a la que las miembros del Grupo 4 habíamos imaginado llegar era la de lograr una carrera satisfactoria. Nos disponíamos a escalar aquella montaña. Nosotras alzábamos la vista desde el sendero de nuestra nueva vida, mientras que las del Grupo 3 no habían hecho más que dar un paseo en el parque; eso es lo que ingenuamente pensábamos.

Habíamos visto que el 90% de las tituladas universitarias casadas del Grupo 3 ya tenía hijos a principios de la década de 1970.[6] Las del Grupo 4 creíamos que ser madres sería lo más fácil en una vida sembrada de metas. La reproducción no parecía haber sido el problema de nuestras predecesoras y no teníamos motivos para creer que a nosotras nos resultaría difícil concebir. Solo necesitábamos tiempo para apuntalar nuestras carreras. Después, podríamos ocuparnos de llevar una vida familiar gratificante.

Para entender lo mucho que la píldora cambió la receta de la felicidad, consideremos por qué, en ausencia de esta, las parejas se casaban tan pronto. En las décadas de 1950 y 1960, postergar el matrimonio podía significar abstenerse a tener relaciones íntimas con el sexo opuesto. Pero eso es algo que no iba a pasar. Siempre ha existido el sexo antes del matrimonio —y practicarlo sin protección es como jugar a la ruleta rusa—. Antes de la píldora (y del DIU), incluso el llamado sexo «seguro», usando, por ejemplo, métodos anticonceptivos de barrera, parecía una lotería. A falta de contraceptivos eficaces, convenientes y controlados por la propia mujer, la posibilidad de embarazo era enorme. Los matrimonios prematuros a menudo se producían para evitar el riesgo de un embarazo extramatrimonial, y este casi siempre acababa en matrimonio. Sin acceso a una contracepción verdaderamente eficaz, la población femenina se prometía en matrimonio poco después de llegar a la madurez sexual.

Nos podremos hacer una idea aproximada de cuánto se daba el sexo prematrimonial en el pasado si usamos los cálculos de unos perspicaces historiadores que se dedicaron a contrastar los registros existentes sobre matrimonios con los de natalidad. Estos revelan que del año 1700 a 1950 —¡250 años!— en torno al 20 % de las novias estaban embarazadas el día de su boda.[7] Este porcentaje corresponde a un periodo en el que la concepción premarital se veía como algo deshonroso y que debía ser ocultado.

Los embarazos no son más que la punta del iceberg. Si, como sabemos, al menos un 20 % de las mujeres estaban embarazadas en el momento de contraer matrimonio, podemos suponer que mucho más del 20 % practicó sexo prematrimonial y tuvo la suerte de no quedarse embarazada o fue capaz de prevenir el embarazo —o de ponerle fin—. Pero, en los años en que el aborto no era seguro ni legal, un embarazo acababa, indefectiblemente, en una «boda de penalti».

En tiempos más recientes, la información sobre la edad de la mujer en su primera relación sexual prueba que se producía la suficiente actividad sexual prematrimonial como para poder rebajar la edad del primer matrimonio en una época de contracepción eficaz. En 1960, la edad promedio en que una mujer soltera tenía su primera relación sexual era de alrededor de los veinte años —la edad de los estudiantes de tercer año de universidad—. (Puesto que se trata de una media, podemos deducir que el 50% de los primeros encuentros sexuales se produjeron en una edad inferior).

En 1970, la edad de primera relación sexual había descendido hasta situarse en los dieciocho años y medio —la de los estudiantes de primer o segundo año de universidad—. En 1980 ocurría a los diecisiete años y medio, y en 1990 a los dieciséis y medio.[8] Esta media había ido descendiendo conforme las jóvenes tenían acceso a métodos anticonceptivos que pudieran controlar por sí mismas. Incluso antes de la llegada de la píldora, cuando la edad de la primera relación sexual se situaba todavía en los veinte años, esta seguía siendo lo suficientemente baja como para poder evitar el matrimonio.

La ausencia de métodos anticonceptivos seguros y controlables por la mujer dio como resultado la proliferación de modalidades de compromiso como «ir en serio», intercambiar anillos, tener exclusividad, «ponerse el broche» (jerga de los círculos estudiantiles en Estados Unidos), «ponerse el colgante» (también en jerga estudiantil) y la definitiva, ponerse el anillo con un brillante engastado. Cada una de estas opciones constituía la declaración pública de que una mujer estaba protegida en caso de embarazo. Todo el mundo sabría quién era el padre. Y este no podría ir a ninguna parte, salvo al altar (posiblemente a punta de pistola).

Pero esas mismas salvaguardias influían en que las parejas se casaran antes, aunque quisieran postergar el matrimonio. Declarar al mundo, y en particular a los padres, que estabas saliendo con alguien hacía crecer las expectativas de boda y transformaba lo posible en inevitable. La intención de empezar una relación para conocerse mejor se convertía en una promesa de futuro juntos.

Las medidas anticonceptivas como la píldora permitieron que el matrimonio ocurriera más tarde. Eso mismo lograría el aborto seguro y legal. Gracias a estas mejoras, las jóvenes parejas ya no tenían por qué precipitarse a casarse como remedio ante un embarazo. Los matrimonios prematuros, en particular los forzosos, no eran una buena solución. Muchos no duraban, especialmente después de que las leyes estatales efectuaran cambios para permitir la disolución del matrimonio. El enorme incremento de divorcios en la década de 1970 concernía a quienes se habían casado jóvenes. Uno de los muchos efectos beneficiosos de la píldora fue que redujo las tasas de divorcio al incrementar la edad de matrimonio.[9] Otro fue que, al postergar el matrimonio y la natalidad, la población femenina había ganado tiempo para dedicarse a su formación de posgrado y a poner los cimientos de sus carreras antes de casarse y ser madres.

Las mujeres al Grupo 4 se vieron empoderadas por ese tiempo adicional que la píldora les había concedido y que iban a dedicar a sus carreras profesionales. Pero nadie les advirtió de lo pronto que se detendría el cronómetro. Desde las instancias médicas aún no se hablaba del enorme descenso de la fertilidad a partir de los treinta y cinco años. La posibilidad de que el envejecimiento de los óvulos pudiera afectar al feto no era algo sabido por todos. El problema que el Grupo 4 creía tener no era el embarazo, sino cómo prevenirlo. Pensaron que esperar a ser madres no tendría consecuencias.

Aunque no fueran plenamente conscientes del coste de aplazar el matrimonio, sabían que hacerlo no les iba a salir gratis. Si no se casaban jóvenes, les quedaría menos donde elegir. Que una mujer postergara el matrimonio cuando la mayoría no lo hacía podía incrementar la posibilidad de que no llegara a casarse nunca, y disminuirían sus opciones de hacerlo con la pareja ideal. Pero, en cuanto las leyes estatales empezaron a cambiar y la píldora comenzó a ser distribuida entre las jóvenes solteras, la edad del primer matrimonio incrementó para todas.

Provistas con el nuevo ingrediente secreto, la receta del éxito era: «No te cases todavía. Añade tantos estudios superiores como puedas. Mézclalo bien con tu carrera. Retíralo del fuego durante una década y dedícate a vivir tu vida. Después envuélvelo todo en una familia». Cuando esta receta de felicidad se popularizó entre la población femenina, la edad del primer matrimonió incrementó incluso para las universitarias que no tomaban la píldora. Esta situación redujo el potencial coste a largo plazo derivado de posponer el matrimonio.

Para Mary Richards y las tituladas universitarias de principios de la década de 1970, primero venía la carrera, luego el matrimonio y después, tal vez, la familia. Tras 168 episodios, Mary fue por fin ascendida a productora del noticiario de la tarde en WJM-TV, la ficticia cadena de noticias de Mineápolis en la que trabajaba. A los treinta y ocho años había logrado consolidar su carrera. Al final de la serie no sabemos si se llegaría a casar o tendría hijos, pero, si Mary fuera como las demás de su grupo, las probabilidades de que algún día se casara —del 30 %— son muy elevadas. Sin embargo, son mínimas las probabilidades —del 10 %— de que llegara a tener hijos.[10]

Desde los años cincuenta hasta 1972, la titulada universitaria media contraía matrimonio antes de cumplir los veintitrés años. A mis estudiantes actuales esto les resulta muy impactante. Casi aterrador. Las mujeres (y los hombres) que se casaron tan pronto debieron haber conocido a sus parejas siendo estudiantes de grado, un hecho que preocupaba a las universitarias más mayores de las décadas de 1950 y 1960 y minaba sus esperanzas de que no «se les pasara el arroz».

Al menos la mitad de las mujeres del Grupo 3 se casaron tan jóvenes que no tuvieron tiempo para empezar una carrera o continuar con su formación académica. Nada más finalizar sus estudios de grado, el 50 % no enviaría solicitudes de matrícula a colegios profesionales o cursos de posgrado, sino invitaciones de boda. Un matrimonio precoz no solo ponía en riesgo las aspiraciones de desarrollar una carrera, también podía suponer que muchas estudiantes se tomaran menos en serio sus años de universidad. Al fin y al cabo, junto con el título había que sacarse un marido.

Contraer matrimonio resulta limitador en muchos sentidos. Con frecuencia supone un problema de ubicación de la pareja, pues esta, de manera demasiado habitual, se establecerá allá donde existan mejores oportunidades de trabajo y formación para el marido. Y a la boda de muchas miembros del Grupo 3 le siguieron rápidamente los hijos. Ni el matrimonio precoz ni la maternidad temprana son ingredientes de la nueva receta del éxito del Grupo 4.

Alrededor del año 1972 la edad promedio del primer matrimonio de las tituladas universitarias empezó a aumentar. Cinco años después, la edad había ascendido en más de dos años; la mitad de las universitarias del curso de 1977 se casarían después de haber cumplido los veinticinco. Las mujeres podían servirse de esos años adicionales de soltería para completar un doctorado en Derecho o un máster en Dirección de Empresas. La edad ante el primer matrimonio continuó subiendo. En 1982 prácticamente todas las universitarias continuaban solteras en el momento de su graduación, mientras que diez años antes la mitad se habían casado.

El año en que yo nací, 1946, da inicio al Grupo 4, donde la media de edad de las tituladas universitarias en su primer matrimonio está por debajo de los veintitrés años. ¿De verdad se casaron tan jóvenes las mujeres de mi promoción? Aprovechando un reencuentro al que asistí en la Universidad de Cornell, quise comprobar si mi promoción había sido diferente. Yo tenía que dar una conferencia sobre las mujeres de nuestro último año de estudios que titulé «Una generación crucial», y para prepararme el coloquio estuve hojeando las páginas del anuario de mi promoción y recordando cuán brillantes y llenas de talento fueron esas mujeres. ¿Se casaron solo unos años después de que nos graduáramos? Aquellas que a finales de la década de 1960 se habían titulado en instituciones comprometidas a desarrollar sus sólidas carreras, ¿tardaron más en casarse?

Tomando notas de la información recogida en aquellos libros de reencuentros universitarios, pude observar que una tercera parte de las mujeres de mi curso contrajo matrimonio solo un año después de la universidad, y la mitad lo hizo tras tres años, aproximadamente a los veinticuatro. Así que la respuesta era no, no se casaron más tarde que la media nacional. Una de mis compañeras de habitación de entonces contrajo matrimonio justo antes de obtener su titulación, y la otra se casó justo un año después de graduarse. No recordaba aquello. Yo había creído ser una muestra promedio del Grupo 4, no se me ocurrió que podía estar en uno de los extremos. Lo que sucede es que las mujeres de mi promoción teníamos un pie en el pasado y el otro en el futuro. La mitad del grupo se casó joven, la otra mitad mayor. Y quienes se casaban pronto de todas formas tendían a querer desarrollar carreras ambiciosas. Una de mis compañeras llegó a ser catedrática en Desarrollo Infantil, y otra logró un puesto de mediadora laboral y juez municipal por el estado de Nueva York.

La media de edad de matrimonio de las tituladas universitarias nacidas diez años después, en 1956, fue de veinticinco años y medio. O, lo que es lo mismo, 2,5 años más tarde que las de mi promoción. El Grupo 4 había roto con el pasado. La edad del primer matrimonio de la Figura 6.1 muestra un pronunciado ascenso desde el inicio del grupo. Pero este incremento en la edad de matrimonio no suponía únicamente una ruptura con el pasado. La media de edad continuó creciendo durante mucho más tiempo; las más recientes tituladas universitarias contraen matrimonio a los veintiocho años.[11] El Grupo 5 ha continuado la tendencia que empezara el Grupo 4.

En la década de 1960 comenzó a producirse también un incremento en la tasa de divorcio conforme las leyes estatales fueron abandonando la exigencia de causa para la terminación del matrimonio y a autorizar el consentimiento mutuo. En algunos estados comenzó a permitirse el divorcio unilateral, es decir, aquel en el que uno solo de los cónyuges puede poner fin al matrimonio. La división de la propiedad se decide de forma separada y queda determinada por las leyes de cada estado y, a menudo, por un tribunal.

La combinación del incremento de los divorcios, en especial el divorcio temprano, y el aumento de la edad del primer matrimonio hizo que se desplomara el espacio de tiempo que una mujer permanecía casada. Este periodo para las del Grupo 3

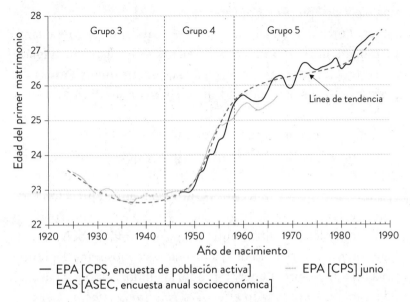

FIGURA 6.1. Media de edad a la que las mujeres con titulación universitaria se casan por primera vez (nacidas entre 1925 y 1988).
Véase apéndice de figuras y tabla.

sería de más del 80 % de las edades comprendidas entre los veinticinco y los cincuenta años. Pero las mujeres de la franja final del Grupo 4 permanecerían en el matrimonio menos del 65 % de esos veinticinco años.[12] Aquellos cambios alteraron la identidad de las mujeres, que pasaron de orientar su vida a la familia y el hogar a dedicarse mucho más al mundo laboral.

Las parejas de la década de 1970 reaccionaron a las leyes de unilateralidad en el divorcio invirtiendo menos en un matrimonio y un hogar.[13] Las mujeres se interesaron en menor medida por centrarse en sus tareas domésticas y más por ser un capital humano exportable, poniendo el foco en su formación académica y profesional. Tuvieron menos hijos y más empleo, y se redujo su contribución a que sus maridos accedieran a la formación postuniversitaria.[14] La independencia económica adquirió mayor valor.

A finales de los años setenta se produjo otra importante transformación social que muestra con cuánta fuerza reclamaron una identidad propia las mujeres del Grupo 4. No solo iban a posponer el matrimonio y centrarse en desarrollar una carrera, también mantendrían (o tratarían de mantener) el llamado apellido de soltera. A lo largo de la historia, prácticamente todas las mujeres casadas han adoptado el apellido de sus maridos (salvo en culturas en las que el apellido familiar tiene más trascendencia). Por aquel entonces únicamente las estrellas de cine y las escritoras no se lo cambiaban. Recuerdo que, de niña, aquella decisión me parecía exótica. Yo también quería mantener mi apellido. Pero ¿cómo hacerlo? ¿Qué dirían en la Dirección General de Tráfico o en la Seguridad Social? ¿Y mis suegros?

La aceptación y difusión de la apelación *Ms.* [«Señora», en lugar de *Mrs.* o «Señora de»] a principios de los setenta permitió a las mujeres mantener su propio apellido. Aunque el uso de *Ms.* data de 1952 (según el *Oxford English Dictionary*), el término no se popularizó hasta la aparición de la revista de Gloria Steinem *Ms.*, en 1972.[15]

En 1990, el 20 % de las tituladas universitarias recién casadas de Estados Unidos mantuvieron sus apellidos.[16] La demanda por conservar el propio apellido aumentó al tiempo que se incrementaba la edad del primer matrimonio y conforme las mujeres ponían, antes de casarse, los cimientos de sus carreras profesionales. A nivel profesional podían «hacerse un nombre» antes de tener que decidir si mantendrían o no su apellido.

La revolución silenciosa que transformó la vida de las mujeres de manera asombrosamente rápida no surgió de la nada. Sus miembros llevaban preparándose desde muy jóvenes. Habían estado observando a las generaciones anteriores e imaginando en qué diferiría la suya. Tenían planes de futuro laboral más precisos, y, de acuerdo con estos, sus aspiraciones fueron más consistentes.

En la década de 1960, las jóvenes del Grupo 4 empezaron a evaluar sus perspectivas laborales. Dado que la generación anterior ya había dispuesto de muchas oportunidades de empleo a lo largo de sus vidas, las mujeres del Grupo 4 supusieron que también ellas tendrían multitud de ocasiones. Además, desarrollarían carreras sólidas y constantes en lugar de dedicarse a diversos trabajos de corta duración. Llevaban mucho tiempo preparándose. En el instituto se interesaron más por materias como las ciencias y las matemáticas, y sacaron mejores notas en los exámenes.[17]

Sus trayectorias muestran una progresión lógica: Las expectativas laborales, las normas sociales para la población femenina concernientes a carrera y familia, y lo que determinaba su grado de satisfacción son aspectos que se vieron transformados desde finales de la década de 1960 hasta finales de los años setenta. Aquellos fenómenos marcaron grandes cambios, lo mismo que un arcoíris es señal de que la tormenta ha pasado. Las miembros del Grupo 4, abanderadas de la revolución silenciosa, desfilaron con unos objetivos inéditos en la historia de este largo trayecto. Para lograr esas metas debían posponer el matrimonio y la maternidad. Si no hubieran aplazado ambas cosas —aunque sin renunciar a los noviazgos pasajeros, al sexo y, llegado el momento, a las perspectivas de un matrimonio que no fuera una condena—, es inconcebible que se hubiera podido producir la revolución silenciosa.

EL PODER DE LA PÍLDORA

La FDA aprobó en 1960 el uso de un fármaco llamado Enovid y que prácticamente todo el mundo llamaría (como a sus sucesores) «la píldora». En 1965 la tomaban más del 40 % de las mujeres casadas menores de treinta años. Pero, por cuestiones tanto legales como sociales, eran pocas las solteras que la podían obtener.

Como bromeaba la protagonista de *La maravillosa señora Maisel*, «ha salido una cosa nueva a la que llaman la píldora del control de natalidad... Una pastillita nada más, y puedes practicar tanto sexo como quieras sin preocuparte por quedarte embarazada. Eso sí, solo se autoriza a las casadas: las que no quieren sexo. ¿Quién dijo que la FDA no tenía sentido del humor?». Pero la culpa no era de la FDA, sino de una serie de leyes estatales.

Antes de 1970, en Estados Unidos era ilegal que un médico prescribiera la píldora como contraceptivo a las mujeres solteras menores de edad sin consentimiento parental. Pero en 1972, poco después de la vigesimosexta enmienda a la Constitución (1971), en la mayoría de los estados se había rebajado la mayoría de edad a los dieciocho años,[18] por lo que muchos «menores emancipados» pudieron, por decreto y decisión judicial, acceder a servicios de contracepción. Esto se vio fortalecido por la ampliación de los servicios de planificación familiar a los menores, así como por los cambios en las normativas municipales con respecto a prácticas apropiadas. Una mujer joven y soltera, además de estar autorizada por ley a obtener contraceptivos, tenía la posibilidad de acudir a centros de distribución de dichos contraceptivos donde se le ofrecería también consejo sobre planificación familiar y otros servicios de atención médica, como la realización de pruebas de detección de enfermedades de transmisión sexual.

Las leyes estatales de los años sesenta dirigidas a la regulación de la venta de anticonceptivos suponían un impedimento adicional. En 1960, eran treinta los estados que prohibían la publicidad de todo producto relacionado con el control de la natalidad, y veintidós los que de un modo u otro prohibían su venta. Temerosas de incumplir la ley, las universidades, ante aquella ambigüedad respecto a la distribución de anticonceptivos, hallaron una buena excusa para no ofrecer servicios específicos de planificación familiar. Y las que ya lo hacían raramente publicitarían su disponibilidad. Solo proporcionarían planificación familiar a sus estudiantes cuando las regulaciones de los estados en los que se encontraban rebajaran la mayoría de edad.

Tras varios cambios en la legislación, la píldora empezó a distribuirse rápidamente entre las jóvenes solteras. En 1976, para el 73 % de las solteras de dieciocho y diecinueve años que en alguna ocasión habían usado algún anticonceptivo, este había sido la píldora. A pesar de las dudas crecientes sobre sus efectos para la salud, aquella pastilla fue el método anticonceptivo preferido durante muchos años.

A finales de la década de 1960 y a principios de 1970, el uso de la píldora no afectó significativamente a la fecundidad de las jóvenes del Grupo 4.[19] Aunque no produjera un impacto sustancial en el número de hijos que tendría aquella generación, la influencia que tuvo en cuanto a la planificación de la familia y del matrimonio fue monumental. Puesto que había más personas solteras, otras podían permitirse esperar y, por consiguiente, esto repercutía en el incremento de la edad del primer matrimonio.[20] Esto suponía que la población femenina se centraría más en sus estudios, planificaría un futuro independiente y establecería su identidad antes de casarse y formar una familia.

Generalmente, las revoluciones se producen debido a grandes acontecimientos, no a una pequeña pastilla. El argumento empírico que explica el papel que jugó la píldora en la revolución silenciosa está relacionado con el momento en que se dieron diversos cambios, y con los análisis econométricos de la edad en que tenían lugar tanto el primer matrimonio como el inicio de una carrera. Las modificaciones de las leyes estatales que ampliaron los derechos de los menores entre finales de los sesenta y comienzos de los setenta facilitaron la distribución de la píldora entre jóvenes mujeres solteras. Por el momento en que se produjeron estos cambios en la legislación de los estados, tenemos la certeza de que aquellas normativas fueron la causa de los cambios. Además, los estados que se apresuraron a cambiar sus leyes y políticas no eran más o menos conservadores que el resto. No se daba una uniformidad de color político, religión o tradiciones que mostrara que esos factores fueran relevantes.

La transformación de las leyes permitió que las jóvenes solteras obtuvieran la píldora por diversas vías. Los campus universitarios disponían de clínicas de planificación familiar que ofrecían atención sanitaria, asesoramiento y anticonceptivos. Las organizaciones como Planned Parenthood y los especialistas en obstetricia y ginecología podían prescribirlas sin miedo a ser inhabilitados. A medida que la edad de matrimonio ascendía y que más mujeres tomaban la píldora, la disponibilidad de hombres solteros ya no era motivo de preocupación (tampoco para quienes no la tomaban). Con el incremento de la edad de contraer matrimonio, fueron más las mujeres que se permitían continuar su formación de posgrado sin tener que pagar un elevado precio en sus vidas (aunque sí pagaran un alto precio de matrícula). También aumentó el número de quienes comenzaron a desarrollar carreras que requerían una continuada formación en el puesto de trabajo.

¿Qué influencia tuvo la revolución ruidosa de finales de la década de 1960 y principios de 1970 sobre la revolución silenciosa? Sin duda, una precipitó la otra; si no mediante la legislación, sí gracias a un mayor empoderamiento de la comunidad. «El feminismo [nos] generó el deseo de trabajar, pero la contracepción efectiva [nos] ofreció *la posibilidad* de trabajar», sentenció Betty Clark, geóloga del petróleo y tardía economista entusiasta del Grupo 4. De acuerdo con Brad DeLong, catedrático de Economía en Berkeley, Betty «apareció por casualidad en [su] clase de Economía» un día en que les contaba a sus estudiantes el trabajo que estaba haciendo con la píldora anticonceptiva y el impacto social y económico de esta. Aquella charla animó a Betty a escribir un correo electrónico a DeLong sobre sus propias experiencias con la píldora.[21]

Lo que comúnmente pone en marcha una revolución son una serie de condiciones que afectan a un conjunto de personas, que despiertan sus intereses, las provocan y las incitan a pensar que la vida puede ser diferente, que puede ser mejor. Las revoluciones son caóticas y a menudo es difícil analizarlas con minuciosidad. Los orígenes de la que nos ocupa son bastante evidentes. Podemos localizarlos. No se trató de un golpe de Estado.[22] Se dieron varias condiciones previas, ninguna de ellas lo suficientemente significativa como para constituir la única causa que puso en marcha o sustentó esta revolución. La píldora por sí sola, aunque fuera necesaria para que la revolución silenciosa ganara terreno y continuara, no había encendido la mecha.

Las integrantes del Grupo 4 fueron testigos de los numerosos cambios sociales que se produjeron a su alrededor. A principios de la década de 1960, estas mujeres eran aún unas niñas, y estaban imbuidas en la mentalidad de la Guerra Fría. Obedecían a la autoridad —la de sus padres y la de su Gobierno—. Pero a finales de los años sesenta, siendo ya jóvenes, muchas participaron en manifestaciones contra la guerra como miembros de movimientos de liberación.

Otras generaciones también habían visto grandes cambios sociales, pero estos no produjeron una revolución silenciosa. Uno de los pilares fundamentales de la revolución que nos ocupa fue el gran incremento de la voluntad de trabajar de las mujeres y de su participación en la población activa, que se debió a otro conjunto de factores, entre ellos el aumento de los ingresos de todos los trabajadores.

Tomemos como ejemplo a una chica de dieciséis años en 1970, que tiene una tía de treinta y cinco años que posee una titulación universitaria y es madre de dos hijos, de nueve y doce años. La tía se acaba de reincorporar a su trabajo de maestra. Muchas de sus amigas también han retomado sus empleos de docentes, trabajadoras sociales, dietistas, editoras, etc., después de un paréntesis durante el que se habían estado ocupando de sus hijos. Contamos con datos que indican que aproximadamente la mitad de las amigas trabajaría fuera de casa y, en general, lo haría a tiempo completo.

En 1980 la tasa de empleo de la generación de la tía (que entonces tendría unos cuarenta años) habría incrementado hasta alcanzar el 80 %. Esas mujeres habían estado alrededor de diez años desempleadas; sin embargo, pasados los cuarenta, habían tenido un trabajo de manera continuada durante diez años. Muchas de ellas seguirían trabajando hasta la edad de jubilación, pasados los sesenta años. Pero, a pesar del tiempo de empleo acumulado, muchas no pudieron ascender significativamente en sus puestos de trabajo, en las empresas o en las instituciones en las que estuvieron empleadas, ya que no habían adquirido la formación necesaria. Se habían preparado para conseguir buenos trabajos a los que acceder y a los que pudieran regresar tras un largo paréntesis. Sus ingresos estaban limitados por el tipo de sectores a los que se dedicaron en su juventud.

La mayor participación en la población activa de la generación previa (la de la tía) fue un prerrequisito para la generación de la revolución tranquila (la de la sobrina). Las jóvenes del Grupo 4 pudieron ver que las tituladas universitarias más mayores tenían empleos, pero también que aquellas no habían tenido la intención de permanecer entre la población activa por tanto tiempo. Muchas de las del Grupo 3 no invirtieron en una apropiada formación académica y profesional, puesto que no tuvieron la posibilidad de postergar el matrimonio y la maternidad. Otras no pudieron volver a los estudios después de tener hijos, y a algunas se les hacía difícil, a su edad, regresar a cursos de formación profesional.

Las jóvenes del Grupo 4 creyeron que podrían trabajar la mayor parte de sus vidas. Se prepararon para permanecer empleadas por más tiempo y de manera continuada.

Pero la mayor participación en la población activa no fue el principal logro de la revolución silenciosa.[23] Lo verdaderamente revolucionario fueron los cambios que se dieron en cuanto al tipo de ocupaciones y la orientación hacia una carrera. De hecho, la tasa de empleo seguía siendo prácticamente la misma que la de la generación anterior. La única excepción es que, a principios de la década de 1970 y hasta 1990, la participación en la población activa de mujeres con hijos en edad preescolar se incrementó de manera muy significativa.[24] Las madres de niños pequeños, incluso de bebés, trabajaban porque tenían carreras bien remuneradas en las que se premiaba la continuidad. Precisamente de eso trataba la revolución silenciosa.

AMPLIOS HORIZONTES

A partir de 1970, las miembros del Grupo 4 empezaron a darse cuenta de que su futuro laboral iba a ser muy distinto del de sus antecesoras, de que podían planificar el desarrollo de dinámicas y gratificantes carreras que progresaran conforme lo hicieran ellas, en lugar de tener que contentarse con trabajos a corto plazo y con poco margen de mejora.

Varios sondeos nos permiten apreciar qué expectativas de futuro laboral tenían aquellas mujeres en la adolescencia. Dos de las más extensas y reconocidas encuestas son la *National Longitudinal Survey of Young Women* [Encuesta nacional longitudinal sobre mujeres jóvenes], que empezó a hacerse en 1968 y recopilaba datos de un gran conjunto de jóvenes de entre catorce y veinticuatro años, y la *National Longitudinal Survey of Youth* [Encuesta nacional longitudinal sobre la juventud], relativa al mismo grupo de edad, pero iniciada en 1979. (Me referiré a ambas como NLS). Los dos estudios formulaban preguntas como «¿Qué te ves haciendo a los treinta y cinco años?» o «¿Estarás en casa con tu familia o tendrás un empleo?».

En términos generales, las jóvenes mujeres de la encuesta de 1968 no se imaginaban empleadas a los treinta y cinco. Solo un 33 % creía que lo iba a estar. La tasa de empleo de sus madres era entonces del 30 %. Las adolescentes de finales de la década de 1960 estaban tomando como modelo la participación en la población activa de la generación de sus madres. Una chica de catorce años a finales de los sesenta imaginaba su futuro laboral basándose en el ejemplo de su madre y de las amigas de esta (del mismo modo que lo haría una chica de dieciocho años en 1968), como podemos observar en la Figura 6.2.

Resulta comprensible que estas jóvenes interpretaran sus roles de acuerdo con los de la generación de sus madres. Aunque por algún tiempo hubieran estado mirando al pasado, pronto empezaron a divisar su futuro y a responder a los cambios que se estaban produciendo a su alrededor. Conforme avanzaba la década de 1970, sus expectativas se fueron transformando a gran velocidad. En 1975 el porcentaje de jóvenes mujeres que creía que trabajaría a los treinta y cinco años se multiplicó por dos con respecto a 1968. En 1980, el 80 % de las jóvenes se veía

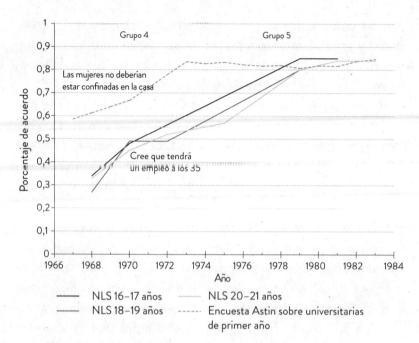

FIGURA 6.2. Expectativas de empleo y actitud de las mujeres jóvenes por edad y año.

Notas: Los datos de la NLS comprenden las respuestas a la cuestión de si los individuos, mujeres blancas, opinaban que formarían parte de la población activa a la edad de 35 años. Estos datos están vinculados al promedio de cada grupo en una línea de tiempo. Así, un individuo de 14 a 15 años de la NLS de 1968 tenía 16-17 años en 1970, y está vinculado a la línea de las mujeres de 16 a 17 años en 1979. La encuesta Astin sobre universitarias de primer año responde a si los individuos discrepaban de la afirmación: «Las actividades de las mujeres casadas deberían quedar confinadas al ámbito del hogar y de la familia». Los datos Astin comprenden las respuestas de mujeres universitarias de primer año, la mayoría de ellas de una edad de 18 años.

Véase apéndice de figuras y tabla.

empleada con treinta y cinco. Se había producido un incremento del 33 % al 80 % en solo doce años.[25]

Muchas comenzaron a ver a sus madres, del Grupo 3, como a mujeres vulnerables, insatisfechas e infelices. Las universitarias de primer año en 1979 sabían que aquello se podía cambiar. «No quiero llegar a ser tan infeliz como lo fue mi madre. Tener tantos hijos y depender de mi padre... Él nunca quiso que ella trabajara». «Mi madre nunca ha trabajado, y creo que le hubiera venido muy bien hacerlo». «Mi madre siempre estaba en casa. Eso no es sano. No está bien que una madre sea infeliz y que sacrifique su vida por sus hijos». «He deseado muchas veces que mi madre trabajara... Cuando me hice más mayor, mi hermana y mi hermano le empezaron a decir lo mismo: "¿Por qué no te buscas un trabajo?"».[26]

Independientemente de la edad que tuvieran, en los años subsiguientes todas las encuestadas revisaron al alza sus expectativas de futuro. La creciente intención de trabajar fuera de casa demuestra el cambio de actitud de las jóvenes de la década de 1970. Esas aspiraciones estuvieron relacionadas con los acontecimientos de su tiempo, no solo con el hecho de que se fueran haciendo mayores e independientes.

Cuando las encuestadas de la NLS alcanzaron los treinta y cinco años, a principios de la década de 1980, su tasa de participación en la población activa era cercana al 75 % y superior al 80 % entre las tituladas universitarias.[27] Exactamente el porcentaje que habían previsto. Las chicas de 1968 se habían quedado muy cortas en su pronóstico inicial del 33 %.

Las jóvenes ampliaron sus horizontes y advirtieron que sus vidas serían muy diferentes de las de sus predecesoras. Tal vez las conclusiones de estas mujeres de los setenta fueran producto del feminismo creciente de su tiempo, que cuestionaba las viejas normas. A su vez, puede que las nuevas expectativas de futuro laboral animaran a las jóvenes de la década de 1970 a continuar sus estudios después de la universidad (de hecho, se ha podido comprobar que fue así).[28]

Uno de los motivos por los que las jóvenes cambiaron de opinión en cuanto a su situación laboral a los treinta y cinco es que, generalmente, veían con mejores ojos que la población femenina trabajara fuera de casa. En 1967, el 41 % de las universitarias de primer año discrepaba de la afirmación de que «las actividades de las mujeres casadas deberían quedar confinadas al ámbito del hogar y de la familia». Y en 1974, solo siete años después, el desacuerdo era del 83 %. (Dicho de otro modo, podemos ver en la Figura 6.2 que, en 1974, un 83 % estaba de acuerdo con que las mujeres no deberían estar confinadas en la casa, mientras que en 1967 el porcentaje había sido solo del 59%). Parafraseando a Bob Dylan, los tiempos estaban cambiando.

Las jóvenes del Grupo 4 iban en serio cuando afirmaban que participarían más en el mundo laboral. Son chicas que pasaron a la acción. Puesto que entendían que su futuro implicaba un trabajo constante y que tenían el potencial necesario para desarrollar auténticas carreras, empezaron a diseñar su formación académica. Muchas pudieron entrar en la universidad gracias a que llevaban preparándose para ello desde la adolescencia.

En 1955 las chicas estaban muy por detrás de los chicos por lo que respecta a cursos preparatorios para la universidad. En el instituto se apuntaban únicamente al 70% de los cursos de matemáticas a los que se inscribían ellos. Pero en 1970 el porcentaje excedió el 80%, y cerca de 1990 ya habían igualado en números a los chicos.[29] La brecha se estrechó también en los cursos de ciencias.

No solamente se apuntaban a más cursos que ellos, las chicas también sacaban mejores notas en matemáticas y en comprensión lectora. Cerca de 1990, las estudiantes de último año de instituto habían reducido la brecha con los chicos en las notas de matemáticas, y estaban considerablemente por delante en lectura.[30] Con una elevada aptitud en matemáticas, más matriculaciones en cursos de ciencia y mejores notas que los chicos en comprensión lectora, las jóvenes habían incrementado mucho sus tasas de asistencia a universidades y de obtención de títulos. Lo empezaron a hacer las nacidas a finales de la década de 1940 —el inicio del Grupo 4—. El incremento fue tan grande que el liderazgo masculino en cuanto a inscripciones y títulos fue rápidamente eliminado y, llegados los ochenta, quedó invertido.

Las transformaciones que se produjeron son tan drásticas y significativas que merece la pena reexaminar por un momento los índices de titulación universitaria desde el inicio de nuestro trayecto (como queda descrito en la Figura 2.5). Para las nacidas entre 1877 y 1919 —grupos 1 y 2— la tasa de asistencia a centros de estudios superiores era similar a la de los hombres (en parte porque las mujeres estudiaban sobre todo para ser maestras, en cursos de formación de dos años). El índice de titulación universitaria de cuatro años era ligeramente más elevado en los hombres, pero no mucho.[31]

Entre los individuos nacidos a finales de la década de 1910 y en la de 1920, se dieron grandes diferencias en cuanto a asistencia a la universidad y obtención de títulos. Una de las causas del incremento en la asistencia masculina fueron los incentivos de diversas leyes de reajuste de militares de la Segunda Guerra Mundial y de la guerra de Corea. Los universitarios superaron considerablemente a las mujeres en número, tanto es así que a finales de la década de 1940 y en 1950 (Grupo 3) había dos veces más hombres que mujeres con titulación universitaria por año de nacimiento. En los años sesenta, después de las leyes de reajuste de militares, el número de graduados masculinos fue 1,5 veces más que el de tituladas.

Pero precisamente en ese momento comenzó a producirse un giro sorprendente. Cada vez más mujeres empezaron a ir a la universidad. Si en los años iniciales del Grupo 4 se titulaban 1,3 veces más hombres que mujeres, con la llegada de la década de 1980 las mujeres fueron mayoría en las universidades. Este extraordinario vuelco de la brecha de género en los estudios superiores tuvo lugar cuando las estudiantes del Grupo 5 estaban a punto de entrar en la universidad.

En 1970, los títulos de grado que elegían hombres y mujeres diferían en gran medida. La mitad de las mujeres, o la mitad de los hombres, tendrían que haberse cambiado de grado para lograr la equivalencia.[32] Pero en 1985 solo el 30 % (de hombres o de mujeres) lo hubiera tenido que hacer. Aunque esto no signifique igualdad, supone un gigantesco paso en la dirección adecuada. También las preferencias en cuanto a empleo y carrera profesional manifestadas por los estudiantes universitarios de primer año en 1970 fueron muy diferentes. En 1985 aquella disparidad se había reducido notablemente. Las preferencias que manifestaron en el primer año de universidad eran un vaticinio del título que acabarían estudiando.[33]

El gran punto de inflexión se da a partir del momento en que las universitarias del Grupo 4 comenzaron a apuntarse a cursos y a estudios orientados al desarrollo de una carrera. En 1970, cuando las mujeres del Grupo 4 empezaban a graduarse en las universidades, casi dos tercios de todas las tituladas universitarias se graduaron en disciplinas de enseñanza y humanidades (40% y 22%, respectivamente).[34] El porcentaje de la combinación de ambas disciplinas para los hombres fue de un 24%. En 1982, tanto hombres como mujeres tendieron a desestimar los grados de enseñanza y de humanidades en favor de los de administración de empresas.[35] En 1967, el 5% de las universitarias había estudiado un grado de negocios. En 1982, el porcentaje era del 21%.[36] Aunque no se produjera de la noche a la mañana, se trató de una transformación muy rápida.

El interés de las estudiantes por titulaciones orientadas al consumo y al empleo quedó desplazado hacia grados dirigidos a la inversión y al desarrollo de una carrera. Las mujeres del Grupo 4 sabían lo que iban a necesitar en el futuro. Podrían leer a Shakespeare en cualquier momento, pero no les sería posible eternamente aprender contabilidad. A lo largo de sus vidas tendrían ocasión de obtener algún título de docentes, pero no siempre les resultaría fácil llegar a ser investigadoras científicas o técnicas contables acreditadas (CPA).

Asimismo, alrededor de 1970 las universitarias comenzaron a matricularse en estudios de especialización académica en escuelas profesionales (véase la Figura 6.3). A finales de los años sesenta, solo una de cada veinte estudiantes de Derecho era mujer. En 1980, lo era una de cada tres. A principios de la década de 2000, el número de estudiantes que se matricularon (y graduaron) en un título profesional de Derecho fue prácticamente el mismo para los hombres que para las mujeres. Entre los estudiantes y graduados en Medicina la tendencia fue casi idéntica. De 1970 a 1979, el número de universitarias que se titularon doctoras en esta área se multiplicó por tres. Y estos son solo dos de los muchos estudios de posgrado a los que las mujeres del Grupo 4 entraron en tropel. Fueron multitud las que

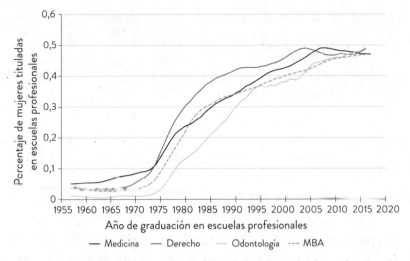

FIGURA 6.3. Porcentaje de mujeres entre el total de graduados en las siguientes titulaciones: Medicina, Derecho, Odontología y máster en Administración de Empresas (MBA).
Véase apéndice de figuras y tabla.

cursaron estudios de odontología, veterinaria, administración de empresas, medicina, optometría y farmacia, por mencionar unos pocos.

Ese incremento femenino en los estudios de especialización profesional de principios de la década de 1970 se produjo en todos los campos. Además, el vuelco fue rápido y evidente. Las mujeres del Grupo 4 empezaban a dejar huella.

Considerando el momento en que se produjeron, no sería descabellado pensar que las leyes antidiscriminatorias y las imposiciones gubernamentales fueran la razón principal de esos cambios.[37] No se han obtenido pruebas sólidas del impacto positivo de aquellas regulaciones.[38] Teniendo en cuenta que las transformaciones comenzaron con anterioridad al reconocimiento jurídico del artículo IX,* y mucho antes de que este se aplicara, es fácil descartar que los cambios se debieran a leyes y mandatos del Gobierno. Eso no significa que el artículo IX

* Ley federal de derechos civiles en Estados Unidos promulgada como parte de las Enmiendas Educativas de 1972 y que prohíbe la discriminación basada en el sexo. *(N. de la T.)*

careciera de efecto en la decisión de las estudiantes de proseguir su formación académica, pero no fue la única causa, ni siquiera una de las razones principales del incremento de la participación femenina en los estudios de profesionalización.

Los empleos elegidos por las mujeres cambiaron. Antes, las tituladas universitarias querían ser maestras, enfermeras, bibliotecarias, secretarias y trabajadoras sociales. En 1970, esas eran las profesiones del 68% de la población femenina de entre treinta y treinta y cuatro años. Veinte años después, la fracción era el 30%. El éxodo que se produjo en muchas de las tradicionales áreas profesionales crea un precipicio sobre el gráfico del Grupo 4 (Figura 6.4). El de la enseñanza, sin embargo, más que de un declive absoluto, fue un éxodo que protagonizaron todos los graduados universitarios. Eran tantas las tituladas femeninas que la cantidad total de empleados en la enseñanza no varió demasiado aunque la fracción de maestras entre las tituladas universitarias se desplomara. No obstante, en la mayoría de los sectores incluidos en las cifras, sí se observa un declive absoluto.

Las mujeres renunciaron a una serie de antiguas ocupaciones y entraron a formar parte de muy diversas profesiones, como la abogacía, la medicina, la gestión de empresas, la enseñanza universitaria y la investigación. En 1990, casi el 30% de las universitarias estaban empleadas en estas nuevas profesiones a la edad de treinta y cuatro años, en contraste con el 13% de 1970. De 1970 a 1990 se produjeron enormes cambios en los porcentajes de mujeres en cada uno de los dos conjuntos de profesiones. Pero, desde 1990 hasta la actualidad, la proporción femenina según el grupo de edad ha permanecido invariable.

La mayoría de las miembros del Grupo 4 comenzaron a percibir sus empleos como carreras a largo plazo. El empleo o la carrera pasaron a constituir un aspecto fundamental de una vida satisfactoria, y el lugar de trabajo se convirtió en el centro del entorno social. La elección de empleo ya no tenía que ver con el dinero adicional con el que ayudar al presupuesto familiar. Aquellas mujeres ya no trabajaban simplemente para contribuir a los ingresos de sus maridos. Por el contrario, ahora priorizaban

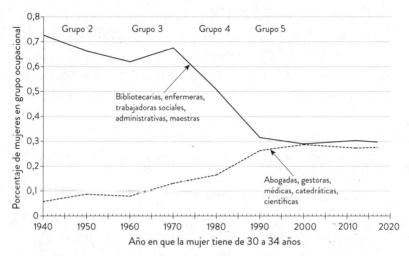

FIGURA 6.4. Ocupaciones de las mujeres con titulación universitaria de entre treinta y treinta y cuatro años: de 1940 a 2017.
Véase apéndice de figuras y tabla.

sus propios deseos y su identidad antes de decidir si trabajarían o no.

Las mujeres, por ende, empezaron a sentir apego al empleo. Abandonar el lugar de trabajo suponía una pérdida de identidad de la misma manera que para la mayoría de los hombres la falta de empleo o la jubilación conlleva, en general, una pérdida de prestigio y de pertenencia a la sociedad. Cuando las mujeres del Grupo 4, en la década de 2010, cumplían los sesenta y setenta años, continuaban empleadas, convirtiéndose así en el grupo que más tiempo ha permanecido entre la población activa a su franja de edad.[39] Esta generación continuó trabajando aunque económicamente sus miembros pudieran permitirse la jubilación, e incluso aunque sus maridos ya estuvieran retirados. Existen estudios exhaustivos que nos muestran que las mujeres del Grupo 4 de más de sesenta años multiplicaron casi por dos la tasa de empleo de sus homólogas de la misma edad de los grupos previos, además de que, en lugar de reducirse la jornada para permanecer empleadas, decidieron alargar sus carreras.

Asimismo, se ha intensificado el apego al trabajo entre las mujeres con menores ingresos. «En todos los casos, las mujeres a quienes he entrevistado trabajan porque tienen que hacerlo —afirmaba en 1994 la conocida etnógrafa Lillian Rubin—. En igual medida, la satisfacción y realización personal que sienten es tan importante que detestarían tener que dejar sus trabajos». Rubin añadiría que un mayor apego a la población activa hacía que esas mujeres exigieran un trato de igualdad frente a los hombres. «Las mujeres, incluso quienes hace dos décadas cuestionaban la idea, ahora suscriben el principio de igualdad salarial de manera inequívoca».[40]

La expansión de horizontes y el reajuste identitario de las jóvenes del Grupo 4 las prepararon para el mundo laboral y una carrera. La elección de disciplinas académicas y estudios de posgrado orientados al desarrollo de una carrera se tradujo en ingresos que, comparados a los de los hombres, empezaron a incrementarse alrededor de 1980 tras haber estado estancados desde los años cincuenta. En gran medida, ese aumento se debió a la mayor experiencia laboral y a la ampliación de las habilidades productivas de la población femenina. Con cada año trabajado, mayor se hacía la recompensa. La experiencia que adquirían era cada vez más valiosa, puesto que ocupaban puestos en los que recibían formación y donde el ascenso era posible.[41]

Pero esas ganancias tuvieron un precio. Posponer el matrimonio suponía tener hijos más tarde. Muchas, por tanto, tuvieron menos hijos. Y algunas no tuvieron. La transición del Grupo 3 al 4 es muy brusca. De las tituladas universitarias nacidas en 1943 —las últimas mujeres del Grupo 3— el 19% no había dado a luz al cumplir los cuarenta. El porcentaje era del 25% entre las nacidas en 1947, solo cuatro años después; y del 28% entre las nacidas en 1955, el año de menor fecundidad del grupo. No es de extrañar que el porcentaje de mujeres con titulación universitaria y profesional sin hijos fuera todavía más elevada, de aproximadamente un 33%.[42]

El reloj biológico se quedó sin cuerda para muchas de las que postergaron la maternidad. La mayor edad a la que se producía el matrimonio y la persecución de una carrera dejaban atrás a la familia. La estaban posponiendo, pensaron. Muchas no podían saber que lo que en realidad hacían era renunciar a ella en favor de otras aspiraciones. Aquellas mujeres, y las que las siguieron, se dieron cuenta *a posteriori*. «No me lo puedo creer, ¡me olvidé de tener hijos!», se lamenta el personaje femenino de la célebre obra de Roy Lichtenstein. Esta creación de pop-art, completada cerca del año 1964, se convirtió en el icónico póster de muchas de las mujeres del Grupo 4, quienes habían declarado que harían las cosas mejor que las del Grupo 3. Y, aunque así lo hicieran en muchos aspectos, un gran número de ellas se «olvidó» de tener hijos.

7

Tina Fey, actriz, humorista y escritora excepcional, es miembro del Grupo 5. Como muchas otras mujeres de éxito con titulación universitaria del grupo, tuvo hijos relativamente tarde —el primero a los treinta y cinco, y el segundo a los cuarenta y un años—. La maternidad ha sido un tema recurrente en su telecomedia *Rockefeller Plaza*, así como en los papeles que ha interpretado en las películas *Mamá de alquiler* (2008) y *Proceso de admisión* (2013).

En la piel de Kate Holborn, la protagonista de *Mamá de alquiler*, dio voz a las preocupaciones de su generación: «Hice todo lo que se supone que debía hacer… Fui la vicepresidenta más joven de mi empresa. Conseguí lo que quería. Algunas mujeres se quedan embarazadas, a otras las ascienden». Eso es lo que dice en una charla durante una cena con una primera cita, y añade: «Quiero tener un bebé muy pronto. Tengo treinta y siete años». Mal tema de conversación, pensó conforme su acompañante desaparecía en un taxi. Tras intentar la inseminación artificial y la maternidad subrogada, Kate finalmente se queda embarazada por el método tradicional, conserva su carrera y se casa con el propietario de un bar de zumos, un hombre que había dejado la abogacía para llevar una vida alternativa. No hay personaje de Tina Fey que haga las cosas de manera convencional.

En su papel en la famosa *Rockefeller Plaza*, Liz Lemon continuó haciéndose eco de las inquietudes de su grupo. En los últimos episodios, a los cuarenta y dos años, se casa con su novio, adopta a dos gemelas de ocho años y dimite como jefa de guionistas de un programa de televisión. Pero se siente deprimida siendo solo madre y ama de casa. Su marido, Criss, es igualmente infeliz como padre que trabaja fuera del hogar. «No pasa nada por querer trabajar —dice Criss para tranquilizar a su esposa—. Uno de nosotros debe hacerlo. Pero lo hemos hecho al revés: tú eres el padre».[1]

No todo el mundo tiene tanta suerte como Liz Lemon y Criss Chros, o cualquiera de las parejas ficticias o reales que han formado una familia más adelante en la vida, después de que los métodos habituales fracasaran. Pero lo cierto es que puede darse una maternidad tardía, a menudo gracias a la suerte y la perseverancia, y otras veces mediante procedimientos muy costosos a nivel emocional y económico. En el momento de más baja fecundidad del Grupo 4, el 28 % de las tituladas universitarias no habían dado a luz a los cuarenta y cinco años.[2] Este porcentaje cayó hasta un 20 % en el Grupo 5. Se trata de un giro asombroso que dice mucho de lo que han llegado a lograr las mujeres.

Cuando yo ejercía de profesora ayudante, en la década de 1970, ninguna de las (muy pocas) jóvenes profesoras a las que conocía hablaban de tener hijos, ni siquiera en privado. Incluso en los años ochenta, época en la que el número de jóvenes mujeres entre el profesorado era muy grande, no recuerdo a muchas embarazadas —a pesar de que sí conocía a muchos profesores con hijos—. En las universidades, las políticas específicas de permisos de maternidad eran escasas, y prácticamente nadie se informaba sobre estas hasta el último momento en que había que organizar la baja.

Me viene a la memoria una cena que tuve en 1980 con el director de mi departamento y una talentosa candidata a profesora ayudante. En aquel tiempo yo era una miembro no numeraria del profesorado. Mi colega, que en ocasiones podía resultar inoportuno, preguntó a la aspirante si tenía alguna duda relativa al puesto (una cuestión tal vez innecesaria en una cena distendida). Para mi sorpresa, la mujer (una persona brillante y valiente que acabaría siendo comisionada de la Oficina de Estadísticas Laborales de Estados Unidos) quiso conocer cuál era la política de la universidad en cuanto a las bajas por maternidad. Mi director de departamento no supo darle detalle alguno.

En la actualidad no es inusual ver a profesoras ayudantes embarazadas, y lo mismo ocurre entre las abogadas asistentes, las gestoras de nivel medio, las contables, las asesoras próximas a ser socias y demás mujeres con una carrera en desarrollo. Las políticas de baja parental están hoy sustancialmente más presentes que nunca (y son cada vez más generosas).[3]

Las miembros del Grupo 5 que obtuvieron sus títulos universitarios entre 1985 y principios de la década de 1990 fueron las primeras en expresar abiertamente sus aspiraciones a desarrollar una carrera y al mismo tiempo formar una familia.[4] Este nuevo ideal y la franqueza de la población femenina en cuanto a sus ambiciones fueron posibles gracias a que las mujeres del Grupo 4, tras desarrollar sus carreras, les habían allanado el camino. Ningún grupo antes había logrado las dos cosas en cantidades significativas. El Grupo 4 se había centrado primero en la carrera, cosa que ninguno de los grupos anteriores había conseguido masivamente, y había dedicado casi todos sus esfuerzos a ello. Sus miembros habían accedido en mayor número a posgrados y a escuelas profesionales. Pasaron de ser un 5 % de todos los doctorados en Derecho a finales de los sesenta a conformar un 35 % a principios de los ochenta. Habían alcanzado la paridad con los hombres en la universidad, y más tarde les sobrepasaron en número. Tuvieron que dejarlo todo para progresar en sus carreras.

El Grupo 5 podía incorporarse a un trayecto que había sido despejado de muchos obstáculos. Además, habían aprendido de sus hermanas mayores del Grupo 4 que, en el camino hacia una carrera, se debe dejar espacio para la familia, puesto que, si esta se aplaza, se corre el riesgo de no tener hijos.

Otras de las transformaciones que fortalecieron las ambiciones de las mujeres del Grupo 5 fueron los progresos en el conocimiento médico y científico. Nadie había sabido hasta entonces que la fertilidad masculina y femenina variaba con la edad. Se desconocía que lo mismo ocurre con las anomalías cromosómicas y la selección de embriones sanos. Para comprender los cambios de fertilidad que se producen con los años y para determinar el impacto que tienen sobre las posibilidades de embarazo, deben considerarse un gran número de factores, como la frecuencia y el momento del coito, o el uso de anticonceptivos.

En 1982, apareció en el *New England Journal of Medicine* un estudio revelador basado en un experimento natural. Más de dos mil ciudadanas francesas casadas con hombres estériles solicitaron, a nivel individual, que les fueran practicadas una serie de inseminaciones artificiales (IA) de donantes de esperma. Puesto que tenían edades diferentes y el procedimiento era el mismo para todas, los investigadores pudieron determinar el papel de la edad en la capacidad de concebir. Los resultados fueron sorprendentes.

La fertilidad de aquellas mujeres cayó en picado entre las que tenían de treinta y uno a treinta y cinco años —mucho antes de lo que se había creído—. Se sabía que la fertilidad declinaba después de los treinta y cinco, pero no antes. El éxito de embarazos de esta clínica de fertilidad cayó de un 74 %, para las inseminadas a la edad de treinta y uno, a un 61 %, a los treinta y cinco años. A pesar de las críticas a esta investigación y a lo que sus autores sugerían, este sigue siendo el estudio sobre la fertilidad humana más científico que conocemos, en gran parte porque se pudieron controlar muchos de los factores que determinan la concepción.[5]

La mayoría de las mujeres del Grupo 4 no conocía las consecuencias de posponer la maternidad. Las del Grupo 5 no solo disponían de más información; tenían también mejores instrumentos para «detener el reloj». La evidencia médica les mostraba que, si dejaban para más adelante el tener hijos, las posibilidades de quedarse embarazadas podían verse afectadas. Pero ahora empezaban a disponer de los medios para contrarrestar esa situación. Muchas tituladas universitarias comprendieron que la fecundidad era posible sin tener marido o pareja.[6]

La inseminación artificial (IA) es una técnica que no es nueva; en sus inicios se utilizaba para fecundar a los animales de granja. En Estados Unidos, el número de nacimientos humanos mediante este procedimiento en la década de 1960, según cálculos aproximados, fue bajo.[7] A mediados de los setenta se cuestionó la legalidad de la técnica en mujeres solteras, y en 1979 todavía algunos doctores expresaban sus reservas en cuanto a practicar el procedimiento con pacientes solteras, alegando que el bebé nacería en un limbo legal.[8] Pero a medida que se fueron adoptando métodos innovadores más complicados y costosos, como la fertilización *in vitro* (FIV), aquella más sencilla inseminación artificial empezó a tener mayor aceptación. Además, se trataba de un procedimiento que, de manera relativamente efectiva, podía realizarse sin asistencia.

Cuando contaba con casi cuarenta años, una mujer de la edad de mi madre me arrinconó en una fiesta. Estaba entusiasmada porque su hija, de mi misma edad, iba a tener un bebé mediante IA. Su hija había encontrado la manera de evitar la inversión de tiempo que suponía buscarse un marido. La futura abuela, exultante, estaba completamente entregada a una labor de conversión al novedoso método reproductivo.

En la década de 1980, los artículos de divulgación existentes sobre las consecuencias de postergar la maternidad todavía eran escasos. La evidencia científica de la relación que se da entre la edad y la probabilidad de concepción fue escasa hasta la aparición del mencionado estudio francés. El asunto de la esterilidad raramente se trataba en los periódicos, la literatura científica o los libros de divulgación. El número de textos aparecidos en las publicaciones médicas de las décadas de 1950 a 1970 relacionados con la fertilidad femenina había sido muy poco significativo. Sin embargo, en los años noventa la cifra se multiplicó por dos, y en los años 2000 se había disparado, multiplicándose por cinco respecto al número de artículos de la década anterior. La mayoría de los estudios publicados en la década de 2000 trataban sobre procedimientos de reproducción asistida como la FIV.[9]

Pero la universitaria media posiblemente no leía artículos en desconocidas revistas y es muy probable que no se interesara por ensayos sobre medicina reproductiva. Lo más habitual era que leyera libros, periódicos y revistas de diversos temas. En las obras de divulgación general, el tópico de la esterilidad empezó a ser popular en la década de 1980. Una búsqueda (entre las publicaciones de Estados Unidos) en Google Archives de la palabra «esterilidad» y del procedimiento «FIV» revela que después de 1980, en solo una década, la presencia se quintuplicó.[10] Las mujeres en edad universitaria seguramente se toparon con los artículos sobre esterilidad que tanto habían abundado en el *New York Times*, donde se habían multiplicado por cuatro en los años ochenta.[11] Iniciada la década de 1990, sin embargo, la información en periódicos sobre esterilidad fue menor en cantidad y en importancia, aunque no porque se hubiera convertido en un asunto que interesara menos.

La esterilidad, a la que se hizo tanta alusión a finales de la década de 1980, empezó a mencionarse en menor medida conforme se propagaba con velocidad la promesa de diversas posibles intervenciones médicas mejoradas.[12] En lugar de tratar sobre sus terribles consecuencias, en libros y artículos predominaban ahora los positivos avances médicos. El uso de la palabra «esterilidad» declinó, a pesar de que no dejara de tratarse de un problema que se debía resolver.

En cualquier franja demográfica existen parejas con dificultades para concebir. La cantidad exacta depende, entre otros factores, de la edad, el tiempo dedicado a la concepción y el número de intentos. En la actualidad resulta difícil realizar estimaciones precisas debido a la selección (puesto que solo quienes no logran concebir lo comunican) y a la contracepción (una gran parte de la población trata de prevenir el embarazo, no de provocarlo). Gracias a las constataciones históricas que tenemos de un tiempo en que no se disponía de métodos de contracepción eficaces, los demógrafos han podido deducir que aproximadamente un 12 % de los hombres y las mujeres de veinticinco años, incluso estando sanos, presentarán serias dificultades para concebir.[13] La esterilidad, que ha sido siempre un problema para las parejas, se intensifica conforme sus miembros se van haciendo mayores.

Pocas mujeres hubieran acudido al médico para interesarse por el asunto sin antes haber notado que algo no iba bien. No hubieran hojeado revistas en busca de información sobre el impacto de la edad en la fertilidad. Pero seguro que la mayoría habría oído hablar de una estupenda publicación de autoayuda dedicada a la mujer; todavía recuerdo el día en que mi mejor amiga me enseñó un ejemplar que tenía del libro que iba a convertirse en algo así como mi biblia sobre la salud: *Nuestros cuerpos, nuestras vidas*. Reeditado numerosas veces, este monumental volumen fue el título de cabecera de la población femenina en busca de consejo sobre la salud (antes de internet). Desde 1970, cada nueva edición ha ilustrado las preocupaciones y el conocimiento que las mujeres tienen sobre sus cuerpos y sobre la maternidad.

La primera edición se tituló *Women and Their Bodies: A Course* [Un curso sobre las mujeres y sus cuerpos]. Costaba 75 centavos y tenía 193 páginas divididas en cuatro partes.[14] Asignaba menos de cuatro páginas a la esterilidad y en ellas no se mencionaba el factor de la edad. La edición de 1984, a la que yo todavía acudía con frecuencia para obtener información, tiene 647 páginas y pesa más de un kilo (en tapa blanda). Contiene una parte titulada «Esterilidad y aborto espontáneo», pero en esta solo se menciona brevemente la edad como factor potencial del incremento de la infertilidad, destacando que las mujeres han estado «posponiendo la maternidad hasta los treinta años, cuando la fertilidad es apenas menor».[15]

Aunque se tratara del mayor libro de referencia en cuanto a la sexualidad, la reproducción y la salud de la mujer, era nimio el espacio que hasta la década de 1980 dedicó a la esterilidad, y en este no constaba la edad como factor de importancia. No es de extrañar que ni siquiera las más inteligentes y progresistas miembros del Grupo 4 se preocuparan lo más mínimo cuando postergaban la maternidad. ¿Quién iba a advertirles del riesgo que corrían?

A las mujeres del Grupo 4 que aplazaban el matrimonio y el embarazo no las bombardeaban con artículos que pudieran hacer saltar las alarmas. Las advertencias sobre las consecuencias de la demora en la concepción aparecieron en sus vidas cumplidos los treinta años. Al Grupo 5, el mensaje de alerta les llegó al mismo tiempo que una gran cantidad de intervenciones médicas se hacía accesible al conjunto de la población femenina. Lo que se pospone hoy quizá se logre mañana, aunque a menudo a un alto precio emocional, físico y económico.

Conocedoras de los riesgos de la dilación, las integrantes del Grupo 5 podrían haber tenido hijos antes y, por tanto, hacerse la vida (reproductiva) más fácil. Pero se decidieron por todo lo contrario. Postergaron la maternidad todavía más. Mientras que un 31 % de las mujeres del Grupo 4 había dado a luz a los veintiséis años, en el Grupo 5 el porcentaje era solo del 22 %.[16] Esto supone una merma de casi un tercio. Parece ser que la convicción de que tendrían hijos en algún momento y su fe en los avances científicos sobre la fertilidad eran más fuertes que el peso de la información sobre los riesgos que corrían.

A la edad de treinta y cinco años, la fecundidad de las mujeres del Grupo 5 igualaba a las del Grupo 4, y, para cuando tenían cuarenta, la superaba con creces. Las del Grupo 5 recuperaron el tiempo perdido y tuvieron muchos hijos alrededor de los cuarenta años (e incluso más tarde).

El incremento de la fecundidad entre las mujeres del Grupo 5 es todavía más extraordinario si consideramos que muchas de ellas poseían títulos de posgrado y habían desarrollado florecientes carreras, incluso en mayor número que las del Grupo 4. Este aumento de la cantidad de madres con doctorados y especializaciones profesionales es asombroso. Únicamente el 70 % de las universitarias con títulos de posgrado (superiores a un máster) del Grupo 4 tuvo hijos, comparado con el 75 % de las del Grupo 5. De entre todas las tituladas universitarias, el porcentaje en el Grupo 5 que dio a luz a los cuarenta años superó al Grupo 4 en aproximadamente tres puntos porcentuales, pero la diferencia es de cinco puntos en las que tienen estudios de posgrado.[17]

La tasa de fecundidad de las posgraduadas del Grupo 4 recordaba de manera alarmante a los índices excepcionalmente bajos de los grupos 1 y 2. De las mujeres del Grupo 4 nacidas entre 1949 y 1953 y con la más elevada formación académica y profesional, un 40 % no había dado a luz a los cuarenta años. Pero los datos recientes sobre el Grupo 5 muestran que la fecundidad de las posgraduadas es casi idéntica a aquellas que solo tienen un título de grado.[18]

Todos conocemos a mujeres que han tenido hijos a edad avanzada, sin duda mucho más tarde de lo que había sido habitual en generaciones anteriores. Sabemos de tantas que no es algo que nos llame la atención. Que se dé a luz tarde, incluso si se trata del primer hijo, no resulta tan sorprendente si tenemos en cuenta que la población femenina vive más años y por lo general está más en forma que a mediados y finales del siglo xx. Además, las parejas que conciben más tarde suelen disponer de mayores recursos económicos. Aun así, es asombroso que las miembros del Grupo 5 hayan sido capaces de protagonizar una transformación tan extraordinaria.

El progreso en los métodos de reproducción asistida (como la FIV, la transferencia intratubárica de gametos —GIFT—, la congelación de óvulos o el cribado genético) han posibilitado que quienes antes no podían concebir ahora tengan hijos. Pero estos son procedimientos costosos que ponen de relieve la importancia de un seguro médico. El Grupo 5 se ha visto favorecido no solo por los avances en las técnicas de reproducción y su demanda, sino también por nuevas regulaciones estatales que exigen que las aseguradoras privadas incluyan estos procedimientos en sus seguros médicos.[19]

¿Hasta qué punto fueron importantes los avances en medicina y la cobertura médica en el incremento de la fecundidad del Grupo 5 respecto a la del Grupo 4? La cuestión no tiene fácil respuesta. En primer lugar, hasta hace muy poco nadie preguntaba a las mujeres cómo se habían quedado embarazadas. Pero, desde el año 2011, los Centros para el Control y Prevención de Enfermedades (CDC, por sus siglas en inglés) ofrecen datos de manera constante

y por grupo de edad sobre si un nacimiento ha ocurrido mediante algún tipo de tratamiento de reproducción asistida.

Los microdatos de los CDC nos indican que, en 2018, un 26 %
de las tituladas universitarias mayores de treinta y nueve años,
y un 11 % de las de treinta y cinco a treinta y nueve, dieron a luz
por primera vez con la ayuda de al menos un método de reproducción asistida. Se trata de grandes segmentos de la población
femenina. Para las mujeres (y sus parejas) que tuvieron el primer
hijo a tal avanzada edad, sin duda aquellas técnicas fueron enormemente relevantes.

De todas las tituladas universitarias, únicamente el 13 % tuvo su
primer hijo entre los treinta y cinco y los treinta y nueve años, y solo
un 3 % lo hizo pasados los cuarenta. Dicho de otro modo, ese importante cambio se produjo tan solo sobre un pequeño conjunto
de personas. Y, sin embargo, su efecto fue considerable (además,
por supuesto, de lo mucho que significó para las parejas implicadas).

¿Qué papel jugaron las nuevas técnicas en el incremento de
la fecundidad y el acceso a estas de la población femenina y de las
parejas? Como hemos visto, el porcentaje de las mujeres que no
tuvieron hijos había descendido desde un 28 % para las tituladas universitarias nacidas en 1955 hasta un 20 % para las nacidas
alrededor de 1975. Aquel declive se produjo esencialmente sobre las mayores de treinta y cinco años. Entre un 37 % y un 50 %
del incremento de la fecundidad entre las tituladas universitarias
se debe a los avances en las técnicas reproductivas y a la mayor
capacidad de mujeres y parejas de financiar esos tratamientos con
la ayuda de un seguro médico.[20] Por tanto, aunque solo en torno
al 4 % de los partos que tuvieron las tituladas universitarias en 2018
fueran asistidos, estos constituyeron un importante incremento
en la fecundidad de las mujeres del Grupo 5.

CÓMO SE DEFINE EL ÉXITO

Las mujeres que obtuvieron un título universitario en este mi-
lenio han logrado lo nunca visto. Los índices de fecundidad de

las universitarias del Grupo 5 que están ahora en la cuarentena son casi tan altos como los de las madres del *baby boom*, también tituladas y de la misma edad, de finales del Grupo 3. El giro que se ha producido es extraordinario. Aunque el Grupo 5 no haya generado un segundo *baby boom*, podríamos decir que se ha provisto de una cosecha abundante. Y lo ha hecho con un gran retraso —todavía mayor que el del Grupo 4—, además de con el compromiso personal de tener tanto una carrera como una familia propia.

Muchas personas, sin embargo, discreparán y argumentarán que en diferentes sentidos las mujeres, y en especial las madres, son despojadas de sus carreras, relegadas en el escalafón profesional y empujadas a un lado por sus colegas masculinos. Hay quienes hablan de una «revolución fracasada». Aunque en casos particulares sea así, y a pesar de que la misoginia endémica siga suponiendo un gran obstáculo, sabemos que eso no es cierto para todo el grupo. Considerar que el trayecto que llevan recorriendo las mujeres en los últimos cien años es un fracaso supone tener una visión extremadamente limitada de la historia contemporánea.

Un insignificante 6% de las mujeres de la primera parte del Grupo 3 que ha podido ser analizada, las nacidas entre 1931 y 1937, logró desarrollar una carrera y formar una familia antes de cumplir los cuarenta años. Muchas de ellas aspiraron a crear primero una familia y después, tal vez, a encontrar un buen trabajo. Y, en efecto, el 84% de esas mujeres tuvo hijos antes de los cuarenta —el porcentaje más elevado de todas las tituladas universitarias—. Se trata de las madres más fértiles del *baby boom*, algunas de las cuales intentaron desarrollar una carrera profesional, y muchas lo hicieron a edades tardías. La mayoría nunca soñó tener ambas cosas, familia y carrera, y, sin embargo, vieron cómo el número de las que sí tuvieron aquellas aspiraciones se multiplicaba por dos y hacía de sus progresos algo verdaderamente digno de mención. El afán por una carrera vino de la mano de la segunda mitad de los miembros del Grupo 3, las nacidas entre 1938 y 1944. El 21% de estas había formado una familia y desarrollado una carrera cuando sus hijos habían alcanzado la edad de ir al instituto o a la universidad.

Hemos visto cómo las mujeres del Grupo 4 se acercaron al éxito. No alcanzaron logros en cuanto a la familia, pero obtuvieron resultados sobresalientes en sus carreras. De las tituladas universitarias nacidas entre 1951 y 1957, un 14% tenía carrera y familia antes de los cuarenta, y un 27% alcanzó ambos objetivos antes de los cincuenta. Finalmente, el Grupo 5 inicia su recorrido con un 22% de sus miembros con carrera y familia antes de cumplir los cuarenta años, y lo concluye con un 31% cruzando la línea de meta de carrera y familia antes de los cincuenta.

Tenemos aquí muchas cifras que considerar (véanse en la Figura 7.1). Además, la definición y el cómputo de «carrera» es un asunto un tanto complicado.[21] Para que podamos decir que tiene una carrera, los ingresos anuales de una mujer (o de un hombre) deben haber superado cierto nivel durante un número determinado de años. Ese nivel de ingresos debe ser igual al percentil 25 de la distribución de ingresos del hombre (con la misma formación y de la misma edad). «Familia», como vimos en un capítulo previo, se define como tener al menos un hijo, biológico o adoptivo.

Estamos asistiendo a algo que está muy lejos de resultar lamentable, y mucho menos un fracaso. El éxito en la familia y en la carrera se incrementó lo suficiente del Grupo 3 al Grupo 4 como para brindarnos esperanzas para el futuro, incluso ante una pandemia. De hecho, no sería de extrañar que el haber trabajado desde casa durante la crisis sanitaria de la COVID abarate de ahora en adelante los costes de la flexibilidad laboral.

Los incrementos más inesperados se produjeron *dentro* de cada uno de los últimos grupos de mujeres, conforme estas fueron alcanzando la madurez. No resultaría sorprendente que el porcentaje de quienes desarrollaron una carrera hubiera crecido de manera constante y el último grupo fuera el más exitoso. El incremento *dentro* de cada grupo no se debe a que la familia crezca en número cuando la población femenina tiene entre treinta y cincuenta años, sino a que las carreras de quienes han podido desarrollar una florecen según las profesionales se van haciendo mayores. Las carreras de las mujeres sin hijos del Grupo 5 van bien desde el principio, y ese éxito permanece estable conforme pasan los años; estos niveles son equiparables a los de los hombres de la misma generación, salvo en que ellas tienen índices de consecución de carrera algo menores. Que las tasas de éxito masculinas casi no cambien según la edad, y que las femeninas incrementen considerablemente conforme las mujeres entran en la madurez, habla por sí solo. Cuando los hijos son mayores quedan eximidas de las restricciones de tiempo; libres de ataduras, las mujeres consiguen lo que se proponen.

En el grupo más reciente, el de las nacidas entre 1958 y 1965, las mujeres de treinta y cinco a treinta y nueve años tienen un índice de éxito de carrera y familia del 40 % respecto a los hombres, y es de un 60 % en las mujeres con edades comprendidas entre los cincuenta y los cincuenta y cuatro años. Esto quiere decir que, a lo largo de sus vidas, ellas reducen cada vez más la

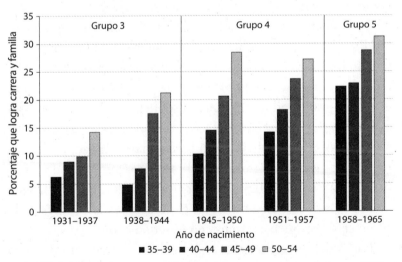

FIGURA 7.1. Éxito de carrera y familia en cuatro grupos de edad entre 1931 y 1965.

Véase apéndice de figuras y tabla. Para la definición y el cálculo de «carrera» en estos grupos de edad, véase el apéndice de fuentes (C7), «Éxito de carrera y familia». Se define «familia» como tener al menos un hijo, biológico o adoptivo.

brecha de éxito respecto a ellos. En el grupo de las nacidas entre 1945 y 1950, las tasas de éxito respecto a los hombres son del 20% cuando están en la treintena, pero del 50% al cumplir los cincuenta años.

En términos generales, el incremento en la consecución de una carrera y una familia en estos grupos se puede dividir en dos partes iguales. En la primera, quedan reflejados los cambios que se dan en el ciclo de vida de una mujer desde una edad cercana a los cuarenta hasta poco después de cumplir los cincuenta años. En la otra mitad tenemos los cambios en el tiempo conforme los grupos avanzan o, mejor dicho, según logran avanzar a pesar de los muchos impedimentos que hemos visto.

El incremento demuestra que, con el paso de los años, la población femenina dispone de mayores libertades —para trabajar más horas, conseguir ascensos y cambiar a mejores trabajos conforme las obligaciones del hogar se reducen—. Por ejemplo, y como hemos visto hace un momento, el último grupo de mujeres a las que podemos observar después de que hayan cumplido los cincuenta tiene un 22% de éxito de familia y carrera antes de cumplir cuarenta años, y un 31% pasados los cincuenta.

Sin embargo, que sus carreras florezcan está relacionado con las dificultades de la población para desarrollar una carrera teniendo hijos pequeños a su cargo. El bajo porcentaje de mujeres con hijos en edad preescolar que llevaba a cabo una carrera explica la gran producción literaria sobre la brecha de género en cuanto a salarios, ascensos y actividades laborales, así como el elevado coste del trabajo flexible. La mayor capacidad de las madres de alcanzar el éxito en sus carreras según pasan los años (para ellas y para sus hijos) nos da una idea de cómo era la vida de la población femenina de las generaciones anteriores, y de cómo es la de muchas jóvenes en la actualidad.

Las transformaciones que observamos de un grupo a otro confirman los avances en la formación profesional de las mujeres y sus conquistas en el mercado laboral. Pero el auténtico problema de brecha salarial y de ascenso profesional masculino y femenino radica en el tiempo que ellas deben invertir para alcanzar el éxito en sus carreras, como queda demostrado en la diferencia entre las mujeres mayores y jóvenes con hijos, así como entre las que tienen hijos y las que no.

Los datos longitudinales de las encuestas realizadas a los nacidos entre 1980 y 1984 nos permiten analizar el éxito de familia y carrera a edad temprana entre hombres y mujeres del Grupo 5, siendo este el conjunto de estudio más reciente.[22] Aunque estas mujeres sean todavía muy jóvenes como para que podamos saber lo que les depara el futuro, con los datos de que disponemos podemos efectuar cálculos aproximados que nos permitan ver si han alcanzado más logros que sus predecesoras a la misma edad.

En efecto, las mujeres del Grupo 5 han obtenido mayores resultados que las de las generaciones anteriores, pero no por una gran diferencia. Cercanas a cumplir los cuarenta, solo un poco más de una cuarta parte ha conseguido una familia y una carrera, y el 40 % han desarrollado una carrera independientemente de haber formado una familia. Esto supone una ligera mejora sobre el último grupo descrito en la Figura 7.1. Las transformaciones se han producido de una manera gradual y consistente. Pero, comparados con los índices de éxito profesional de los hombres, apreciamos muy pocas variaciones durante la juventud de estas talentosas mujeres. Sus logros conforme van cumpliendo años demuestran que de jóvenes quedaban retenidas por demasiados obstáculos, ya fueran autoimpuestos, externos o relativos a las discrepancias entre las obligaciones familiares y las laborales; mientras que los hombres con familia a su cargo, por lo que podemos deducir observando los datos, no parecen haberse visto afectados.

Entre las congresistas del Grupo 3 al Grupo 5, ¿se contemplan cambios similares? Nos vendría muy bien iniciar esta observación con Jeannette Rankin, pero fueron muy pocas las mujeres de los grupos 1 y 2 elegidas al Congreso como para efectuar un análisis estadístico.

Toda congresista, sin duda, alcanzó el éxito en su carrera. Hasta hace poco, la mayoría eran elegidas hacia el final de sus vidas. La edad promedio en que las mujeres del Grupo 3 fueron elegidas al Congreso por primera vez es de cincuenta y cinco años. Esto no quiere decir necesariamente que no tuvieran una carrera antes de convertirse en congresistas. La mayoría de ellas habían estado comprometidas con el activismo político a nivel municipal. No es casual que llegaran al Congreso. Pero el desarrollo profesional de las del Grupo 3 puede ser considerado tardío, y frecuentemente su entrada en el Congreso suponía el auténtico inicio de sus carreras.

Muchas de las mujeres del Grupo 3 se casaron nada más salir de la universidad y, como gran parte de sus coetáneas menos interesadas en la política, permanecieron apartadas de la población activa cuando sus hijos eran pequeños. Algunas fueron primero docentes, enfermeras o voluntarias para la comunidad. Este fue el caso de Darlene Olson Hooley (Partido Demócrata, Oregón), nacida en 1939, quien trabajó como profesora de instituto antes de dedicarse, cumplidos los cuarenta, a la política municipal y estatal. Fue elegida para el Congreso a los cincuenta y ocho años, y sirvió durante seis legislaturas. De manera similar, Connie Morella (Partido Republicano, Maryland), nacida en 1931, daba clases en el instituto y en la universidad a la vez que se ocupaba de sus tres hijos y de seis de los hijos de su difunta hermana. Empezó en el Congreso en 1987, a los cincuenta y seis años, y sirvió en ocho legislaturas.

Para algunas de aquellas mujeres, el camino hacia el Capitolio estuvo sembrado de curvas, como el de Eva McPherson Clayton (Partido Demócrata, Carolina del Norte), nacida en 1934, quien inicialmente quiso estudiar un grado en Medicina, pero su activismo en el movimiento por los derechos civiles de Estados Unidos la llevó a decidirse por Derecho. Aun así, abandonó la carrera «para ser madre» después de dar a luz a su cuarto hijo. Aunque disfrutara del apoyo de su marido, un abogado, Eva recomendaba a sus colegas más jóvenes que no tardaran tanto en poner todas las cartas sobre la mesa: «Creo que debería [...] haber exigido más a mi marido». Señaló que «no era lo suficientemente "súper" como para convertirme en una "supermamá"». Sí fue lo suficientemente súper, sin embargo, como para convertirse en congresista en 1992, a los cincuenta y ocho años, y servir durante cinco legislaturas. Un año después de entrar en el Congreso, con los hijos ya muy crecidos, Eva Clayton observó lo siguiente: «Es increíble, creo que ahora mi marido se hace cargo de mis exigencias. Me parece que antes no se daba cuenta».[23]

Las congresistas del Grupo 4 también fueron elegidas cuando tenían alrededor de los cincuenta y tres años.[24] Pero de muy pocas podemos decir que tuvieran carreras tardías. Diferían de sus hermanas del Grupo 3 en que habían ascendido a tal elevado rango de congresistas desde puestos de mucha más envergadura. Las mujeres del Grupo 4 a menudo poseían un doctorado, un título en Derecho u otros estudios de posgrado, y habían empezado sus carreras en puestos altamente remunerados.

Michele Bachman (Partido Republicano, Minnesota), nacida en 1956, trabajó como abogada en la Agencia Estatal de Administración Tributaria (IRS, por sus siglas en inglés) y más adelante obtuvo un máster en Derecho Tributario, permaneciendo en la IRS hasta que tuvo su cuarto hijo. En 2007, a los cincuenta y un años, fue elegida para la Cámara de Representantes, donde continuó durante cuatro legislaturas. Fue similar el recorrido de Maggie Wood Hassan (Partido Demócrata, New Hampshire), nacida en 1958, abogada y ejecutiva de la salud pública, madre de dos niños (uno con una discapacidad grave), quien ocupó el cargo de senadora en New Hampshire, sirvió como gobernadora y en 2016 fue elegida senadora para la Cámara Alta del Congreso. Madeleine Dean (Partido Demócrata, Pensilvania) dirigió un bufete de abogados hasta que se decidió por la enseñanza universitaria, que combinaría con el cuidado de sus tres hijos. En 2019, a los sesenta años, fue elegida para el Congreso.

Cuando las congresistas del Grupo 5 fueron elegidas eran más jóvenes; tenían una media de edad de cuarenta y seis años. Esto se debe a una lógica muy simple: las mujeres del Grupo 5 han nacido recientemente. Si las congresistas del Grupo 4 hubieran podido disponer de los mismos años que los que han invertido en ser elegidas las del Grupo 5, la edad promedio en el momento de entrada al Congreso sería prácticamente la misma para ambas generaciones. En el Grupo 4 la edad promedio es mayor, porque eran más las mujeres mayores que podían ser elegidas.[25]

Las actuales congresistas nacidas después de 1978 —el límite que hemos impuesto al Grupo 5 para poder estudiar a sus miembros al menos hasta que cumplen los cuarenta años— son más jóvenes que nunca, con una edad promedio de solo treinta y cinco. También constituyen el grupo con más congresistas en unas elecciones: treinta y cuatro fueron elegidas en 2018, y veintiséis en 2020.[26] Además, a este grupo pertenece la mujer más joven elegida al Congreso de Estados Unidos: Alexandria Ocasio-Cortez, quien juró su cargo a los veintinueve años; Abby Finkenauer, derrotada recientemente, lo hizo a los treinta, y Sarah Jacobs a los treinta y uno. Pero debemos insistir en que, aunque sus miembros sean excepcionalmente jóvenes, este grupo es, por su naturaleza, el de menor edad. Por tanto, teniendo en cuenta que nacieron después de 1978, ninguna de ellas podría haber sido elegida mucho más tarde.

En años más recientes la población femenina se ha dedicado al activismo y a las organizaciones políticas de base poco después de finalizar los estudios de grado. Podríamos decir que, como las mujeres del Grupo 4, estas jóvenes son variedades de floración precoz.

LAS ATADURAS DEL TIEMPO

Así como las miembros del Grupo 4 tuvieron la convicción de poder hacer las cosas mejor que la generación de sus madres, las del Grupo 5 han aspirado a «tenerlo todo». En el Grupo 4 tuvieron la píldora, pero en el Grupo 5 disponen de una gran variedad de nuevos recursos para luchar contra la adversidad. Formarán una familia y tendrán una carrera, sin hacer concesiones.

Las pertenecientes a la generación más reciente han seguido posponiendo el matrimonio y la maternidad, en mayor número, incluso, que las del Grupo 4. En general, las conquistas en sus carreras son más numerosas y se han alcanzado a edades más tempranas que en los grupos anteriores. Pero el éxito económico de estas jóvenes sigue siendo bajo. Eso se debe a que, incluso las mejor preparadas y de mayor talento —las abogadas, médicas y doctoradas—, cuando tienen hijos generalmente trabajan a tiempo parcial. Y a muchas de las que tienen jornadas reducidas durante los primeros años en sus profesiones más adelante les resulta difícil trabajar a jornada completa.

Teniendo en cuenta que la mayoría de los datos longitudinales de los que disponemos no ofrecen información suficiente sobre las tituladas universitarias (y mucho menos las que tienen estudios de posgrado), ¿cómo llegamos a esas conclusiones? Tuve ocasión de formar parte de un estudio de observación de las mujeres de los grupos 4 y 5 que se habían graduado en Harvard en 1970, 1980 y 1990. A aquel proyecto lo llamamos *Harvard and Beyond*.[27] La información que pudimos reunir ayuda a entender por qué incluso a las mujeres más aventajadas y preparadas les ha costado tener una carrera y una familia. Decidimos fijar las respuestas quince años después de la graduación universitaria, puesto que, para entonces, quienes hubieran querido tener hijos ya lo habrían hecho. Es, además, el momento en que muchos se podían haber asegurado un puesto indefinido, creado una empresa u obtenido un importante ascenso.

Quince años después de obtener su título de grado, la inmensa mayoría de las tituladas universitarias —también las que eran madres de niños pequeños— tenían un empleo. Solo el 10% no trabajaba. No parece que las universitarias con hijos abandonaran sus aspiraciones o las pospusieran en lo más mínimo.

Y estos datos revelan algo más. Si los analizamos en profundidad, vemos que casi una tercera parte de las mujeres que estaban empleadas quince años después de su graduación declararon estar trabajando a tiempo parcial. Algunas consideraban que «tiempo parcial» era trabajar bastante más de treinta y cinco horas semanales (la cifra máxima que normalmente define el trabajo a jornada parcial), puesto que comparaban sus horas trabajadas con las que solían requerir sus profesiones o las empresas donde estaban empleadas.

De estas trabajadoras a tiempo parcial, un 80 % tenía hijos en edad preescolar, como los tenían el 90 % de las tituladas en Harvard que no estaban empleadas. Casi todos los hombres que se graduaron en esos mismos años trabajaban a jornada completa, y muchos probablemente dedicaban a la semana más de las cuarenta horas habituales.

Quince años después de que estas mujeres se graduaran, independientemente de si lo hicieron en 1970, 1980 o 1990, en torno al 30 % trabajaba a jornada completa, además de tener hijos. Si consideramos que quienes trabajan a tiempo completo conforman el grupo con carrera, vemos que menos de un tercio de estas mujeres había logrado algo parecido a formar una familia y desarrollar una carrera antes de alcanzar los cuarenta años. Alrededor del 50 % estaba entre la población activa, aunque no necesariamente trabajando a jornada completa, y tenía hijos. En el caso de los hombres, las cifras son del 65 % para los empleados a tiempo completo o parcial, y con hijos.

La cifra del 30 % es mayor que la tasa de éxito en familia y carrera entre la población representativa del país mostrada en la Figura 7.1. Si ampliamos los datos según títulos de posgrado, veremos por qué. Un abrumador 65 % de aquellas mujeres había obtenido un doctorado en Derecho (JD, de *Juris Doctor*), un máster en Dirección de Empresas (MBA, de *Master of Business Administration*), un doctorado o un título de doctor en Medicina (MD, de *Medicinæ Doctor*) (y algunas poseían más de un título). El empleo y la maternidad o paternidad difieren entre la élite de la formación académica según el tipo de posgrado adquirido. Como vemos en la Figura 7.2, a más formación académica, mayor es el porcentaje de quienes están trabajando a tiempo completo quince años después de su graduación y tienen hijos.

Los poseedores de un posgrado o una especialización profesional consiguen empleos de jornada completa mejores que

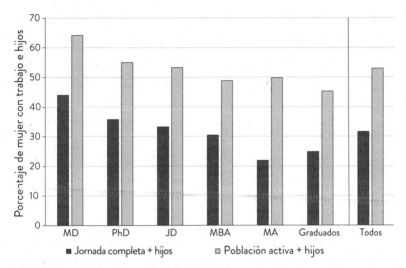

FIGURA 7.2. Carrera y familia para titulados superiores (proyecto *Harvard and Beyond*) quince años después de la universidad.
Véase apéndice de figuras y tabla.

quienes no tienen formación postuniversitaria. Los médicos ocupan la mayor parte entre quienes lograron carrera y familia quince años después de su graduación. Les siguen los doctorados, luego los abogados y, finalmente, quienes poseen un máster en Dirección de Empresas. Quienes poseen una maestría pero carecen de otra titulación de posgrado presentan los menores índices de empleo a tiempo completo y de paternidad o maternidad del conjunto, tasas que son comparables a los modelos representativos de los mismos grupos en todo el país.

De entre los trabajadores a jornada completa con hijos, los MBA marcan los peores registros. Los hallazgos de *Harvard and Beyond* quedan reflejados asimismo en otro proyecto, del que hablaremos más adelante, que analiza con mayor profundidad el empleo en el sector empresarial y de las fianzas.[28] Estos son algunos de los sectores donde el trabajo es menos flexible y en los que se imponen las mayores penalizaciones sobre las jornadas reducidas y los días de asuntos propios.

Suponíamos que entre la élite de la formación académica íbamos a encontrar al conjunto de tituladas universitarias con

preparación, persistencia, exigencia, contactos y recursos suficientes como para lograr una carrera y una familia. La tasa de
consecución de títulos de posgrado y de especialización profesional de estas mujeres es extremadamente alta. Sin embargo,
quince años después de graduarse, solo la mitad de las que tienen
hijos trabajan a tiempo completo. Estas son las mujeres que más
han invertido en sus carreras y de quienes se podría esperar el
mayor grado de éxito. Pero, como tan solo el 50% de ellas trabaja a jornada completa y tiene hijos casi con cuarenta años, es
indudable que son muchas las que no han podido progresar
profesionalmente.

El Grupo 5 necesitaba más que una pequeña ayuda. Después
de tantas barreras superadas y tras ganar tantas libertades, un
impedimento, uno que nunca ha dejado de estar presente, se ha
hecho manifiesto: no hay mayor obstáculo que el de las ataduras
del tiempo. El cuidado de los hijos requiere tiempo; una carrera requiere tiempo. Como veremos en el siguiente tramo de
nuestro trayecto, aunque la equidad en la pareja —la repartición
de ese tiempo— pueda permitir a quienes la conforman lograr
tanto una familia como una carrera, esta es muy costosa económicamente. A eso se debe, en parte, que siga produciéndose la
brecha salarial de género.

8

En Possum Trot, Alabama, Lilly McDaniel aspiraba desde muy joven a ser abogada. Aunque nunca alcanzara ese sueño, hoy existe una ley que lleva su nombre: la Ley de Equidad Salarial Lilly Ledbetter. Sus orígenes tienen que ver con el sexismo en el puesto de trabajo y en las nóminas.

Lilly se casó con solo diecisiete años y pronto tuvo dos hijos. Diez años después, hallándose su familia en dificultades financieras, realizó un curso en la empresa H&R Block, obtuvo el título y se puso a trabajar como asesora fiscal. Esta nueva independencia económica, y los logros personales que implicaba, hacía que Lilly se sintiera satisfecha. Era tan eficiente que con los años llegó a encargarse de catorce oficinas. Pero sus hijos estaban a punto de entrar en la universidad y la familia necesitaba todavía más dinero. En 1979, con cuarenta y un años, supo que Goodyear Tire, una empresa de la región que ofrecía elevados salarios, estaba buscando a encargadas femeninas por primera vez en su historia. Lilly se presentó a la oferta y fue contratada.

Desde el principio Lilly Ledbetter sintió el resentimiento de los hombres del taller. Tuvo que soportar insultos, acoso y proposiciones de buenas calificaciones a cambio de sexo. Se pre-

---

* Juego de palabras de la autora, pues en inglés «Mind the gap» («Cuidado con la brecha») es el mensaje de megafonía que se oye a menudo en las estaciones de tren y metro: *«Atención a la distancia* entre el tren y el andén». *(N. de la T.)*

sentó a la Comisión para la Igualdad de Oportunidades de Empleo (EEOC, por sus siglas en inglés) y logró el derecho a demandar a la empresa por acoso sexual, aunque retiró los cargos cuando fue readmitida en la compañía, esta vez como supervisora. Su reincorporación solo empeoró las cosas, pues desde entonces sufriría burlas diarias y le destrozarían el coche, por lo que pidió un traslado.

Al final permaneció en Goodyear porque el sueldo era bueno y había muchos trabajadores en su planta que valoraban su buen hacer. En 1998, un aliado anónimo le dejó una nota con una información crucial que haría que presentara ante la EEOC su segundo y más famoso caso. En esa nota constaban los salarios de los demás encargados. Lilly no supo hasta entonces cuán bajo era su sueldo comparado con el de sus compañeros, pues siempre se le había dicho que solo estaba ligeramente por debajo del salario intermedio. «Todo en Goodyear era un secreto», escribiría años después en su autobiografía.[1] Empezó cobrando igual que los encargados masculinos contratados en el mismo año. Veinte años después, su sueldo era entre un 15 % y un 40 % menor.

Presentó su caso a la EEOC ateniéndose a tres decretos independientes: los de la Ley de Igualdad de Salario de 1963; el artículo VII de la Ley de Derechos Civiles de 1964, y la Ley de Discriminación por Edad en el Empleo. Bajo la primera legislación, denunció que había estado cobrando menos que un hombre por hacer el mismo trabajo. En cuanto a la segunda, argumentó que se le habían negado posiciones, cambios de oficina y ascensos salariales por cuestiones de género. Amparándose en la tercera ley, afirmó que había sido discriminada por su edad y reemplazada por un empleado más joven. Se había enfrentado a un entorno laboral hostil y abusivo y, por ello, vio perjudicada su salud física y mental. Goodyear preparó su ataque, pero el jurado otorgó a Lilly una compensación indemnizatoria por daños de 3,8 millones de dólares.

Lilly nunca recibió un centavo de aquella indemnización. Según el Tribunal de Apelación para el Undécimo Circuito, el caso basado en el artículo VII debió haberse presentado en un plazo de 180 días desde la recepción de la nómina discriminatoria original, es decir, casi dos décadas antes de que Lilly supiera que era discriminatoria.[2] En el año 2007, el veredicto del Tribunal Supremo en el caso «Ledbetter contra Goodyear Tire & Rubber Co.» (550 U.S. 618) corroboró esa interpretación de las limitaciones del decreto. Lilly había perdido, y con ella, todas las mujeres de Estados Unidos.

Esa interpretación sin precedentes de la Ley de Derechos Civiles de 1964 pervirtió el propósito mismo de aquel decreto. El desacuerdo que expresó la magistrada Ruth Bader Ginsburg recordó a todos los presentes que «no es la primera vez que el Tribunal ha ordenado una interpretación coercitiva del artículo VII, incompatible con el amplio propósito amparador de la ley».[3] «Una vez más —declaró— la decisión está en manos del Congreso». Dos años después, el desenlace fue todo un éxito.

La Ley de Equidad Salarial Lilly Ledbetter, aprobada en el año 2009 tanto por la Cámara de Representantes como por el Senado —y la primera legislación importante avalada por Barack Obama—, garantizaba que determinados trabajadores quedaran protegidos *cada vez que* se produjera una discriminación en su nómina salarial, no solo la primera vez que ocurriera.

Las afrentas en la historia de Lilly Ledbetter fueron muchas. Aquellos a los que supervisaba directamente se negaron a cumplir sus instrucciones, cosa que le supuso calificaciones negativas como encargada. A su vez, estos puntos negativos provocaron que sus supervisores le negaran los méritos de un aumento de sueldo. Siguiendo la doctrina de sacar las castañas del fuego, o de la «zarpa de gato», aquellos supervisores fueron culpables de no amonestar a sus subordinados. Sucedió como en la fábula de La Fontaine, donde un ingenuo gato hace el trabajo sucio de un mono que quiere sacar una castaña del fuego. El gato carga con la culpa (y se quema la zarpa).

Además de las muy diversas burlas a las que se vio sometida, hubo otros factores que la perjudicaron y que afectan de manera desproporcionada a la población femenina. Por varios motivos, Lilly negociaba mal. Además, no sabía lo bajo que era su salario porque no había transparencia, y no podía ir preguntando a sus colegas lo que cobraban. Tampoco tenía demasiadas opciones de encontrar otro trabajo en Gadsden, Alabama. Estaba condicionada a quedarse en aquel lugar porque allí estaban sus hijos, el trabajo de su marido, su anciana madre y su casa.

Pero la discriminación de encargados y colegas, así como la supuesta falta de aptitudes para negociar de una mujer, ¿es hoy la mayor responsable de la brecha salarial de género? Sin menospreciar a quienes han sido discriminadas y pagadas menos por el mero hecho ser mujeres, o porque son mujeres de color, la respuesta es un rotundo no. En la actualidad, solo una pequeña parte de la brecha salarial de género (para las trabajadoras a tiempo completo es de alrededor de 20 centavos por dólar masculino) se debe a esos factores.

Entonces ¿qué es la brecha salarial de género y cómo ha ido cambiando a lo largo del último medio siglo, incidiendo sobre nuestros tres últimos grupos? A menudo es descrita como una simple estadística, pero no se trata solo de un número (aunque esta expresión sea muy conocida). La brecha salarial de género es algo dinámico. Se agranda conforme hombres y mujeres se hacen mayores, contraen matrimonio y tienen hijos.[4] Difiere mucho también según ocupación, especialmente entre los titulados universitarios.

Estas complejidades no enturbian las aguas de la desigualdad de género. Al contrario, las tornan más transparentes, y podemos ver con claridad los problemas reales de las mujeres que tratan de conciliar una carrera con una vida familiar equitativa.

La brecha se expresa generalmente en forma de cociente: el del salario de las mujeres respecto al de los hombres. Este cociente captura y expresa de manera conveniente una diferencia relativa.[5]

Entre los más flagrantes (y publicitados) casos de discriminación salarial por motivos de género de la historia reciente está el de la actriz Michelle Williams, quien cobró 100.000 dólares por repetir una serie de escenas en una película, a diferencia del millón y medio que le pagaron a Mark Wahlberg, siendo este un actor de reparto y Williams la actriz principal. La película, *Todo el dinero del mundo* (un título apropiado para una producción que no pagó lo suficiente a sus estrellas femeninas), debía ser filmada de nuevo tras la incorporación de Christopher Plummer, quien sustituyó a Kevin Spacey tras ser este último acusado de acoso sexual.

También yo me vi una vez afectada por una discrepancia similar (aunque sin brillantina, atención mediática ni elevado presupuesto). Una importante agencia internacional me encargó que revisara un informe interno. La agencia necesitaba a tres revisores; dos distinguidos economistas, mayores que yo, recibieron el mismo encargo. Estos, contrariamente a lo que hacía yo, se dedicaban por lo general a desempeñar trabajos de consultoría por los que se les pagaban al día elevados honorarios. Como ese no era mi caso, a mí la agencia me aplicó la tarifa estándar. Los dos economistas recibieron por sus revisiones el doble que yo por la mía. Esta desigualdad fue descubierta después por el director financiero de la agencia y se me recompensó al máximo nivel. El informe, irónicamente, tenía que ver con la discriminación de género en la agencia.

Las historias como esta abundan. Pero, aunque elimináramos todos los casos de trato discriminatorio y todas las situaciones en las que una empresa se ha aprovechado de una mujer por el hecho de serlo, la brecha salarial de género no se estrecharía notablemente.

No se trata de algo que afecte tan solo a estrellas de cine o a doctores en Economía, y está muy presente en los medios de comunicación y entre los políticos. Pero ¿quién es el culpable? Como sucedería en cualquier juego de detectives, nos hallamos ante infinidad de sospechosos. Y, puesto que son tantos los posibles culpables, nos encontramos con un número ingente de autoproclamados detectives expresando sus teorías sobre quién hizo qué y cómo resolver el caso.

Muchos creen que la brecha salarial de género tiene que ver con las preferencias de ciertos individuos discriminatorios que se aprovechan de las trabajadoras de buena fe. Según un sondeo del año 2017, un 42% de mujeres (y un 22% de hombres) afirmaron haber experimentado discriminación de género en el trabajo.[6] La forma de discriminación citada más a menudo es haber cobrado menos: el 25% de las mujeres, y solo el 5% de los hombres, denuncian haber recibido menos dinero que un miembro del sexo opuesto por el mismo trabajo. Por tanto, un posible culpable serían los favoritismos implícitos o explícitos.

Purgar al mercado laboral de estos favoritismos es uno de los numerosos remiendos sugeridos para acabar con la desigualdad de género en el puesto de trabajo. Algunos han propuesto reeducar de forma individual, mediante formación en la diversidad, a encargados y supervisores. Otros han señalado el limitado éxito de hacer esto de tal manera, y creen preferible eliminar los prejuicios de organizaciones enteras.[7] Fue célebre el caso de Starbucks, que cerró sus 8.000 cafeterías durante un día, en agosto del año 2018, para ofrecer formación antidiscriminatoria a todo su personal.[8] Aunque en esta ocasión el suceso se produjera por un incidente racial, se han aplicado técnicas similares para eliminar el prejuicio de género.

Otro de los más citados ejemplos de solución rápida, esta vez en cuanto a contratación, proviene de mi propia investigación sobre las orquestas y el uso de biombos durante las audiciones.[9] El biombo oculta la identidad del músico. La confidencialidad en las audiciones ha permitido que sean muchas más las mujeres admitidas en las orquestas más prestigiosas del país, pero liberar a las organizaciones de su actitud discriminatoria contra las mujeres para que estas accedan a los mejores puestos, aunque sea un noble empeño, seguirá sin lograr eliminar las diferencias de salario según sexo.

Existen también quienes dudan de las capacidades de las mujeres, acusando a estas de no poseer el talento que tienen los hombres para negociar. Desde la alcaldía de Boston, junto con la Asociación Americana de Mujeres Universitarias, se han estado ofreciendo talleres gratuitos de formación para la negociación salarial a las mujeres (no a los hombres) que viven o trabajan en la ciudad.[10] Asimismo, la población femenina es vista por algunos como menos competitiva que la masculina y menos capaz de tomar riesgos en sus elecciones laborales. De cada una de estas soluciones rápidas, de estos remiendos, ha nacido una industria dedicada a que los encargados sean conscientes de sus prejuicios y a aconsejar a las empresas sobre cómo promover una selección de personal menos discriminatoria.

Otras soluciones tienen que ver con las acciones legislativas de los estados y del Gobierno federal. En julio del año 2018, se aprobó en Massachusetts una ley de igualdad salarial que prohíbe a las empresas preguntar a los candidatos o empleados recién contratados por su sueldo anterior, así como tomar medidas punitivas contra los trabajadores que compartan información sobre sus salarios.[11] En 2017, se aprobó una normativa similar en el estado de Nueva York; y California, en 2015, amplió su ley previa de igualdad salarial para proteger a los empleados que compartan con sus colegas la información sobre el dinero que ganan en la empresa. El propósito de las leyes de California, Nueva York y Massachusetts fue lograr la igualdad de base mediante la transparencia salarial.

Posiblemente, la mayoría de quienes han escrito sobre el tópico opinen que las diferencias ocupacionales entre los sexos son una causa muy importante de la brecha, si no la mayor. Con frecuencia hay más mujeres universitarias trabajando como maestras, enfermeras o contables, mientras que los titulados masculinos son mayoría en los puestos de encargados, ingenieros y agentes comerciales. Además, la población femenina trabaja en las empresas donde se paga menos, aunque sus títulos laborales sean los mismos que los de los hombres. Este fenómeno es generalmente conocido como «segregación ocupacional», lo que hace parecer que existan limitaciones legales y políticas de empresa deliberadamente segregacionistas, como las barreras matrimoniales de los grupos 2 y 3.[12]

Como hemos visto, muchas compañías a lo largo de la historia han tenido normativas estrictas que limitaban los puestos a los que hombres y mujeres podían acceder, aunque no se aclarara que fueran ellas a quienes se asignarían los trabajos de menor importancia.[13] Hubo un tiempo en que los anuncios en los periódicos indicaban con claridad qué empleos se ofrecían a cuál de los sexos (y de las razas). Por descontado, estas prácticas en la actualidad son ilegales.

Pero lo cierto es que los puestos que ocupan hombres y mujeres son distintos, y merece la pena preguntarnos cuánto tiene esto que ver con las diferencias salariales entre ellos.

Pensemos en un experimento que ofreciera una equivalencia en las ocupaciones por sexo simplemente distribuyendo a las suficientes mujeres (u hombres) en todos los puestos disponibles como para crear un mundo en el que la proporción masculina y femenina en cada puesto fuera la misma. Es decir, si el 5 % de todos los trabajadores son camioneros, entonces el 5 % de todos los empleados masculinos son camioneros, y el 5 % de todas las trabajadoras son camioneras. Cómo se alcanzaría ese objetivo no es relevante. Se trata de una hipótesis.

Los ingresos por sexo y ocupación equivalen a los que existían previamente. El experimento hipotético nos permite imaginar cómo la eliminación de la segregación por sexo afectaría a los ingresos y a la brecha salarial de género. La asunción principal es que los ingresos por género y ocupación en realidad permanecerían igual, y lo único que cambiaría según este sistema sería la distribución masculina y femenina en una misma ocupación.

Para entender el funcionamiento de este experimento, asumamos que el número de hombres y mujeres en la población activa es el mismo, y que el 30 % de ellas son maestras, pero solo el 10 % de ellos lo son, y eso es justo lo contrario de lo que sucede con los ingenieros. Los demás puestos están distribuidos de manera equitativa por sexo. Habría que trasladar un 20 % de mujeres (u hombres) para igualar la situación. Con una varita mágica convertimos a dos tercios de las maestras (20/30) en ingenieras. En el experimento hipotético distribuimos a los trabajadores, pero mantenemos los ingresos de los maestros y los ingenieros según su sexo.

La reasignación de trabajadores para lograr una representación ocupacional equitativa por sexo puede parecer una manera viable de eliminar la brecha salarial de género. Esto, en efecto, reduce la brecha. Pero esa reducción es sorprendentemente mínima.

Un 40 % de los trabajadores con titulación universitaria y un 50 % de todos los trabajadores (fueran hombres o mujeres) tendrían que cambiar de ocupación para lograr la igualdad de género.[14] Esto supone mucho movimiento de personas, y resultaría una tarea todavía más ambiciosa si tuviéramos en cuenta las diferentes aptitudes y preferencias de los trabajadores. Pero tomemos ahora la varita mágica de la hipótesis empírica para ver qué sucedería.

Incluso si se lograra la proeza de una recolocación ocupacional para crear equidad, solo se eliminaría alrededor de un tercio de toda la desigualdad salarial por sexo.[15] La segregación ocupacional no es el problema principal. Ni siquiera constituye la mitad del problema. La razón por la que así no se puede rebajar más la brecha salarial de género es que esta existe en cada ámbito ocupacional.[16] Además, la brecha salarial en cada puesto se hace más grande entre los que tienen mayor formación académica.

En 1968, las mayores del Grupo 3 y las más jóvenes del Grupo 4 alzaron sus pancartas sobre salarios desiguales en las que se podía leer: «59 centavos por cada dólar [del hombre]». Cincuenta años después, las mujeres de los grupos 4 y 5 enarbolan carteles similares: «81 centavos por cada dólar». ¿Cómo se calcularon esas cifras? Estas estadísticas se nos muestran tan a menudo que es importante saber lo que significan.

La medida estándar se forma considerando a todos los empleados que trabajan a jornada completa todo el año (los que dedican treinta y cinco o más horas semanales y cincuenta o más semanas por año) y calculando el promedio anual de ingresos masculinos y femeninos. El promedio mide los ingresos de los individuos en la mitad de la distribución. El índice del promedio para las mujeres respecto al de los hombres nos da la medida estándar de la brecha salarial de género.

Cabe señalar que la medida de la brecha de género a la que todo el mundo presta atención es la relativa a todos los trabajadores, no únicamente a los titulados universitarios que hemos estado considerando en nuestro trayecto, y no solo a personas de color o hispanas o de cualquier otro grupo.

La medida estándar tiene muchas virtudes. Es una única cifra. Y, puesto que incluye solo a los empleados a jornada completa, omite a quienes trabajan de manera esporádica. Este promedio no se ve afectado por el hecho de que haya más hombres que mujeres en los puestos de salarios muy elevados.[17]

Pero esa medida no es perfecta. Aunque considere a los trabajadores a tiempo completo, no tiene en cuenta que el empleado masculino medio a jornada completa trabaja más horas que su homóloga femenina. Tampoco tiene en cuenta que hay relativamente más hombres que mujeres de guardia y trabajando en horarios irregulares, aunque ambos dediquen el mismo número de horas. Otra carencia de esta medición es que el cálculo se realiza sobre todo el conjunto de trabajadores, mientras que nosotros evaluamos a los titulados universitarios, cosa que, para nuestros fines, nos interesa más.

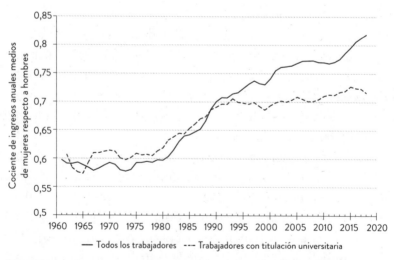

FIGURA 8.1. Cociente de ingresos anuales medios de mujeres respecto a hombres trabajando a tiempo completo, todo el año: de 1960 a 2018. Véase apéndice de figuras y tabla.

Dadas las virtudes de esta medida estándar, la Oficina de Estadísticas Laborales (BLS, por sus siglas en inglés) lleva calculándola desde 1961. Cada pequeño dato aparecido en las portadas de los periódicos y que es tema de debate entre blogueros y columnistas de opinión, merece ser escrutado. Las series mostradas en la Figura 8.1 revelan que entre 1960 y 2017 la brecha se redujo. Por tanto, la diferencia de salarios entre hombres y mujeres se estrechó de manera sustancial. Pero esta figura nos revela mucho más.

Desde el primer año y durante dos décadas, el cociente de ingresos de las mujeres permaneció estancado en 60 centavos por dólar masculino. Podemos entender por qué el mantra de los «59 centavos» fue tan poderoso. Pero, a partir de entonces, el cociente femenino empezó a subir. En 1990 la población femenina ganaba 70 centavos por cada dólar de los hombres, y 75 centavos en el año 2000 (recordemos que nos referimos a la media realizada sobre trabajadores a jornada completa). Actualmente, la cifra es de 81 centavos. El incremento más pronunciado se produjo en la década de 1980.

La línea de puntos de la Figura 8.1 muestra la serie de tituladas universitarias. Aunque la serie estándar y la de universitarias se superponen sobre gran parte del periodo, después de 1990 la tendencia de las segundas cambia. La serie estándar continúa incrementándose, mientras que la de tituladas se estanca. Esta divergencia entre ambas se debe en parte a que la desigualdad de salarios fue muy pronunciada después de los años ochenta. Todos los titulados universitarios empezaron a ganar mucho dinero, aunque los verdaderos ganadores fueron los hombres.[18] Pronto veremos por qué son ellos los que están, de manera desproporcionada, en lo más alto de la distribución de ingresos.

Volviendo a la serie estándar, vemos cómo esta ralentiza su progreso creciente en la década de 2010. En el día del Salario Igualitario (o *Equal Pay Day*) de 2018 podíamos encontrarnos con titulares como «Estancadas en la brecha de género» o «Día del Salario Igualitario: no hay mucho que celebrar».

Muchos opinan, como yo, que la reducción de la brecha en la década de 1980 se debió sobre todo a que, comparativamente, las mujeres mejoraron sus aptitudes laborales y su formación y, en consecuencia, permanecieron de manera continuada entre la población activa.

Antes de la década de 1980, una parte importante de la brecha salarial de género tenía que ver con las discrepancias en cuanto a la preparación para el mercado de trabajo, es decir, en la educación, la formación y la experiencia laboral. Pero hacia el año 2000 estas diferencias eran mínimas entre hombres y mujeres. La disparidad en sus respectivos salarios ya no se debía principalmente a las diferencias en la formación o a que los empresarios creyeran que las mujeres no iban a permanecer en el puesto.[19] La población femenina seguía dedicando al trabajo un poco menos tiempo que la masculina. Pero esta diferencia también disminuyó mucho con los años.[20]

Las mejoras en la formación y la experiencia laboral de las mujeres lograron que también disminuyera en gran medida la brecha salarial de género. Sin embargo, aunque esta se estrechara significativamente, no se cerró. En la actualidad, para todas las mujeres de los grupos 4 y 5, la diferencia es de alrededor de 20 centavos por dólar masculino; la mitad de lo que fue para las miembros de los grupos 2 y 3. Y solo para las universitarias de los grupos 4 y 5 la diferencia es mayor, de 27 centavos por cada dólar que recibe un hombre.

La disparidad de salarios en su día tenía que ver con factores que se podían medir con facilidad, como la educación, la experiencia y diversas competencias laborales. Ahora que hombres y mujeres tienen prácticamente los mismos atributos en el trabajo, que se mantenga la disparidad en los sueldos es más preocupante. Puesto que no se trata de características observables, muchos le echan la culpa a la manera en que el mercado laboral trata a la población femenina; es decir, a los prejuicios de quienes se ocupan de la contratación y los salarios. Otros lo atribuyen a la posibilidad de que las mujeres tengan una menor capacidad negociadora y sean menos competitivas.[21] No entender quién o qué tiene la culpa ha generado la serie de soluciones rápidas que hemos visto anteriormente. Pero tenemos que buscar las causas en otra parte.

La brecha salarial de género es un asunto complicado. Para empezar, no se trata solo de una cifra anual. Los ingresos de hombres y mujeres varían con el paso de los años y los cambios de circunstancias vitales. Las mujeres ven sus ingresos reducidos enormemente cuando tienen hijos. No así los hombres. Los salarios de la población femenina menguan también después de contraer matrimonio o de empezar a cohabitar con sus parejas, pues a menudo se produce un traslado de residencia en busca de la optimización de la carrera de ambos miembros, aunque generalmente acabe siendo la de uno solo. Lo que ocurre de forma habitual es que el hombre tiene preferencia. De manera que el cociente de los ingresos de las mujeres respecto a los

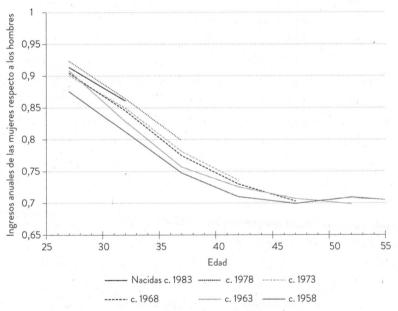

FIGURA 8.2. Ingresos anuales relativos de las mujeres (respecto a los hombres) con títulos universitarios: Grupo 5, nacidas entre 1958 y 1983.
Notas: El cociente de ingresos tiene en cuenta las horas y semanas trabajadas, así como la formación académica de posgrado.
Véase también el apéndice de figuras y tabla.

hombres tiende a cambiar cuando estas finalizan su formación académica y han tenido su primer trabajo.

En el momento en que los titulados y las tituladas universitarias ocupan su primer empleo, los sueldos de ambos son relativamente similares. Pero poco después sus ingresos empiezan a divergir. Esta diferencia se puede observar mediante los datos del censo de Estados Unidos y el American Community Survey (ACS) mostrados en la Figura 8.2. La brecha (o cociente) salarial de género del gráfico presenta a las integrantes del Grupo 5; mujeres que aspiraron tanto a desarrollar una carrera como a formar una familia, no a lo uno o a lo otro.[22]

Consideremos el cociente de ingresos de las tituladas universitarias a edades aproximadas a los treinta años de las miembros del Grupo 5 nacidas alrededor de 1978 (línea superior de la figura). A estas mujeres les iba muy bien respecto a los hombres. Ganaban 92 centavos por cada dólar masculino y probablemente se encontraran en su mejor momento nada más finalizar sus estudios universitarios o de posgrado.

Las demás líneas de la figura hacen referencia a los segmentos del Grupo 5. El cociente inicial que se ofrece es algo menor para las nacidas antes, lo que significa que la brecha es mayor. La evidencia que más llama la atención es que la brecha salarial de género aumenta mucho conforme el grupo crece en edad, y esto es así para las mujeres nacidas en cualquiera de los años representados. Por ejemplo, las miembros del Grupo 5 nacidas cerca del año 1963 tienen un cociente de ingresos por género de 90 centavos por dólar antes de cumplir los treinta. Pero, para cuando estas mujeres están próximas a cumplir los cuarenta años, ganan solo 76 centavos por dólar de los hombres de su misma edad; y, a los cuarenta y cinco, la cifra es de 70 centavos. Por tanto, aunque pueda resultar más fácil resumir la brecha salarial de género simplificándola, esta no es solo un número.

Como hemos visto, la brecha se agranda con la edad, con los años que pasan desde que se termina la formación académica, y lo hace de manera individual, dependiendo de si se tienen o no hijos y de las decisiones de cambio de residencia.[23] De este modo, está compuesta de diversas cifras, y concebirla como una serie de números a lo largo de la vida de los individuos nos ayudará a desvelar sus causas mejor que si tomamos como referencia una única cifra convenientemente establecida.

Veamos como ejemplo un estudio sobre las carreras de los hombres y las mujeres que, entre los años 1990 y 2006, obtuvieron un título de MBA en la Escuela de Negocios Booth de la Universidad de Chicago. Puesto que todos los participantes obtuvieron el mismo título de grado en la misma universidad, muchos factores de desviación permanecen inmutables.[24] En la muestra, quienes se graduaron primero obtuvieron sus MBA entre diez y dieciséis años antes, de manera que podemos considerar la cifra de trece años para analizar sus experiencias.[25]

Nada más obtener el título de MBA, y tras aceptar su primer empleo, las mujeres ganan 95 centavos por cada dólar ganado por sus homólogos masculinos. Sin embargo, cada año que pasa

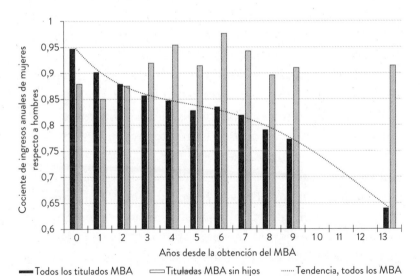

FIGURA 8.3. Cociente de ingresos anuales de las mujeres (respecto a los hombres) con un máster en Administración de Empresas [MBA] por años desde la titulación.

Véase apéndice de figuras y tabla.

se acentúa la diferencia entre sus salarios. Después de trece años, la cifra femenina ha descendido a un nivel pasmoso: las mujeres ganan 64 centavos por cada dólar de los hombres. Estas diferencias, por año desde que obtuvieron su MBA, se hallan indicadas en las barras oscuras de la Figura 8.3.

Para entender este descenso es clave la información mostrada por las barras más claras que proporcionan el cociente de ingresos anuales de las mujeres sin hijos comparado con todos los hombres de la muestra.[26] Estas barras son generalmente más elevadas que las oscuras, especialmente alrededor de los tres años de obtener el MBA, y de manera creciente desde entonces. Aunque existen variaciones en las barras más claras —suben y bajan (y vuelven a subir) debido, en parte, a que la muestra es pequeña—, la tendencia es casi constante.[27] Por el contrario, se produce un evidente descenso en la tendencia de las barras oscuras. Las mujeres que nunca tuvieron hijos (y que nunca se tomaron una baja de más de seis meses), aunque todavía ganen algo menos, están casi en paridad con los hombres, mientras que la tendencia de las que tuvieron hijos sigue empeorando.

Un profundo análisis de la información sobre estos titulados universitarios nos muestra que la creciente brecha salarial no es casual. Se inicia con la llegada de los hijos. Puesto que en el grupo que hemos estudiado todos sus miembros provienen de la misma (y muy distinguida) escuela de negocios, y dado que disponemos de datos administrativos de cuando estos eran estudiantes, podemos examinar casi a la perfección sus aptitudes, formación profesional y educación.

Los responsables de la gran brecha salarial de género entre estos titulados en un MBA son, principalmente, dos factores: las interrupciones en la carrera y la media de horas trabajadas por semana. Durante los primeros trece años, las mujeres de la muestra han interrumpido su carrera profesional por más tiempo que los hombres. También han trabajado menos horas semanales que ellos en ese periodo. Estos dos factores (los años en el trabajo, es decir, la experiencia laboral, y el promedio de horas semanales trabajadas) explican por qué la brecha se hace más grande conforme pasan los años desde la titulación. Como hemos señalado, a trece años desde la obtención del MBA, el cociente de ingresos por género es de 64 centavos por dólar masculino. Pero este crece hasta los 73 centavos —tras corregir las diferencias de experiencia laboral entre hombres y mujeres—, y sigue aumentando hasta los 91 centavos si corregimos los días de baja y las semanas no trabajadas.[28] Prácticamente todo el descenso del cociente de ingresos anuales durante la primera década tras la obtención del MBA se debe a que las tituladas han tenido más bajas y han trabajado menos horas que los titulados.

Quien se haya empleado menos horas tendrá también menos experiencia laboral y menos clientes. Quien trabaje menos horas debe cobrar menos. Aunque la diferencia de horas trabajadas no sea grande, por pequeñas que sean estas discrepancias el impacto en los salarios femeninos será enorme.

Las graduadas universitarias no han estado mucho tiempo de baja. En los siete años desde que obtuvieron el MBA la trabajadora media se habrá tomado un 0,37 anual de baja —poco más de cuatro meses—. Los hombres habrán estado de baja un 0,075 anual —menos de un mes—.[29] Trece años después de la titulación, el tiempo promedio acumulado de baja es de cerca de un año para las mujeres, y de solo seis semanas para los hombres. Aunque no sea demasiado el tiempo que ellas han estado de baja, es mucho mayor que el que se han ausentado los hombres.

Tanto ellos como ellas trabajan gran cantidad de horas. En los primeros años desde la obtención del MBA, la semana media de trabajo para ambos es de sesenta horas. Trece años después de la titulación, la semana laboral de la mujer desciende a cuarenta y nueve horas, y la del hombre solo a cincuenta y siete.

La mayor diferencia en el promedio de horas masculinas y femeninas se debe a que algunas mujeres trabajan a tiempo parcial. De hecho, aproximadamente un 18 % trabaja a tiempo parcial trece años después de su graduación. (Cabe señalar que, para estas tituladas, tiempo parcial quiere decir trabajar cerca de treinta horas semanales). Es significativo que la mayoría de las mujeres que trabajan a tiempo parcial lo hagan también por cuenta propia. En raras ocasiones las posiciones en los empleos corporativos o de la empresa privada permiten una dedicación horaria parcial. Para poder trabajar menos horas, muchas de las mujeres con titulaciones de MBA tienen que ser sus propias jefas.

Otro hecho importante es que, a los trece años de la titulación del MBA, el 17 % no trabajaba. Esta cifra es mayor que la que presentan otras universitarias graduadas en prestigiosos títulos de posgrado, como las doctoradas, y las tituladas en Derecho o en Medicina.[30]

Pero el porcentaje de las mujeres con MBA que consideraban «no estar trabajando» era bastante menor de lo que podríamos imaginar teniendo en cuenta las muchas tituladas universitarias con hijos que «preferían dejarlo», especialmente entre las tituladas con un MBA. Las interrupciones de empleo de estas eran, a menudo, temporales. Las tituladas universitarias generalmente no eligen dejar la población activa por mucho tiempo.[31] Algunas de ellas solo se toman pausas.

Los salarios femeninos decrecen respecto a los de los hombres a medida que pasan los años, pero no a causa de interrupciones, largos periodos de baja o traslados a puestos que requieran menos horas de trabajo. Las mujeres con MBA ganan bastante menos que sus homólogos masculinos porque en los puestos en el sector corporativo y financiero, de elevados salarios, se penaliza duramente a los empleados que interrumpen sus carreras, aunque sea por poco tiempo, así como a quienes no trabajan agotadoras jornadas excepcionalmente largas.

La llegada de los hijos y las responsabilidades que implica su cuidado son las principales causas de la reducida experiencia laboral, la mayor discontinuidad en las carreras y el menor número de horas semanales de las trabajadoras respecto a los trabajadores. Además, algunas de las madres con titulación MBA de la muestra se tomaron un descanso del mercado laboral pocos años después de dar a luz.

Las tituladas con un MBA no reducen su jornada laboral inmediatamente después de regresar de la baja por maternidad.

Muy al contrario, lo que hacen es reincorporarse al trabajo y dedicar a este muchas y arduas horas. Los recortes los empezarán a hacer tras un año o dos. Algunas cambian entonces de rumbo y se ponen a trabajar por cuenta propia. Las transformaciones más importantes se producen a los tres o cuatro años de haber tenido un hijo. Llegado ese momento, el promedio de los ingresos de las mujeres cae hasta el 74% de los niveles preparto.

No son pocas las tituladas en MBA con hijos pequeños a quienes la intensidad y las horas requeridas en los trabajos del sector corporativo y financiero les resulta algo demasiado fatigoso después de haber dado a luz. Y esa toma de conciencia ocurre incluso en ausencia de un segundo hijo. Los datos existentes sobre el grupo de mujeres que quieren recuperar sus carreras son extremadamente elocuentes. La carrera y la familia están tratando de ocupar un mismo espacio, así que alguna cosa se va a ver resentida.

Las tituladas en MBA sin hijos, casadas o no, tienen una trayectoria diferente de las que son madres. Aunque los ingresos de estas, quienes no tienen hijos ni, por tanto, interrupciones en sus carreras, sigan siendo menores que los de los hombres con titulación MBA (con o sin hijos), a los trece años desde la titulación ganan solo cerca de 9 centavos por dólar menos que ellos. Esta cifra, a pesar de no ser cero, es muchísimo más baja que la de 36 centavos sobre dólar masculino para todo el conjunto.[32]

La población femenina elige interrumpir su carrera por muchos motivos, y lo hace incluso varios años después de haber dado a luz. Pero también existe la posibilidad de que las mujeres no dejen el trabajo o se reduzcan la jornada de manera voluntaria. A las que tienen hijos se les puede, de manera directa o sutil, invitar a abandonar el empleo. El paternalismo bienintencionado de los supervisores (masculinos o femeninos) puede tener algo que ver. Es posible que estos quieran proteger a las madres de hijos pequeños de los clientes y proyectos más exigentes. También es posible que los encargados, desconfiando de que las emplcadas en esas circunstancias vayan a permanecer en la empresa, les nieguen los ascensos, así como el acceso a la clientela más adinerada.

Pero la evidencia recabada en el estudio sobre los MBA apunta claramente a que el factor más importante no es el paternalismo o el prejuicio, sino la propia elección.[33] Los datos muestran el impacto que el salario del marido tiene sobre las horas de trabajo de su mujer (quien posee una titulación MBA y es la madre de sus hijos). El mayor cambio en cuanto a horas de trabajo y, por tanto, de ingresos anuales, se produce para las mujeres cuyos maridos ganan por encima de la media de los hombres con titulación MBA (llamémoslos «los maridos con grandes salarios»).[34] Además, las mayores reducciones de empleo también se dan entre las esposas de los maridos con grandes salarios. Durante los dos años siguientes a dar a luz, una mujer cuyo esposo estuviera entre los de gran salario tenía un 22% menos de probabilidades de estar trabajando que si su esposo ganara menos. A los cinco años, el porcentaje ascendía al 32%.[35]

Sin embargo, el mero hecho de tener un marido «rico» no determina de manera fundamental los años de experiencia, las horas trabajadas y el empleo. Las esposas de hombres con grandes salarios que no tienen hijos dedican tantas horas y años de empleo como las mujeres cuyos maridos ganan menos.[36] Las evidentes interacciones entre tener hijos y estar con una pareja con elevados ingresos determinan qué tituladas en MBA pertenecen a la población activa y cuántas horas trabajan.

Muchos padres y madres no pueden (y no quieren) pagar a alguien para que se ocupe de sus hijos. Que un marido se suela ausentar por viajes de negocios significa que no podrá estar en casa cada día, y posiblemente ni siquiera cada semana. Vivir en las afueras supondrá tanto para el padre como para la madre que, si tienen un empleo, ambos deberán desplazarse al trabajo a diario. Alguien deberá ceder. Y, si uno de los dos cobra un gran sueldo, los ingresos del otro serán más prescindibles.

Esta evidencia sugiere que el impacto que la llegada de los hijos tiene sobre el empleo de la madre se debe, esencialmente, a las decisiones de esta y no a prejuicios bienintencionados o no. Sin duda, las resoluciones de las madres con titulación MBA están circunscritas a la relativa inflexibilidad de los horarios laborales en la mayoría de los empleos del sector corporativo y financiero.

Un estudio aislado, aunque sea excelente, no puede ofrecer evidencia incontrovertible sobre un asunto tan complejo y arraigado como es el de la brecha salarial de género. Sin embargo, un gran número de estudios sí puede ponernos en la dirección correcta. Son varias las investigaciones, incluida la mía, que han confirmado las conclusiones del estudio sobre los MBA. Sirviéndonos de amplia información del censo y de diversas compañías sobre empleados y empleadores, mis coautores y yo misma descubrimos que los ingresos de las tituladas universitarias respecto a sus homólogos masculinos disminuían en los primeros siete años de empleo, y que esa disminución era más pronunciada entre las casadas.[37] Estas cambiaban de trabajo y aceptaban empleos en empresas que ofrecían salarios más bajos y menos ascensos.

Existe información adicional proveniente de las investigaciones sobre el impacto de los hijos sobre cada uno de los miembros de la pareja. Entre los más convincentes y asombrosos estudios se encuentran los de los países nórdicos. Estos recogen datos «de la cuna a la sepultura» y son sorprendentes porque, aunque provengan de países con algunas de las políticas familiares más avanzadas del mundo, incluidas las subvenciones para el cuidado de la infancia, sus conclusiones se asemejan a las del estudio sobre los MBA.

Los datos que ofrecen nos permiten realizar estimaciones precisas sobre el papel que juegan los hijos en los ingresos de madres y padres. Este género de observaciones es el de las realizadas algunos años antes y muchos años después de un acontecimiento determinado —en este caso, un nacimiento—. Varios equipos de investigación han producido estudios de este tipo sirviéndose de una cantidad ingente de datos administrativos de Suecia y de Dinamarca.[38] El estudio sueco observa los ingresos de padres y madres de bebés, desde 1990 a 2002, y realiza estimaciones sobre cómo la llegada del hijo afecta a la diferencia de ingresos de la pareja.[39] El estudio danés hace un análisis similar, pero compara el impacto que el nacimiento tiene sobre las trabajadoras en relación con los trabajadores.[40]

Como es de suponer, los ingresos de las mujeres después de dar a luz se ven significativamente perjudicados. Pero, quince años después del parto, la brecha salarial entre marido y mujer sigue siendo mayor que antes de que tuvieran hijos. Y se trata de una diferencia muy grande. Si antes del nacimiento del bebé la pareja ganaba lo mismo, para cuando su hijo cumple quince años, el marido gana un 32% más que la esposa.[41] Gran parte de esta brecha creciente se debe, según el estudio sueco, a la reducción de la jornada laboral de la madre, pero cerca de una tercera parte tiene como causa la reducción de la tarifa por hora trabajada.

Sería casi imposible realizar estos mismos cálculos en Estados Unidos, los más rezagados del mundo en cuanto a políticas de conciliación familiar, puesto que no existen registros administrativos como los de Suecia (y otros países) en los que se relacione la información sobre los ingresos con la relativa a los nacimientos. Pero no tenemos motivos para creer que los índices fueran menores. Muy al contrario, nos sobran razones para pensar que serían mayores.[42]

Estos hallazgos —que la brecha salarial de género crece con la formación de una familia, que las mujeres se cambian de trabajo y pasan a cobrar menos, y que estas no ascienden en la empresa tanto como lo hacen los hombres— invitan a un análisis profundo de la brecha salarial, por ocupación, del conjunto de titulados universitarios. Se producen enormes diferencias en la brecha salarial de género según el puesto laboral que se ocupe. ¿Existen puestos mejores que otros en cuanto a la igualdad de género y de pareja? ¿Qué características poseen las diferentes ocupaciones para considerar que estas se adaptan más o menos a las necesidades de la mujer (y de la pareja)?

Consideremos a quienes han logrado los más altos rangos académicos: JD, MBA, MD (doctorado en Derecho, máster en Administración de Empresas y doctorado en Medicina) y doctorados. Estos títulos permiten a sus portadores acceder a las áreas laborales más lucrativas, que son también sobre las que recae la mayor desigualdad de salarios y las que benefician de manera más significativa a quienes dedican más horas al trabajo. Las mujeres con uno de esos títulos, en especial si tienen hijos, trabajaran generalmente menos horas que sus homólogos masculinos. Lo habitual es que la población femenina necesite más tiempo fuera del trabajo y que se reduzca la jornada mientras sus hijos sean pequeños. Eso repercutirá en sus carreras, como acabamos de ver en el caso de los MBA. El precio que van a pagar dependerá del tipo de trabajo que hagan.

Los padres también pagan un precio. Según un estudio del Pew Research Center sobre si pasan suficiente tiempo con sus hijos, casi la mitad de todos los padres afirmó pasar demasiado poco.[43] Se trata de un tiempo que difícilmente podrán recuperar más adelante. Muchos ancianos disfrutan siendo abuelos porque no pudieron dedicar tiempo a sus hijos cuando estos eran pequeños. Al precio que pagan padres y madres por especializarse en un solo ámbito (la carrera o la familia) hay que sumarle la pérdida de equidad en la pareja.

Harvard and Beyond, el proyecto mencionado anteriormente de graduados en la Universidad de Harvard desde finales de la década de 1960 hasta principios de la de 1990, nos permite, junto con los datos relacionados de que disponemos, medir las penalizaciones en la carrera derivadas de las pausas en el empleo. En cada una de las carreras profesionales asociadas a las titulaciones de estos grupos —abogados, médicos, gerentes y académicos—, la penalización por tiempo de baja es considerable. Lo es tanto para los hombres como para las mujeres, pero son ellas quienes se ven más afectadas porque pasan más tiempo sin trabajar y se reducen más la jornada que ellos.

Las penalizaciones sobre los ingresos anuales por ausentarse del trabajo difieren según la titulación académica, y la diferencia es muy grande. La menor penalización sobre los salarios, medida a los quince años de obtener una titulación de grado, se da sobre quienes tienen un título de doctor en Medicina (MD), y la

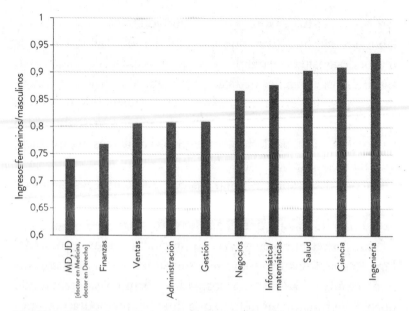

FIGURA 8.4. Cociente de ingresos de las mujeres (respecto a los hombres) con titulación universitaria según sector ocupacional.
Notas: Ingresos según edad, horas y semanas trabajadas y educación de posgrado. Los datos incluyen los ACS de 2009 a 2016.
Véase también el apéndice de figuras y tabla.

mayor sobre los que la tienen en MBA. En un punto medio están los titulados en Derecho (JD) y quienes tienen un doctorado. La penalización para los titulados con un MBA es 1,4 veces mayor que para los MD; y la de los JD o de los doctorados es 1,2 veces más alta que para los titulados MD.[44] ¿Por qué se dan estas variaciones por titulación y, consecuentemente, según ocupación?

Para dar respuesta a estas cuestiones he empleado un enorme conjunto de datos del American Community Survey (ACS) con información sobre varios millones de titulados universitarios, hombres y mujeres, a edades comprendidas entre los veinticinco y los sesenta y cuatro años.[45] Aunque en el censo de Estados Unidos aparezcan 500 ocupaciones, aquí hemos representado únicamente 115, dado que la muestra está limitada a titulados universitarios empleados a jornada completa. Las ocupaciones consideradas oscilan entre las más prestigiosas y algunas menos valoradas, como las de representante comercial, analista de presupuestos o técnico sanitario.[46]

En algunos de estos sectores ocupacionales se produce una brecha salarial de género enorme, mientras que en otros los ingresos son casi de paridad. Los cocientes de salarios por sexo están organizados de menor a mayor en la Figura 8.4, teniendo en cuenta las habituales horas y semanas trabajadas, la edad del empleado y una titulación de posgrado.

Los cocientes más bajos en los ingresos femeninos respecto a los masculinos, es decir, las brechas más grandes, se dan en los puestos profesionales de propiedad individual, como puedan ser los bufetes de abogados, y en los de carácter financiero, de ventas, administrativo, de gestión y de negocios. Los más altos cocientes y, por tanto, las menores brechas se encuentran en los ámbitos de las matemáticas y la informática, la sanidad (excluyendo a los médicos), las ciencias y la ingeniería. Así, las ocupaciones quedan divididas en dos grupos. Las mujeres en puestos relacionados con la tecnología ganan 94 centavos por cada dólar de un hombre en el mismo puesto, pero en finanzas la diferencia es de 77 centavos por dólar.[47]

¿Acaso los responsables de las finanzas son más intolerantes o misóginos que en el sector de la tecnología? ¿Son más discriminatorios y oportunistas unos jefes que otros? En cada sector se encuentran gerentes y encargados sin escrúpulos. Para hallar las causas intrínsecas de las diferencias salariales de género por sector o industria, debemos entender cómo son esos empleos y qué se requiere de los trabajadores en cada uno de esos sectores, especialmente por lo que respecta al tiempo.

Sería una tarea ingente tratar de recabar información sobre cada una de las ocupaciones. Afortunadamente, un equipo muy extenso ha puesto a nuestra disposición (y a quien lo requiera) un conjunto de características estandarizadas sobre todas las ocupaciones del censo. La base de datos se llama O*NET (Occupational Information Network [Sistema de Información de Ocupaciones]) y depende del Departamento de Trabajo de Estados Unidos.

234 CARRERA Y FAMILIA

Antes de revelar sus hallazgos, convendría considerar algunas nociones generales sobre por qué las mujeres —y en especial las madres— prefieren unos empleos a otros, y a qué se debe que tiendan a dedicarse a ellos aunque en esos puestos se pague menos. Esta lógica responde a que tradicionalmente la población femenina asume mayores responsabilidades en el cuidado de los hijos y de los demás miembros de la familia. Eso no significa que los hombres no pasen tiempo con sus hijos, ni que la actual división de las tareas del hogar sea la correcta. Pero las mujeres son el progenitor que más a menudo está «de guardia para la casa» (de la misma manera que las hijas son quienes generalmente están «de guardia»).

Debido a las diferencias entre mujeres y hombres en cuanto a las responsabilidades del hogar, ellas preferirán los puestos con una jornada inferior, menos horas de guardia y los horarios más previsibles y sobre los que tengan un mayor control. También se decantarán, en general, por trabajos en los que los compañeros puedan cubrirse unos a otros, y en los que haya servicios y productos estandarizados.

Sin embargo, los compañeros no siempre son sustitutos perfectos, y los clientes habitualmente prefieren que su punto de contacto sea un profesional con el que ya hayan tenido relación. Puede que los empleados tengan que trabajar por las noches o durante el fin de semana para reunirse con sus clientes, y eso significa que con frecuencia se les pague mejor para compensar el tiempo que están alejados de sus familias. Los hombres, en general, optan por los trabajos con horarios más exigentes y en los que el salario es mejor. A ellos habitualmente les importa menos la flexibilidad en la jornada y más el dinero que van a cobrar a fin de mes. Sin embargo, las mujeres con hijos en raras ocasiones podrán tomar la misma decisión.

¿Se acuerdan de Isabel y Lucas, la pareja del capítulo 1 que trabajaba para InfoServices? La empresa necesitaba a alguien que estuviera de guardia para el trabajo y estaba dispuesta a pagar más por ello. Digamos que la prima por ocupar esa posición fue de 20.000 dólares al año; lo suficiente para tentar a Lucas a presentarse para el puesto. Isabel no lo hizo, ya que no podían estar de guardia los dos; ella debía cuidar a sus padres, y más adelante se tendría que ocupar de su hijo pequeño.

Lucas e Isabel hubieran preferido estar juntos «de guardia para la casa» en lugar de que uno de ellos tuviera que estar «de guardia para la oficina». Aquello hubiera garantizado una mayor equidad en la pareja. Pero la prima de 20.000 dólares era demasiado elevada como para renunciar a ella. Cuanto mayor sea la bonificación que una empresa pague a los empleados que estén de guardia en el trabajo, más se agrandará la brecha de género salarial —siempre que las mujeres sean las que se queden en casa—. Y, aunque no haya diferencias de género en cuanto a quién elige el puesto que requiere estar de guardia, seguirá habiendo desigualdades en la pareja.

Por tanto, volviendo a lo que propiamente nos muestran los datos, deberíamos encontrar menores brechas salariales de género en las ocupaciones donde las largas jornadas no se paguen demasiado bien, donde los compañeros puedan hacer sustituciones, y donde los productos y servicios que ofrezcan las empresas estén más estandarizados. Las mayores brechas se producirán en puestos en los que los horarios irregulares y el tiempo de guardia se recompensen generosamente, donde los clientes exijan profesionales determinados, en los que los empleados hagan tareas diferentes y complementarias, y cuyos servicios y productos sean idiosincráticos.

O*NET ofrece cientos de características para cada ocupación. Algunas tienen que ver con los atributos físicos del empleo, pero nuestro interés se centra ahora en las exigencias del puesto de trabajo, la interacción entre los empleados y su relación con los clientes. Las ocupaciones del censo nos proveen de información relativa a seis características relevantes:

1. Contacto con los demás: «Para hacer su trabajo, ¿requiere estar en contacto (telefónico, en persona…) con otras personas?».

2. Frecuencia en la toma de decisiones: «Las decisiones que usted toma, ¿cuán a menudo afectan al trabajo de los demás, o a la economía de la empresa, la reputación, o la imagen de esta?».
3. Apremio: «¿Cuán a menudo se requiere en su trabajo que un empleado cumpla con estrictos plazos de entrega?».
4. Trabajo estructurado o desestructurado: «¿Hasta qué punto está estructurado su trabajo para evitar que los empleados sean quienes determinen las tareas a realizar, las prioridades y los objetivos?».
5. Establecimiento y mantenimiento de relaciones interpersonales: «¿Qué importancia tiene desarrollar y mantener relaciones laborales constructivas y de cooperación con los demás empleados?».
6. Nivel de competitividad: «¿Cuán competitivo es su trabajo?».

Las primeras cinco características miden las exigencias de tiempo en el trabajo. Si las mujeres no pueden ofrecer el mismo tiempo que los hombres, o si están menos dispuestas a trabajar a ciertas horas o en determinados días, aunque ocupen el mismo cargo posiblemente cobrarán menos por hora. Isabel y Lucas tienen un cargo idéntico y trabajan igual número de horas, pero Lucas cobra 20.000 dólares más al año por estar de guardia para el trabajo. Isabel cobra 100.000 dólares al año, de manera que, puesto que su horario es más previsible y le permite estar de guardia para la casa, por cada dólar de Lucas, Isabel cobra 83 centavos.

Las ocupaciones en el campo de la ingeniería, la ciencia, la informática y las matemáticas conllevan menores exigencias de tiempo y de interacción personal.[48] En ellas los empleados suelen ocuparse de tareas específicas, raramente se relacionan con clientes, los plazos de entrega son algo menos apremiantes, toman similares decisiones cada día y tienen tareas sobre las que generalmente decidirá un agente independiente. En estos puestos la brecha salarial de género es mínima.

Donde más desigualdad salarial se observa es en las ocupaciones relacionadas con tareas de gestión, administración y ventas, así como en las que hay un mayor número de trabajadores por cuenta propia, como entre los médicos, dentistas y abogados. Las cinco primeras características también afectan más a estos puestos. En estas áreas laborales se tienen clientes, se deben cumplir plazos muy ajustados y las decisiones que tomar varían de un día para otro.

Las únicas anomalías en cuanto al gran conjunto de ocupaciones se presentan en el campo de la salud y de las operaciones financieras. Los profesionales de la fisioterapia o la dietética a menudo desempeñan tareas específicas. Entre ellos se producen niveles bajos de desigualdad de género, pero también están sometidos a exigencias de tiempo por encima de la media. En el otro extremo, en los cargos relacionados con las finanzas (asesores financieros o prestamistas, por ejemplo), vemos cómo la desigualdad es grande, pero las exigencias de tiempo están por debajo de la media.

Aunque estas ocupaciones no encajen bien en las cinco características sobre las exigencias del tiempo, tienen mucho que ver con el sexto punto: la competitividad. En el área de la salud, la competitividad es muy baja, mientras que en las finanzas es feroz.

Si hacemos un promedio de las seis características (las cinco que miden los apremios del tiempo y la sexta, que evalúa la competitividad), podremos en buena parte «explicar» la brecha salarial de género por ocupación.[49] Donde las exigencias del tiempo son mayores y la competitividad elevada, la brecha es más grande. Y es menor en los puestos en los que los niveles de competitividad y de exigencia de tiempo son inferiores. Las mujeres, como necesitan horarios que puedan controlar, se ven penalizadas en ciertos puestos.

Otro importante atributo de estas ocupaciones es la desigualdad de ingresos. En los empleos donde los ingresos masculinos son más desiguales se dan las mayores brechas salariales de género.[50] También en estas ocupaciones los empleados deben competir por clientes, contratos o pacientes, y es donde las jornadas son más largas y tienen más horas punta y horas de guardia (consideremos los horarios de los abogados, cirujanos, contables y ejecutivos).

Estos son los motivos por los que la población femenina, en especial las madres, tenderá a ganar menos en los puestos con salarios más desiguales. Se les pagará considerablemente menos que a quienes compitan de manera activa por los mejores acuerdos y a quienes, para alcanzarlos, dediquen jornadas más largas en horarios irregulares.

Desde finales de los años setenta, la creciente desigualdad de salarios ha provocado que se pague más en los trabajos de horarios más exigentes. Por tanto, los empleos más lucrativos de las últimas décadas son precisamente aquellos a los que las mujeres más les cuesta acceder y los más hostiles para ellas. Esto, en parte, explica por qué la brecha salarial de género, en especial entre las personas con titulación universitaria, ha permanecido invariable en los últimos diez años aunque la población femenina haya mejorado sus credenciales. Las mujeres nadan en contra de las fuertes corrientes del sistema económico.

Tanto Lilly Ledbetter, quien se llamó a sí misma «la abuela de la igualdad salarial», como las mujeres que han vivido experiencias similares saben que la brecha salarial de género existe. Que es uno de los mayores problemas de la actualidad. ¿Qué podemos hacer al respecto? La brecha podría estrecharse ligeramente tomando varias de las medidas mencionadas con anterioridad: eliminando los prejuicios de los directivos y las organizaciones, animando a las mujeres a ser más competitivas, formándolas en aptitudes negociadoras, y haciendo públicos los salarios dentro de la empresa. Sin embargo, estas acciones, incluso la ambiciosa medida de eliminar toda segregación ocupacional, causarían un impacto muy modesto.

Las diferencias de salario entre los sexos se producen en prácticamente todas las ocupaciones, y estas contribuyen más a la brecha que las diferencias entre hombres y mujeres en cada puesto. La brecha salarial de género se amplía con los años y lo hace sobre todo en ciertos momentos, como por ejemplo ante la llegada de un hijo. Entre los titulados en MBA, las mujeres se vieron muy afectadas, pero el impacto fue mucho menor entre las que no tenían hijos y quienes no pausaron sus carreras durante más de seis meses.

Para hallar al culpable de la brecha salarial de género debemos investigar en dos áreas. Una es la concerniente a las decisiones que toma una pareja cualquiera, como Isabel y Lucas, sobre cómo repartirse el cuidado de los hijos. La otra tiene que ver con el precio a pagar por la flexibilidad laboral y el impacto que este coste tiene sobre todas las decisiones de la pareja. Cuanto más elevado sea el precio, mayor será la especialización de los miembros de la pareja y más grande la renuncia a la equidad y al cuidado de sus hijos.

Pongamos nuestra lupa de detectives a trabajar en el caso de la abogada y la farmacéutica, en una investigación que expondrá los motivos subyacentes de la brecha salarial de género y nos dará pistas para tratar de resolverla.

9

Una famosa serie, emitida en televisión desde 1957 hasta 1966, seguía los casos de un ficticio abogado defensor llamado Perry Mason. Perry era un hombre amable, pensativo, sensible y de gran envergadura. Asistido por su sagaz secretaria legal, Della Street, Perry resolvía los casos al final de cada episodio, exonerando a quien hubiera sido falsamente acusado. Las fascinantes tramas de la serie a menudo provenían de la pluma del gran autor Erle Stanley Gardner.

Cuando Della, en la década de 1960, era la mano derecha de Perry, una doctorada en Derecho ganaba anualmente un promedio de solo 57 centavos por dólar de su homólogo masculino —eso, si conseguía trabajar como abogada—.[1] En la década de 1950 y a principios de 1960, muchas de las mejores tituladas en Derecho —miembros del Grupo 3— no podían siquiera asomarse a la puerta de un bufete de abogados. Cuando Sandra Day O'Connor se graduó entre las primeras de su promoción de la Escuela de Derecho de Stanford en 1952, fue incapaz de encontrar un despacho que quisiera entrevistarla para un puesto. Ruth Bader Ginsburg no pudo trabajar en la oficina del juez Felix Frankfurter porque este no contrataba a mujeres.[2] Pocas miembros del Grupo 3 fueron tomadas en serio y pudieron iniciar una carrera profesional, a pesar de tener impecables credenciales.

En el año 1966, cuando la serie *Perry Mason* llegaba a su fin, únicamente el 4% de los estudiantes de Derecho eran mujeres.

242 CARRERA Y FAMILIA

Solo dos décadas después, en 1987, el 40% de los titulados JD lo fueron. En el verano de 2020, para cuando HBO comenzó su emisión de la nueva versión de *Perry Mason*, el número de hombres y mujeres estadounidenses que recibía formación de Derecho era el mismo. Los trabajos de abogacía en bufetes y los de asesoría legal, entre otros, son atractivos para muchas personas. Comparados con la medicina, por ejemplo, vemos que por cada estudiante de Medicina hay casi tres estudiantes de Derecho. Se trata de un área a la que la población femenina se ha incorporado por diferentes vías: como miembros de bufetes de abogados privados, como abogadas corporativas en las empresas o como abogadas en el sector público. En la actualidad Della Street podría llegar a ser Perry Mason, aunque seguiría sin cobrar lo mismo que él. (Y posiblemente no tuviera una ayudante tan sagaz como la que tuvo Perry). Los ingresos de las mujeres en este campo también han mejorado. Sin embargo, por diversos motivos, estos siguen siendo bajos respecto a los de los hombres. La abogada promedio de hoy gana cerca de 78 centavos por cada dólar de un abogado masculino.

Aunque se trate de una gran mejora, ¿por qué la abogada Della Street no gana lo mismo que el abogado Perry Mason? ¿Será porque los asociados de más rango no le ofrecen ascensos?* Como hemos visto en el capítulo anterior, la respuesta a la brecha salarial de género no se halla únicamente en la discriminación. Se trata de un asunto más complicado. Por supuesto, los prejuicios —implícitos o explícitos— tienen algo que ver. Sin duda jugaron un papel importante en el pasado, cuando Sandra Day O'Connor no podía acceder siquiera a una entrevista de trabajo y a Ruth Bader Ginsburg le resultaba imposible obtener un puesto de secretaria en el Tribunal Supremo.

Pero ahí no acaba la historia para las Dellas y los Perrys de hoy. Un asunto más insidioso, y que parece estar confeccionando

---

* En un bufete de abogados, el socio puede recibir utilidades y dividendos de la propiedad, porque es uno de los dueños. Por su parte, los asociados son empleados que cobran honorarios y participan en los negocios pero no tiene atribuidos otros derechos. *(N. de la T.)*

el tejido laboral, posee una influencia enorme. La respuesta al misterio de si sería posible una asociación Della-Perry en la imaginaria temporada de 2021 nos lleva al corazón de la problemática y persistente brecha salarial de género.

Busquemos un nuevo elenco de actores que representen el papel que Della y Perry, secretaria y abogado, interpretaron en la década de 1950 y de 1960: pongamos que son una ambiciosa pareja del Grupo 5 que se conocieron y enamoraron siendo estudiantes de Derecho en una prestigiosa universidad. Poco después de obtener su título de JD, ambos se pusieron a buscar trabajo.

Los recién graduados en Derecho tienen muchas oportunidades laborales a su alcance. Pueden trabajar en bufetes de abogados para grandes empresas o en despachos pequeños especializados en derecho de familia y planificación patrimonial, en el Gobierno y en las ONG, como asesores legales o como profesores de Derecho. Pueden postularse para un cargo político o trabajar fuera del sector. Cada una de estas opciones ofrece diferentes beneficios y niveles de compensación económica.

Della y Perry son jóvenes y ambiciosos, así que deciden buscar un empleo en la exigente empresa privada (van a tener que ganar lo suficiente como para devolver los préstamos estudiantiles). Cinco años después de titularse, sus sueldos serán casi idénticos. Los ingresos tras la obtención del JD son prácticamente los mismos para hombres y mujeres; los datos muestran una ligera brecha a los cinco años, que desaparece en cuanto se consideran las horas trabajadas y la experiencia laboral.[3]

Por su condición de abogados principiantes en la empresa privada se les requiere mucha dedicación. La jornada laboral de un JD primerizo es muy larga; como vemos en la Figura 9.1, casi el 80% de las mujeres y el 90% de los hombres trabajan más de cuarenta y cinco horas semanales tras cinco años de haber obtenido su titulación. Quienes están en grandes bufetes o en el sector corporativo trabajan todavía más; Perry dedica alrededor

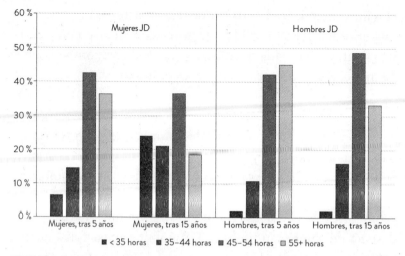

FIGURA 9.1. Porcentaje y distribución de horas de trabajo de mujeres y hombres doctorados en Derecho (JD): entre cinco y quince años después de obtener la titulación.
Véase apéndice de figuras y tabla.

de cincuenta y una horas por semana, y Della, cuarenta y ocho. Además, las mujeres siguen en la competición, de momento: solo un 6% de las jóvenes abogadas trabajan a tiempo parcial, y un mero 4% dejan la población activa en menos de cinco años.[4]

En este periodo Della y Perry conforman la perfecta pareja moderna; trabajan prácticamente las mismas horas y cobran casi lo mismo. Van por el camino de la igualdad, tanto de salarios como de responsabilidades. Con un inicio de carrera tan prometedor como este, ambos podrán progresar en sus empresas y convertirse pronto en asociados, ¿cierto?

Falso. Diez años después, una cuarta parte de las mujeres se habrá reducido la jornada. Y nada menos que un 16% habrá abandonado la población activa. Por el contrario, solo unos pocos hombres se habrán reducido la jornada (el 2%) y un porcentaje igualmente minúsculo (otro 2%) estarán desempleados. Por motivos que a menudo difieren, cerca de un 20% de hombres y mujeres JD habrá dejado la abogacía, aunque permanecerán en la población activa.

Mientras Perry Mason está a punto de ser ascendido a asociado, con lo que maximizará su potencial de ingresos, existen muchas posibilidades de que la igualmente talentosa, trabajadora y competente Della abandone su carrera en la abogacía, sea porque cambiará de profesión o para quedarse en casa al cuidado de los hijos. Incluso si sigue ejerciendo, lo más probable es que sus jornadas no sean tan largas como las de Perry. Quince años después de la titulación, cerca del 80 % de los abogados masculinos trabajan más de cuarenta y cinco horas semanales, mientras que el porcentaje de las mujeres que lo hacen es del 55 %. A los cinco años los porcentajes estaban mucho más igualados.[5] Los ingresos de Della van a verse muy perjudicados: a los quince años, la JD femenina gana únicamente algo más de la mitad (el 56 %) de lo que gana el hombre con una titulación JD.[6]

¿Qué ha pasado con Della y Perry? ¿A qué se debe esta divergencia tan grande en sus carreras? La entusiasta y joven pareja empezó al mismo paso, con las mismas aspiraciones y la misma formación. Tras cinco años de práctica profesional habían alcanzado iguales objetivos. ¿Qué ha cambiado?

Sería fácil decir que su área profesional es el propio de un auténtico *boys club*, donde para captar a un buen cliente hay que hacerlo fumando un gran puro después de una comida copiosa mientras se discuten largamente los pormenores de un reciente partido de béisbol. Pero las cosas no son tan sencillas. La existencia de la brecha entre las carreras de Della y Perry no se debe a que ella no fume puros, ni a que Perry y sus superiores mantengan prácticas discriminatorias de orientación profesional y de ascenso. La razón no es siquiera que la abogacía acapare muchos de los peores casos existentes de brecha salarial de género. La raíz del problema la encontramos en diversas profesiones y carreras, y no tiene mucho que ver con la discriminación del mercado laboral. Con lo que tiene que ver, y mucho, es con el *tiempo*.[7] La culpa la tiene, como vimos en la historia de Isabel y Lucas, la estructura misma del trabajo.

Que Della, después de quince años, haya trabajado menos horas que Perry se traduce en una menor experiencia en la profesión. Pero, aunque hubiera dedicado el mismo número de horas, ganaría un 81% de lo que ingresaría Perry, puesto que el precio de su hora ha pasado a ser mucho menor que la de él.[8] Otra gran parte de la diferencia se halla en que, a pesar de ser una abogada tan prometedora como lo es Perry, Della se ausentó de su carrera durante algún tiempo.

Si analizamos detenidamente las compensaciones en el campo de la abogacía, nos daremos cuenta de algo importante: lo muy provechoso que resulta dedicar tiempo a una profesión como la que eligieron Della y Perry.

Quince años después de su titulación, el abogado medio que trabaja sesenta horas semanales gana dos veces y media más que el que lo hace treinta horas. Ese salto de ingresos por tiempo ocurre independientemente del sexo del empleado. Abogados y abogadas ganan significativamente más por hora cuando incrementan el total de horas. Con Isabel y Lucas hemos visto un esbozo de esta misma situación, pero ahora tenemos cifras reales provenientes de extensos muestreos sobre abogados.

Cuando las horas que semanalmente trabaja un abogado pasan de ser treinta a sesenta, la tarifa por hora aumenta casi una cuarta parte.[9] A mayor número de horas dedicadas por semana, más valor tiene cada una de las horas. Si la constante de horas trabajadas por hombres y por mujeres es la misma, el componente de género en la discrepancia deja de existir.

Sabemos que la diferencia de ingresos según sexo es significativa. Pero, si la causa subyacente de la brecha no es el género, ¿por qué tendemos a relacionarla tan claramente con este, y a qué se debe la disparidad? Para hallar la respuesta deberemos profundizar en la estructura de las empresas y las exigencias de sus clientes, así como observar quién asume las responsabilidades en el hogar.

Tras cinco años de titulación, las abogadas trabajan solo un poco menos que sus homólogos masculinos. Sin embargo, a los quince años, incluso las mujeres empleadas a jornada completa dedican un número de horas significativamente inferior que los hombres, y menos de las que dedicaban al iniciar sus carreras.

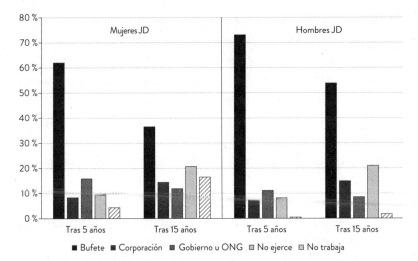

FIGURA 9.2. Porcentaje y distribución del contexto laboral de mujeres y hombres doctorados en Derecho (JD): entre cinco y quince años después de obtener la titulación.
Véase apéndice de figuras y tabla.

Además, estas reducciones de jornada no empiezan de repente tras quince años de titulación. Cualquier abogado que trabaje a tiempo parcial o menos horas al día verá muy reducidas sus posibilidades de tratar con los clientes más adinerados. Solo el 18% de quienes en el año quince postitulación trabajaban a tiempo parcial lo hacían en una empresa con algún cliente de la lista *Fortune*, a diferencia del 30% de quienes trabajaban semanalmente cincuenta y cinco horas o más.

Los abogados ganan más en los bufetes privados. Como muestra la Figura 9.2, tras cinco años desde su titulación la mayoría de los hombres y las mujeres de la abogacía trabajaban en bufetes. Diez años después, ambos grupos se han apartado de la práctica privada, aunque lo hacen más ellas que ellos. Solo el 37% de las mujeres permanecen en los despachos privados a los quince años desde que empezaran a ejercer, mientras que el porcentaje de los hombres que continúan en el puesto es de más de la mitad.

Las abogadas que se quedan en el bufete todavía tienen posibilidades —aunque no tan altas como las de los hombres— de alcanzar una posición de asociadas a los quince años. Casi la mitad de las mujeres lo logra, a diferencia del 70% de los hombres que pasan a ser socios. Pero la diferencia de género en cuanto a llegar a ser asociados desaparece cuando consideramos el tiempo invertido y las exigencias familiares.[10]

Es comprensible que muchas mujeres abandonen el sector privado. Si Della hubiera dejado el bufete entre los años cinco y quince desde que obtuvo su JD, lo más probable es que lo hiciera para trabajar en el Gobierno o en algún área fuera de la abogacía. Desde un punto de vista económico, dejar el sector privado es muy costoso. Independientemente de su sexo, un doctorado en Derecho perderá el 38% de sus ingresos anuales si abandona el ámbito privado y trabaja para el Estado. Si Della hubiera permanecido en el bufete de abogados a los quince años de carrera profesional, pero no fuera asociada, ganaría aproximadamente una tercera parte menos que si lo fuera. Puesto que las mujeres abandonan el sector privado en mayor número y alcanzan menos puestos de asociadas, son ellas las que encajan el golpe económico.

El precio de la hora, la posibilidad de permanecer en el sector privado, así como la de lograr una posición a nivel de asociado, dependen enormemente del aporte de tiempo y de las exigencias familiares —y no tanto del género al que pertenezca el profesional—.[11] En muchos bufetes existen los prejuicios de género, pero estos no son la causa principal de las diferencias de ascensos e ingresos.

Entonces ¿por qué difiere tanto la aportación de tiempo y a qué se debe que esta afecte tan seriamente a las carreras de las mujeres comparativamente a las de los hombres? La inmensa mayoría de las abogadas que abandonan la profesión entre cinco y quince años después de doctorarse tienen hijos pequeños. Pero se podría argumentar que, en la abogacía, hay una gran presencia de mujeres con hijos, de manera que debe haber otros factores que las impulsen a dejar la profesión.

Imaginemos que Della y Perry llevan ejerciendo siete o diez años, y tienen uno o dos hijos. Si Perry alcanza ingresos de primer nivel y Della no, lo más probable es que el miembro de la pareja que deje su trabajo sea ella.[12] Las esposas de hombres adinerados con hijos tienen tres veces más probabilidades de abandonar la población activa que las que cuentan con maridos con menores ingresos (aunque estos no sean bajos en absoluto). (En cuanto a las mujeres sin hijos, no existen diferencias de empleo basadas en los ingresos de sus maridos).

Por consiguiente, el impacto de los extraordinarios ingresos de Perry sobre el empleo de Della se relaciona exclusivamente con *si tienen hijos*. Las abogadas no abandonan su oficio únicamente porque sus maridos son ricos. Sus esposos pueden tener mayores ingresos, además de una familia en casa, gracias a que son ellas quienes dejan sus trabajos. Perry será capaz de llegar a lo más alto en su carrera solo si su tiempo y esfuerzo no se ven amenazados por las responsabilidades del hogar y de la familia. Por supuesto que Perry puede ser un gran padre cuando está en casa, pero no tiene que pasar allí tanto tiempo como el progenitor encargado y de guardia para la casa.

Aunque Della y Perry pudieran contratar a alguien que se ocupara de sus hijos a todas horas, lo cierto es que los niños requieren y merecen pasar tiempo con sus progenitores. Y la mayoría de los padres y madres están deseando estar con ellos lo máximo posible; de ahí el dilema. El tiempo que se invierte en los hijos es tiempo que no se emplea con clientes; el que se pasa organizando las horas de guardería no se ocupa en escribir informes, en el tribunal o preparándose para convertirse en asociado. Durante la COVID, como pronto veremos, conforme el trabajo se ha trasladado al hogar y este se ha transformado a su vez en guardería, colegio y comedor escolar, se ha hecho evidente hasta qué punto es necesario hacer concesiones.

Della y Perry deben tomar una decisión radical. Podrían acordar trabajar los dos a tiempo completo, pero sin imponerse semanas de más de cuarenta y cinco horas y largas jornadas. Sin embargo, como ya hemos visto, esto supondría que ambos perderían mucho dinero y experiencia laboral, quedándose atrás en la carrera del sector privado y ateniéndose a tener que emprender una ruta mucho más larga y difícil para ser asociados del bufete.

En lugar de incapacitar las carreras profesionales de ambos y, aun así, carecer del tiempo suficiente para estar con sus hijos, Della y Perry toman la decisión más lógica: maximizarán los ingresos de la pareja. Della se quedará atrás en su carrera, ya sea porque trabaje a tiempo parcial o porque deje por completo la abogacía, para poder dedicarse a la casa. Eso liberará a Perry de tener que invertir tiempo ocupándose de la familia y de las responsabilidades del hogar, y podrá trabajar largas jornadas para lograr ser asociado, incrementar el precio de su hora y beneficiar a su familia gracias a mayores ingresos.

Después de cada episodio de *Perry Mason*, Della y Perry resolvían un crimen. En este caso, el crimen que han tenido que resolver es el de cómo mantener una familia y optimizar sus ingresos. Sin embargo, lo que verdaderamente es un crimen es que la historia de los modernos Perry y Della no haya cambiado nada desde la década de 1950: Perry es el abogado de éxito, el del tribunal y la sala de juntas, mientras que Della se dedica a tiempo parcial al trabajo, y a jornada completa a la casa y a sus hijos pequeños. Cuando los niños sean más independientes, Della empezará a trabajar más horas, pero ya habrá sacrificado la posibilidad de llegar a ser asociada en el lucrativo bufete de abogados.

Si Perry y Della fueran colegas en puestos que ofrecieran similares (y elevados) niveles de ingresos, donde se trabajaran las mismas horas y las oportunidades de ascenso fueran muy parecidas, ambos ganarían prácticamente lo mismo. Pero, si son una pareja —como tantas otras— con formación académica y objetivos profesionales equiparables que quiere tener hijos, entonces sus carreras no progresarán al mismo ritmo por mucho tiempo. Solo uno de ellos podrá alcanzar ese elevado nivel de ingresos. Que sus carreras diverjan se deberá casi exclusivamente a que la mujer preferirá reducirse la jornada o hacerla más flexible y se retirará del sector privado y corporativo para encontrar el tiempo necesario que dedicar al cuidado de sus hijos.

Aunque se haya progresado en la igualdad de género en la profesión, el sector del Derecho sigue teniendo una de las mayores brechas salariales de género de todas las ocupaciones de Estados Unidos.[13]

La problemática de Della y Perry la comparten muchas parejas en diversas profesiones, como nuestros amigos Isabel y Lucas. Las uniones conformadas por profesionales de elevada formación académica —la médica y el catedrático, el ejecutivo y la senadora, el consultor financiero y la arquitecta— se enfrentarán a diferentes variantes del mismo problema.

O*NET, la enorme base de datos que estudiamos —creada por el Departamento de Trabajo de Estados Unidos—, recoge la detallada información comentada anteriormente sobre el censo de población y las experiencias de los trabajadores estadounidenses. Esos datos nos han mostrado que algunas características de los empleos están muy relacionadas con la brecha salarial de género, como la importancia de las exigencias de tiempo en el trabajo, el nivel de contacto humano (con clientes y compradores) que el empleo requiere y la valía de mantener relaciones interpersonales en el puesto. Cuanto más exigente sea la profesión y mayor la necesidad de dedicar un tiempo preciso a los clientes y al personal, menor será la probabilidad de que las mujeres, a diferencia de los hombres, desarrollen su trabajo con éxito.

Sabemos que en las ocupaciones con mayores exigencias de tiempo se paga desproporcionadamente mejor, incluso por hora, cuando los empleados invierten más horas y ofrecen mayor disponibilidad a sus clientes. Las empresas como los bufetes de abogados están dispuestas a pagar más para persuadir a sus empleados de que trabajen en horarios cambiantes e imprevisibles, estén de guardia y dediquen más horas; porque, entre otras cosas, los trabajadores son indispensables para los clientes de la empresa y los acuerdos entre ambos. Un cliente puede exigir tratar con un asesor o contable determinado. Un abogado inmerso en una costosa fusión o adquisición puede resultar esencial para que se llegue a un trato. Las empresas de servicios legales, de consultoría y de finanzas pueden creer que perderán

252 CARRERA Y FAMILIA

para siempre a un cliente si un empleado en particular no interviene en todas y cada una de las fases del acuerdo. Las mayores exigencias de tiempo suben la tarifa de la hora y, por tanto, los empleados ingresarán mucho más si están «de guardia para el trabajo».

De todas formas, el hecho de que los empleados estén de guardia y trabajen largas jornadas en horarios irregulares no siempre significa que se les vaya a pagar más. Como todo en la economía, eso va a depender de la oferta y la demanda. Las empresas quieren contratar a quienes estén dispuestos a trabajar muchas horas, porque es bueno para el negocio tener empleados a disposición de sus clientes en todo momento. Pero quienes trabajan largas e irregulares jornadas cobran más porque exigen una compensación por ello, lo que podríamos llamar una prima por las inconveniencias.

Los individuos que tratan de ascender al cargo de asociado, o a quienes se les puede ofrecer la titularidad en un puesto, también están sometidos a las exigencias del tiempo. Pero estas son de otro tipo. Estos empleados deben trabajar intensamente durante un periodo determinado para lograr un objetivo que, a menudo, es el de «quien gane se lo lleva todo». En este caso no sube la tarifa por hora, pero sí lo hacen las expectativas de ingresos y la seguridad en el trabajo.

Por norma general, si el precio de la hora asciende cuanto mayor es el número de horas trabajadas, el empleado se verá incentivado a poner más tiempo de su parte. Si la compensación económica es lo bastante alta, incluso quienes tengan responsabilidades en casa y deseen estar con su familia se verán ante una motivación lo suficientemente significativa como para pasar más horas en la oficina. Puesto que los dos progenitores —independientemente de su profesión u ocupación— no pueden (y no suelen querer) trasladar todas sus responsabilidades parentales a un cuidador o cuidadora, uno de ellos tendrá que trabajar sí o sí menos horas en la oficina para pasarlas en el hogar. Este último, aunque permanezca empleado, no va a recibir una prima de horas extraordinarias.

Ambos progenitores pueden dedicarse a trabajos de horarios imprevisibles y así optimizar sus ingresos familiares, o pueden tener los dos trabajos flexibles, incrementando así el tiempo que podrán pasar con sus hijos, pero reduciendo los ingresos de la pareja. La otra alternativa es que uno de ellos trabaje por un elevado salario, y el otro opte por un empleo flexible. Eligen hacer esto último; maximizarán los ingresos familiares con la condición de que uno de los progenitores esté de guardia para la casa. Pero eso solo se logra si, a su vez, uno de los miembros de la pareja está de guardia para el trabajo.

De manera desproporcionada, los hombres son quienes trabajan en los puestos de menor flexibilidad y predictibilidad horaria, con lo cual las mujeres, por lo general, ganan menos que ellos aunque trabajen el mismo número de horas. Y, puesto que es más fácil progresar en los trabajos inflexibles, las mujeres acaban por obtener menos ascensos. Con ello se produce una situación de desigualdad de género. Por otra parte, son las mujeres quienes tienen trabajos de horario previsible y de mayor flexibilidad para poder dedicar más tiempo a los hijos y a las emergencias que surjan en el hogar. El resultado que obtienen es la inequidad de pareja.[14] De todas formas, en la raíz de por qué es la población femenina la que elige los empleos más flexibles y regulares, se hallan, sin duda, los roles de género.

Hemos visto que lograr una auténtica carrera fuera del hogar es un fenómeno —uno que se desenvuelve a lo largo de cinco grupos— relativamente nuevo para la población femenina. Visto en el contexto de una transformación tan acelerada, aunque la aceptación social de una mujer que compagina su carrera con su familia haya cambiado de forma ostensible, el mercado laboral sigue premiando con creces la especialización de siempre. Los individuos y, por tanto, las parejas reciben enormes incentivos para dedicarse enteramente a sus carreras —sin hacer concesiones para con las responsabilidades del hogar—. Pero, cuando formar una familia es también un objetivo, hay que ceder en algo.

La diferencia de ingresos masculinos y femeninos, de acuerdo con la lógica y con los datos que hemos estado observando, no tiene una relación muy directa con la discriminación en el trabajo, con la falta de políticas de conciliación familiar de las empresas, o con ningún otro de los remiendos que hemos visto anteriormente. Estos están diseñados para garantizar a las mujeres de hoy lo que merecen en sus puestos de trabajo. Pero las causas de que sus ingresos sean menores se hallan precisamente en las características de esos puestos. Son los atributos propios de los trabajos que hacen de un particular empleado —médico, contable, consultor financiero— alguien indispensable para cerrar un trato, asegurar un cliente o afianzar las ganancias de una empresa.

¿Qué hay de positivo en todo esto? Que no se trata del *individuo*, sino del sistema. ¿Y de negativo? Que no se trata del individuo, sino del *sistema*. Es posible que incluso la trabajadora que gana un sueldo considerado «justo y no discriminatorio» continúe cobrando menos que un hombre en la misma posición. Esto ocurrirá cuando las responsabilidades de la casa y los hijos no le permitan trabajar largas jornadas o estar de guardia.

Nuestras mejores intenciones y las muchas victorias logradas a lo largo del trayecto hacia la igualdad no han logrado que desaparezca la brecha salarial de género. Hoy Perry y Della hojean libros de autoayuda en busca de consejos e instrucciones simplificadas que les indiquen cómo desarrollar una carrera y conciliarla con la familia. No encontrarán ahí la respuesta, pero hacen bien en reconocer que tienen un problema.

Mientras la diferencia de ingresos de ambos sea sustancial, la pareja promedio se decidirá por el mayor provecho económico para la familia y, a menudo, para frustración y decepción de ambos, para ello tendrán que sacrificar la igualdad de género y la equidad en la pareja.

¿Cómo lograr que no renuncien a la equidad? Sin duda necesitan una alternativa. ¿Existe la posibilidad de que, cambiando el sistema, o dejando que el sistema cambie por sí solo, puedan mantener una relación de pareja equitativa? La respuesta es afirmativa. De hecho, eso ya ocurre en varias profesiones como, por ejemplo, en la de farmacéutico.

La profesión farmacéutica no es solo igualitaria; es también muy lucrativa. De entre todas las ocupaciones (más de quinientas) del censo de Estados Unidos para los trabajadores a tiempo completo y durante todo el año, en farmacia es donde las mujeres alcanzan el quinto puesto en cuanto a salarios medios. (Las abogadas están en séptimo puesto). Las farmacéuticas no solo tienen ingresos elevados en comparación con otras profesionales con alta formación académica, ganan también casi lo mismo que los farmacéuticos si consideramos las horas trabajadas.

¿Por qué en la abogacía la desigualdad es tan grande, mientras que en farmacia es casi inexistente? Al fin y al cabo, en ambos sectores el porcentaje de profesionales femeninas se ha incrementado de manera similar, y en los dos se requieren estudios de posgrado especializados en los que las mujeres han destacado.

La respuesta se halla en la estructura misma del trabajo. Hubo un tiempo en que esas ocupaciones compartían características similares. Abogadas y farmacéuticas han dedicado largas e irregulares jornadas a sus trabajos. En ambas profesiones se daban altos índices de trabajadoras por cuenta propia y se debían asumir los riesgos que conlleva ser dueño de un negocio. Aunque estas características se sigan produciendo en la abogacía, ya no ocurren en la farmacia de hoy en día.

Vials, una reciente serie de televisión, es una corta y divertida comedia situada en una farmacia independiente llamada Gateway Drug. Rich, un farmacéutico cascarrabias, es el propietario del establecimiento, atendido por varios técnicos y por su hija, una chica rebelde y recién graduada en Farmacia. Hace medio siglo, era a comercios como Gateway Drug a donde principalmente se acudía a recoger una receta o cualquier producto de farmacia necesario. Casi todos los boticarios y propietarios de farmacias del pasado eran hombres. En 1965, las farmacéuticas, la mayoría del Grupo 3, suponían menos de

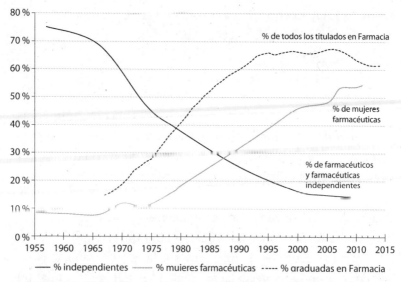

FIGURA 9.3. Porcentaje de mujeres entre todos los farmacéuticos y graduados en·Farmacia, y porcentaje de trabajadores por cuenta propia entre farmacéuticos.
Véase apéndice de figuras y tabla.

un 10% del total (véase la Figura 9.3) y generalmente estaban
empleadas por un farmacéutico, dueño del establecimiento. En
aquel año, el 75% de los profesionales de farmacia eran propietarios o empleados de boticas independientes (el 25% res-
tante trabajaba en cadenas, hospitales, centros de salud, etc.).
Las farmacéuticas ganaban 67 centavos por cada dólar de los
farmacéuticos, principalmente porque no eran propietarias de
los establecimientos.[15]

Por aquel entonces, quienes trabajaban más horas en la farmacia (aunque se pusieran a ver *Perry Mason*) ganaban bastante más por hora que quienes dedicaban menos tiempo. La remuneración para los trabajadores por cuenta propia era muy
superior a la de los empleados. Las mujeres con hijos ganaban
mucho menos que las que no tenían, aunque dedicaran el mismo número de horas, porque no les era posible trabajar a horas
determinadas según la demanda. La profesión de farmacia a
mediados del siglo pasado se parecía mucho a lo que supone

trabajar hoy en el sector financiero, de la abogacía o de la contabilidad.

Los productos de venta en farmacias de aquella época eran ligeramente distintos a los que encontramos en la actualidad. Los medicamentos a menudo se preparaban por encargo del cliente y la relación entre este y el profesional de farmacia era más estrecha. Era posible incluso que alguien de confianza llamara a su farmacéutico a altas horas de la noche para que le prescribiera una receta urgente.

Pero hubo un momento en que las cosas empezaron a cambiar. Comenzó a dar igual un farmacéutico que otro. Estos ya no ofrecían tanta atención personalizada y no tenían que memorizar las necesidades médicas de su clientela. Dudo que ninguno de quienes ahora leen estas páginas haya ido en los últimos años a una farmacia a recoger un medicamento y haya exigido, en el momento de recogerlo, que le atienda la misma persona a quien le entregó la receta. Sin embargo, lo habitual es que queramos reunirnos con nuestro contable de siempre para hacer la declaración de la renta o con el mismo abogado que nos lleva el divorcio, y no con ninguno de sus colegas.

¿Qué es lo que cambió en las farmacias? Se hicieron muy lucrativas, y a lo largo del siglo XX ampliaron tanto su tamaño como los servicios que ofrecían. Desde la década de 1950 hasta la actualidad se fue reduciendo de manera drástica la cantidad de farmacias independientes y, por tanto, el número de boticarios que trabajaba en estas también se vio enormemente mermado. La transformación del sistema sanitario y de los seguros de salud reforzó esta tendencia y produjo un incremento del empleo de los profesionales de farmacia en hospitales y en farmacias de venta por catálogo.

Aquellos cambios redujeron la cifra de farmacéuticos autónomos y ampliaron la de quienes empezaron a trabajar para empresas y corporaciones. Aunque el sector corporativo no sea visto generalmente como un agente de progreso, en este caso sí lo fue. La incorporación de las farmacias al sector supuso que el profesional de farmacia ya no tenía que responsabilizarse del negocio como propietario. Puesto que hasta entonces los hombres habían sido los propietarios y sus asistentes normalmente las mujeres, la transformación dio como resultado una mayor igualdad entre boticarios masculinos y femeninos. Ya no era el profesional quien recibía los beneficios netos de la empresa. Eran los accionistas.

Fueron varias las transformaciones que reforzaron esos cambios iniciales. Los medicamentos se estandarizaron en gran medida y, salvo excepciones, ya no eran necesarias las fórmulas medicinales. Las nuevas tecnologías de la información permitian a los farmacéuticos acceder al registro de recetas médicas de los clientes y adquirir conocimientos para ofrecer consejo a cualquiera que lo necesitara.

El contacto personal con un profesional ya no era relevante para el bienestar y la salud del cliente. Que hubiera farmacias abiertas durante la noche hacía innecesaria la presencia de tantas otras de guardia, y ya no hacía falta conocer al farmacéutico para poder acceder a medicamentos de madrugada.

Mientras se producían estas transformaciones, el trabajo de farmacia no se simplificó ni perdió profesionalidad. En tiempos recientes, los profesionales han estado en primera línea de fuego organizando y administrando las vacunas de la COVID-19. De hecho, la administración de medicamentos es actualmente algo más compleja de lo que era hace cincuenta años, y los farmacéuticos requieren mayores conocimientos que entonces. Para ellos (y ellas), las exigencias académicas se han incrementado. En el pasado, en Estados Unidos bastaba el grado de Farmacia más un año de certificaciones profesionales y prácticas para ejercer como farmacéutico, pero desde el año 2000 son seis los años de estudios requeridos (dos de grado y cuatro de posgrado) además de las certificaciones y las prácticas.

Examinemos ahora las farmacias actuales. Gateway ha pasado a ser una anomalía. Solo el 12 % de los farmacéuticos trabajan en farmacias independientes de barrio. Son las grandes cadenas nacionales como CVS, Walgreens y Walmart, además de muchos hospitales, quienes emplean a la mayoría de los profesionales. Estas grandes empresas, junto con las farmacias de venta por catálogo, son quienes en gran medida nos medican hoy en día.

Actualmente, más del 50% de los titulados en Farmacia son mujeres, y lleva sucediendo así desde mediados de la década de 1980. Las farmacéuticas ya no son las subordinadas del farmacéutico propietario. Son sus iguales. Fundamentalmente, ambos son empleados, no propietarios, puesto que muchos de los profesionales del sector de nuestro tiempo trabajan para una entidad corporativa.

El conjunto de los cambios experimentados supone que el profesional puede ser fácilmente reemplazado y que, por lo general, no va a tener que trabajar largas e irregulares jornadas. Sin duda, algunos farmacéuticos trabajan de noche, los fines de semana o durante las vacaciones —los empleados de las farmacias abiertas veinticuatro horas, las de los hospitales y las de venta por catálogo— y a menudo siguen cobrando primas por la inconveniencia, pero son menos cuantiosas que las de los profesionales de otros campos en los que se requieren muchas horas de guardia. El aspecto que es relevante destacar es que, puesto que existe el reemplazo perfecto, ningún farmacéutico es mucho más valioso que otro por trabajar horas extraordinarias, además de que, al mismo tiempo, en esta profesión todos siguen siendo valiosos.

Cuando los farmacéuticos pudieron sustituirse los unos a los otros, la penalización sobre la hora para quienes trabajaban a tiempo parcial prácticamente se desvaneció. Una boticaria media gana hoy aproximadamente 94 centavos por cada dólar de su homólogo masculino.[16] La de farmacia es una de las pocas profesiones en las que no existe penalización por trabajo a tiempo parcial.[17] Los encargados de las farmacias corporativas ganan más que los empleados rasos, pero la diferencia está principalmente en que trabajan más horas. El farmacéutico que dedique más horas, aunque cobre más, por hacerlo no incrementará significativamente la tarifa por hora. Los salarios en farmacia son correlativos a las horas trabajadas; es decir, si se dobla el número de horas, los ingresos se multiplican por dos (como sucede con cada múltiplo).

El resultado es el siguiente: no existe ninguna prima sobre el precio de la hora para los profesionales farmacéuticos que hagan más horas. Si Lisa trabaja sesenta horas a la semana, ganará el doble de lo que lo hará un farmacéutico empleado treinta horas a la semana. Si Lisa, o una Della farmacéutica, quiere ganar más dinero, tendrá que trabajar más horas. La tarifa por hora no cambia. Como hemos podido ver, eso no es lo que sucede en la abogacía.

Puesto que dedicar más horas no supone un incremento de la tarifa por hora, muchas mujeres farmacéuticas —especialmente las que son madres— trabajan menos de treinta y cinco horas semanales a la edad de treinta años, y continúan así por lo menos durante una década. Y, ya que se trata de un puesto flexible, son pocas las farmacéuticas con hijos que se ausentan por largos periodos tras dar a luz. Las horas de baja de estas profesionales son mínimas en comparación con las que se toman las abogadas y las empleadas en finanzas.

Otro de los aspectos sorprendentes de este sector es que cada uno de estos tres grandes cambios —la expansión del sector corporativo, la estandarización de los medicamentos y el uso de sofisticadas tecnologías de la información— ocurrió por motivos que poco o nada tuvieron que ver con la gran afluencia de mujeres en la profesión. Hoy, cerca del 65 % del total de los titulados en Farmacia son mujeres. Si lo comparamos con el 10 % de 1970, supone un incremento de 55 puntos porcentuales.

En la actualidad, a los profesionales farmacéuticos se les paga muy bien, y sus ingresos han incrementado respecto a los de otras ocupaciones. Desde 1970 a 2010, los ingresos medios de un farmacéutico que trabaje a jornada completa y todo el año, comparativamente con los de un abogado, médico o veterinario medio (hombre o mujer), se han incrementado.[18] En suma, los farmacéuticos pueden sustituirse perfectamente los unos a los otros y, en consecuencia, la de farmacia se ha convertido en una profesión igualitaria. Los ingresos son sustanciales y el sueldo no disminuyó con la afluencia masiva de mujeres en el sector, lo que contradice la creencia de que, cuando ellas entran en una profesión, los salarios caen en picado.

De todo ello podemos concluir varias cosas. Que los trabajadores puedan reemplazarse es clave para reducir la desproporción de la tarifa por hora extraordinaria y de guardia. Si un empleado puede sustituir a otro sin problema, entonces cuando uno necesite ausentarse, su compañero estará preparado para ocupar temporalmente su puesto. Clientes, pacientes y estudiantes pueden ser atendidos por cualquier empleado sin que se pierda información, nivel de confianza o efectividad.

No ha hecho falta una revolución, ni ningún movimiento social o gran cambio político para que esto ocurriera. En la profesión farmacéutica la transformación ha sucedido de manera orgánica y por diversos motivos —que nada han tenido que ver con una acción programada—. Eso no quiere decir que en otros sectores ocupacionales el cambio también deba producirse de manera espontánea. Aunque en farmacia podamos observar el tipo de transformaciones necesarias para la igualdad de género y la mayor equidad de pareja, no se nos explica cómo lograr estos objetivos.

Las implicaciones de que exista alguien que nos pueda reemplazar perfectamente (o casi) son, para la población femenina y para las parejas, colosales. Analizando la profesión farmacéutica podemos ver que la brecha salarial de género prácticamente se ha erradicado, y entendemos cómo se podría llegar a reducir también en otros sectores. Los profesionales de farmacia nos imparten lecciones cruciales.

Si todas las ocupaciones fueran como esta, los Della y Perry contemporáneos no se hallarían en tamaño dilema. La carrera de Della no se vería afectada porque cuidara de sus hijos. Perry no estaría tentado a trabajar largas jornadas y fines de semana para resolver casos sin Della. Como no tendrían que elegir entre la carrera de uno de los dos o la familia, serían capaces de lograr tanto la equidad en la pareja como la igualdad de género.

Por supuesto, el problema reside en que no todas las profesiones son como la farmacéutica. Si las jornadas interminables son la única manera de conseguir elevados ingresos por hora, los individuos preferirán, de manera implícita, pagar más para decidir sobre su propio horario laboral, mientras que las parejas se verán en una situación de difícil elección. El individuo que trabaje menos horas para tener más control horario ganará mucho menos, incluso por hora, que quien elija el trabajo de horario imprevisible. En el campo del derecho las diferencias son enormes; tomarse días libres o hacer menos horas, o simplemente trabajar en horario regular, es, en términos de ingresos por hora, como arrojarse al vacío. En farmacia, esas ausencias laborales no implican caída alguna. Se trata más bien de un agradable paseo.

Si los trabajadores pudieran sustituirse unos a otros en cualquier ocupación, todo el mundo saldría beneficiado. Imaginemos qué ocurriría si cada empleado tuviera un sustituto perfecto. Ante la exigencia de un cliente, una reunión urgente, la culminación de una fusión y adquisición, o cualquier ocasión en la que se necesita al empleado y este está ausente, el perfecto sustituto podría hacerse cargo. Y, gracias a este, las exigencias de tiempo sobre el trabajador reemplazado se reducirían. Quienes dedicasen largas y rigurosas jornadas no tendrían por qué cobrar más por hora, puesto que esa exigencia horaria no recaería sobre ningún empleado en particular. Las horas quedarían repartidas entre dos o más sustitutos competentes.

Los cambios en el sector farmacéutico que permitieron a los profesionales ganar control sobre su horario sin perder en el precio por hora fueron diversos. Cada paso adelante tuvo que ver con las evoluciones tecnológicas, como los sistemas de información, que han causado un impacto similar en otros sectores.

Hace algún tiempo las entidades corporativas tomaron el control sobre el sector de farmacia, así como sobre muchas consultas médicas. Las empresas y el capital privado han hecho incursiones recientemente en la optometría, la odontología y la veterinaria, adquiriendo una serie de consultas privadas. Para muchas personas, la sustitución de un amable propietario independiente por una distante y desconocida corporación resulta algo difícil de digerir, a pesar de que haya salvado de la quiebra a numerosas empresas.

La estandarización del producto y una mejor transmisión de la información proporcionó a los farmacéuticos la capacidad de trabajar con todo tipo de clientes y de ser sustituidos por empleados. Gradualmente, están comenzando a producirse cambios similares en la banca y en el sector financiero. Por ejemplo, muchas de las grandes entidades bancarias que antes ofrecían a sus mejores clientes los servicios personalizados de un gestor de banca ahora ponen a su disposición equipos formados por varios gestores. Recuerden cuántas veces se les habrá dicho (y confío en que haya sido cierto) que los atenderá un miembro del equipo en cuanto esté disponible, en lugar de la misma persona con la que hablaron anteriormente.

Tener a alguien que nos reemplace no significa que una ocupación, profesión o cargo se haya mercantilizado y reducido al peor de los salarios. El sustituto no es como una falsificación de un bolso de Hermès que resta importancia al auténtico. Quienes, en los sectores de la medicina, la veterinaria, la farmacia, la abogacía, las finanzas y la contabilidad, tengan unos buenos sustitutos ganarán en flexibilidad. Sus ingresos no se verán necesariamente reducidos. Tener un par de dobles profesionales no rebajará el valor de lo que el experto pueda ofrecer. Como he señalado antes, en farmacia, donde se pueden producir sustituciones tan a menudo, se cobra muy bien.

Otro de los aspectos positivos destacados es que esta transformación se está produciendo también en otras ocupaciones —de una manera menos orgánica, pero con resultados que se suman a los de farmacia—. En algunos sectores, los empleados están exigiendo a empresas, hospitales y otras instituciones que les garanticen un mayor control sobre sus horarios. En el campo de la consultoría, la contabilidad y las finanzas, las empresas han reconocido que sus trabajadores más jóvenes —hombres y mujeres— están abandonando el empleo porque las jornadas laborales son largas e impredecibles. El miedo de perder a los talentos en los que las empresas tanto han invertido puede hacer que estas cambien de rumbo. En varios puestos dentro de la tecnología o la sanidad, las tareas a realizar son de naturaleza independiente y requieren poca interacción con los clientes o los pacientes, de manera que empleados con aptitudes similares pueden reemplazarse unos a otros. Las exigencias que durante la pandemia recayeron sobre los progenitores, en particular sobre las madres, han evidenciado el valor de tener un buen sustituto en el trabajo.

Al final de cada episodio, Perry (casi siempre ayudado por Della) resuelve el crimen y encuentra al culpable. Aquí hemos identificado a los responsables, pero todavía no hemos exonerado al acusado. Más adelante veremos que existen una serie de ocupaciones en la sanidad, la tecnología y las finanzas en las que la empresa ha disminuido el coste de la flexibilidad temporal de sus empleados, y donde estos pueden reemplazarse mejor los unos a los otros.

10

Mi perro raramente se pone enfermo, pero, cuando lo hace, casi siempre es a las once de la noche, hora en que salimos a toda prisa hacia el hospital veterinario de la región donde le puedan practicar un lavado gástrico o vendar una pata. Hace algunas décadas, sus trastornos digestivos en mitad de la noche o sus altercados con el gato de mis vecinos nos hubieran urgido a llamar al veterinario de guardia. Pero ya no es necesario. Actualmente, los centros veterinarios regionales en Estados Unidos abundan y funcionan de manera similar a los servicios de urgencias de los hospitales que se ocupan de las dolencias humanas.

Hubo un tiempo en que, como los veterinarios de hace décadas, los médicos de familia trabajaban por cuenta propia y estaban de guardia las veinticuatro horas del día, todos los días de la semana. En *Marcus Welby, doctor en Medicina*, una popular serie de televisión de principios de los setenta, el protagonista era uno de ellos. Welby, interpretado por Robert Young —el mismo actor que dio vida al padre de *Papá lo sabe todo*—, llevaba una consulta privada y hacía visitas a domicilio, siempre sonriente y con su maletín a cuestas.

Las visitas médicas a domicilio y los veterinarios de guardia nocturna pertenecen al pasado. Son muchos los veterinarios que continúan empleados en pequeñas clínicas de barrio, y todavía hay médicos trabajando por cuenta propia, pero muy raras veces estos practicantes atenderán llamadas a altas horas de la noche. ¿Por qué?

Actualmente, la asistencia sanitaria a mascotas, niños y adultos se ofrece mediante un sistema de dos categorías. Una es la que opera de forma habitual desde las nueve de la mañana a las seis de la tarde, más un día de fin de semana de vez en cuando. La otra se dedica a las urgencias y está disponible veinticuatro horas, siete días a la semana. Aunque los trabajadores de la segunda categoría puedan brindar atención profesional todas las horas del día, en ambos grupos se tienen horarios relativamente previsibles. Alguno de ellos deberá trabajar en el turno de noche de vez en cuando, pero ninguno de estos profesionales tiene que estar de guardia cada día, además de que el tipo de guardia que hará también es previsible.

Los cambios ocurridos respecto a quién desempeña el trabajo de urgencia han transformado la atención sanitaria. Y lo más importante (por cuanto nos atañe) es que han alterado las vidas de los profesionales en esas ocupaciones. El resultado de las modificaciones sobre las exigencias de tiempo —que dan como resultado que veterinarios y médicos no tengan que estar siempre de guardia— es que una gran parte de esos profesionales han pasado a ser mujeres.

En 1970, época en que las primeras del Grupo 4 progresaban en sus carreras, solo un 7,5 % de los veterinarios primerizos eran mujeres. Hoy lo son un 77 %. En ese mismo año las mujeres que se doctoraron en Medicina fueron únicamente un 8 % del total de titulados.[1] Hoy en día suponen la mitad de los MD. Es posible que parte del incremento de población femenina en esta profesión se diera independientemente de los cambios estructurales sobre las exigencias horarias. Sin embargo, el actual nivel de presencia de mujeres en veterinaria y medicina no sería el mismo sin esas transformaciones. De todas formas, los datos no sugieren que en la profesión médica las mujeres estén en condiciones de igualdad con los hombres. Ni mucho menos.

En campos como el académico, la contabilidad, el derecho o la consultoría, la situación de las mujeres es todavía más desigual.

La progresión profesional en esas ocupaciones no ha cambiado mucho desde hace medio siglo o más, aunque las empleadas hayan pasado a constituir la mitad del conjunto de profesionales. Los procesos para lograr ascensos requieren que se dediquen muchas horas al trabajo desde el principio. Tras un tiempo determinado se evalúa a los empleados (o adjuntos), y los que han trabajado más duro (o los más afortunados) logran una posición fija o un cargo de asociados. Los demás pierden el puesto o se quedan atrás. Estas ocupaciones son conocidas como las de «ascenso o salida». Quienes estén en condiciones de luchar por un ascenso podrán permanecer en el puesto; los que no sean capaces, estén en empresas, instituciones o universidades, bajarán posiciones y se acercarán peligrosamente a la salida.

Cada una de estas profesiones conlleva obstáculos y horarios particulares, pero todas tienen algo en común; quienes en ellas alcanzan los mayores éxitos están en edades de entre los treinta y cinco y los cuarenta años. Se trata de algo que no siempre ha sido así. En la actualidad, el tiempo requerido para finalizar los estudios de posgrado y lograr el primer ascenso o posición fija es mayor.

Los titulados del pasado llevaban a cabo estudios de posgrado y de especialización profesional nada más salir de la universidad. Hoy en día, sin embargo, después de obtener la titulación, casi todos deben trabajar durante un año o más en puestos relacionados con las carreras profesionales que acabarán desarrollando. En el mundo académico, la mayoría de quienes al finalizar sus estudios de grado quieren realizar un doctorado, primero deben trabajar como ayudante de investigación (son los llamados predoctorandos). Los MBA por lo general pasan varios años empleados antes de entrar en las escuelas de negocios.

Obtener un doctorado lleva más tiempo que nunca, incluso en los campos profesionales donde las oportunidades laborales abundan. Cuando yo me doctoré, finalizar el grado de Economía requería cuatro años de estudios. Hoy son seis. Los posdoctorados en las ciencias relacionadas con la medicina y biología dedican periodos más largos de tiempo a formarse, como lo hacen también quienes se han doctorado en otros campos.

Los años de formación académica y profesional se van acumulando. Y estos constituyen solo los primeros pasos en un mundo a ritmo de «ascenso o salida». Un puesto de titularidad en el ámbito académico conlleva entre seis y ocho años de dedicación. Se tarda unos diez años en alcanzar un cargo de asociado en un bufete de abogados, y lograrlo en una empresa de consultoría ha pasado de costar seis a nueve años, dependiendo de si el empleado posee o no un MBA. En el área de inversión financiera, en cinco o seis años se puede ascender de banquero principiante a vicepresidente.

Por tanto, en el mundo académico pasarán como mínimo trece años (y generalmente dieciséis) desde la titulación de grado hasta lograr afianzar una carrera. En consultoría al menos transcurren diez años hasta que un empleado es considerado para un ascenso. Añadan unos cuantos años de trabajo antes de cursar estudios de MBA o JD. El resultado es que el primer ascenso en una profesión se dará habitualmente entre los treinta y cinco y los cuarenta años. Las mujeres y los hombres del Grupo 5 lograrán sus primeros ascensos de cuatro a seis años más tarde de lo que lo hicieron los miembros del Grupo 4.

Las constricciones del binomio familia y trabajo se hacen evidentes. Han pasado muchos años para quienes salieron de la universidad a los veintidós y son hoy, con cerca de cuarenta años, candidatos a un ascenso o a una titularidad. Además, la mediana de edad a la que se casan los universitarios es menor.

Si las decisiones de «ascenso o salida» se pudieran tomar con anterioridad, digamos antes de cumplir los treinta o treinta y cinco, para una mujer sería posible trabajar duro, llegar a asociada o titular y después formar una familia. Pero, puesto que la edad a la que se alcanza el primer ascenso se ha incrementado, se deberá postergar la familia, o bien habrá que decidirse por un ascenso cuando los hijos estén en edad preescolar. Desarrollar una carrera exige una dedicación de muchas horas al día, cosa que a menudo resulta extenuante para quienes tienen hijos

pequeños. Cualquiera de las dos opciones resultará problemática, especialmente para la población femenina.

El reloj biológico coincide con el de la carrera profesional.
Muchas mujeres, y hombres, tendrán que formar familias antes
de consolidar sus carreras. De no ser así, tal vez nunca tengan
otra oportunidad.

POR QUÉ TIENEN FUGAS LOS CONDUCTOS

En la década de 1970 empezó a darse un enorme incremento
del porcentaje de mujeres que se incorporaban a la población
activa en todo tipo de profesiones. A partir del Grupo 4 se
produjo un enorme progreso en cuanto a la obtención de títulos
de posgrado por parte de la población femenina. Pero ese ritmo
no se ha mantenido por lo que respecta a lograr puestos de titularidad o de asociadas. Inicialmente, se consideró que corregir
el bajo número de mujeres en altos cargos no era más que una
cuestión de tiempo, que habría que esperar para que se produjeran cambios. Pero hoy sabemos que no es así. Ha habido tiempo de sobra.

En economía, mi área de especialización, el 30 % o el 35 %
de los doctorados de los últimos veinte años han sido obtenidos
por mujeres.[2] Sin embargo, estas suponen solo el 25 % de las
profesoras titulares o asociadas y el 15 % de las catedráticas. Yo
fui una del 8 % de mujeres con cargo de profesora ayudante
en 1947, porcentaje que se ha incrementado hasta el 27 % en
2018. El grupo de las catedráticas era menor del 3 % en 1947 y
ha llegado casi al 15 % en 2018.[3] Aunque los logros sean notables, alcanzarlos ha llevado demasiado tiempo. Si los candidatos
masculinos y femeninos hubieran obtenido ascensos al mismo
ritmo, la fracción de población femenina con rango de catedrática sería mucho mayor. Por una parte, las mujeres tardan más
en ascender porque no tienen suficientes publicaciones a su
nombre.[4] Otro de los motivos es que dejan la profesión antes
de poder ser ascendidas.

Que los índices de ascensos de las mujeres entre el profesorado académico, en la abogacía, en los puestos de consultoría o de dirección y de finanzas sean menores se atribuye al llamado fenómeno de «fugas en los conductos». Con esta expresión se señala el hecho de que hombres y mujeres abandonan sus posiciones antes de alcanzar una promoción; pero son ellas quienes mayoritariamente dejan la profesión en algún punto del recorrido.

Se han aplicado varios métodos para hallar los motivos de las altas tasas de abandono femenino. Tras comparar a hombres y mujeres con las mismas calificaciones y similar número de publicaciones, observamos que persisten factores como los prejuicios, el favoritismo y el tutelaje inadecuado. Sin embargo, aquello que principalmente ocasiona fugas en los conductos en la mayoría de las profesiones de ascenso o salida tiene que ver con el tiempo que hay que invertir en progresar. A todo el mundo le cuesta desarrollar una carrera exigente, en especial a los jóvenes progenitores; y el progenitor que a menudo ralentiza su ascenso a los cargos superiores, a la vez que invierte tiempo y esfuerzo en la familia, es la mujer.

Tomemos el ejemplo de los contables de certificación pública (CPA, por sus siglas en inglés).[5] Las mujeres llevan constituyendo el 50% de este cuerpo profesional desde la década de 1980. Sin embargo, en las empresas con más de cien empleados CPA en 2017, solo un 21% de mujeres ocupaban cargos de asociados.[6] La diferencia de género entre los accionistas es todavía mayor. En la categoría de las grandes empresas de gestión contable, únicamente el 16% de los socios accionistas son mujeres. En los más pequeños despachos de contabilidad —en los que trabajan menos de cien CPA—, las asociadas femeninas alcanzan el 42%, cifra mucho más cercana a la del 50%. Ocurre muy a menudo que las mujeres que no logran llegar a lo más alto en las grandes empresas de contaduría aceptan empleos en despachos menores o en consultorías sin certificación pública (o CPA).[7]

Hemos observado las mismas fugas en los conductos de la abogacía. Solo el 18% de las abogadas que se titularon en la facultad de Derecho de la Universidad de Míchigan a los quince años de obtener el JD llegaron a ser socias, mientras que el porcentaje de hombres es del 35 %.

Es conocida la discriminación en esas profesiones y la actitud de los ejecutivos que tienden a seleccionar a sucesores que se parezcan a ellos. También se ha debatido ampliamente sobre las dificultades que tales criterios suponen para el tutelaje de las mujeres, las minorías y los grupos infrarrepresentados. Si bien es cierto que cada uno de estos factores es fundamental para el ascenso o la salida, las consideraciones no se acaban aquí.

El mayor obstáculo para la población femenina en estas profesiones tiene que ver con la famosa exigencia de tiempo; no solo en cuanto a las horas trabajadas, sino también en lo referente al momento vital en que aquellas exigencias son más apremiantes. La presión del tiempo alcanza su punto álgido cuando el trabajador tiene entre treinta y cinco y cuarenta años.

Las horas de trabajo son algo crucial para lograr un ascenso, cosa que se hace evidente en las profesiones que las cronometran, como la abogacía. Los abogados facturan por horas, incluso por cuartos de hora, y los bufetes mantienen un registro de todo ello. Sabemos que las abogadas logran ascender a asociadas a menor ritmo que sus homólogos masculinos, pero solo recientemente hemos llegado a conocer por qué ocurre así. El análisis de un importante sondeo sobre abogados realizado por la American Bar Association (llamado «Después de doctorarse en Derecho») ha demostrado que existe una relación clara entre alcanzar el cargo de asociado y la inversión de tiempo. Las horas que trabajan los abogados asociados y los ingresos derivados de estas suponen la mayor parte de la diferencia en los índices de ascensos entre hombres y mujeres.[8]

Ahora que la población femenina desempeña estas ocupaciones en mayor número y que son más los hombres que desean una relación equitativa con sus parejas, hacer las cosas a la antigua resulta más caro que nunca. Las empresas no quieren perder talento, y la mayoría del que se pierde es talento femenino.

La profesión universitaria, una de las que tiene políticas de ascenso o salida más draconianas, ha empezado a ofrecer mejores permisos familiares y es más generosa que en el pasado respecto al momento en que se puede alcanzar una posición de titularidad tanto para el profesorado masculino como para el femenino. Se han creado nuevos cargos que eviten la dirección única de ascenso o salida. Ahora se ofrecen puestos de tutoría y de profesorado adjunto a quienes no pueden o no se ven capaces de trabajar el elevado número de horas necesarias para lograr la titularidad. En la abogacía y en contabilidad, se han creado puestos de asociado no partícipe en las ganancias. Además, siempre existe la posibilidad de bajar algún peldaño en la jerarquía y aceptar una posición de titular en una institución de menor relevancia, o de asociado en un bufete más pequeño o una correduría menos lucrativa.

Una vez, no hace mucho tiempo, conocí a un asociado sénior de una de las empresas de consultoría más grandes y respetables del país. Su tarea consistía en asegurarse de que ninguno de los recién llegados, o de los nuevos asociados y consultores (los de jerarquía más baja en la empresa) se vieran tan sobrepasados por la cantidad imperativa de trabajo como para querer dejar el puesto en cuanto finalizaran sus respectivos proyectos. Las abejas obreras que son los nuevos empleados necesitaban oír que sus PowerPoint eran estupendos y saber que sus hojas de Excel iban a ser leídas. Sus supervisores y socios debían ser advertidos de que no tenían que presionar demasiado a los jóvenes trabajadores o perjudicarían así a la empresa.

Aquel hombre iba de oficina en oficina por Estados Unidos preguntando a asociados y consultores si la carga de trabajo los sobrepasaba, si se sentían tratados de manera injusta o poco valorados. Independientemente de la eficacia de su papel en la empresa, el hecho de que exista una persona dedicada a supervisar a los empleados con cargos superiores significa que la compañía ha identificado que existe un problema. Y este se llama el problema jefe-agente. A los supervisores de nivel medio se les incentiva para que hagan trabajar duro a sus equipos. El supervisor recibe el mérito por los buenos informes y clientes satisfechos. Pero, cuando los empleados con talento abandonan, el resto de la empresa se ve perjudicada y el equipo se desmorona. Los agentes (supervisores de nivel medio y asociados) no están lo suficientemente incentivados para seguir las directrices del jefe (los asociados séniores y el director).

Las compañías no quieren perder a sus valiosos y extremadamente preparados trabajadores, en especial las que ofrecen servicios profesionales donde abundan las relaciones directas con los clientes y en las que la formación (a menudo pagada por la empresa) es muy costosa. Los jóvenes empleados sin hijos tienen pocas restricciones de tiempo y generalmente quieren impresionar a los asociados y encargados superiores de la compañía. Trabajan muchas horas y suelen competir entre ellos. Cuando uno tiene veintitrés, veinticinco o incluso veintisiete años, no pasa nada por invertir toda la energía en el trabajo. Pero, si se tienen hijos pequeños, ese tipo de vida no es el ideal para muchos —en especial, para las mujeres—. Los supervisores de mayor grado, especialmente el director, van a querer reducir las largas jornadas de horarios imprevisibles que se han convertido en la norma para la mayoría de los trabajadores más jóvenes. El asociado sénior que conocí estaba tratando de resolver ese problema jefe-agente.

Algunos peces gordos de Wall Street —Goldman Sachs, J. P. Morgan, Citigroup, Bank of America, Morgan Stanley, Barclays y Credit Suisse— han decidido también ofrecer mejores incentivos para reducir los problemas jefe-agente que amenazan la permanencia de los jóvenes de sus empresas. Estos gigantes de las finanzas han comenzado a crear normativas que mantengan libres las noches y los fines de semana, remuneren los años sabáticos, garanticen los periodos de vacaciones y faciliten el camino a los ascensos.

Goldman Sachs empezó el año 2013 con una promesa: «Estamos comprometidos a implementar iniciativas que permitan a nuestros banqueros más jóvenes desarrollar mejor unas carreras exitosas y sostenibles a largo plazo en la empresa». Las normas eran explícitas, y serían pocas las ocasiones en las que se debería informar al comité ejecutivo. «Todos los analistas y asociados deben ausentarse de la oficina desde las 21.00 del viernes hasta las 9.00 del domingo (a partir de este fin de semana). [...] Todos los analistas y asociados deberán ausentarse tres semanas de vacaciones al año».[9] Y no se permitía llevarse las tareas de la oficina a casa o a la cafetería del barrio. Un año después, Credit Suisse prohibió el trabajo en sábados, y Bank of America Merrill Lynch recomendó a sus banqueros más jóvenes que se tomaran al menos cuatro días de fin de semana libres al mes.[10]

Los gigantes tecnológicos también saben que las largas jornadas son contrarias a un ambiente laboral satisfactorio. En 2016, para proporcionar «un entorno de horario reducido sin por ello sacrificar el éxito en la carrera profesional» Amazon anunció que permitiría una reducción del 25 % de las horas para los empleados en los departamentos de tecnología, incluidos los supervisores, con una afectación sobre el salario del 25 %.[11] Se les penalizaría, esencialmente, según la tarifa por hora.

La crisis de la COVID ha provocado que muchas empresas, también las del sector de la tecnología, amplíen los periodos de trabajo remoto. La aceptación del teletrabajo puede beneficiar de manera permanente a todos los empleados, en especial a quienes tienen hijos. Más adelante veremos que, sin embargo, el hecho de que las oficinas, así como las guarderías y escuelas, estén abiertas de manera intermitente puede acentuar las diferencias de género del pasado, pues un progenitor tiene que estar disponible en casa todavía más tiempo que antes de la pandemia. Se alcanzarán logros, pero también habrá pérdidas.

Algunas empresas de consultoría y de contabilidad han impuesto normativas que restringen el número de viajes de larga distancia de sus empleados más jóvenes. Otras han reducido las horas laborables y limitado la posibilidad de enviar correos electrónicos fuera de horario. Se trata de medidas importantes impuestas por asociados séniores y directores que consideran que algunos de los supervisores de su empresa están sobrecargando de responsabilidades a sus jóvenes subordinados, tanto que estos últimos podrían dejar el trabajo. Los supervisores ansían finalizar sus proyectos y no siempre consideran lo que una gestión demasiado coercitiva puede costar a la empresa. Con mejores o peores resultados, los numerosos intentos de proteger de exceso de trabajo a los jóvenes empleados demuestran que las empresas —y los trabajadores— han admitido que la sobreexplotación tiene un precio.

De principios a mediados de la década de 1990, dos de las compañías de contabilidad más grandes de Estados Unidos tuvieron un serio problema de personal. Habían hecho las cosas muy bien contratando a un gran número de mujeres. Pero, aunque casi la mitad de las incorporaciones de CPA eran femeninas, muy pocas lograban ascender a asociadas. Algunos en la industria llegaron a decir que se estaba produciendo una «hemorragia de mujeres». Los cargos superiores no veían la manera de contener la fuga. Determinado a lograrlo, el inteligente e inquisitivo director de Deloitte, Michael Cook, encargó un análisis independiente en 1992 para ver por qué se iban las mujeres.[12]

Aquel informe señaló que las trabajadoras dejaban sus empleos mucho antes de ser candidatas a un ascenso. Reparó también en que eran las políticas de Deloitte las que provocaban el abandono. Las empleadas no ganaban lo que habían imaginado, no se confiaba en ellas para tomar decisiones difíciles, y no se apreciaba su fortaleza —al menos no como la de sus compañeros—. Cook tomó la rienda de unos cambios que transformarían la cultura de la empresa. El número de mujeres que llegaron a asociadas se incrementó.

En 1997, Phil Laskawy, director de Ernst and Young (actualmente EY), observó problemas similares en su empresa y puso en práctica medidas como la flexibilización de los horarios, el tutelaje y el *networking* entre organizaciones de mujeres. También en esta compañía aumentó el número de mujeres ascendidas a socias.[13]

Lo que se consiguió en Deloitte y en EY se ha logrado también en otras empresas con políticas menos instruidas.[14] No podemos llegar a saber la repercusión exacta sobre el incremento de los ascensos femeninos de las medidas que tomó Deloitte para cambiar su cultura corporativa, o el de las de EY en cuanto a flexibilización horaria. Pero existen evidencias que indican que lo que impide a las trabajadoras alcanzar los más altos cargos son factores estructurales básicos.

Un grupo de sagaces investigadores se ha servido de informes de auditorías para generar datos sobre el porcentaje femenino de asociados en las empresas de CPA. Las auditorías son el negocio principal de las compañías de CPA, y el número de mujeres en las grandes firmas como Deloitte o EY no difiere mucho del de cualquiera de sus muchas empresas CPA competidoras.

Ninguna de las medidas tomadas hasta ahora han sido suficientes. Si bien es cierto que las mujeres suponen el 50% de la plantilla de CPA desde hace treinta y cinco años, y han pasado veinticinco desde que las empresas más importantes, como Deloitte y EY, decidieron que había que hacer algo para que las empleadas no abandonaran, la proporción de socias de las grandes empresas no se acerca al 50% alcanzado hace tiempo sobre todos los CPA.[15] El problema no es que en estas compañías no sepan que existe una disparidad en el número de socios masculinos y femeninos entre sus filas, o que eso no les importe, o que no traten de ponerle remedio. El verdadero problema radica en que tanto el momento determinado en que los ascensos se pueden producir como el compromiso de tiempo que exigen los cargos complica mucho la vida de una pareja que tiene o quiere tener hijos. Se trata de una cuestión de la propia estructura de esos puestos.

Para cada una de esas profesiones se han planteado soluciones inadecuadas. En la abogacía, la contabilidad y la consultoría, las posiciones de socio sin participación accionaria ofrecen salarios considerablemente más bajos que los de los socios accionistas. En el entorno académico, aunque haya profesorado adjunto masculino y femenino, los puestos de ayudante los ocupan, de una forma desproporcionada, las mujeres. Con frecuencia se trata de puestos para cónyuges acompañantes —masculinos y femeninos—, pero a lo largo de la historia son las mujeres, en mayor medida, quienes están geográficamente subordinadas al empleo del marido. Incluso la ampliación de plazos para obtener la titularidad ha adquirido mala fama en los últimos años. Se ha comprobado que, mientras las mujeres dedican a la familia cualquier posible semestre añadido, los hombres lo utilizan para tratar de publicar más artículos de investigación.[16] Los sistemas de ascenso o salida no se llevan bien con el cuidado de la familia. Aunque no resultan convenientes para ninguno de los sexos, el mayor precio, considerando las diferentes realidades, lo pagan las mujeres.

A nadie sorprende que los empleados que estén de guardia y trabajen en horarios irregulares e imprevisibles ganen más que quienes tengan horarios más estables, pero el problema que las bonificaciones suponen para las carreras de las mujeres y la equidad en la pareja es mayúsculo. Cuanto más cuantiosa sea la bonificación por hora en los trabajos de largas jornadas y en los que los empleados deban estar localizables, mayor será el incentivo para que cada uno de los miembros de la pareja, en particular si tienen hijos, se especialice.

Con «especializarse» no quiero decir que uno de los miembros se ponga a fregar los platos y el otro los seque. Me refiero a algo que tiene mayores implicaciones. Como hemos ido viendo a lo largo de nuestro trayecto, lo que sucede es que una persona (en general, la esposa) sacrifica más tiempo de guardia para la casa, y la otra (normalmente el marido) está de guardia para el trabajo.

Si los miembros de una pareja con hijos no se especializan, es decir, si no toman la importante decisión de que uno de ellos priorice la casa y el otro, el trabajo, van a perder dinero. Ambos no pueden tener un trabajo de horas impredecibles, ya que los niños, así como el perro, pueden ponerse enfermos y van a necesitarlos a cualquier hora del día o de la noche (y las exigencias de los niños son mucho mayores que las de un perro).

Cuando el dinero que pueden perder no es demasiado, este no es un factor que afecte a la pareja. O, lo que es lo mismo, ambos se podrán permitir descartar el empleo de horas más imprevisibles e invertir el dinero que sacrifiquen en equidad para la pareja. Pero, si la suma que dejan escapar es sustancial, el coste de esa equidad resultará demasiado elevado, y esta será sacrificada. La equidad, además, no será la única víctima. Cuando se abandona la equidad de pareja, tiende a quedar desprotegida también la igualdad de género en el lugar de trabajo. Las mujeres ganarán menos que los hombres; perderán incluso si cobran por horas. El problema se halla en la forma en que se remunera en el mercado laboral, y en que el trabajo fuera de casa y el del cuidado del hogar están separados por sexos.

La clave de esta situación la encontramos en que la (des)igualdad de género y la (in)equidad de pareja son dos caras de la misma moneda, como vimos en el caso de la abogada y la farmacéutica. La difícil decisión personal que hemos estado analizando —que un miembro de la pareja, generalmente la mujer, decida estar de guardia para la casa— genera inequidad en las parejas. Y esta priorización, asimismo, provoca que la población femenina gane menos que la masculina, incluso en el caso de que ambos sexos cobren por hora trabajada. He aquí, por tanto, la desigualdad de género. Pero, como en todo, siempre existe el aspecto positivo, y este es que hoy hay más parejas que nunca luchando por la equidad y por el tiempo que poder dedicar a sus familias.

Las empresas tratan de procurarse beneficios. Para alcanzarlos, quieren que sus empleados estén localizables y trabajen en jornadas laborales irregulares. Pero las compañías también se encuentran en un pequeño aprieto. Antes de la COVID buscaban empleados con elevada formación capaces de trabajar largas horas de oficina, pero a quienes no tuvieran que pagar enormes sumas por ello. Por su parte, cada vez más trabajadores con hijos querían tener menos obligaciones nocturnas y de fin de semana, y exigían que esas cargas adicionales les fueran recompensadas.

La llegada de la pandemia se sumó a esos problemas de manera imprevista. Nuestra experiencia, sin embargo, puede contribuir a encontrar soluciones, puesto que hemos comprobado que existen muchas formas de flexibilizar el trabajo sin que disminuya la productividad. (Pronto analizaré el impacto del incremento de horas parentales en un momento, durante la crisis sanitaria, en que las escuelas y la mayoría de las guarderías estaban cerradas).

La creciente exigencia de tiempo del que disponer para la familia era ya un asunto muy importante antes de la COVID, cuando los progenitores, especialmente los de mayor formación académica y con mejores salarios, empezaron a pasar más horas a la semana con sus hijos. Existe información detallada de los últimos cincuenta años sobre el uso de tiempo de las personas gracias a una amplia muestra de los hogares de Estados Unidos. Se trata de datos que fueron recogidos por vez primera en 1965 por la Universidad de Míchigan en su Encuesta sobre el uso del tiempo de los estadounidenses. La oficina del censo, con financiación de la Oficina de Estadísticas Laborales, lleva utilizando desde el año 2003 una metodología similar llamada Encuesta de uso del tiempo en América (ATUS, por sus siglas en inglés). Varios investigadores se han dedicado a realizar una comparativa de las series de tiempo de los dos sondeos.

Los resultados muestran que los progenitores masculinos con formación universitaria (de veinticinco a treinta y cuatro años) pasaron el doble de horas semanales con sus hijos en 2015 de lo que lo hicieron en 1990 (de cinco a diez horas). Para los no universitarios, los cambios son de una proporción parecida, aunque los niveles fueran más bajos (pasaron de cuatro a ocho horas).

Que los padres dediquen más tiempo a sus hijos no se debe a que las madres hayan dejado de hacerlo. Todo lo contrario. También ellas han incrementado el tiempo que pasan con los niños. Las tituladas universitarias (de veinticinco a treinta y cuatro años) dedicaban a sus hijos trece horas por semana en 1990, y veintiuna en 2015.[17] El conjunto de las que no poseen un título de grado incrementó las horas de once a dieciséis. Si reunimos todos estos datos, veremos que el tiempo que una pareja con formación universitaria (de veinticinco a treinta y cuatro años) pasa con sus hijos se incrementó de dieciocho a treinta y una horas a la semana de 1990 a 2015.[18]

Aunque estén más tiempo con sus hijos, los hombres se quejan de que no es tanto como quisieran. Según una reveladora encuesta del Pew Research Centre, el 46 % de los padres señalan su deseo de pasar más tiempo con sus hijos. Son menos, un 40 %, los que poseen un título universitario, y admiten que no dedican el suficiente tiempo a los niños. Los padres con menor formación académica aparentemente admiten mayor negligencia, siendo un 49 % de ellos los que desearían pasar más tiempo sus hijos.

Las madres encuestadas que se lamentaban de su falta de dedicación constituían la mitad que aquellos, en concordancia con el mayor tiempo que estas pasan con sus hijos. Aun así, el 23 % afirmó que desearían ofrecerles más tiempo. El porcentaje es mayor para las madres trabajadoras (el 27 %),[19] pero entre estas hay pocas diferencias según nivel académico.

Los progenitores de hoy no solo dedican más tiempo a sus hijos (y menos del que desearían) que hace veinticinco años, también se ven a sí mismos mejores padres y madres de lo que fueron sus propios progenitores. Cerca de un 50 % aseguró que pasan más tiempo con sus hijos del que tuvieron ellos. Y, en efecto, eso generalmente es así. Solo un 20 % afirmó dedicar menos que el que pasaron con sus padres.[20] Estos hallazgos son consistentes en ambos sexos y para todos los niveles educativos. Aunque no exista amplia evidencia de que los progenitores masculinos hayan solicitado a sus empresas trabajar menos fines de semana y horas nocturnas, el uso de su tiempo y el expreso deseo de pasar más horas con sus hijos sugiere que lo han hecho.

Las madres afirman valorar de forma muy positiva la flexibilidad laboral. Cuando se les preguntó qué aspecto consideraban extremadamente importante en sus trabajos, el 53 % de las tituladas universitarias dijo que «la flexibilidad», mientras que el porcentaje para sus homólogos masculinos fue de un 29 %.[21]

El hecho de que sean tantas las parejas que aspiren a una división más equitativa de las tareas que comparten nos sitúa ante una nueva y prometedora realidad. Son menos los hombres

que quieren que sus esposas abandonen sus carreras para ocuparse de la casa. De los esposos con un título universitario, el 67%
afirmó que el mejor matrimonio se da cuando marido y mujer
tienen empleos y se ocupan ambos del hogar y de los hijos. Esa
misma afirmación la comparten las tituladas universitarias, que
sin duda quieren aún más equidad en la relación, en un porcentaje del 80%.[22]

Así pues, ¿qué debe ocurrir para que sus deseos se hagan
realidad?

LOS ASPECTOS POSITIVOS

Uno de los métodos de los que disponen los empleados para
que los jefes cambien es dejar el trabajo e irse a otro que ofrezca ingresos, horarios y prestaciones laborales mejores. Algunas
mujeres cuyas parejas tengan sueldos elevados no cambiarán
de empleo, sino que pararán de trabajar. Que un grupo de jóvenes empleados, poco después de recibir su formación corporativa, se levante y se marche no pasa desapercibido a la empresa. Esta ha invertido en ellos desde el momento en que los
contrató y durante sus primeros años en la compañía, de manera que quiere que permanezcan en plantilla.

Puesto que cada vez son más los empleados que prefieren
dedicar tiempo a sus familias y mantener relaciones más equitativas con sus parejas, las exigencias de horario, más allá de las
habituales, requieren compensaciones económicas todavía mayores por parte de las empresas. Naturalmente, las compañías
que han sido creadas para maximizar los beneficios no van
a querer aumentar los salarios. Esto da como resultado que muchas empresas están ingeniando modos de proteger el tiempo
de sus trabajadores más valiosos. Las posibilidades de lograrlo
son diversas. Hay empresas que favorecen las sustituciones para
que los empleados se puedan pasar entre ellos a clientes y cubrirse unos a otros en las reuniones. Esas compañías pueden así
continuar respondiendo bien ante las exigencias puntuales y los

momentos de trabajo más intenso, y los trabajadores logran organizar mejor sus horarios para no tener que perderse partidos de fútbol infantil o reuniones en la escuela de sus hijos.

Los supervisores de las empresas no siempre son amables, sensibles y comprensivos. Pero eso tal vez no importe. En ocasiones, como por arte de magia, lo que le conviene a la compañía le conviene también al empleado. Que los hombres a quienes se les pide que trabajen largas e irregulares jornadas exijan a las empresas salarios más elevados puede provocar que estas busquen maneras de proteger el tiempo de su personal en lugar de reclamarles que desatiendan a sus familias.

Si las compañías encuentran una forma efectiva de funcionar sin que los empleados tengan que trabajar más y a mayor velocidad, no tendrán que compensarles las horas extraordinarias de la manera en que lo hacen. Tampoco deberán pagar más por horarios impredecibles y extenuantes. Además, con ello se reducirá la brecha salarial de género y se fortalecerá la equidad de pareja.

Sin embargo, este escenario también presenta algunos problemas. No cabe duda de que hay trabajadores que no tienen responsabilidades familiares, o cuyos hijos son mayores. Pero la fuerza laboral está compuesta en su mayoría por quienes tengan responsabilidades familiares de algún tipo.

Como hemos visto en el caso de la abogacía, no en todos los sectores laborales se están produciendo cambios. Algunas de las transformaciones más importantes han ocurrido, como en farmacia, no por la presión del empleado, sino de manera orgánica. Además, siempre se habla más que se actúa. De todas formas, se están dando casos reales en los que las empresas han ideado, a menudo con la ayuda de las nuevas tecnologías, el modo de reducir los costes de la flexibilidad en el horario.

Analicemos dos ejemplos del sector de la salud. Veamos, por una parte, las horas y los ingresos de los médicos por especialidad, y por otra, el caso de los veterinarios. Para analizar ambos contextos deberemos servirnos de datos concretos más allá de los del censo, en el que, aunque se ofrezca un registro de ocupaciones, a menudo tienen demasiados añadidos: por ejemplo,

bajo «Médicos y cirujanos» aparecen cincuenta subespeciali-
dades. Para los veterinarios, la muestra del censo es inade-
cuada por demasiado pequeña. Por ello, recabaremos datos más
precisos para observar de cerca las diversas profesiones y así
poder comprender el papel que juega la exigencia de tiempo en
la (des)igualdad de género.

Las doctoras son capaces de lo imposible. Las mejores se some-
ten durante años a una intensa formación, trabajan duro por sus
pacientes y, a pesar de todo, muchas logran tener más hijos que
las mujeres en profesiones que implican el mismo o menor número de años de preparación.

Los datos del proyecto *Harvard and Beyond* muestran que el
porcentaje de tituladas en medicina (MD) con hijos quince años
después de graduarse era mayor que la de las JD, MBA o doctoradas. De las MD que se titularon a principios de la década
de 1980, cerca del 84% tenía un hijo (biológico o adoptivo) a
los cuarenta años.[23] ¿Cómo es posible?

Para empezar, las madres doctoras en general tienen más
dinero que las demás. Pueden permitirse pagar canguros, guarderías y otros gastos destinados a ocupar el tiempo que ellas no
tienen. También es posible que estén en matrimonios más equi-
tativos. Pero, igual que hacen las mujeres que no poseen seme-
jantes superpoderes y recursos, cuando tienen hijos las médicas
se reducen las horas de trabajo.

Sin duda sus jornadas son muy largas. Pero trabajan muchas
menos horas que los hombres, tanto en la profesión en general
como en cada una de sus especialidades. Las doctoras de hasta
cuarenta y cinco años trabajan diez horas menos a la semana
que sus homólogos masculinos.[24] Entendámonos, el promedio
de horas semanales sigue siendo muy alto para ellas; no es que,
por decirlo de algún modo, se duerman en los laureles.

Las médicas más jóvenes trabajan 48,1 horas semanales, a
diferencia de las 58,6 de los médicos, de manera que dedican
un largo día de trabajo menos por semana.[25] Conforme pasan

los años, las mujeres incrementan sus horas trabajadas. Con el tiempo, ellas trabajan más y ellos reducen sus jornadas.

La diferencia de número entre hombres y mujeres en medicina varía mucho dependiendo de la especialidad. Más del 55 % de los psiquiatras infantiles son mujeres, así como el 62 % de los dermatólogos, y son doctoras el 75 % de los obstetras y ginecólogos más jóvenes.[26] Por el contrario, solo el 20 % de los especialistas en enfermedades cardiovasculares y el 10 % de los cirujanos ortopédicos son profesionales femeninas. En las especialidades que requieren menos horas semanales hay más mujeres. Una excepción es la ginecología y la obstetricia, de mayoría femenina, pero que exige muchas horas. Por norma general, cuantas más horas trabaja un médico en una especialidad, menos mujeres médicas se interesarán por esta.[27] Es decir, se produce una fuerte relación negativa entre las horas promedio para un médico masculino y el número de mujeres que se dedican a esa especialidad.[28]

Realizar una comparación entre especialidades que requieren residencias de duración similar nos ayudará a analizar esta situación. En el grupo de los profesionales de la medicina más jóvenes, los dermatólogos masculinos trabajan cuarenta y ocho horas semanales, y el 62 % de todos los dermatólogos son mujeres. Los médicos masculinos especializados en medicina interna trabajan cincuenta y nueve horas a la semana; el 44 % del total de especialistas son mujeres, un porcentaje menor que el de dermatólogas.[29] Aunque encontremos a las doctoras en especialidades de menos horas, el motivo por el cual trabajan diez horas menos a la semana no es porque estén en una especialidad determinada. En prácticamente todas las especialidades ellas trabajan menos horas que los médicos masculinos.[30] En efecto, las jóvenes doctoras trabajan menos horas que los jóvenes doctores en cualquiera de las veinte grandes especialidades médicas.

A medida que pasan los años y los hijos se van haciendo mayores, las doctoras incrementan su actividad profesional. Casi en todas las especialidades, las médicas de más de cuarenta y cinco años aumentan su número de horas trabajadas. Es significativo que suceda lo opuesto entre los hombres. Los médicos más mayores trabajan menos horas que los jóvenes. En cardiología, las horas se reducen de sesenta y siete a sesenta. También en cirugía se producen disminuciones importantes. En las demás especialidades la reducción es generalmente menor, puesto que son menos las horas iniciales.

Casi en todas las áreas de especialización, los doctores masculinos de mayor edad reducen las horas semanales respecto a los más jóvenes, mientras que ellas habitualmente trabajan las mismas horas o más a medida que pasan los años. La diferencia de horas entre los doctores y las doctoras séniores baja de 10 a 5, y esa caída se debe esencialmente a que los hombres reducen su horario semanal en 3,9 horas y las mujeres lo amplían en 1,1 horas.

Disponer de una semana más flexible y de menos horas es clave para que las mujeres MD puedan encargarse de sus hijos a la vez que mantienen sus exitosas carreras. Sin embargo, combinar un empleo de alta responsabilidad con un horario flexible necesario para el cuidado de los hijos tiene también sus aspectos negativos. Uno de ellos es que, aun teniendo en cuenta las horas trabajadas, se produce una brecha salarial. Las doctoras ganan por hora considerablemente menos que los doctores. Para el conjunto de los doctores en Medicina, el cociente de ingresos por sexo observado anteriormente era de un desazonador 67% (aunque, como hemos señalado, el análisis no hace diferenciación por especialidad).

Los datos sobre los profesionales de la medicina empleados aquí ofrecen más detalles que los del censo, e incluyen especialidades. Revelan que la mayor parte de la penalización sobre los ingresos que experimentan las doctoras tiene que ver con la elección de especialidad, que a su vez está relacionada con las horas semanales y la duración de la formación profesional. Si tenemos en cuenta las horas, la especialidad y los años desde la obtención del título MD, el cociente de ingresos por sexo aumenta para las mujeres de 67 a 82 centavos por cada dólar de médico masculino.[31]

Aunque no todos los factores pueden ser incluidos. Otros estudios han mostrado que las doctoras pasan más tiempo con cada paciente y, por tanto, pueden visitar a menos pacientes (y ganar menos dinero). Según un amplio informe, el porcentaje suplementario que las médicas dedican a cada paciente es de un 10%.[32] A pesar de estas circunstancias, lo más probable es que las mujeres, de todas formas, sigan ganando menos.

Las semanas más cortas de las jóvenes doctoras determinarán en parte una posible remuneración menor en los años posteriores. Puede que en el futuro reciban menos recursos y no sean consideradas para ascensos de departamento. Y tal vez no logren trasladarse a puestos en los que se aseguren mejores sueldos. La población femenina no aprovecha tanto como la masculina las ofertas externas para negociar salarios más elevados. Comparadas con los hombres, ellas están más condicionadas por la región geográfica en la que se ubica el empleo de sus parejas.

Visto esto, ¿cuáles son los aspectos positivos? Uno de ellos es que los profesionales médicos de todas las especialidades del Grupo 5 tienen más flexibilidad laboral que nunca. En comparación con muchas otras profesiones de elevados salarios, en la medicina se puede trabajar a tiempo parcial. Y, lo que es más importante, las transformaciones que se han producido en la profesión han reducido el coste de la implementación de horarios flexibles. De acuerdo con los datos más recientes de que disponemos, las mujeres conforman el 47% del total de los médicos recién contratados, el 71% de los pediatras, el 64% de los dermatólogos y el 56% de los doctores de medicina familiar.[33] Sus demandas han sido escuchadas, en igual medida que lo han sido las de sus colegas masculinos que exigen más tiempo para sus familias.

Pongamos nuestra atención en la pediatría. Mi cuñado es pediatra y tiene tres hijos. Cuando trabajaba en un hospital de Albuquerque y sus hijos eran aún pequeños, solicitó un cambio de horario para pasar más tiempo en casa. Puesto que no ocurrió como él deseaba, decidió marcharse y aceptar un puesto en Kaiser Permanente, un consorcio de atención médica integrada, donde sí le ofrecieron el tiempo libre que requería. Mi cuñado apostó por un horario menos extenuante y más previsible. De manera colectiva, este tipo de acciones pueden hacer que las cosas cambien.

En la actualidad, los pediatras constituyen el mayor porcentaje de jóvenes doctores, hombres y mujeres, con jornadas semanales más cortas. La Academia Americana de Pediatría informa que el 33% de todas las pediatras, y una gran parte de los pediatras, trabajan a tiempo parcial.[34] Este hito horario de la pediatría, y de alguna otra especialidad médica, se ha logrado gracias a la formación de consultorios conjuntos en los que los médicos tienen la capacidad de sustituirse entre ellos. Estos consultorios, dependiendo de cómo estén gestionados, permiten a los médicos disponer de flexibilidad horaria y que puedan repartirse las horas nocturnas y de guardia.

Las consultas de los anestesiólogos y los obstetras están casi siempre formadas por equipos de trabajo que permiten las sustituciones. Aunque su obstetra favorito sea Brett, será mejor que se familiarice también con Jeannette y Safa, porque existe una gran posibilidad de que sea alguna de ellas quien le asista en el parto. Siempre me ha llamado la atención que a los abogados, contables o consultores financieros les parezca poco adecuado que se acuda a otro profesional de su sector, y que, sin embargo, no tengan reservas cuando se trata de traer un bebé al mundo. ¿Acaso la diferencia en los registros financieros de una empresa, según la persona que los genere, es más importante que lo que distingue a un especialista de otro en la asistencia a un parto?

Un anestesista le mantendrá con vida durante una operación. Sin embargo, usted solo conocerá a ese médico protector unos minutos antes de la cirugía. Sería muy complicado tener que programar la colaboración de un cirujano determinado con un anestesista en particular para cada intervención. En tiempos de crisis, sería imposible. Por consiguiente, aunque en cirugía se requieran momentos de guardia, en anestesiología no se tienen por qué trabajar largas jornadas.[35] Lo mismo sucede en los campos de la dermatología, la psiquiatría y la psiquiatría infantil, donde, puesto que se producen menos urgencias, la jornada laboral es más previsible.

Otro ejemplo de las medidas de recorte de gastos en los hospitales tiene que ver con la subespecialización de «hospitalista», relativamente nueva en Estados Unidos. Un médico hospitalista coordina el cuidado de los pacientes y sustituye a los doctores de atención primaria cuando estos han acabado su horario. Aunque los pacientes quieran que sea su propio médico quien los atienda en el hospital, esto resulta muy costoso. El hospitalista se ocupa de los pacientes junto con el médico de cabecera y los especialistas. Con este profesional los enfermos posiblemente estarán en mejores manos y los médicos de atención primaria no tendrán que apresurarse yendo de un hospital a otro para poder atenderlos a todos.

Como hemos visto en el caso de los farmacéuticos, algunos cambios producidos sobre las exigencias de los profesionales médicos han resultado en medidas de ahorro que poco han tenido que ver con la presión ejercida por los empleados. Los hospitales reducen gastos a la vez que moderan las guardias que deben hacer sus doctores.

La situación derivada de todo ello es que, en muchas especialidades, actualmente los médicos pueden trabajar jornadas semanales más cortas. Una mayor flexibilidad laboral permite a las doctoras cuidar de su familia. Estas tienen más hijos que otras mujeres con niveles de formación académica similares o con muchos menos años de preparación profesional. Pero no dejan de pagar un precio por ello. En el sector médico, las mujeres ganan menos que los hombres en términos de ingresos anuales, tanto en los hospitales como en la consulta privada y, si tenemos en cuenta las horas trabajadas, los beneficios económicos son todavía menores.

Los veterinarios son doctores increíbles. Puede que los doctorados en Medicina conozcan a la perfección las funciones físicas del *Homo sapiens*, pero los veterinarios dominan las de todas las demás especies, incluidas las voladoras y las subacuáticas. No existe profesión en la que se haya producido una transformación tan grande en cuanto a género como en el campo de la medicina veterinaria. Hace quince años no había prácticamente mujeres en este ámbito. Hoy en día constituyen el 80 % de los titulados en Veterinaria.[36] No es que la población femenina haya desarrollado un amor repentino por los animales. Gran parte de ese cambio se debe a la mayor capacidad de control horario y al descenso de las horas de guardia requeridas.

La veterinaria comparte muchas ventajas con la medicina humana por lo que respecta al prestigio, el horario, la satisfacción personal y la alegría de poder ayudar a pacientes y cuidadores. (Aunque, como mis amigos veterinarios me pedirían que añadiera, con los animales se cobra mucho menos). La formación profesional en veterinaria, sin embargo, tiene muchas más ventajas que la medicina para quienes quieren formar una familia. En primer lugar, los veterinarios no deben realizar una residencia que los prepare para una especialización en un área determinada.

Recordemos que los veterinarios del pasado tenían consultas en las que, ocasionalmente, debían trabajar de noche, los fines de semana y en periodos vacacionales. Y debían atender urgencias. En la actualidad, las urgencias y los casos fuera de horario regular se tratan de manera similar que en la medicina humana. Las unidades de cuidados intensivos y los departamentos de urgencias prestarán servicio a los miembros caninos y felinos de su familia como si fueran usted o sus hijos. Veamos cómo se han producido estos cambios.

Diremos, a modo de resumen, que la transformación comenzó cuando los equipos de veterinarios de barrio empezaron a sustituirse trabajando por turnos los fines de semana y las noches. Crearon consultas informales en las que se derivaban los pacientes y se repartían las guardias. Los equipos de consultas informales pasaron a crear hospitales veterinarios con plantillas permanentes. Este modelo se popularizó, y actualmente existen cn todo el país clínicas de atención veterinaria de urgencia abiertas las veinticuatro horas. En consecuencia, la mayoría de los centros veterinarios de barrio trabajan tan solo en horario de día y entre semana.

Aunque los veterinarios empleados en los hospitales de urgencias tengan que hacer algunas horas extraordinarias, no será el caso de los profesionales de las clínicas pequeñas de barrio. Estas consultas son atendidas, a menudo, por un equipo. Si el veterinario favorito de su perro está muy ocupado o de vacaciones, le atenderá un excelente sustituto. Los animales y los niños se hieren y caen enfermos a cualquier hora.

Una mujer veterinaria en una clínica privada trabaja en la consulta unas cuarenta horas semanales, más cuatro horas de atención urgente.[37] Para un profesional médico, eso son pocas horas. Sus colegas masculinos trabajan ocho horas más a la semana, aparte de cerca de seis horas de urgencia.[38] Entre el 20 % y el 25 % de las veterinarias de consultas privadas trabajan a tiempo parcial, mientras que únicamente el 5 % de los veterinarios masculinos lo hace.[39]

Una cantidad de horas moderada, controlable y regular, además de pocas guardias y menos años de formación profesional que los doctores en Medicina constituyen solo algunas de las razones por las cuales las mujeres han incrementado su presencia en la profesión veterinaria. No obstante, la titularidad y la participación en el capital de la empresa es mucho menor que la de sus colegas masculinos. De un 30 % a un 50 % del total de propietarios en la práctica veterinaria privada son mujeres; los hombres suponen entre un 60 % y un 80 %.[40]

Puesto que la titularidad implica largas jornadas de trabajo y mayor responsabilidad que la de los empleados, muchas mujeres con familia son reacias a comprometerse a esas exigencias de tiempo. Sin embargo, la mayoría de los veterinarios cercanos a cumplir los cincuenta años son mujeres, y los propietarios masculinos, por lo general entre los cincuenta y los sesenta años, tienen dificultades para vender sus consultas a sus colegas femeninas. Como resultado de esta disparidad, esas clínicas han sido adquiridas por el sector corporativo y el número de consultas privadas independientes que siguen operando se ha reducido enormemente.

Como vemos, en la medicina veterinaria se ha producido un cambio similar al que se dio en farmacia. En ambos casos podemos lamentar la tendencia de pérdida de centros privados independientes. Pero que los centros pasen a manos de corporaciones supone para los profesionales, como ocurre para los farmacéuticos, una disminución de la carga de tiempo y reduce también la diferencia de salarios según sexo, puesto que son menos los veterinarios masculinos que obtienen beneficios añadidos por ser propietarios. De todas formas, el cambio de titularidad privada a corporativa está dando aún sus primeros pasos.

Las veterinarias de hoy ganan solo 72 centavos por dólar de sus colegas masculinos.[41] Pero ocurre que ellas trabajan menos horas semanales y anuales. Si solo consideramos el trabajo a tiempo completo, todo el año —y añadimos ciertos aspectos de formación—, la remuneración asciende a 82 centavos por dólar.[42] Y, si añadimos la titularidad y los beneficios asociados a esta, el cociente crece todavía más, hasta llegar a los 85 centavos.[43]

Los cambios en la práctica veterinaria han transformado el sector convirtiéndolo, a juzgar por el número de mujeres entre los nuevos practicantes, en lo que posiblemente sea la profesión con mayor participación femenina de la actualidad.[44] En este campo los requisitos no han variado demasiado. Ahora son, en todo caso, más exigentes. Lo que sí ha cambiado es que la organización del trabajo permite un mayor control individual del horario.

La medicina veterinaria de nuestros días es una profesión casi perfecta en términos de igualdad de género y equidad de pareja —dado su horario gobernable y la posibilidad de que los profesionales se reemplacen entre sí—. Pero todavía queda mucho por hacer.

TRANSFORMANDO EL EMPLEO

Tras la observación de diversas generaciones y ocupaciones, hemos detectado que el enemigo de la mujer que quiere una carrera y una familia es el tiempo. Las horas de guardia, de urgencia, de noche o de fin de semana son una exigencia tanto en la oficina como en el hogar. La estrecha franja de edad en la que se pueden producir ascensos (o salidas) profesionales se suma a la difícil conciliación de familia y trabajo. La manera en que se resuelve esta dicotomía a menudo ocasiona un incremento de la desigualdad de género y una intensificación de la inequidad en la pareja.

Se ha avanzado en lo que respecta a las obligaciones horarias. El hecho de que haya menos trabajadores por cuenta propia en el sector sanitario y más equipos de doctores y de veterinarios ha supuesto una reducción de las guardias. Las médicas se han decantado por especialidades que exigen menos horas en horarios más previsibles. Pero esta bienvenida flexibilidad tiene un precio, y que las jóvenes doctoras trabajen menos horas afectará negativamente tanto a sus ingresos actuales como a los futuros, así como al desarrollo de sus carreras.

Estamos ante una transformación que está muy lejos de completarse. Aún existen clínicas veterinarias independientes. Siempre habrá especialidades médicas, como la cirugía, en las que se requieran largas jornadas y horas de guardia. Las necesidades de los trabajadores han provocado algunos cambios —como el de mi cuñado, el pediatra, que quería poder pasar más tiempo con sus hijos—, y otros se han producido por la ambición de las empresas de reducir los costos que les suponían los elevados salarios de sus empleados.

Menos se ha avanzado en la transformación de las ocupaciones de ascenso o salida. El número de mujeres con cargos de asociada se ha incrementado notablemente en el sector de la abogacía, la consultoría y la contabilidad, y más mujeres que nunca han alcanzado puestos de titularidad en la profesión académica. Pero, incluso en los campos en los que suponen el 50 % de las nuevas incorporaciones, las mujeres están muy por debajo de constituir la mitad de quienes ascienden a lo más alto de esas ocupaciones.

Según algunos responsables de empresas de ascenso o salida, la situación es prometedora. Douglas McCracken, quien en 2003 dejó su cargo de director ejecutivo en Deloitte Consulting, señaló hace veinte años que «los jóvenes [hombres] de nuestra empresa no querían lo mismo que los mayores [...]. No trataban de garantizarse un estilo de vida para que sus esposas no tuvieran que trabajar». Más bien querían asegurarse de disponer del tiempo suficiente que dedicar a sus familias y no trabajar el promedio de ochenta horas a la semana que requería el puesto de socio. McCracken no pareció entender las decisiones de las que una familia es capaz, aunque los ingresos de la pareja sean elevados. Afirmó que «no estaban dispuestos a renunciar a la familia por otros 100.000 dólares».[45] Lamentablemente, sí lo están. El precio de la equidad en la pareja es demasiado elevado (100.000 dólares son muchos).

Las cosas deben cambiar de manera más homogénea y, para ello, es muy importante la implicación de los hombres. Sobre las prestaciones de baja por paternidad de su empresa a nivel nacional, Matthew Krentz, socio principal del Boston Consulting Group, dijo que «cada vez más hombres las están aprovechando.[46] Puesto que hay más parejas en las que ambos miembros tienen una carrera profesional, la participación masculina [en el plan de bajas] debe ser una prioridad». Pero las compañías tienen primero que garantizar el compromiso de todos para que la decisión de tomar la baja no penalice más adelante al empleado.

Aunque no exista una solución sencilla, ni una política conveniente para todos, identificar los problemas nos encamina en la dirección correcta. Por lo menos no perderemos el tiempo con remiendos.

UNA CUESTIÓN DE TIEMPO

A menudo reflexiono sobre aquello que me dijo una de mis estudiantes: «Yo quiero que un hombre desee lo mismo que yo».

Una tierna visión que se ve arruinada por el conflicto de tiempo existente entre carrera y familia, necesidades ambas que luchan por ocupar las mismas horas del día y de la noche.

La vida, cuando es cuestión de dos, ofrece más posibilidades. Cada uno de los miembros de la pareja se puede concentrar en una actividad determinada. Puesto que el mercado laboral premia ciertos niveles de especialización, quien se dedique más al empleo cosechará mayores resultados en su carrera. Aunque eso tendrá que negociarse en casa. Cada progenitor va a querer pasar algún tiempo con sus hijos, pero el que se haya especializado en el empleo posiblemente no los podrá acompañar a las clases de natación de los martes por la mañana, o a los partidos de fútbol de los jueves por la tarde. A ambos lados de la ecuación se produce un conflicto. También la solución se halla en los dos extremos.

Un posible arreglo sería reducir el coste de la flexibilidad. Abaratar la negociación para que a las parejas no les resulte tan difícil transigir. Si el trabajo codicioso no ofreciera tan elevada remuneración por las largas jornadas y las horas de guardia y de fin de semana, Lucas no se vería tentado a aceptarlo. Por el contrario, sería mucho mejor lograr que la flexibilidad laboral fuera más productiva, y que por ende el empleado cobrara más. En ese caso, Lucas estaría encantado de cambiar del trabajo codicioso al flexible. E Isabel ganaría más en el puesto flexible, de manera que probablemente no renunciaría por completo a su empleo. La familia ingresaría un poco menos, pero sería extraordinariamente rica en términos de equidad de pareja. Ambos progenitores podrían dedicar el tiempo necesario a sus hijos sin tener que hacer grandes sacrificios económicos. Las dos líneas de la Figura 1.1 se acercarían, como lo harían también, metafóricamente, las personas en ellas representadas.

Otra solución es abaratar el cuidado infantil. Si este es más asequible, costará menos hacer concesiones. Muchos países ricos invierten tres o cuatro veces más que Estados Unidos en ayudas para la atención a la infancia.[47] Francia, Suecia o el Reino Unido, por ejemplo, proveen de importantes fondos a sus centros infantiles para que sean de alta calidad. Eso explica por qué en estos países la participación en la población activa de las mujeres en sus años de mayor productividad excede actualmente a la estadounidense, a pesar de que nuestra nación fuera en cabeza prácticamente todos los años posteriores a la Segunda Guerra Mundial.[48] Además, la cuestión de los cuidados no se acaba cuando finaliza el horario escolar. Concierne también a las actividades extraescolares y de verano hasta que los niños concluyen la educación secundaria obligatoria. Existen, por otro lado, diferentes medidas dirigidas al cuidado que ofrecen, por ejemplo, los progenitores o los abuelos.

Alterar las normas sociales para que los sacrificios en la negociación sean independientes del género sería otra de las posibles soluciones. Como he señalado antes, que las parejas estén constituidas por miembros del mismo sexo tal vez ayude a igualar los ingresos por género, pero no resolverá el problema de equidad en la pareja. No evitará que deban renunciar a su realización personal.

Cuando estaba haciendo las últimas correcciones a este libro se produjo un golpe a la economía global de proporciones gigantescas que puso al descubierto las desigualdades y las carencias a las que nos enfrentamos diariamente, así como las disparidades en nuestras obligaciones —que afectan en particular a la población femenina—. Un impacto poderoso como el de una roca al caer en el camino y que, lejos de obstaculizar nuestro recorrido, ha evidenciado la interrelación del sector económico con el de la atención a las personas. No existe nación en el mundo, sin duda Estados Unidos no es una, que sea capaz de reactivar su economía mientras no se permita a los niños regresar a las escuelas y las guarderías. Las mujeres suponen en la actualidad la mitad de toda la población activa, mientras que durante la Gran Depresión no constituían más que una pequeña fracción. El motor económico no funcionará si le faltan la mitad de los cilindros.

Hoy en día, las empresas buscan la manera de hacer el teletrabajo más rentable y de ofrecer flexibilidad sin perder eficacia.

Quieren estar seguras de que Isabel no dejará el empleo y de que Lucas será tan productivo en casa como en la oficina. Tratan de que ambos puedan regresar a un puesto de trabajo en el que su salud y seguridad estén garantizadas, sin perder de vista las necesidades de sus familias.

En estos tiempos inciertos, el objetivo de simultaneidad de carrera y familia sigue en pie. La pandemia global no ha desviado nuestra trayectoria; lo que ha hecho es conferir importancia a las urgentes cuestiones sobre el equilibrio entre el empleo y el hogar, y nos ha obligado a reconsiderar cómo queremos distribuir nuestro tiempo. Hemos conocido a mujeres pioneras que llevan más de un siglo haciéndose estas mismas preguntas y que buscaron respuestas conforme derrumbaban barreras, conquistaban oportunidades, estrechaban brechas, aprendían y educaban a las siguientes generaciones. Y lo van a seguir haciendo. Pero, para lograr el equilibrio ideal en un futuro que es incierto, no solo son las mujeres o las familias quienes deben cambiar. Debemos reconsiderar el sistema laboral y el cuidado a las personas en nuestra sociedad para seguir recorriendo este trayecto. Avanzar es solo cuestión de tiempo.

EPÍLOGO

EL FINAL DEL TRAYECTO (AMPLIFICADO)

No ha existido época que no fuera incierta. La era de la COVID-19 es un ejemplo extremo de ello. El desempleo, que se produjo como una explosión hace tan solo un año con la llegada de la pandemia, ha remitido considerablemente. Pero muchos puestos de trabajo y pequeños negocios siguen amenazados. No todas las escuelas públicas de Estados Unidos han vuelto a la normalidad, y las guarderías están abiertas solo de manera intermitente. Por fin existen vacunas seguras y efectivas, aunque no todo el mundo puede acceder a ellas. La normalidad se vislumbra en el horizonte, a pesar de que el nuestro es un destino cambiante.

El azote de la COVID se ha llevado vidas y trabajos de por medio. Su impacto se notará durante generaciones. Ha expuesto desigualdades raciales, de clase y de género, por la manera en que ha infectado y matado, por quiénes han tenido que trabajar en primera línea, quiénes han podido continuar con sus estudios y quiénes han debido cuidar de los niños y de los enfermos. Ha dividido al país entre los que tienen y los que no tienen. Ha hecho las veces de lupa, de amplificador de las cargas de los progenitores y de los sacrificios que estos tienen que hacer por el trabajo y por el cuidado de la familia. Ha mostrado de cerca las cuestiones a las que se han enfrentado los cinco grupos expuestos a lo largo de este libro.

La economía de la pandemia ha afectado de manera desproporcionada a las mujeres. Ellas son trabajadoras esenciales en sus empleos y en sus hogares. Son las madres de niños inseguros, de adolescentes cada vez más aburridos y que aprenden a través de una pantalla. Son las empobrecidas madres solteras que dependen de los bancos de alimentos, jóvenes madres con elevada formación académica y carreras incipientes. Son las mujeres de color —con mayor riesgo de contraer el virus—, esas madres marginalizadas mucho antes de que el país cayera al vacío.

Estamos viviendo unos tiempos sin precedentes. Los trabajadores esenciales son hoy como soldados en tiempo de guerra. Nunca como ahora habían tenido que llevarse el peligro a casa. Es la primera vez que ha habido que detener la economía para poder hacer que funcione de nuevo. Nunca una recesión había afectado a las mujeres más que a los hombres. Y jamás el sector de los cuidados había estado tan relacionado con la economía. La población femenina supone casi el 50% de la fuerza laboral. Debemos garantizar que ellas no tengan que sacrificar sus empleos para atender a sus familias, que no deban sacrificar el cuidado de estas por un puesto de trabajo.

Este libro ha analizado el empeño de las tituladas universitarias por desarrollar una carrera y formar una familia. Nadie como ellas, nuestras guías a lo largo de un trayecto de 120 años, ha tenido mayores oportunidades de lograr las dos cosas. Hubo un tiempo en que conformaban solo una pequeña parte de la sociedad; las jóvenes mujeres de hace un siglo constituían solo un 3% del total de universitarios. En la actualidad, las tituladas de aproximadamente treinta años son un 45% de la población de Estados Unidos.

Las inquietudes y el descontento de las universitarias son palpables. En los medios de comunicación abundan titulares alarmantes profetizando el futuro de las miembros más jóvenes del Grupo 5:[1] «La pandemia supondrá que la situación laboral de "la mujer retroceda diez años"»,[2] «La pandemia podría marcar para siempre a toda una generación de madres trabajadoras»[3] y «Cómo la COVID-19 hizo retroceder el progreso de la fuerza laboral femenina».[4] En la era de la COVID, a quienes tienen hijos u otras personas a su cargo les resulta difícil llegar a todo, dedicar a estos el tiempo que necesitan y, además, publicar ensayos académicos, escribir informes o reunirse en Zoom con clientes exigentes.

De acuerdo con esas predicciones, quienes por fin habían alcanzado índices históricos de carrera y familia están ahora en la estacada. Como señaló la bloguera gastronómica Deb Perelman, «permitidme que diga lo que nadie se atreve a decir: en la economía de la COVID, o tienes un hijo, o tienes un trabajo».[5] ¿Están obligadas las mujeres del Grupo 5 a transigir como hicieron las del Grupo 1?

No se puede negar que el impacto de la pandemia y la recesión económica han afectado más a la población femenina que a la masculina (no en vano algunos han hablado de una *shecession* [recesión femenina]). Pero las tituladas universitarias han tenido más oportunidades de conservar su empleo, o algo que se le pareciera, que quienes no poseen un título de grado. Gracias a su formación académica han podido trabajar desde casa. La educación que adquirieron ha protegido su salud y sus trabajos.

Si comparamos los meses de otoño e invierno de 2020 con los de 2019, veremos que la participación en la población activa de las universitarias de veinticinco a treinta y cuatro años y con hijos en edad preescolar (menores de cinco) cayó solo 1,2 puntos porcentuales (de una base del 75 %). Pero los índices para las madres de treinta y cinco a cuarenta y cuatro años con hijos en edades de entre cinco y trece años descendieron mucho más: 4,9 puntos (de una base del 86 %).[6] Entre las mujeres sin titulación, con o sin hijos, se produjeron notables descensos de presencia en la población activa, puesto que estas eran quienes estaban empleadas en las industrias más vulnerables.

Aunque tal vez este panorama no sea tan catastrófico como el que muestran los titulares, los datos presentan grietas que pueden ensancharse con el tiempo. Reincorporarse al mercado laboral puede resultar difícil, y la pérdida de experiencia afectará a los ingresos futuros. Algunos se preguntan si las madres, incluso las que han conservado el empleo, van a verse desfavorecidas en las situaciones de ascenso a cargos de asociadas, a titularidades y a primeras promociones. En el ambiente académico del último año, las madres han publicado menos artículos que los hombres o que las mujeres sin hijos en edad escolar.[7] Además, los datos no logran mostrar la frustración de muchas,[8] para quienes trabajar desde casa, algo definido con las siglas anglosajonas WFH (*Working From Home*), se ha convertido en trabajar desde el infierno (*Working From Hell*).

DESCONTENTO

Hemos examinado las aspiraciones de las tituladas universitarias de los últimos cien años; unas mujeres que debían decidir entre carrera o familia y que, aun en tiempos de prosperidad, se enfrentaron a numerosos obstáculos. Conforme pasaron los años algunas barreras cayeron. Hemos visto cómo las tituladas universitarias de la década de 1970 tenían una ambición creciente tanto por desarrollar una carrera como por formar una familia, y que sabían que solo por ese orden podrían alcanzar ambos objetivos. También hemos conocido las cándidas aspiraciones de la población femenina de los años noventa, con más formación académica y mayores oportunidades laborales, que reconoció su deseo de alcanzar el éxito en el trabajo y la satisfacción en el hogar, y logró ambas cosas sin priorizar la una sobre la otra. En las últimas décadas, estas mujeres han avanzado todavía más en ambas esferas.

Sin embargo, casi una década antes de que el virus azotara a Estados Unidos, y varios años antes del punto de inflexión que supuso el movimiento #MeToo, las mujeres ya habían expresado su descontento de manera manifiesta. Conceptos como «discriminación sexual» o «discriminación de género» poblaban los medios de comunicación, haciéndose eco de la creciente frustración ante las desigualdades salariales y la guerra abierta contra el acoso sexual.[9]

En los primeros años de la década de 2010, varios casos ocuparon las portadas de los periódicos, como la denuncia de Ellen

Pao a su empresa, Kleiner Perkins, por discriminación de género, o las diferencias de nómina entre equipos de fútbol profesionales masculinos y femeninos. También salieron a la luz ejemplos flagrantes de disparidad de género en los sueldos de Hollywood, Wall Street o Silicon Valley. Y creció el resentimiento entre las mujeres durante la carrera presidencial Clinton-Trump de 2016, en especial tras hacerse públicas unas grabaciones de *Access Hollywood* con comentarios obscenos de Trump, y después de las elecciones, dado que estas no influyeron sobre el resultado de los comicios. Que estos casos se dieran a conocer provocó el segundo momento álgido de descontento de género en los últimos cien años (según reflejó la prensa). El primer momento crítico se había producido en los inicios de los años setenta.

En aquel tiempo, hace sesenta años, era difícil encontrar una mención relativa a la «discriminación sexual» en el *New York Times*; y hasta varias décadas después no se oyó hablar de «discriminación de género». En 1971 empezaron a proliferar los artículos sobre «discriminación sexual», y en 1975 esa expresión estaba presente en todos los medios. A partir de entonces su uso fue declinando hasta que, alrededor del año 2010, su presencia en artículos de noticias pasó a ser cinco veces menor que en 1975.

Pero, de la misma manera que el descontento se multiplicó de manera abrupta a principios de los setenta, los niveles de insatisfacción volvieron a acentuarse en los primeros años de la década de 2010 y han ido creciendo hasta alcanzar cotas récord en la actualidad. Los movimientos #MeToo y Time's Up contribuyeron a ese incremento, aunque solo a partir del año 2017. Antes, incluso, de que #MeToo se convirtiera en un símbolo del desafío y la oposición al *statu quo*, el descontento de la población femenina estaba muy presente y había iniciado su ascenso.[10]

No es difícil comprender por qué el nivel de insatisfacción de la población femenina ascendió a principios de la década de 1970. La brecha salarial de género era enorme. Las mujeres ganaban 59 centavos por cada dólar que recibía un hombre; un cociente abismal que estuvo estancado a ese nivel durante mucho tiempo. Numerosos restaurantes, clubes y bares seguían

302   CARRERA Y FAMILIA

sin permitir el acceso a las mujeres, y estas acababan de ser admitidas por primera vez en las instituciones académicas y universidades de élite del país. La Ley de las Enmiendas Educativas de 1972 garantizó a la población femenina la igualdad en educación y en deporte —tras una época en la que habían ganado fuerza los movimientos antibelicistas y por los derechos civiles—. Fueron tiempos estimulantes, testigo del surgimiento de grupos de sensibilización para la liberación femenina. Por fin se dio voz a las mujeres, y estas la utilizaron para expresar su descontento claramente y en voz alta.

Pero, si consideramos que las mujeres de 2010 habían alcanzado índices significativos de empleo, salario y formación académica, ¿por qué, según vemos en la prensa de entonces, sus niveles de insatisfacción y frustración eran similares a los de 1970?

Las expectativas crecían, y las aspiraciones eran otras. La población femenina, en particular las tituladas universitarias, dio por sentado que podría tener una carrera y una familia. Quienes poseían menor formación académica consideraban que debían ser tratadas de manera justa en el mercado laboral. Las tituladas en la universidad aspiraban a los mismos logros que sus esposos. Todas ellas empezaron no solo a imaginar la igualdad de género en el lugar de trabajo, sino también la equidad de pareja en el hogar.

Como hemos visto, la brecha salarial de género se estrechó notablemente para los trabajadores de las décadas de 1980 y 1990, pero entre las tituladas universitarias de principios de los años noventa esta parecía inamovible. La desigualdad de ingresos creció, los pocos que ocupaban altos cargos incrementaban sus ganancias a expensas de quienes estaban por debajo, y este grupo elitista estaba compuesto mayoritariamente por hombres. El trabajo se volvió todavía más codicioso conforme las mujeres con responsabilidades familiares se esforzaban para seguir adelante.

CUIDAR DE LOS DEMÁS

Todo aquello pasó a. C. (antes de la COVID). En marzo de 2020, repentinamente y con gran urgencia, se informó a todos los padres y madres que no debían llevar a sus hijos a la escuela, que se quedaran en casa. Las guarderías cerraron. Mis estudiantes de grado de Harvard se fueron de vacaciones en primavera y la mayoría todavía no han regresado. Se pidió a los empleados que trabajaran desde sus casas a no ser que fueran considerados «esenciales» por el Departamento de Seguridad Nacional. El país había entrado en la era d. C. (durante la COVID).

La catástrofe económica que acompañó a la pandemia afectó, de una manera que resulta inusual en las recesiones, más a las mujeres que a los hombres. La población femenina trabaja mayoritariamente en el sector de los servicios, para empresas que poco tienen que ver con paraísos fiscales y que están a salvo del impacto del mercado en China o de la automatización. Pero el empleo en la hostelería, en los viajes, en los servicios personales, los restaurantes y los comercios se vio muy afectado. En un mundo en el que la distancia social es obligatoria, los puestos que requieran contacto no tienen cabida, además de que el trabajo en recintos cerrados es menos saludable. El sector de la construcción se recuperó rápidamente, así como lo hicieron la mayoría de las empresas de manufacturas. Los grupos de mujeres que lo tuvieron más difícil fueron las madres solteras y aquellas sin titulación universitaria. También entre las graduadas se produjo un gran aumento del desempleo y, por tanto, como he señalado, descendió el índice de participación de estas en el mercado laboral.

De la misma manera que ocurría en el mundo a. C., las cosas han resultado más fáciles para los progenitores con titulación universitaria, puesto que estos han podido teletrabajar. Las estimaciones según las características de las ocupaciones indican que antes de la COVID el 62 % de las trabajadoras universitarias (de veinticinco a sesenta y cuatro años) podían trabajar desde casa.[11] En mayo de 2020, de acuerdo con los datos de la encuesta de población activa (EPA), cerca del 60% trabajaba en remoto, prácticamente el mismo porcentaje que el de sus homólogos masculinos.[12] De las mujeres que habían cursado algunos estudios de grado, el 42% pudo trabajar desde casa, y de quienes no poseían título alguno únicamente pudieron hacerlo un 34%. La cifra exacta de mujeres sin estudios universitarios que dijo estar teletrabajando en mayo de 2020 fue solo del 23%.

Considerando sus ocupaciones, podemos afirmar que el conjunto de las tituladas universitarias estaba preparado para el confinamiento. Las alternativas para quienes no tenían un título de grado fueron los puestos de trabajo esencial, los expedientes de regulación temporal o el despido. Los titulados universitarios siempre han tenido los índices de desempleo más bajos del total de la población activa. Cuando en abril de 2020, el peor mes de la pandemia en términos económicos, la tasa de desempleo en todo el país alcanzó números récord de dos cifras, el índice de desempleadas entre las tituladas universitarias de treinta y cinco a cuarenta y cuatro años fue solo de un 7%, y un adicional 5% estaban «empleadas, pero sin trabajar».[13] Entre quienes no tenían titulación de grado el número se multiplicó por dos: un 17%, más un 10% de empleadas que no estaban trabajando.

Durante la COVID (el periodo d. C.), fue muy importante poder trabajar desde casa. Pero hacerlo podía significar que se esperaba que el empleado estuviera disponible fuera de su horario regular y cuando el cliente o el supervisor requiriera sus servicios. Además, teletrabajar puede suponer interrupciones constantes.

Para la mayoría de los progenitores cuyos hijos están en edad preescolar y escolar, las exigencias de tiempo para la familia durante la COVID han sido abrumadoras. Todo el mundo trabaja más desde casa. Para los progenitores el hogar se ha convertido también en guardería y escuela. Para quienes tienen un miembro de la familia enfermo, el hogar es, además, un hospital y una clínica. El número de horas dedicadas de manera ininterrumpida a un empleo remunerado ha descendido en picado.

Estados Unidos ha entrado en una modalidad combinada que yo llamo p. C. / d. C., porque, aunque en muchos casos podamos considerar que vivimos en una era «posterior a la COVID», seguimos «durante la COVID». Algunas empresas, oficinas e instituciones han reabierto, así como varias escuelas y guarderías. Pero muchas escuelas lo han hecho solamente parcialmente, y otras tan solo operan a distancia. Que estas tengan un horario híbrido o impartan clases de forma íntegra a distancia significa que los niños van a tener que estar en casa, con suerte aplicados en sus estudios, bajo la atenta mirada del progenitor que se haya quedado a su cargo. Y, si este recorrido histórico que hemos efectuado ha de servirnos de guía, sabremos que ese progenitor responsable probablemente sea una mujer.

En la época d. C. todavía no tenemos una muestra representativa amplia y a nivel nacional que nos ayude a realizar una estimación exacta de lo que se ha incrementado el tiempo de cuidado infantil y cuánto ha decrecido el tiempo de trabajo remunerado. Las fuentes que habitualmente nos permiten examinar el uso del tiempo, como la Encuesta de uso del tiempo en América (ATUS, por sus siglas en inglés), dejaron de operar en marzo del 2020 y no reemprendieron su actividad hasta el mes de mayo. Tardaremos algún tiempo en ver publicados esos datos.

He realizado estimaciones para los años a. C. (anteriores a la pandemia) basadas en el ATUS de la muestra de familias conformadas por empleados con titulación universitaria y al menos un hijo menor de dieciocho años.[14] Antes del confinamiento, en esas familias las madres se dedicaban al cuidado de los hijos el 61 % del tiempo (y ocupaban el 70 % en cocinar, limpiar y hacer la colada).[15] Para una muestra similar de madres desempleadas, el porcentaje es del 74 %.[16]

Durante el confinamiento, cuando los niños no iban a la escuela o a la guardería y en un momento en que muchos cuidadores se habían acogido a programas temporales de regulación de empleo, el tiempo parental dedicado a los hijos se incrementó sobremanera. Los progenitores se encargaron de organizar la jornada escolar, ayudaron a sus hijos con los deberes y suplieron la presencia de los maestros, quienes, repentinamente, se habían convertido en una imagen dentro de una pantalla.

El efecto inmediato del confinamiento sobre las madres de las familias muestreadas fue que aquellas doblaron el tiempo dedicado a sus hijos.[17] Sin embargo, en domicilios con dos progenitores el tiempo total que las madres invirtieron en el cuidado de los hijos disminuyó. Los padres estaban también en casa, y dedicaban muchas más horas a sus hijos de lo que lo habían hecho antes de estar confinados. Los sondeos de abril de 2020 muestran que las madres multiplicaron por un 1,54 las horas de atención a los hijos, y los padres lo hicieron un 1,9. Además, cada progenitor con al menos un hijo en la escuela primaria logró acomodar cuatro horas adicionales a su educación a distancia. Si los hijos estaban en el instituto, la pareja añadía dos horas más por progenitor.

Quienes recibían en mayor medida la atención de los progenitores antes del confinamiento eran, por supuesto, los más pequeños. Con anterioridad a la reclusión, las parejas con un bebé dedicaban cuarenta y tres horas al cuidado de este, de cuyo total el 66 % iba a cargo de las madres. En el confinamiento la cifra ascendió a setenta horas, pero de ese nuevo récord las mujeres dedicaron todavía menos tiempo, un 61 %, aunque las horas se hubieran ampliado de veintiocho a cuarenta y tres.[18]

Para quienes tenían a un hijo en la escuela primaria, las horas que dedicaba la madre al cuidado de este y a su educación a distancia pasaron de nueve a diecisiete.[19] Pero, como en el caso anterior, ambos progenitores invirtieron mucho más tiempo, de manera que el total que ofrecía la madre fue menor, descendiendo del 60 % antes del confinamiento a casi el 50 %.

Da la impresión de que el tiempo de reclusión favoreció a la equidad de pareja, si consideramos que disminuyeron las horas que la madre dedicó al cuidado y educación de sus hijos conforme aumentaron las del padre. Parece también que, cuando acabe todo esto, los hombres van a querer pasar más tiempo con sus hijos y van a contribuir más a la vida familiar. Esto último no lo podemos saber todavía.

Lo que sí sabemos es que, aunque la inversión de tiempo de la madre disminuyera en los hogares con dos progenitores, el peso añadido de las tareas de la casa y el cuidado infantil fue aplastante. Y lo fue también para los padres. Pero, puesto que las mujeres pasaban más tiempo cocinando, limpiando, etc., la dedicación al trabajo remunerado pasó a ser mucho menor. Según las estimaciones de un sondeo realizado sobre el Reino Unido, en abril de 2020 las madres trabajadoras sufrían interrupciones durante la mitad de sus horas remuneradas.[20]

¿Qué ha sucedido en el periodo p. C. / d. C. después de que algunas escuelas, la mayoría de las guarderías y varias empresas hayan reabierto sus puertas?[21] Con la disponibilidad de nuevos modelos de cuidado infantil y escolarización, la demanda total de tiempo para la familia probablemente se sitúe ahora en un punto medio entre los niveles que se dieron en los peores momentos del periodo d. C., y los más bajos de la era a. C.

No tenemos pruebas concluyentes, pero existen motivos para creer que, aunque la carga sobre la mujer por lo que respecta al cuidado de los hijos sigue siendo la misma, el total de sus tareas ha aumentado. Eso se debe a que las escuelas y guarderías de todo el país han sido más precavidas en su reapertura que las empresas. Mientras que algunas personas han podido regresar al lugar de trabajo total o parcialmente, otras han tenido que quedarse en casa con los niños. El tiempo que las madres habían ganado con la reapertura de algunos centros infantiles lo han perdido tras la reincorporación de sus esposos al trabajo fuera de casa.

Los logros, pues, han sido desiguales y erráticos. Casi todas las guarderías han vuelto a ponerse en funcionamiento, y las familias a contratar a los niñeros que habían estado acogidos a expedientes de regulación temporal. Sin embargo, conforme escribo estas palabras en marzo de 2021, muchos de los distritos escolares en Estados Unidos aún no han reiniciado completamente su actividad a pesar de que tengan planeado abrir «pronto». Algunos distritos se reactivaron y volvieron a cerrar, enviando a decenas de miles de niños a sus casas y provocando que algunas familias, desesperadas, se vieran obligadas a organizar clases particulares para grupos, con un tutor privado o un progenitor como maestro.

A medida que empresas, oficinas y una serie de instituciones han ido reabriendo, los empleados se han incorporado a sus lugares de trabajo como lo habían estado haciendo con anterioridad (aunque con más precauciones). En las familias con hijos, cuando las escuelas seguían operando parcialmente a distancia, un progenitor debía permanecer en el hogar buena parte del tiempo. Un miembro de la pareja debía estar de guardia para la casa.

Existen buenos motivos para regresar al lugar de trabajo. El empleado que vaya a la oficina probablemente aprenderá más, podrá establecer relaciones con los mejores clientes y recibir encargos sobre proyectos más interesantes. También interactuará en persona con sus colegas, trabajará de forma más efectiva y sin interrupciones, alejado de los niños aprendiendo las tablas de multiplicar.

Ambos progenitores podrían seguir trabajando desde casa, de la misma manera que tanto Isabel como Lucas pudieron haber elegido el empleo flexible. Pero, como estos, si lo hicieran perderían dinero. Puede que la diferencia de ingresos no sea inmediata si uno de los progenitores trabaja desde casa y el otro desde la oficina, pero quien lo haga fuera del hogar, aunque sea a tiempo parcial, saldrá beneficiado. Como si de un forzoso experimento se tratara, todavía desconocemos —a pesar de lo mucho que se ha especulado— qué consecuencias traerá este devastador acontecimiento global.

La historia nos ha demostrado que es posible que el progenitor que regrese a la nueva normalidad y trabaje desde la oficina, incluso si lo hace solo durante algunas horas, sea el hombre. Pero no podemos estar seguros. Lo que sí sabemos, gracias a cuestiones específicas formuladas en la EPA, es que en septiembre de 2020 cerca del 60% de todos los titulados universitarios, aunque no necesariamente en el mismo horario, habían vuelto a ocupar sus lugares de trabajo.[22] Sabemos también que lo hicieron más hombres que mujeres. Pero la información al respecto es todavía escasa. De todas formas, siempre existe un rayo de esperanza; tal vez nuestras normas de género se verán alteradas por el experimento forzoso de teletrabajar, y quizá no ir a la oficina supondrá una menor penalización.

Hay personas que ejercen presión para que los empleados vuelvan a sus puestos. David Solomon, de Goldman Sachs Inc., animó a sus trabajadores a hacerlo. Sergio Ermotti, cuando dirigía UBS Group AG, dijo que «para los bancos es especialmente difícil generar cohesión y sostener un modelo de trabajo si los empleados se quedan en sus casas».[23] El director de una importante inmobiliaria señaló, posiblemente porque le convenía, que «quienes no regresen a sus lugares de trabajo van a perderse algo».[24]

A medida que la economía se ha reactivado lenta y vacilantemente, aunque el total de horas invertidas en el cuidado infantil de las familias muestreadas haya decrecido, la carga que soporta la población femenina ha seguido siendo la misma. En la era d. C., así como en los mundos p. C./d. C., las mujeres han multiplicado por 1,7 las horas dedicadas al cuidado y escolarización de sus hijos respecto a tiempos a. C. Puesto que el total de horas se ha incrementado, pero se espera que uno de los progenitores que compartía esas tareas trabaje de nuevo fuera de casa, total o parcialmente, el total del tiempo que las tituladas universitarias invierten ha crecido de un 60 % a. C. a un 73 % en la era p. C./d. C.[25]

La desigualdad en la división del cuidado de los hijos no es nueva. La competición de ascenso o salida en el mercado laboral no es algo repentino. Por el contrario, estas situaciones se han amplificado en tiempos de COVID. El golpe que la pandemia ha supuesto (y puede que continúe haciéndolo) sobre los empleos o carreras de las madres es mucho más fuerte de lo que lo es para sus parejas y padres de sus hijos.

SOLUCIONES

El cierre en el sector de los cuidados ha impactado gravemente sobre la economía de las tituladas universitarias. Si los servicios

de atención a las personas no funcionan bien, el ámbito económico se verá debilitado. Si las escuelas permanecen cerradas,
muchos progenitores, en especial las mujeres, se verán incapaces
de trabajar (si es que tienen un empleo) de manera efectiva. Por
vez primera en una gran recesión, el sector de los cuidados de-
terminará el destino del sector económico. Que en Estados
Unidos esto suceda ahora y no se haya producido antes se debe
a que, actualmente, las mujeres suponen casi el 50% del total de
la población activa.[26]

En la década de 1930, durante la Gran Depresión, el desempleo fue muy superior, y las pérdidas sobre el rendimiento económico, mucho mayores que durante esta pandemia. A principios de 1935, la Works Progress Administration, o WPA, como
parte del *New Deal* impulsado por el presidente Roosevelt, creó
una serie de guarderías para niños de dos a cuatro años, hijos de
familias con ingresos insuficientes. Se trataba de un programa
con diversas áreas de acción que garantizaba que los ciudadanos
más pobres y vulnerables recibieran una alimentación saludable,
atención sanitaria y formación elemental, y se ocupaba de contratar a los maestros de escuela y educadores que habían estado
acogidos a algún expediente de regulación temporal. Si bien es
cierto que las guarderías del WPA podían emplear a los progenitores, ese no era el objetivo del programa.

En aquellos años no se consideraba que los sectores económicos y de atención a las personas pudieran estar intrínsecamente conectados. De hecho, la Ley de la Seguridad Social
de 1935 propuso incluir, y así lo hizo, una Ayuda a la Infancia
Dependiente (ADC, por sus siglas en inglés), que en 1962 pasó
a llamarse Ayuda a las Familias con Hijos Dependientes (AFDC,
por sus siglas en inglés), lo que popularmente se ha conocido
como prestaciones sociales. La ADC pagaba a las madres para
que no trabajaran en lugar de subsidiar las guarderías para que
pudieran hacerlo. Además, puesto que las mujeres negras habían
trabajado más, fueron principalmente las blancas quienes recibieron las ayudas. No se contemplaba que las mujeres debieran
trabajar por un sueldo. Por el contrario, se opinaba que los niños

blancos y pobres debían ser atendidos por sus madres, y que estas tenían que ser compensadas por ello. Actualmente el criterio es otro.

La tasa de participación en la población activa de las madres (en particular de las madres blancas) durante la década de 1930 fue tan baja que el empleo femenino no se consideraba un factor importante de desarrollo económico. Como ya hemos visto, no se esperaba que las esposas de hombres físicamente capaces trabajaran, en todo caso se las desalentaba mediante barreras matrimoniales y diversas normas sociales. Tuvo que pasar una guerra, la Segunda Guerra Mundial, para que los estadounidenses relacionaran el sector de la economía con el de los cuidados. Pero eso lo hicieron solo de manera temporal y como medida de urgencia.

En 1943, la llamada ley Lanham estableció guarderías para niños de dos a cuatro años, hijos de madres trabajadoras, muchas de las cuales estaban empleadas en la industria de la guerra (como los famosos astilleros Kaiser).[27] Sin esas guarderías, la mayoría de las mujeres con hijos en edad preescolar no hubiera podido trabajar, y la capacidad bélica del país se habría visto afectada. Hasta la fecha, la ley Lanham es la única legislación federal que ha financiado los centros de cuidado infantil en el país dedicados a los hijos de madres trabajadoras, independientemente de su nivel de ingresos.

Actualmente, el sector económico y el de los cuidados son interdependientes. Existe la percepción real de que, hasta que las escuelas no vuelvan a operar a tiempo completo, serán muchas las mujeres que no puedan trabajar de manera eficaz, y tantas otras las que no tendrán la posibilidad de regresar a sus empleos.

En Estados Unidos nunca se ha sabido apreciar que el cuidado infantil es una responsabilidad de toda la sociedad. En cambio, en países como Dinamarca, Francia o Suecia este servicio está subvencionado y el número de mujeres que conforman la fuerza laboral es mayor. Antes de la COVID parecía que algunas políticas relacionadas con estas cuestiones estaban cambiando. Se ampliaron las bajas médicas y por cuidado familiar en seis estados, y lo mismo tenían previsto hacer las legislaciones de Columbia y de una docena de distritos federales más. Algunas empresas, incluso las que ofrecen bajos salarios, como Walmart, empezaron a ofrecer permisos familiares, y los programas preescolares, así como la oferta de actividades extraescolares, se ampliaron en diversos estados y municipios.

Aunque no siempre haya ocurrido así, hoy es esencial que los hombres participen del cuidado infantil. En el pasado, incluso los maridos más cooperativos tenían dificultades para evitar las restricciones y los obstáculos que interponían las empresas, las instituciones y los gobiernos. Aunque Eleanora Frances Bliss Knopf, doctorada en Geología en 1912, se casara con Adolph, también geólogo y catedrático en Yale, no pudo obtener un puesto entre el profesorado porque esta universidad no contrataba a mujeres. Eleanora continuó con su trabajo en el US Geological Survey, a menudo desde la oficina de su marido. En el obituario de este se podía leer: «Ambos eran autoridades en sus campos».[28] Pero es él, no ella, quien da nombre a una montaña en Alaska.

Algunas mujeres con carrera estaban empleadas en las empresas de sus maridos, o habían creado las suyas propias. Jennie Loitman Barron abrió un bufete de abogados en 1914, el año en que se licenció.[29] Tras contraer matrimonio con quien había sido su novio desde la infancia, oportunamente otro abogado, se asoció con este, tuvieron tres hijos y en 1918 fundaron Barron and Barron, despacho que mantuvieron hasta que en 1943 ella fue nombrada fiscal general adjunta de Massachusetts. Sadie Mossell Alexander, como hemos señalado con anterioridad, trabajó en el bufete de su marido.

Pocas mujeres tuvieron la fortaleza y los ingresos económicos necesarios para abandonar matrimonios opresivos. Nora Blatch, nieta de Elizabeth Cady Stanton, fue una de ellas. También fue la primera mujer que se tituló como ingeniera civil en Estados Unidos y la primera que se graduó en ingeniería por la Universidad de Cornell.[30] Se divorció de Lee de Forest, inventor del triodo, cuando este quiso que dejara el trabajo, para en 1919 casarse con Morgan Barney, un arquitecto naval. Pero la gran mayoría de las mujeres que hubieran querido desarrollar una carrera, o simplemente poder trabajar, no pusieron fin a matrimonios intransigentes, y de ellas no queda ningún registro oficial.

En la década de 1950 a las casadas se les abrieron muchas puertas. Para las mujeres del Grupo 3 se incrementó la posibilidad de formar una familia y desarrollar después una carrera. Un segundo sueldo con el que pagar la hipoteca y la universidad de los hijos fue una tentación a la que algunos maridos no se pudieron resistir. A mayor formación académica de las mujeres, más transigían sus maridos permitiéndolas desarrollar sus carreras. Además, en casos muy especiales, estos hacían más que dar el visto bueno.

Marty Ginsburg se deleitaba en que su esposa, Ruth, fuera brillante. «Creo que lo más importante que he hecho nunca es permitir que Ruth se dedicara a lo que se ha dedicado», dijo en una ocasión.[31] Sin embargo, este matrimonio seguía siendo, en muchos sentidos, el de una clásica pareja del Grupo 3. Se conocieron en la universidad, se casaron después de graduarse, en 1954, y tuvieron el primer hijo un año después. Ruth se trasladó de Harvard a Columbia para seguir a su marido a Nueva York, y durante los «cinco años en que Marty se establezca como socio del bufete de abogados de Nueva York» ella se encargaría de la casa.[32] Pero ahí se acaban las comparaciones con sus contemporáneos. Para la mayoría de los miembros del Grupo 3, la carrera de una mujer estaba supeditada a la de su marido.

En 1964, tres cuartas partes de los titulados masculinos y femeninos de la promoción de 1961 estaban de acuerdo con que la carrera del hombre tenía prioridad sobre la de su esposa.[33] Pero las cosas iban a cambiar. En 1980, cerca del 60% de todos los graduados opinaban que marido y mujer debían tener igualdad de oportunidades para trabajar o desarrollar una carrera (en 1964 eran un 25%). En 1998, la última vez que se planteó la cuestión en un sondeo, el porcentaje fue de más del 85%.[34]

Los hombres empezaron a respaldar las carreras de sus mujeres a la velocidad en que ellas las estaban reivindicando. Aunque se había provocado un cambio radical en cuanto a aspiraciones y objetivos, otros obstáculos, distintos a los de los grupos previos pero igualmente poderosos, iban a tener que ser sorteados.

Para que la población femenina logre una carrera, una familia y la equidad, los hombres van a tener que exigir en sus trabajos lo mismo que exigen ellas, y van a tener que ocuparse de la casa para que las mujeres puedan trabajar. Precisamente eso es lo que algunas dinámicas parejas han logrado hacer, y para ello han decidido turnarse la carrera principal. Karen Quintos, directora de atención al cliente en Dell, y su marido tienen «que hacer concesiones los dos». De manera parecida, Jules Peri, fundadora y directora de The Grommet, ha descrito su vida familiar como «una danza» en la que se turnan «quién marca el ritmo».[35]

Marissa Mayer, de quien se supo que había tenido gemelos siendo directora de Yahoo!, señaló que, con frecuencia, la mujer pierde impulso en su profesión cuando los hijos son pequeños, pero que luego «la carrera despega».[36] Sin embargo, los hechos muestran que quienes reemprenden sus carreras años después no llegan muy alto. Como vimos en la Figura 7.1, las mujeres con hijos trabajan e ingresan más a los cuarenta y cincuenta años, pero aun así no se aproximan siquiera a los niveles de sus homólogos masculinos.[37] Aunque estas se reincorporen al empleo, solo ocasionalmente alcanzarán el éxito en sus carreras.

La conducta de Douglas Emhoff es modélica. El primer «segundo caballero» está haciendo lo que las segundas damas siempre han hecho: ofrecer apoyo personal a quienes lideran el país, arrimar el hombro, escuchar, empatizar, ayudar. Casado con una supermujer y vicepresidenta de Estados Unidos, tal vez Douglas sirva de modelo masculino y muestre a los demás hombres que se puede estar orgulloso en lugar de celoso, que es posible facilitar las cosas en vez de obstaculizarlas. Necesitamos más ejemplos como el suyo.

Es imperativo que los hombres no se dediquen exclusivamente a sus carreras, que apoyen a sus colegas masculinos cuando se toman la baja parental, que voten por políticas públicas de subvención del cuidado infantil, que presionen a sus empresas para que cambien los estrictos métodos con los que operan, que hagan saber a estas que sus familias son para ellos más importantes que el empleo. Nuestras aspiraciones y sueños no se harán realidad si los hombres no se incorporan al trayecto.

Saldremos de esta pandemia. Pero va a pasar mucho tiempo hasta que los lugares de trabajo, los restaurantes, las salas de cine, los aviones, los hoteles, las fiestas, las bodas, los estadios de fútbol, la vida misma se parezca a lo que fue en la era a. C. También continuará el trayecto de las tituladas universitarias. No sabemos cuán dañadas habrán quedado sus carreras, ni si este experimento forzoso de que ambos progenitores trabajen desde casa transformará las normas de género y reestructurará los modelos de empleo. De lo que sí somos conscientes es de lo grandes que han sido los logros del pasado y qué es lo que puso y sigue poniendo freno al progreso de las mujeres.

Hemos recorrido un trayecto desde el Grupo 1, cuyos componentes tuvieron que elegir entre carrera y familia, hasta el Grupo 5, quienes en la actualidad aspiran a alcanzar y a menudo consiguen ambos objetivos. Sadie Mossell Alexander obtuvo un título superior, pero no pudo trabajar en su campo. Hazel Kyrk y Margaret Reid priorizaron de manera implícita sus carreras sobre la familia, pues sabían que no les sería posible lograr ambas cosas. Muchas mujeres se resignaron a sufrir las restricciones de su época, y algunas, como Dorothy Wolff Douglas, tuvieron éxito a pesar de estas. Jeannette Rankin y Amelia Earhart brillaron triunfantes en muchos momentos, pero quedaron rezagadas en otros.

Algunas desplegaron sus vidas por entregas como hizo Ada Comstock, quien contrajo matrimonio a los sesenta años. Progresaron muchas de las emblemáticas madres del *baby boom* del Grupo 3; hallamos ejemplo de ello en Erma Bombeck, Jeane

Kirkpatrick, Phyllis Schlafly y Betty Friedan, mujeres que avanzaron con su tiempo y llegaron a transformar la historia.

Fueron muchas quienes se enfrentaron a leyes gubernamentales, normativas y políticas institucionales restrictivas. Algunas de ellas pelearon por un cambio y ganaron la batalla, como hemos visto con Anita Landy y Mildred Basden, quienes después de la Segunda Guerra Mundial lucharon por derrocar las barreras matrimoniales en los distritos escolares.

Margaret Sanger y Katharine Dexter McCormick, las madres de la píldora anticonceptiva, activaron una revolución silenciosa que marcaría la diferencia entre el Grupo 3 y el 4. Mary Tyler Moore, siendo Mary Richards, se convirtió en la cara reconocible de un nuevo grupo de mujeres jóvenes e independientes capaces de postergar el matrimonio y la maternidad y que, como tantas otras, sufrieron un trato discriminatorio en el puesto de trabajo. Lilly Ledbetter, además de discriminación salarial, tuvo que soportar acoso sexual y daños tanto físicos como psicológicos, pero sobrevivió para ser testigo de su propia victoria décadas después.

Hemos aprendido que el problema no se halla exclusivamente en el lugar de trabajo, sino que se encuentra también en la inequidad de pareja y en el hogar. Hubo demasiadas mujeres que por su carrera «se olvidaron de tener hijos», como casi le sucede a Tina Fey en sus papeles para la televisión y el cine.

Las miembros del Grupo 4 dejaron a un lado el matrimonio y la familia para tratar de establecer primero sus carreras. Hillary Rodham se casó con Bill Clinton a los veintiocho años. En el Grupo 5 el matrimonio se producía aún más tarde. La sucesora de Clinton para el Senado de Nueva York, Kirsten Rutnik, se casó con Jonathan Gillibrand a los treinta y cinco años; Amy Klobuchar, a los treinta y tres, y Kamala Harris, quien ha roto moldes y acaba de jurar el cargo como vicepresidenta de Estados Unidos, a los cincuenta años.

Se ha ido definiendo el trayecto que empezara con Jeannette Rankin, y ha revelado por qué las mujeres con elevada formación académica y profesional continúan experimentando dificultades para avanzar al ritmo de sus homólogos masculinos. Las responsabilidades del cuidado familiar, infantil y de los mayores recaen de manera desproporcionada sobre la población femenina. El empleo es codicioso, y quien pueda invertir mayor dedicación en él obtendrá más beneficios. Las parejas con hijos tratarán de aprovecharlo al máximo en un mundo regido por las normas de género.

Hemos podido experimentar lo que es trabajar desde casa, pero esta situación ¿será capaz de rebajar el coste de la flexibilidad laboral? Teletrabajar ha resultado algo más sencillo de lo que parecía y la mayoría de los empleados afirman que les gustaría continuar haciéndolo. A la mitad de los que tienen hijos en edad escolar les ha resultado difícil trabajar sin interrupciones, pero eso debería cambiar cuando todos los colegios vuelvan a funcionar con normalidad. De entre los titulados universitarios con teletrabajo, el 46 % ha podido elegir un horario más flexible. Parece que el coste de mantener a los empleados en jornadas más flexibles ha disminuido, al menos a corto plazo.

Prácticamente todo aquel que puede trabajar desde casa afirma que le gustaría seguir haciéndolo dos o más días a la semana cuando finalice la pandemia.[38] Pero no se sabe todavía cómo va a afectar esto a la productividad y a los costos generales. Aunque los teletrabajadores opinen que han sido más productivos, está aún por ver el impacto a largo plazo. La innovación requiere trabajo en equipo e ideas colaborativas. Algunas empresas se han apresurado a señalar que quienes regresen al lugar de trabajo más días alcanzarán mayores beneficios, a pesar de que estas siguen reduciendo sus espacios de oficina y, con ello, sus costes.[39]

Como sucede con tantas otras cosas en la actualidad, la incertidumbre que rodea estos asuntos es muy grande. Pero existe la esperanza de que las desigualdades que ha expuesto esta prueba de fuego, así como los nuevos modelos de trabajo y de cuidados que ha puesto sobre la mesa, logren provocar un cambio duradero. Conforme salimos de una pandemia en la que en muchos lugares todavía hay escuelas que operan a distancia y oficinas abiertas solo parcialmente, estamos viendo, a tiempo real, que estas nuevas realidades van en detrimento de las carreras de la población femenina. Margaret Gilpin Reid, aquella profesora «de las antiguas» de mi universidad a quien en su momento no presté la atención que merecía, conocía el valor del sector de los cuidados en la economía. Ha llegado el momento de que estemos atentos al testigo que ella y tantas otras nos entregaron. Es hora de revisar la manera en que trabajamos y pavimentar el camino sobre el que hemos ido avanzando para que mujeres como mi antigua alumna puedan desarrollar una carrera junto a un esposo que desee lo mismo que ella.

Marzo de 2021
Cambridge, Massachusetts

AGRADECIMIENTOS

Durante mi primer año en la Universidad de Harvard, hace aproximadamente tres décadas, mis estudiantes quisieron debatir sus aspiraciones de carrera y familia. ¿Qué podía enseñarles el pasado sobre sus respectivos futuros? Entonces yo no tenía respuesta. Acababa de publicar *Understanding the Gender Gap* [Comprender la brecha de género], libro que, aunque tratara sobre la participación creciente de las mujeres en la población activa de Estados Unidos a lo largo de la historia, no cubría el empeño por alcanzar el éxito personal y profesional de las mujeres con titulación universitaria. Debía, por tanto, continuar con mi investigación.

Azuzada por aquella pregunta, en 1992 escribí «The Meaning of College in the Lives of American Women: The Past Hundred Years» [El significado de la universidad en la vida de las mujeres estadounidenses: los últimos cien años], artículo que concierne a tres grupos de tituladas universitarias, cada uno de ellos definido por una época diferente y que corresponden a los grupos 1, 3 y 5 de este libro. Unos años después, Francine Blau, economista del trabajo y compañera de clase cuando ambas estudiábamos en la Universidad de Cornell, me pidió que ampliara el escrito incluyendo al Grupo 4 (el nuestro) para una conferencia que estaba programando. El resultado fue «Career and Family: College Women Look to the Past» [Carrera y familia: mujeres universitarias miran hacia el pasado] (1997). Aquellos dos ensayos constituyen los cimientos de este libro como si fueran la luz de una galaxia lejana que, millones de años después, se hace visible en la Tierra.

Durante varias décadas dejé a un lado aquel trabajo para investigar la historia de la educación y el papel que esta, junto con los cambios tecnológicos, juega en el incremento de la desigualdad económica. Pero nunca abandoné mi interés por las cuestiones de género, en especial las concernientes a la relevancia de la píldora anticonceptiva, el cambio de nombre como indicador social, la teoría de la discriminación en el contexto de la contaminación, la historia de la educación mixta y la revolución silenciosa (tema de mi conferencia de 2006 para la Ely Lecture de la Asociación Estadounidense de Economía, AEA). Además, contribuí a concebir el proyecto *Harvard and Beyond*, así como el dedicado a los MBA, y recabé información para explicar por qué en muchas profesiones las mujeres están rezagadas respecto a los hombres.

En mi conferencia presidencial para la AEA de 2014, «A Grand Gender Convergence: Its Last Chapter» [Una gran convergencia de género: su último capítulo], analicé con mucho detalle la enorme progresión de las mujeres a lo largo del siglo pasado y los pasos que nos quedan por dar en el trayecto hacia la igualdad de género. La Arrow Lecture de la Universidad de Columbia de 2015 fue un ciclo de conferencias que supuso un punto de inflexión para este trabajo. Mientras preparaba mi intervención me di cuenta de que la investigación que realizaba entonces sobre los motivos de las diferencias de género en las carreras estaba inextricablemente relacionada con mi anterior análisis sobre la progresión de carrera y familia en cinco grupos de mujeres con titulación universitaria. Después de la conferencia, Bridget Flannery-McCoy, quien por aquel entonces trabajaba en Columbia University Press, me preguntó si había considerado escribir un libro relacionado con la cuestión. No, no lo había hecho. Pero, en el momento en que decidí convertir aquella conferencia en algo más extenso, recordé sus palabras de aliento. Cuando empecé a escribir este libro, Bridget trabajaba en Princeton University Press.

En marzo de 2020, estando yo próxima a finalizar esta obra, la pandemia cayó sobre nosotros y el libro adquirió una urgencia renovada. Si en tiempos de normalidad las mujeres quedan rezagadas, ¿qué pasaría ahora que los colegios y las guarderías están cerrados? Que la mayoría de los progenitores puedan trabajar desde sus casas y se hallen maneras más flexibles de organizar sus horarios, ¿favorecerá al desarrollo de las carreras de las mujeres? ¿Saldremos del confinamiento conscientes de la importancia de la flexibilidad laboral y del cuidado a las personas? Tratando de resolver las urgentes cuestiones del momento en que vivimos, me di cuenta de que el pasado reciente nos puede ayudar a comprender el camino que tomará el mundo después de la COVID.

En cada fase de este proyecto, desde la primera semilla plantada hasta la era de la pandemia, han colaborado conmigo coautores, colegas, ayudantes de investigación, mi agente y su editora, así como mi propia editora.

Debo dar las gracias a muchas personas. En primer lugar, a Larry Katz —coautor, compañero economista, entusiasta canino, mister Memoria, observador de aves y esposo—, quien lo es todo para mí. No sé qué haría yo sin él. Ni lo que haríamos él y yo sin Pika, el increíble y brieport golden retriever, campeón rastreador, terapeuta y amor de nuestras vidas.

El camino que estas ideas recorrieron para conformar un libro empezó con Jill Kneerim y su talentosa editora Lucy Cleland, hoy agente literaria por méritos propios. Jill y Lucy me enseñaron a incorporar el elemento humano, las anécdotas, la gente, el color. Fueron provocadoras, inquisitivas y alentadoras. Insistieron en que me vendría bien una editora ayudante y me aconsejaron que esta fuera Domenica Alioto. ¿Cómo supieron que dos personas tan diferentes se llevarían así de bien? Domenica mejoró cada una de estas páginas. Además, todos sus correos electrónicos contenían un poema.

Son muchos los ayudantes de investigación a quienes quiero dar las gracias. Empecé a escribir este libro cuando Dev Patel regresó de Cambridge para ayudarme y sumergirse conmigo en el proyecto. Descubrió tesoros y exhumó datos que nunca habían sido utilizados de una manera tan extensa, como los del estudio de *Great Aspirations*. Aun cuando estaba a las puertas de empezar su doctorado en Economía en Harvard, Dev daba forma a este volumen y leía cada una de sus páginas antes de que yo se las enviara a Domenica.

Por orden cronológico inverso, agradezco a mi más reciente ayudante de investigación, Jennifer Walsh, el haber accedido a desempeñar un trabajo de selección y criba inmersa como estaba en otro proyecto, y a Summer Cai el ser una excelente emisaria de última hora. La lista de los demás investigadores, junto con sus asignaciones, a los que agradezco enormemente su asistencia, es la siguiente: Ross Mattheis (profesorado negro), Ayushi Narayan (datos de fertilidad), Namrata Narain (Quién es Quién), Jonathan Roth (HRS), Amira Abulafi y Natalia Emanuel (conferencia presidencial AEA), Chenzi Xu y Tatyana Avilova (datos de farmacia), Jane Lee (Estudio de Seguimiento Comunitario), Rebecca Diamond (datos de MBA), Naomi Hausman (datos de MBA y de *Harvard and Beyond*), Lisa Blau Kahn y Crystal Yang (conferencia Ely), Boris Simkovich (conferencia *Career and Family*) y Kathy Snead (Archivo Nacional, Boletines de la Oficina de la Mujer).

Agradezco a los numerosos coautores de mis proyectos relacionados lo mucho que me han enseñado mientras trabajábamos juntos. Por orden cronológico inverso, son los siguientes: Claudia Olivetti, Sari Pekkala Kerr, Josh Mitchell, Marianne Bertrand, Ilyana Kuziemko, Maria Shim y Cecilia Rouse. Gracias a Daniel Horowitz, historiador en el Smith College, por su inestimable conocimiento sobre Betty Friedan. A Stanley Engerman, quien leyó y comentó todo lo que le entregué, y a Kathleen Gerson, quien me ofreció su ayuda de última hora respecto al papel que juegan los hombres en la transformación de los roles de género.

He ido refinando mis ideas conforme participaba en un gran número de conferencias. Algunas de las más relevantes presentadas tras mi discurso presidencial de 2014 han sido el ciclo de conferencias Arrow de la Universidad de Columbia, las Bies de la Universidad del Noroeste, las Lindahl de la Universidad de Uppsala (Suecia), las Gorman del University College de Londres y las Conferencias Feldstein de la NBER (Oficina Nacional de Investigación Económica).

Mi editor en Princeton University Press, Joe Jackson, mejoró mis exposiciones con sus sugerencias; Kelley Blewster, de Westchester Publishing, fue una editora excepcionalmente minuciosa y atenta; Angela Piliouras ha sido una coordinadora de producción editorial extraordinaria, y Seung Jin Kim, un lúcido traductor. A todos ellos, gracias.

Los datos aquí recogidos provienen de muchas instituciones y asociaciones mencionadas en el apéndice de fuentes. Quedo agradecida a las personas que compilaron esa información: Marianne Bertrand, coautora y cofundadora del proyecto MBA, por ofrecer los datos administrativos de la Escuela de Negocios Booth de la Universidad de Chicago; John Schommer, de la Universidad de Minnesota, por los datos sobre los farmacéuticos; Terry K. Adams y J. J. Prescott por la encuesta de investigación sobre exalumnos de la facultad de Derecho de la Universidad de Míchigan, y Stephanie Hurder por su colaboración en la interpretación de los datos; Bryce Ward por ayudarme a crear y producir los instrumentos de sondeo del proyecto *Harvard and Beyond*, y Naomi Hausman por facilitar la accesibilidad de la información.

El trayecto de las mujeres a lo largo de más de un siglo ha sido también el mío, y al final de mi camino me encontré con Domenica Alioto, quien aportó relevancia a mi trabajo y me enseñó a apreciar la poesía. Ambas pasamos por tiempos difíciles en los últimos nueve meses: la angustia ante una pandemia global, la muerte de mi madre, los problemas de salud mental de una buena amistad, el ambiente enrarecido de fuga con el que se encontró Domenica a su llegada a California tras escapar del virus en Brooklyn, y las elecciones de 2020. Durante esos meses de primavera, verano y otoño no desfallecí, seguí escribiendo, dando clases, ocupándome de mi jardín y leyendo las correcciones de Domenica, así como sus correos electrónicos, con poemas como estos:

> *Between my finger and my thumb*
> *The squat pen rests.*
> *I'll dig with it.**
>
> Seamus Heaney, «Digging»

> *Meanwhile the wild geese, high in the clean blue air,*
> *are heading home again.***
>
> Mary Oliver, «Wild Geese»

El trayecto continúa.

---

*   Entre mi dedo y mi pulgar / descansa la pluma gruesa. / Cavaré con ella.
**   Mientras tanto los gansos salvajes, altos en el aire limpio y azul, regresan de nuevo a casa.

APÉNDICE DE FIGURAS Y TABLA:
FUENTES Y NOTAS

Figura 1.1. Desigualdad de género e inequidad en la pareja.
No hay fuentes. Las notas aparecen en el texto de la figura.

Figura 2.1. Cinco grupos de mujeres con titulación universitaria a lo largo de un siglo.
Notas: El deseo de tener familia y carrera/trabajo aparece reflejado debajo de los años de nacimiento. Sobre los grupos no concluidos se presenta ese «deseo», mientras que en los que han llegado al final de sus vidas se muestra la «consecución» de familia y carrera/trabajo. Estas caracterizaciones se refieren a la suma total. La heterogeneidad de los grupos se analiza en cada uno de los capítulos.

Figura 2.2. Porcentaje de mujeres con titulación universitaria que han permanecido solteras, por edad y año de nacimiento.
Fuentes: Microdatos del censo de población de Estados Unidos, de 1940, 1950, 1960, 1970, 1980, 1990 y 2000; microdatos del American Community Survey (ACS) de 2000 a 2015.
Notas: Los datos relativos al matrimonio son sobre mujeres blancas, puesto que era mínimo el porcentaje de mujeres negras

con titulación universitaria en los años de los grupos iniciales, aunque no sea así en tiempos recientes. Para asegurarnos de que no ocurren diferencias debido a cambios composicionales, en los grupos únicamente incluimos mujeres nativas. Como los datos proceden de una población cerrada (nativa), el porcentaje de las que permanecen solteras se reduce conforme asciende la edad de las miembros de cada grupo por año de nacimiento, aunque el diferencial de mortalidad y matrimonio puede alterar esa relación. El punto de datos para las mujeres de edades de 50 a 54 años nacidas en 1908 se ha reducido en 0,8 por consistencia con los datos remanentes. El punto de datos del ano 1883 es para edades comprendidas entre los 55 y los 59 años. La construcción de los cinco grupos de edades varía sensiblemente entre el censo de población de Estados Unidos y el ACS. Sobre el censo, los datos constituyen una media de cada grupo de edad, en periodos de cinco años, por año de nacimiento. Por ejemplo, los datos de las mujeres de 35 a 39 años nacidas en 1953 provienen del censo de 1990. El año de nacimiento corresponde al punto equidistante en la franja de edad. En cuanto al ACS, se conocen los datos de cada uno de los grupos de cinco años y hacen referencia al año exacto de nacimiento. El punto de unión de los dos conjuntos de datos es el año 2000. Para las mujeres de 25 a 29 años, el punto de unión es el año de nacimiento de 1973. Debemos señalar que el porcentaje de matrimonios experimentan pocos cambios entre 1973 y 1978; por tanto, la diferencia de cálculo prácticamente no afecta a los datos.

Figura 2.3. Porcentaje de mujeres con titulación universitaria sin hijos, por edad y año de nacimiento.
Fuentes: Censo de población de Estados Unidos de 1940, 1950, 1960 y 1970. *Suplemento de fertilidad de junio* de la encuesta de población activa (EPA) de 1973 a 2018.
Notas: Los datos del censo de población de Estados Unidos son utilizados para los años anteriores al año de nacimiento de 1949 de mujeres con edades comprendidas entre los 25 y los 29 años; y 1934 para el grupo de las de 40 a 44 años. Los

datos para grupos de edades más avanzadas se usan sobre los dos grupos más tempranos de edades entre 40 y 44 años. Siempre que ha sido posible, hemos utilizado los datos extraídos del *Suplemento de fertilidad de junio* de la EPA, expresados en forma de promedio móvil centrado de cinco años. Para los demás años, hemos considerado los datos del censo de población. Los años del censo están conectados mediante interpolaciones lineares y estas unen las dos fuentes de datos. Los datos comprenden todas las razas.

Figura 2.4. Tasa de participación en la población activa por edad y año de nacimiento: mujeres con titulación universitaria que se han casado alguna ocasión.

Fuentes: Hemos acudido a tres fuentes: censos decenales de población de Estados Unidos, EPA y ACS. Los censos decenales de población han sido proporcionados por la Serie Integrada de Microdatos de Uso Público (IPUMS, por sus siglas en inglés) y corresponden a los años de 1940 a 2000. El ACS incluye los años de 2000 a 2016. Los censos decenales de población ofrecen las siguientes muestras: 1 % en 1940, 1 % en 1950, 5 % en 1960, 1 % «form. metro 1» y «form. metro 2» en 1970, 5 % «estado» en 1980, 5 % en 1990 y 5 % en 2000. El EPA de la Encuesta anual socioeconómica (EAS) incluye los años de 1962 a 2017. En todas las muestras, «titulación universitaria» se define por la consecución de grados de cuatro o más años de estudio.

Notas: La participación en la población activa se define por el censo de Estados Unidos como estar empleado o buscando trabajo en la semana de realización del estudio. Todos los elementos en cada una de las matrices de cinco años (por ejemplo, las edades comprendidas entre los 35 y los 39 años para las nacidas entre 1930 y 1934) están completos. Los datos de edades de 25 a 29 años de las nacidas entre 1900 y 1904 han sido extrapolados basándonos en el cambio de los sujetos de edades de 25 a 29 años, por los sujetos de 35 a 39 con fecha de nacimiento entre 1910 y 1914.

Figura 2.5. Tasa masculina y femenina de graduados universitarios (a la edad de treinta años).

Fuentes y notas: Se utilizan los censos IPUMS de 1940 a 2000 y de los Grupos Combinados de Rotación Saliente (MORG, por sus siglas en inglés) de la EPA de 2006 a 2016. El procedimiento es el mismo que en Goldin y Katz (2008), Figura 7.1.

Tabla 2.1. Matrimonio, hijos y empleo en cinco grupos de mujeres con titulación universitaria.

Fuentes y notas: Las cols. (A) y (B) usan los años de nacimiento de 1890, 1910, 1930, 1950 y 1960 para los cinco grupos (filas). Véase también la Figura 2.2. Los datos de la col. (C) son los subyacentes de la Figura 2.3. Para los primeros tres grupos, se contemplan las edades de 45 a 49 años. Sobre las cols. (D) y (E), véase también la Figura 2.4. Los años censales de la col. (D) corresponden a los años 1940, 1960, 1980 y 1990 del Grupo 2 al 5. Los años censales de la col. (E) corresponden a los años 1940, 1960, 1980, 2000 y 2010 del Grupo 1 al 5. Los años de nacimiento seleccionados del Grupo 1 al 5 son 1890 a 1894, 1910 a 1914, 1930 a 1934, 1950 a 1954 y 1960 a 1964. El cálculo de la col. (D) en el Grupo 1 es conjetural. Las del Grupo 1 tenían cerca de 50 años durante la Gran Depresión y la Segunda Guerra Mundial, y su tasa de participación en la población activa fue muy poco uniforme en aquellos años.

CAPÍTULO 3

No hay fuentes o tablas.

CAPÍTULO 4

Figura 4.1. Matrimonio e hijos de las mujeres con titulación universitaria y de un grupo de mujeres ilustres.

Fuentes: La «muestra de ilustres» universitarias ha sido extraída del *Notable American Women*, en especial de los dos volúmenes más recientes. Véanse James, James y Boyer (1971), Sicherman y Green (1980), y Ware y Braukman (2004). Para «Todas las mujeres con titulación universitaria», véanse las fuentes del capítulo 2 respecto a las figuras 2.2. y 2.3.

Notas: La información demográfica se basa en mujeres a los 50 años o, en el caso de *Notable American Women*, al final de sus vidas. En la construcción del condicional de hijos o de matrimonio, la asunción en la muestra de «todas» es la de que ninguna mujer que permaneció soltera tuvo hijos biológicos. En «hijos» se incluyen los adoptivos, pero generalmente se excluyen los hijastros.

Figura 4.2. Barreras matrimoniales y conservación de empleo para el profesorado escolar (1928-1951).

Fuentes: Sindicato National Education Association (1928, 1932, 1942, 1952).

Notas: El porcentaje se refiere a la población de varias ciudades con barreras a la contratación o de retención. Para obtener esta información se han utilizado los datos originales organizados por tamaño de ciudad. Los datos desestimados no difieren significativamente de los evaluados.

CAPÍTULO 5

Figura 5.1. Porcentaje de hombres y mujeres (de todos los niveles académicos) que están de acuerdo con la siguiente afirmación: «Es probable que un niño o una niña en edad preescolar lo pase mal si su madre trabaja».

Fuente: Microdatos del General Society Survey (GSS) de 1977 a 2016.

Notas: Se ha considerado un promedio móvil de cinco años. Los datos del GSS empiezan en 1977 e inmediatamente se trasladan a 1985. Por tanto, los primeros grupos de edad tienen, de promedio, edades más avanzadas en el momento de la entrevista que los grupos de edad más jóvenes. Se han utilizado pesos muestrales.

CAPÍTULO 6

Figura 6.1. Media de edad a la que las mujeres con titulación universitaria se casan por primera vez (nacidas entre 1925 y 1988).

Fuentes y notas: *Suplemento de fertilidad de junio* y Encuesta anual socioeconómica (EAS) de la EPA. Se muestran promedios móviles centrados de tres años. La línea discontinua supone un resumen simple de las dos series.

Figura 6.2. Expectativas de empleo y actitud de las mujeres jóvenes por edad y año.

Fuentes: Encuesta nacional longitudinal sobre mujeres jóvenes de 1968 y Encuesta nacional longitudinal sobre la juventud (respectivamente, NLS68 y NLSY, por sus siglas en inglés). Véase Goldin (2005) para más detalles. Encuesta Astin sobre universitarias de primer año del Programa CIRP del Instituto de Investigación en Educación Superior. Véase también <https://heri.ucla.edu/cirp-freshman-survey/>.

Las notas aparecen en el texto de la figura.

Figura 6.3. Porcentaje de mujeres entre el total de graduados en las siguientes titulaciones: Medicina, Derecho, Odontología y máster en Administración de Empresas (MBA).

Fuentes y notas: Datos sobre el primer año de estudios de Derecho del sitio web de la American Bar Association (ABA), <https://www.abanet.org/legaled/statistics/femstats.html>, siempre que ha habido disponibilidad o, en caso contrario, datos del *Higher Education Digest* (en línea) del Centro Nacional de Estadísticas de Educación (NCES, por sus siglas en inglés) del Departamento de Educación de Estados Unidos. Datos del primer año de estudios médicos de la página web de la American Association of Medical Colleges (AAMC), <https://www.aamc. org/data/facts/enrollmentgraduate/table31-women-count.htm>, cuando ha habido disponibilidad o, en caso contrario, datos del NCES *Higher Education Digest* (en línea) del Departamento de Educación. Datos sobre el primer año de estudiantes de odontología extrapolados de los títulos de odontología otorgados tras cuatro años cursados, del NCES *Higher Education Digest* (en línea) del Departamento de Educación. Datos sobre el primer año de estudiantes de MBA extrapolados de los titulados en MBA tras dos años cursados, del Departamento de Educación, NCES *Higher Education Digest* (en línea).

Figura 6.4. Ocupaciones de las mujeres con titulación universitaria de entre treinta y treinta y cuatro años: de 1940 a 2017.

Fuentes: Serie Integrada de Microdatos de Uso Público (IPUMS) del censo federal de población de Estados Unidos de los años 1940 a 2000; ACS de 2012 y 2017.

Notas: La línea continua incluye bibliotecarias, enfermeras, trabajadoras sociales y religiosas, secretarias (y demás empleadas administrativas) y maestras de escuela primaria. La línea discontinua incluye abogadas, gestoras, médicas (además de dentistas, veterinarias, etc.), catedráticas y científicas.

CAPÍTULO 7

Figura 7.1. Éxito de carrera y familia en cuatro grupos de edad entre 1931 y 1965.

Fuentes y notas: Estudios de Salud y Jubilación (HRS, por sus siglas en inglés) de los años 1931 a 1957; NLSY79 de 1958 a 1965. Véase el apéndice de fuentes (C7): «Éxito de carrera y familia». Se utilizan los datos de fertilidad de los grupos de edad de nacimiento del *Suplemento de fertilidad de junio* de la EPA en lugar de los de HRS, para corregir algunas magnificaciones de estos últimos en cuanto a la fecundidad. También, por consistencia, incorpora los datos de fertilidad de los suplementos de fertilidad de junio del grupo NLSY79 de los años de 1958 a 1965.

Figura 7.2. Carrera y familia para titulados superiores (proyecto *Harvard and Beyond*) quince años después de la universidad.

Fuentes y notas: Véase el apéndice de fuentes (C7): «El proyecto *Harvard and Beyond*». Empleo 15 años después de la graduación. Jornada completa incluye todo el año. MA = grado de maestría y no incluye titulaciones superiores como doctorados. Algunos individuos tienen más de un título de posgrado superior a MA. Ninguno = sin título superior a título de grado. «Hijos» incluye los adoptivos menores de tres años.

CAPÍTULO 8

Figura 8.1. Cociente de ingresos anuales medios de mujeres respecto a hombres trabajando a tiempo completo, todo el año: de 1960 a 2018.

Fuentes: Todos los trabajadores, 1960 a 2019. Trabajadores con titulación universitaria, 1961 a 2019: cálculos del Annual Social and Economic Supplement (ASEC), EPA de la Oficina del Censo de Estados Unidos.

Notas: Las series calculadas se han avanzado un año para coincidir con las series publicadas, puesto que los ingresos anuales se refieren al año anterior. Para ambas series se han considerado promedios móviles de tres años.

Figura 8.2. Ingresos anuales relativos de las mujeres (respecto a los hombres) con títulos universitarios: Grupo 5, nacidas entre 1958 y 1983.

Fuentes: Microdatos del censo de 1970, 1980, 1990 y 2000, y ACS de 2004 a 2006 (para 2005), 2009 a 2011 (para 2010) y 2014 a 2016 (para 2015). Véase Goldin (2014), Figura 1, parte B, actualizada hasta 2015.

Notas: La muestra consiste en titulados universitarios (con escolarización de 16 años o más), hombres y mujeres (blancos, nativos, no militares, de 25 a 69 años), y utiliza datos ajustados de ingresos anuales (de más de 1.400 horas × 0,5 × sueldo mínimo federal relevante) corregidos los ingresos truncados (valores tope × 1,5). La variable dependiente es el logaritmo de los ingresos anuales con controles por educación de más de 16 años, los logaritmos de las horas, de las semanas y de la edad registrados en intervalos de cinco años modulados por la variable ficticia de género femenino. Las líneas conectan los coeficientes sobre el intervalo de cinco años para cada grupo de nacimiento. Solo se muestran los grupos de nacimientos entre 1958 y 1983, y únicamente los de edades hasta los 55 años. El eje vertical se traduce de logaritmos a coeficientes. Se ofrece un punto medio para los años de nacimiento, de manera que c. 1963 es un valor para los nacidos entre 1961 a 1965.

Figura 8.3. Cociente de ingresos anuales de las mujeres (respecto a los hombres) con un máster en Administración de Empresas [MBA] por años desde la titulación.

Fuente: Véase Bertrand, Goldin y Katz (2010).

Notas: El año 13 se refiere a los años de 10 a 16 posteriores a la obtención del MBA. «Ingresos anuales» se definen como el total de ingresos brutos, incluidos salarios y primas, y están codificados como ausentes cuando el individuo no está trabajando. Los cocientes son sobre los ingresos anuales corregidos para los cursos y grados de MBA en un contexto de regresión sobre los efectos fijados para el grupo de MBA. Las barras de «Todos los titulados MBA» indican todos los hombres y todas las mujeres. Las barras para «Tituladas MBA sin hijos» incluyen solo a las mujeres que no tuvieron hijos desde que se titularon en MBA hasta el momento de la entrevista y que no han dejado de trabajar más de seis meses.

Figura 8.4. Cociente de ingresos de las mujeres (respecto a los hombres) con titulación universitaria según sector ocupacional.

Fuentes: American Community Survey, 2009 a 2016.

Notas: La muestra consiste en todos los titulados universitarios de 25 a 64 años que en el año censual trabajaban a tiempo completo todo el año (TC-TA) y que ocupaban un puesto en el que los ingresos anuales medios de los trabajadores masculinos TC-TA excedieran los 65.000 dólares. Las covariables incluyen la edad cuartal, las horas de trabajo habituales por semana, las semanas de trabajo habituales por año y la formación académica (superior a la titulación de grado). Véase la Tabla 1A (C8) del apéndice digital, «Ocupaciones en la ACS y agrupación según industria», para una lista de las ocupaciones en cada uno de los diez grupos. La media ponderada es el número de trabajadores en cada una de las distintas ocupaciones.

CAPÍTULO 9

Figura 9.1. Porcentaje y distribución de horas de trabajo de mujeres y hombres doctorados en Derecho (JD): entre cinco y quince años después de obtener la titulación.

Fuente: Véase el apéndice de fuentes (C9) «Conjunto de datos de la Encuesta de investigación sobre exalumnos de la facultad de Derecho de la Universidad de Míchigan».

Notas: Incluye JD titulados por la facultad de Derecho de la Universidad de Míchigan de 1982 a 1992 del sondeo del año cinco y el año quince. «Tras 5 años» y «Tras 15 años» hacen referencia a los años desde que recibieron el JD. El grupo es una muestra longitudinal, de manera que quienes están en las columnas «Tras 5 años» aparecen también en las de «Tras 15 años».

Figura 9.2. Porcentaje y distribución del contexto laboral de mujeres y hombres doctorados en Derecho (JD): entre cinco y quince años después de obtener la titulación.

Fuente: Véase el apéndice de fuentes (C9) «Conjunto de datos de la Encuesta de investigación sobre exalumnos de la facultad de Derecho de la Universidad de Míchigan».

Notas: Incluye JD titulados por la facultad de Derecho de la Universidad de Míchigan de 1982 a 1992 del sondeo del año cinco y el año quince y que no aparecieran con ocupación «ausente» en ninguno de los años. «Tras 5 años» y «Tras 15 años» hacen referencia a los años desde que recibieron el JD. El grupo es una muestra longitudinal, de manera que quienes están en las columnas «Tras 5 años» aparecen también en las de «Tras 15 años».

Figura 9.3. Porcentaje de mujeres entre todos los farmacéuticos y graduados en Farmacia, y porcentaje de trabajadores por cuenta propia entre farmacéuticos.

Fuentes: Goldin y Katz (2016) utilizan microdatos de los sondeos de Midwest Pharmacy Research Consortium (véase el apéndice de fuentes [C9]: «Encuestas nacionales sobre la fuerza laboral de farmacéuticos: 2000, 2004, 2009») y otras fuentes más convencionales.

Notas: El porcentaje de mujeres entre los graduados en Farmacia es una media móvil de tres años. Las otras dos series están a intervalos y son discontinuas.

CAPÍTULO 10

No hay figuras o tablas.

EPÍLOGO

No hay figuras o tablas.

APÉNDICE DE FUENTES

Para descripciones más extensas, véase también el apéndice en línea disponible en el sitio web PUP de este libro, o en el siguiente enlace: https://assets.press.princeton.edu/releases/т30613.pdf.

C3: CUESTIONARIO DE 1928 PARA LAS EXALUMNAS DE RADCLIFFE

El Cuestionario para las exalumnas de Radcliffe fue enviado por correo postal en 1928, con motivo de la celebración de los cincuenta años de la universidad. Fue diseñado para ofrecer una visión general del alumnado de Radcliffe. Se trata de una muestra de las mujeres que asistieron a esta universidad desde su fundación, en 1879, hasta el año del cuestionario. Respondieron aproximadamente 1.900 de las alumnas que se graduaron en Radcliffe entre las décadas de 1880 y 1920. Véase Solomon (1985, 1989).

C5: ENCUESTA DE LA OFICINA DE LA MUJER DE 1957 Y SEGUIMIENTO EN 1964

Boletín de la Oficina de la Mujer n.º 268, *First Jobs of College Women: Report of Women Graduates, Class of 1957* [Primeros trabajos de mujeres universitarias: informe de las graduadas, promoción de 1957] recoge el estudio realizado sobre 6.000

universitarias, de 131 instituciones diferentes, graduadas en la promoción de 1957. La encuesta de seguimiento, de 1964, queda recogida en el boletín n.º 292, *College Women Seven Years after Graduation: Resurvey of Women Graduates, Class of 1957* [Mujeres universitarias siete años después de graduarse: encuesta de seguimiento de graduadas, promoción de 1957] e incluye las respuestas de aproximadamente 5.000 participantes del sondeo anterior (Oficina de la Mujer del Departamento de Trabajo de Estados Unidos, 1959, 1966). El material tabular de los boletines proviene principalmente de las encuestas tomadas por separado; sólo una tabla en la publicación de 1966 contiene resultados combinados.

Para la obtención de datos longitudinales se recuperó una de las muestras del Archivo Nacional y se contrastaron los dos años. La muestra se recogió en 1987. Dado que el Archivo Nacional había almacenado las encuestas en cajas separadas, se pudo identificar a la mayoría (aunque no a todas) de las mujeres de las dos encuestas y contrastar sus respuestas. De las 993 muestras de 1964, 749 correspondían a la encuesta de 1957. Esos datos quedan reflejados en las afirmaciones en el texto sobre los cambios para las mujeres desde 1957 y a lo largo de siete años. Adicionalmente, se realizaron copias de todas las respuestas en las que las encuestadas incluyeron comentarios. Las encuestas provienen de Record Group #86, cajas 739 a 767. Véase también Goldin (1990), «Apéndice de datos».

C5: LOS DATOS DE *GREAT ASPIRATIONS*

El «Plan de Carrera y Experiencias de Junio de 1961, Titulados Universitarios», como el Inter-university Consortium for Political and Social Research (ICPSR) llama oficialmente a los datos de *Great Aspirations* [Grandes aspiraciones], es un estudio longitudinal sobre universitarios titulados en 1961 (Afluencia A), 1962 (Afluencia B), 1963 (Afluencia C), 1964 (Afluencia D) y 1968 (Afluencia E). En cada afluencia se plantean cuestiones a los encuestados sobre sus planes y aspiraciones de carrera, a menudo comparadas con sus planes iniciales, así como sus actitudes en cuanto a diversos campos profesionales. Adicionalmente, la Afluencia D contiene un suplemento que evalúa las actitudes respecto a la familia y las decisiones de carrera de las encuestadas femeninas. La Afluencia E, encuesta llevada a cabo siete años después de la titulación, incluye muchas preguntas retrospectivas sobre sus experiencias y el grado de satisfacción en cuanto a las universidades o centros en los que obtuvieron sus títulos de grado.

La muestra inicial recoge las respuestas de los estudiantes de 135 universidades de Estados Unidos que aspiraban a titularse en junio de 1961. La selección se realizó mediante una técnica de muestreo probabilístico de dos etapas en la que se eligieron universidades de entre un conjunto de instituciones admisibles, de entre las que después se seleccionaría a los estudiantes. Las encuestas fueron distribuidas entre un total de 41.116 individuos. La muestra final de universidades, academias de arte y humanidades, y escuelas de magisterio contiene datos sobre 35.527 encuestados, conformando estos un panel desigual a lo largo de los años.

Los datos sobre las cinco afluencias, compiladas por el jefe de la investigación, James Davis, fueron archivadas por el consorcio bajo el nombre de ICPRS 07344: «Plan de Carrera y Experiencias de Junio de 1961, Titulados Universitarios». Los datos originales estaban en versión ASCII sin diccionario. Para

Tamaño de muestra sobre las cinco afluencias de datos *Great Aspirations* de encuestados provenientes de universidades, academias de arte y humanidades, y escuelas de magisterio.

	Todas las afluencias	Afluencia A	Afluencia B	Afluencia C	Afluencia D	Afluencia E
Todos los encuestados	35.527	32.092	29.438	28.188	23.146	4.615
Mujeres encuestadas	13.086	11.952	11.136	10.479	8.254	1.778

remediarlo, he añadido ICPRS 121481, una actualización del original. Los análisis a partir de los datos de *Great Aspirations* ofrecidos en el capítulo 5 fueron realizados utilizando los datos originales de las cinco afluencias. Véanse Davis (1964) y una descripción más extensa de estos datos en el apéndice en línea de este libro que ofrece el sitio web de Princeton University Press.

C5: ENCUESTA DEL CENTENARIO DEL RADCLIFFE COLLEGE, 1977

La encuesta, que se realizó con motivo de las celebraciones de los cien años del Radcliffe College, fue enviada a todas las tituladas y las estudiantes de Radcliffe de los años 1900 a 1977. Más de 6.000 mujeres completaron y enviaron de vuelta el cuestionario, lo que supuso una tasa de respuesta del 48%. El sondeo incluía cuestiones relativas a la educación de posgrado, el empleo remunerado y voluntario, el historial profesional, la situación marital, la fecundidad, la formación académica y el trabajo del marido, así como la actitud en cuanto a la educación de las mujeres. Los datos están archivados en el Henry A. Murray Research Centre. Véase también Solomon (1985).

C7: ÉXITO DE CARRERA Y FAMILIA

Para poder considerar en qué medida han logrado las mujeres alcanzar los objetivos de carrera y familia, debemos definir cada uno de los términos. «Familia» se define por la presencia de un hijo (siempre que sea posible se incluirá la adopción de un bebé o preescolar). He creado la definición de «carrera» basándome en la información del historial laboral y los ingresos de la persona. La definición tiene que ver con la idea de que lograr una carrera requiere haberla desarrollado a lo largo de un amplio periodo de tiempo e implica que los ingresos laborales superen cierto nivel.

Me he servido de dos conjuntos de datos longitudinales que me permitan realizar una estimación del éxito en la carrera y en la familia a lo largo de las vidas de los titulados universitarios, tanto hombres como mujeres, nacidos entre 1931 y 1964. En investigaciones previas (Goldin 1977, 2004) realicé estimaciones del éxito en carrera y familia de tituladas universitarias a edades entre finales de los treinta y principios de los cuarenta años. Quienes dieron respuesta a la *National Longitudinal Survey of Youth* [Encuesta nacional longitudinal sobre la juventud] (NLSY79) en la actualidad tienen edades que nos permiten observar su evolución hasta que cumplieron los cincuenta. En estimaciones recientes, me sirvo de los Estudios de Salud y Jubilación (HRS por sus siglas en inglés) de los historiales de la Social Security Administration para monitorizar el éxito de las mujeres de los grupos 3 y 4 hasta que tienen aproximadamente cincuenta años, así como para proporcionar los datos de grupos equiparables de titulados masculinos.

En todas las estimaciones empleo un criterio de carrera que implica ingresos por encima del percentil veinticinco de la distribución de ingresos (por trabajo anual a tiempo completo) masculina en las mismas edades y mismo nivel educativo. Los datos de ingresos masculinos se obtuvieron de la encuesta de población activa de Estados Unidos (EPA) del año correspondiente. Los ingresos de un hombre en el percentil veinticinco son prácticamente iguales a los de la mujer promedio en casi todos los años.

Para que una carrera se considere de éxito, las mujeres deben haber superado el nivel de ingresos durante varios años consecutivos (o cercanos, si la encuesta es bienal). Por consiguiente, se considerará que una mujer con titulación universitaria de entre cuarenta y cuarenta y cuatro años tiene una carrera exitosa si, como mínimo, ha ganado tanto como un hombre con titulación universitaria de entre cuarenta y cuarenta y cuatro años en el percentil veinticinco de la distribución masculina de ingresos. Puesto que las encuestas NLSY79 se realizaron cada dos años, las participantes fueron entrevistadas tres veces en un intervalo de cinco años. Teniendo esto en cuenta, se considerarían carreras exitosas las de quienes habían excedido aquellos niveles cuando se produjeron dos de las tres entrevistas.

Generalmente, empleo la misma definición con los datos relativos a ingresos proporcionados por los HRS de la Social Security Administration (Goldin y Katz, 2018). Los datos de ingresos anuales extraídos del HRS son anuales, mientras que los de NLSY79 son bienales. Por tanto, existe una diferencia: mi definición de «carrera» sobre los datos de HRS es que se cumplan las condiciones de ingresos durante al menos tres años en cada lustro. No existe colapamiento entre los grupos por año de nacimiento del NLSY79 y la versión del HRS está disponible cuando escribo estas líneas.

En los casos en que me sirvo del HRS he creído conveniente realizar cuatro divisiones de grupos por años de nacimiento comprendidos entre 1931 y 1957. Los dos primeros grupos de nacimiento se corresponden con un «temprano» Grupo 3 (nacidas entre 1931 y 1937) y un «tardío» Grupo 3 (nacidas entre 1938 y 1944). La población de las nacidas más recientemente queda comprendida en un «temprano» Grupo 4 (nacidas entre 1945 y 1950) y un «tardío» Grupo 4 (nacidas entre 1951 y 1957). Según los datos que ofrece el HRS respecto a este tardío Grupo 4, el porcentaje de las tituladas universitarias que a los cincuenta años afirma haber tenido al menos un hijo biológico es del 79,9%, mientras que en la población encuestada por NLSY79 de 1957 a 1964 el 71,8% de las universitarias entre treinta y nueve y cuarenta y seis años dice haber tenido un hijo. En los cálculos finales de éxito de carrera y familia y para corregir esta posible magnificación de la fecundidad en el HRS, he considerado las tasas de fertilidad del total de la población de acuerdo con el suplemento de fertilidad de junio de la EPA en lugar de los grupos de nacimiento de HRS.

C7: EL PROYECTO *HARVARD AND BEYOND*

El proyecto *Harvard and Beyond* ofrece información detallada de la evolución en la educación, la carrera y la familia de estudiantes de Harvard/Radcliffe College en trece cursos distintos.

El sondeo se realizó con la cooperación y financiación del presidente de Harvard, Lawrence H. Summers. Véase Goldin y Katz (2008a).

La encuesta se realizó sobre estudiantes de primer año de 1965 a 1968 (quienes, en su mayoría, se graduaron entre 1969 y 1972), de 1975 a 1978 (titulados entre 1979 y 1982), y de 1985 a 1988 (titulados entre 1989 y 1992). También se incluyeron los individuos que iniciaron las mismas clases o fueron transferidos a Harvard, así como quienes no se graduaron en el plazo previsto. Asimismo, fueron incluidas las mujeres del curso de 1973. Se añadieron los datos administrativos de las transcripciones. Puesto que hasta mediados de la década de 1980 estos no estaban en formato electrónico, fueron codificados de los originales en la Oficina de Registro de la Universidad de Harvard. Este sondeo recibió más de 65.000 respuestas.

C9: CONJUNTO DE DATOS DE LA ENCUESTA DE INVESTIGACIÓN SOBRE EXALUMNOS DE LA FACULTAD DE DERECHO DE LA UNIVERSIDAD DE MÍCHIGAN

El conjunto de datos de la encuesta de investigación sobre exalumnos de la facultad de Derecho de la Universidad de Míchigan incluye los sondeos realizados de 1976 a 2006 para los titulados en los años de 1952 a 2001, junto con datos administrativos de cada uno de los exalumnos. Se les enviaron las encuestas a los cinco, quince, veinticinco, treinta y cinco y cuarenta y cinco años de obtener la titulación en Derecho (JD). El sondeo se inició con la intención de mostrar repeticiones transversales, pero puesto que fueron tantos los exalumnos que rellenaron la encuesta en cada uno de los periodos, se decidió agrupar los datos de manera longitudinal. Los investigadores interesados en utilizar estos datos pueden contactar con el proyecto Encuestas a exalumnos de la facultad de Derecho de la Universidad de Míchigan.

C9: ENCUESTAS NACIONALES SOBRE LA FUERZA LABORAL
DE FARMACÉUTICOS: 2000, 2004, 2009

Las encuestas nacionales sobre la fuerza laboral de farmacéuticos fueron realizadas en tres años —2000, 2004 y 2009— por el Midwest Pharmacy Research Consortium. Las tabulaciones proceden del Midwest Pharmacy Research Consortium (2000, 2005, 2010).

El principal propósito de los sondeos fue recabar información fiable de la demografía y las características de empleo de la fuerza laboral de los farmacéuticos de Estados Unidos. El proyecto recoge información de una muestra nacional representativa de farmacéuticos. Los cuestionarios cubren el estatus y situación laboral (si están trabajando, en qué entorno, en qué puesto, años de empleo y cargo ocupado en la actualidad), las compensaciones y horas trabajadas, los planes de futuro laboral y la información sobre el contexto demográfico individual. Contienen información sobre un total de 5.150 individuos. Véase Goldin y Katz (2016). Los investigadores interesados en utilizar estos datos pueden contactar con el miembro del consorcio Jon Schommer.

C10: ESTUDIO DE SEGUIMIENTO COMUNITARIO

El Estudio de Seguimiento Comunitario (CTS por sus siglas en inglés), un proyecto del Center for Studying Health System Change (HSC) [Centro para el Estudio del Cambio del Sistema de Salud], es una investigación a gran escala del sistema de salud de Estados Unidos patrocinada por la Robert Wood Johnson Foundation (RWJF). La parte de la encuesta del CTS dedicada a médicos entrevistó a especialistas en las sesenta localizaciones del CTS y a una muestra nacional suplementaria de médicos. Las afluencias de la encuesta son cuatro: 1996, 1998, 2000 y 2004. En 2008, el sondeo del CTS fue reemplazado por la encuesta de médicos de seguimiento de salud del HSC. Solo las primeras cuatro afluencias incluyen datos detallados de ingresos. Los datos combinados contienen casi 50.000 observaciones.

Las características disponibles sobre los médicos incluyen sexo, edad, raza, origen hispano, año del MD, especialidad, horas, semanas, ingresos, propiedad, tipo de práctica, nivel de satisfacción y localización geográfica. Existe información muy detallada sobre la consulta médica y las características adicionales de los pacientes. No hay datos demográficos disponibles concernientes al estado civil o a los hijos. Se trata de información de sección transversal, pero tienen un componente longitudinal, puesto que algunos médicos fueron entrevistados en varias afluencias. Las especialidades sin una base de pacientes, como puedan ser las de radiología y anestesiología, no están incluidas ya que el propósito del estudio fue realizar un seguimiento de los médicos y su comunidad de pacientes. Los datos se pueden obtener en ICPSR. Existe una versión de acceso restringido que contiene ingresos y especialidades médicas detallados.

C10: AMERICAN VETERINARY MEDICAL ASSOCIATION (AVMA).
CONJUNTOS DE DATOS DE 2007 Y 2009

Los conjuntos de datos de la Asociación Americana de Medicina Veterinaria (AVMA, por sus siglas en inglés) contienen datos de sección transversal e información retrospectiva sobre formación veterinaria, horarios de consulta, ingresos, puestos, especialidad, años de ejercicio y propiedad de establecimiento por sexo, así como por otras características demográficas y geográficas para 8.340 veterinarios en los años 2007 y 2009. Los datos provienen del AVMA (2007, 2009).

Puesto que el número total de veterinarios activos del país es relativamente bajo (son unos 60.000), las fuentes habituales como la encuesta de población activa de Estados Unidos (EPA) o el censo decenal no ofrecen suficiente información. Adicionalmente, los conjuntos de datos frecuentes carecen de datos

sobre educación, especialización y propiedad, entre otras variables contenidas en el sondeo de la AVMA. Los datos de esta
asociación son recabados bienalmente; para más información
sobre estos y para versiones más recientes de la encuesta, los
investigadores que lo deseen pueden contactar con la AVMA.

REFERENCIAS BIBLIOGRÁFICAS

AICPA (Association of Independent Certified Public Accountants [Asociación de Contables Públicos Certificados Independientes]), «2017 CPA Firm Gender Survey», 2007. Analizado en AICPA, «Women's Initiative Executive Committee».

ALSAN, MARCELLA y CLAUDIA GOLDIN, «Watersheds in Child Mortality: The Role of Effective Water and Sewerage Infrastructure», *Journal of Political Economy*, 127(2), 2019, pp. 586-638.

American Academy of Pediatrics, Departamento de Investigación en Políticas de Salud. «Pediatricians Working Part Time: Past, Present, and Future», 2002.

American Association of Medical Colleges, *Physician Speciality Data Report*, 2019. Datos provenientes de la AMA, <https://www.aamc.org/data-reports/workforce/data/active-physicians-sex-and-specialty-2017>.

American Medical Association. *Physician Characteristics and Distribution in the United States*, American Medical Association Press, 2013.

American Veterinary Medical Association (AVMA), *AVMA Report on Veterinary Compensation*. Schaumburg, IL, AVMA, 2007.

—, *AVMA Report on Veterinary Compensation*, Schaumburg, IL, AVMA, 2009.

ANDREW, ALISON, SARAH CATTAN, MONICA COSTA DIAS, CHRISTINE FARQUHARSON, LUCY KRAFTMAN, SONYA KRUTIKOVA, ANGUS PHIMISTER y ALMUDENA SEVILLA, «How Are Mothers and Fathers Balancing Work and Family under Lockdown?», Institute for Fiscal Studies (IFS), Londres, 2020.

ANGELOV, NIKOLAY, PER JOHANSSON y ERICA LINDAHL, «Parenthood and the Gender Gap in Pay», *Journal of Labor Economics*, 34(3), 2016, pp. 545-579.

ANTECOL, HEATHER, KELLY BEDARD y JENNA STEARNS, «Equal but Inequitable: Who Benefits from Gender-Neutral Tenure Clock Stopping Policies?», *American Economic Review*, 108(9), 2018, pp. 2420-2441.

AZMAT, GHAZALA y NOGA FERRER, «Gender Gaps in Performance: Evidence from Young Lawyers», *Journal of Political Economy*, 125(5), 2017, pp. 1306-1355.

BAILEY, MARTHA, «More Power to the Pill: The Impact of Contraceptive Freedom on Women's Lifecycle Labor Supply», *Quarterly Journal of Economics*, 121(1), 2006, pp. 289-320.

—,«Momma's Got the Pill: How Anthony Comstock and Griswold v. Connecticut Shaped US Childbearing», *American Economic Review*, 100(1), 2010, pp. 98-129.

BERTRAND, MARIANNE, CLAUDIA GOLDIN y LAWRENCE F. KATZ, «Dynamics of the Gender Gap for Young Professionals in the Financial and Corporate Sectors», *American Economist Journal: Apphea Economics*, 2(3), 2010, pp. 228-255.

BITLER, MARIANNE P. y LUCIE SCHMIDT, «Utilization of Infertility Treatments: The Effect: of Insurance Mandates», *Demography*, 49(1), 2012, pp. 125-149.

BLAU, FRANCINE D. y LAWRENCE M. KAHN, «Swimming Upstream: Trends in the Gender Wage Differential in the 1980s», *Journal of Labor Economics*, 15(1, parte 1), 1997, pp. 1-42.

— y LAWRENCE M. KAHN, «The Gender Wage Gap: Extent, Trends, and Explanations», *Journal of Economic Literature*, 55(3), 2017, pp. 789-865.

BOHNET, IRIS, «What Works: Gender Equality by Design», Cambridge, MA, Harvard University Press, 2016.

Boston Women's Health Book Collective, *Women and Their Bodies: A Course*, 1970, <https://www.ourbodiesourselves.org/cms/assets/uploads/2014/04/Women-and-Their-Bodies-1970.pdf>.

—, *The New Our Bodies, Ourselves: A Book by and for Women*, Nueva York, A Touchstone Book, Simon & Schuster, 1984.

BURKE, JENNA, RANI HOITASH y UDI HOITASH, «Audit Partner Identi-
fication and Characteristics: Evidence from U.S. Form AP
Filings», *Auditing: A Journal of Practice & Theory*, 38(3), 2019,
pp. 71-94.

COLEMAN, ROBERT G., «Memorial of Adolph Knopf», *American Mine-
ralogist*, 53(3-4), 1968, pp. 567-576.

COLLINS, GAIL, *When Everything Changed: The Amazing Journey of American Women from 1960 to the Present*, Nueva York, Little, Brown
and Company, 2009.

COOKINGHAM, MARY E., «Bluestockings, Spinsters and Pedagogues:
Women College Graduates: 1865-1910», *Population Studies*, 38(3),
1984, pp. 649-664.

CORTÉS, PATRICIA y JESSICA PAN, «Children and the Remaining Gender Gaps in the Labor Market», documento de trabajo NBER
n.º 27980, octubre de 2020.

CSWEP (Committee on the Status of Women in the Economics
Profession), varios años. Informes anuales, <https://www.aeaweb.
org/about-aea/committees/cswep/survey/annual-reports>.

CULL, WILLIAM L., MARY PAT FRINTNER, KAREN G. O'CONNOR y LYNN M.
OLSON, «Pediatricians Working Part-Time Has Plateaued», *Journal of Pediatrics*, 171, 2016, pp. 294-299, <https://www.jpeds.com/
article/S0022-3476(15)01652-2/fulltext>.

CURRIE, JANET y ENRICO MORETTI, «Mother's Education and the Inter-
generational Transmission of Human Capital: Evidence from
College Openings», *Quarterly Journal of Economics*, 118(4), 2003,
pp. 1495-1532.

DAVIS, JAMES A., *Great Aspirations: The Graduate School Plans of
America's College Seniors*, Chicago, IL, Aldine Publishing Company, 1964.

DAVIS, KATHARINE BEMENT, «Why They Failed to Marry», Harper's
Magazine, 156 (marzo de 1928), pp. 460-469.

—, *Factors in the Sex Life of Twenty-Two Hundred Women*, Nueva York,
Harper and Brothers, 1929.

DERYUGINA, TATYANA, OLGA SHURCHKOV y JENNA E. STEANS, «COVID 19
Disruptions Disproportionately Affect Female Academics», documento de trabajo NBER n.º 28360, enero de 2021.

DINGEL, JONATHAN I. y BRENT NEIMAN, «How Many Jobs Can be Done at Home?», documento de trabajo NBER n.º 26948, abril de 2020, revisado en junio.

DURAND, JOHN DANA, *The Labor Force in the United States, 1890-1960*, Nueva York, Social Science Research Council, 1948.

EASTERLIN, RICHARD A., *Birth and Fortune: The Impact of Numbers on Personal Welfare*, Nueva York, Basic Books, 1980.

FINER, LAWRENCE B., *Trends in Premarital Sex in the United States, 1954-2003*, *Public Health Reports* (en./feb. de 2007), pp. 73-78.

FLAHERTY, COLLEEN, «Women are Falling Behind», Inside Higher Ed., octubre de 2020.

FOLBRE, NANCY, *The Invisible Heart: Economics and Family Values*, Nueva York, New Press, 2001.

FRIEDAN, BETTY, Orig. pub. 1963. *The Feminine Mystique* (edición para el 50 aniversario), Nueva York, WW. Norton and Company, 2003.

GARBES, ANGELA, «The Numbers Don't Tell the Whole Story», *New Yorker*, 1 de febrero de 2021.

GILETTE, MORIAH, «Profile of Katharine Bement Davis», en A. Rutherford, ed., *Psychology's Feminist Voices Multimedia Internet Archive*, 2018.

GINTHER, DONNA K. y SHULAMIT KAHN, «Women in Economics: Moving Up or Falling Off the Academic Career Ladder?», *Journal of Economic Perspectives*, 18(3), 2004, pp. 193-214.

GOLDIN, CLAUDIA, «Female Labor Force Participation: The Origin of Black and White Differences, 1870 to 1880», *Journal of Economic History*, 37(1), 1997, pp. 87-108.

—, *Understanding the Gender Gap: An Economic History of American Women*, Nueva York, Oxford University Press, 1990.

—, «Marriage Bars: Discrimination against Married Women Workers from the 1920s to the 1950s», en Henry Rosovsky, David Landes y Patrice Higonnet (eds.), *Favorites of Fortune: Technology, Growth, and Economic Development since the Industrial Revolution*, Cambridge, MA, Harvard University Press, 1991, pp. 511-536.

—, «Career and Family: College Women Look to the Past», en R. Ehrenberg y F. Blau, eds., *Gender and Family Issues in the Workplace*, Nueva York, Russell Sage Foundation Press, 1997.

—, «The Long Road to the Fast Track: Career and Family», *Annals of the American Academy of Political and Social Science*, 596 (noviembre de 2004), pp. 20-35.

—, «From the Valley to the Summit: A Brief History of the Quiet Revolution that Transformed Women's Work», *Regional Review*, 14(Q1), 2005, pp. 5-12.

—, «The 'Quiet Revolution' That Transformed Women's Employment, Education, and Family», *American Economic Review* (Ely Lecture), 96(2), 2006, pp. 1-21.

— y «A Grand Gender Convergence: Its Last Chapter», *American Economic Review*, 104(4), 2014, pp. 1091-1119.

— y «A Pollution Theory of Discrimination: Male and Female Differences in Occupations and Earnings», en Leah Boustan, Carola Frydman y Robert A. Margo (eds.), *Human Capital and History: The American Record*, Chicago, University of Chicago Press, 2014a, pp. 313-348.

— y LAWRENCE F. KATZ, «The Power of the Pill: Oral Contraceptives and Women's Career and Marriage Decisions», *Journal of Political Economy*, 110(4), 2002, pp. 730-770.

— y LAWRENCE F. KATZ, *The Race between Education and Technology*, Cambridge, MA, Belknap Press, 2008.

— y LAWRENCE F. KATZ, «Transitions: Career and Family Life Cycles of the Educational Elite», *American Economic Review: Papers & Proceedings*, 98(2), 2008a, pp. 363-369.

— y LAWRENCE F. KATZ, «Putting the 'Co' in Education: Timing, Reasons, and Consequences of College Coeducation from 1835 to the Present», *Journal of Human Capital*, 5(4), 2011, pp. 377-417.

— y LAWRENCE F. KATZ, «A Most Egalitarian Profession: Pharmacy and the Evolution of a Family Friendly Occupation», *Journal of Labor Economics*, 34(3), 2016, pp. 705-746.

— y LAWRENCE F. KATZ, «Women Working Longer: Facts and Some Explanations», en C. Goldin y L. Katz (eds.), *Women Working Longer: Increased Employment at Older Ages*, Chicago, University of Chicago Press, 2018.

—, LAWRENCE F. KATZ y ILYANA KUZIEMKO, «The Homecoming of American College Women: The Reversal of the College Gender Gap», *Journal of Economic Perspectives*, 20(4), 2006, pp. 133-156.

—, SARI PEKKALA KERR y CLAUDIA OLIVETTI, «Why Firms Offer Paid Parental Leave: An Exploratory Study», documento de trabajo NBER n.º 26617, enero de 2020, en Isabel Sawhill y Betsey Stevenson (eds.), *Paid Leave for Caregiving: Issues and Answers*. Washington, DC, AEI/Brookings Institution.

—, SARI PEKKALA KERR, CLAUDIA OLIVETTI y ERLING BARTH, «The Expanding Gender Earnings Gap: Evidence from the LEHD-2000 Census», *American Economic Review, Papers & Proceedings*, 107(5), 2017, pp. 110-114.

— y JOSHUA MITCHELL, «The New Lifecycle of Women's Employment: Disappearing Humps, Sagging Middles, Expanding Tops», *Journal of Economic Perspectives*, 31(1), 2017, pp. 161-182.

— y CECILIA ROUSE, «Orchestrating Impartiality: The Impact of 'Blind' Auditions on Female Musicians», *American Economic Review*, 90(4), 2000, pp. 715-741.

— y MARIA SHIM, «Making a Name: Women's Surnames at Marriage and Beyond», *Journal of Economic Perspectives*, 18(2), 2004, pp. 143-160.

GREENWOOD, JEREMY, *Evolving Households: The Imprint of Technology on Life*, Cambridge, MA, MIT Press, 2019.

—, ANANTH SESHADRI y MEHMET YORUKOGLU, «Engines of Liberation», *Review of Economic Studies*, 72(1), 2005, pp. 109-133.

GRUNWALD, LISA y STEPHEN J. ADLER (eds.), *Women's Letters: America from the Revolutionary War to the Present*, Nueva York, Dial Press, 2005.

GURYAN, JONATHAN, ERIK HURST y MELISSA KEARNEY, «Parental Education and Parental Time with Children», *Journal of Economic Perspectives*, 22(3), 2008, pp. 23-46.

HANDLEY, LUCY, «Companies Will Have to Seduce' Staff to Go Back to the Office, Real Estate CEO Says», en *Our New Future, McKinsey and Company report*, 29 de septiembre de 2020.

HEGEWISCH, ARIANE y HEIDI HARTMANN, *Occupational Segregation and the Gender Wage Gap: A Job Half Done*, Informe de investigación del Institute for Women's Policy, enero de 2014.

HERI CIRP (Astin) Freshman Survey [Programa CIRP de Universitarias de Primer Año (encuesta Astin)], <https://heri.ucla.edu/cirp-freshman-survey/>.

HEWLETT, SYLVIA ANN, *Off-Ramps and On-Ramps: Keeping Talented Women on the Road to Success*, Cambridge, MA, Harvard Business Press, 2008.

HOROWITZ, DANIEL, *Betty Friedan and the Making of "The Feminine Mystique": The American Left, the Cold War, and Modern Feminism*, Amherst, University of Massachusetts Press, 1998.

HSIEH, CHANG-TAI, CHARLES I. JONES, ERIK HURST y PETER J. KLENOW, «The Allocation of Talent and U.S Economic Growth», *Econometrica*, 87(5), 2019, pp. 1439-1474.

HWANG, JISOO, «Housewife, "Gold Miss", and Educated: The Evolution of Educated Women's Role In Asia and the U.S.», *Journal of Population Economics*, 29(2), 2010, pp. 529-570.

ISEN, ADAM y BETSEY STEVENSON, «Women's Education and Family Behavior Trends in Marriage, Divorce, and Fertility», en J. Shoven (ed.), *Demography and the Economy*, Chicago, University of Chicago Press, 2010, pp. 107-140.

JAMES, EDWARD T., JANET WILSON JAMES y PAUL S. BOYER (eds.), *Notable American Women, 1607-1950: A Biographical Dictionary*, vols. 1-3, Cambridge, MA, Harvard University Press, 1971.

KLEVEN, HENRIK, CAMILLE LANDAIS, JOHANNA POSCH, ANDREAS STEINHAUER y JOSEF ZWEIMÜLLER, «Child Penalties across Countries: Evidence and Explanations», *AEA Papers and Proceedings*, 109 (mayo de 2019), pp. 122-126.

—, CAMILLE LANDAIS y JAKOB EGHOLT SOGAARD, «Children and Gender Inequality: Evidence from Denmark», *American Economic Journal: Applied Economics*, 11(4), 2019, pp. 181-209.

KOMAROVSKY, MIRRA, *Women in College: Shaping New Feminine Identities*, Nueva York, Basic Books, 1985.

KRENTZ, MATTHEW, «Men Wanted: How Men Can Increase Gender Parity», LinkedIn, octubre de 2017, <https://www.linkedin.com/pulse/men-wanted-how-can-increase-gender-parity-matt-krentz>.

LEDBETTER, LILLY y LANIER SCOTT ISOM, *Grace and Grit: My Fight for Equal Pay and Fairness at Goodyear and Beyond*, Nueva York, Three Rivers Press, Crown Publishers, 2012.

LEMANN, NICHOLAS, *The Big Test: The Secret History of the American Meritocracy*, Nueva York, Farrar, Straus, and Giroux, 2000.

LEPORE, JILL, «Ruth Bader Ginsburg's Unlikely Path to the Supreme Court», *New Yorker*, 1 de octubre de 2018.

LUNDBERG, SHELLY, ROBERT A. POLLAK y JENNA STEARNS, «Family Inequality: Diverging Patterns in Marriage, Cohabitation, and Childbearing», *Journal of Economic Perspectives*, 2016.

MANNING, WENDY D., SUSAN L. BROWN y BART STYKES, «Trends in Births to Single and Cohabiting Mothers, 1980-2013», *Family Profiles*, FP-15-03, National Center for Family and Marriage Research [Centro Nacional de Investigación Familiar y Matrimonial], 2015.

MCCARTHY, MARY, *The Group*, Nueva York, Harcourt, Brace & World, 1963.

MCCRACKEN, DOUGLAS M., «Winning the Talent War for Women: Sometimes It Takes a Revolution», *Harvard Business Review* (nov.-dic. de 2000), reedición R00611.

Medscape, «Female Physician Compensation Report», 2018, en <https://www.medscape.com/slideshow/2018-compensation-female-physician-6010006#23>.

MENKEN, JANE, JAMES TRUSSELL y ULLA LARSEN, «Age and Infertility», *Science*, 233(4771), 1986, pp. 1380-1304.

Midwest Pharmacy Workforce Research Consortium, *Final Report of the National Pharmacist Workforce Survey: 2000*, Alexandria, VA, Pharmacy Manpower Project, 2000.

—, *Final Report of the 2004 National Sample Survey of the Pharmacist Workforce to Determine Contemporary Demographic and Practice Characteristics*, Alexandria, VA, Pharmacy Manpower Project, 2005.

—, *Final Report of the 2009 National Pharmacist Workforce Survey to Determine Contemporary Demographic and Practice Characteristics*, Alexandria, VA, Pharmacy Manpower Project, 2010.

MOLINA, V. SUE, «Changing the Face of Consulting: The Women's Initiative at Deloitte», *Regional Review of the Federal Reserve Bank of Boston* (Q1), 2005, pp. 42-43.

National Education Association [Asociación Nacional de Educación] (NEA), *Practices Affecting Teacher Personnel*, Boletín de investigación de la NEA, VI(4), Washington, DC, NEA, septiembre de 1928.

—, *Administrative Practices Affecting Classroom Teachers. Part I: The Selection and Appointment of Teachers and Retention, Promotion, and Improvement of Teachers.* Boletín de investigación de la NEA, X(1), Washington, DC, NEA, enero de 1932.

—, *Teacher Personnel Procedures: Selection and Appointment,* Boletín de investigación de la NEA, XX(2), Washington, DC, NEA, marzo de 1942.

—, *Teacher Personnel Practices. 1950-51: Appointment and Termination of Service,* Boletín de investigación de la NEA, XXX(1), Washington, DC, NEA, febrero de 1952.

NIEDERLE, MURIEL y LISE VESTERLUND, «Do Women Shy Away from Competition? Do Men Compete too Much?», *Quarterly Journal of Economics,* 122(3), 2007, pp. 1067-1101.

Office of History and Preservation, Office of the Clerk, US House of Representatives [Oficina de Historia y Preservación, Oficina del Secretario, Cámara de Representantes de Estados Unidos], *Women in Congress: 1917-2006,* Washington, DC, US GPO, 2006.

—, *Black Americans in Congress: 1870-2007,* Washington, DC, US GPO, 2008.

OLIVETTI, CLAUDIA, «Changes in Women's Hours of Market Work: The Role of Returns to Experience», *Review of Economic Dynamics,* 9(4), 2006, pp. 557-587.

— y BARBARA PETRONGOLO, «The Economic Consequences of Family Policies: Lessons from a Century of Legislation in High-Income Countries», *Journal of Economic Perspectives,* 31(1), 2017, pp. 205-230.

O'NEILL, JUNE y SOLOMON POLACHEK, «Why the Gender Gap in Wages Narrowed in the 1980s», *Journal of Labor Economics,* 11(1), 1993, pp. 205-228.

PEDERSEN, SHARON, «Married Women and the Right to Teach in St. Louis, 1941-1948», *Missouri Historical Review,* 81(2), 1987, pp. 141-158.

Pew Research, «The Decline of Marriage and Rise of New Families», 18 de noviembre de 2010.

—, «Social and Demographic Trends Project, 2012 Gender and Generations Survey», noviembre/diciembre de 2012.

—, «Gender Discrimination Comes in Many Forms for Today's Working Women», Kim Parker y Cary Funk, julio/agosto de 2017.

—, «How the Coronavirus Outbreak Has—and Hasn't—Changed the Way Americans Work». Kim Parker, Juliana Horowitz y Rachel Minkin, diciembre de 2020, en <https://www.pewresearch.org/social-trends/2020/12/09/how-the-coronavirus-outbreak-has-and-hasnt-changed-the-way-americans-work/>.

PRESTON, SAMUEL H. y MICHAEL R. HAINES, *Fatal Years: Child Mortality in Late Nineteenth-Century America*, Princeton, NJ, Princeton University Press, 1991.

RAMEY, GAREY y VALERIE RAMEY, «The Rug Rat Race», *Brookings Papers on Economic Activity* (primavera de 2010), pp. 129-199.

REID, MARGARET G., *Economics of Household Production*, Nueva York, John Wiley & Sons, 1934.

ROTELLA, ELYCE J., *From Home to Office: U.S. Women at Work, 1870-1930*, Ann Arbor, MI, UMI Research Press, 1981.

ROTZ, DANA, «Why Have Divorce Rates Fallen?: The Role of Women's Age at Marriage», *Journal of Human Resources*, 51(4), 2016, pp. 961-1002.

RUBIN, LILLIAN B., *Families on the Fault Line: America's Working Class Speaks about the Family, the Economy, Race, and Ethnicity*, Nueva York, Harper Collins, 1994.

SEIM, DAVID L., «The Butter-Margarine Controversy and 'Two Cultures' at Iowa State College», *The Annals of Iowa*, 67(1), 2018, pp. 1-50.

SHINN, MILICENT WASHBURN, «The Marriage Rate of College Women», *Century Magazine*, 50 (1895), 1895, pp. 946-948.

SICHERMAN, BARBARA y CAROL HURD GREEN (eds.), *Notable American Women: A Biographical Dictionary*, vol. 4, *The Modern Period*, Cambridge, MA, Belknap Press, 1980.

SMITH, DANIEL SCOTT y MICHAEL S. HINDUS, «Premarital Pregnancy in America 1640-1971: An Overview and Interpretation», *Journal of Interdisciplinary History*, 5(4), 1975, pp. 537-570.

SOLOMON, BARBARA MILLER, *In the Company of Educated Women: A History of Women and Higher Education in America*, New Haven, CT, Yale University Press, 1985.

—, «Radcliffe Alumnae Questionnaires of 1928 and 1944», Lista de archivo de datos, Centro de Investigación Henry A. Murray en Radcliffe, 1989.

STEINMANN, MARION, «The Women of the Cornell Class of 1950», *Women at Work: Demolishing a Myth of the 1950s*, Bloomington, IN, Xlibris Corporation, 2005.

STEVENSON, BETSEY, «The Impact of Divorce Laws on Marriage-Specific Capital», *Journal of Labor Economics*, 25(1), 2007, pp. 75-94.

— y JUSTIN WOLFERS, «Marriage and Divorce: Changes and Their Driving Forces», *Journal of Economic Perspectives*, 21(2), 2007, pp. 27-52.

US Bureau of the Census [Oficina del Censo de Estados Unidos], *1900 Census Special Reports: Occupations at the Twelfth Census*, Washington, DC, US GPO, 1904.

—, *1930 Census: Volume 4. Occupations, by States. Reports by States, Giving Statistics for Cities of 25,000 or More*, Washington, DC, US GPO, 1933.

US Congress [Congreso de Estados Unidos], *National Income*, 1929-1932, Congreso 73d, 2.ª sesión, documento n.º 124, Washington, DC, US GPO, 1934.

US Department of Education [Departamento de Educación de Estados Unidos], NCES, *Digest of Education Statistics*, US GPO, diversos años. Véase también <https://nces.ed.gov/programs/digest/>.

US Department of Labor, Women's Bureau [Departamento de Trabajo de Estados Unidos, Oficina de la Mujer], «First Jobs of College Women: Report of Women Graduates, Class of 1957», Boletín de la Oficina de la Mujer n.º 268, Washington, DC, US GPO, 1959.

—, «College Women Seven Years after Graduation: Resurvey of Women Graduates-Class of 1957», Boletín de la Oficina de la Mujer, n.º 292, Washington, DC, US GPO, 1966.

WARE, SUSAN y STACY LORRAINE BRAUKMAN (eds.), *Notable American Women: A Biographical Dictionary*, vol. 5., *Completing the Twentieth Century*, Cambridge, MA, Belknap Press, 2004.

WOLFERS, JUSTIN, «Did Unilateral Divorce Laws Raise Divorce Rates? A Reconciliation and New Results», *American Economic Review*, 96(5), 2006, pp. 1802-1820.

YOHALEM, ALICE M., *The Careers of Professional Women: Commitment and Conflict*, Montclair, NJ, Allanheld Osmun, 1979.

ZIMMERMAN, SETH., «The Returns to College Admission for Academically Marginal Students», *Journal of Labor Economics*, 32(4), 2014, pp. 711-754.

NOTAS

A lo largo de estos capítulos hemos estudiado los microdatos provenientes de muchos de los más importantes sondeos realizados en Estados Unidos para proporcionar estadísticas y mostrar tendencias demográficas surgidas del análisis de millones de observaciones. Las fuentes de información incluyen los censos de población de Estados Unidos desde 1900 hasta 2000, además de los microdatos de «recuento completo» de censos decenales (de 1900 a 1940); las encuestas de la American Community Surveys (ACS) desde el año 2000 hasta la actualidad, y la encuesta de población activa (EPA). Las fuentes de la EPA incluyen datos mensuales básicos, los Grupos Combinados de Rotación Saliente (MORG, por sus siglas en inglés), los suplementos de la encuesta anual socioeconómica de la EPA (conocidos como EAS o *Suplemento de marzo*) y el *Suplemento de fertilidad de junio*. Las muestras de microdatos de la EPA en general empiezan en el año 1962, aunque el MORG se inicia en 1979 y los microdatos del *Suplemento de junio* son de 1973. Hemos accedido a los archivos de microdatos principalmente gracias a la IPUMS (Serie Integrada de Microdatos de Uso Público, <https://ipums.org>), aunque también a través de los sitios web del censo nacional y de la Oficina Nacional de Investigación Económica. Asimismo, nos hemos servido de un gran número de otras fuentes de datos y documentación de archivo, información que se halla descrita en el apéndice de fuentes.

CAPÍTULO 1

1   El término «trabajo codicioso» fue acuñado por Claire Cain Miller. Véase «Work in America Is Greedy. But It Doesn't Have To Be», *The New York Times*, 15 de mayo de 2019.

2   Citas provenientes de los manuscritos originales de las encuestas de 1939 de la Oficina de la Mujer. Véase Goldin (1990): apéndice de datos, «Encuesta sobre trabajo de oficina, 1940», «El trabajo de prestamista no es para chicas...» procede de Los Angeles Auto Bank; «No sería aceptable que lo hicieran mujeres...» fue una cita ofrecida por Don Lee, vendedor de automóviles de Los Ángeles; y «No pondría a una mujer...» surgió de los registros de la empresa de corredurías Jewel Maache and Co.

3   Citas provenientes de los manuscritos originales del Informe Hussey de 1957 de sondeos realizados a varias empresas de Filadelfia. Véase Goldin (1990): apéndice de datos, «Informe Hussey de 1957». «Madres con hijos pequeños...» fue ofrecida por Equitable Life Assurance Society; «A las mujeres casadas que tengan...» fue ofrecida por la aseguradora Penn Mutual Life Insurance Company; y «El embarazo es causa...» fue facilitada por la aseguradora Provident Mutual Life Insurance Company.

4   Véanse el capítulo 8 y Goldin (2014) para el cálculo.

5   Véase la discusión del capítulo 10 sobre la brecha de género en el horario y el sueldo de los médicos.

6   Véase el capítulo 8 para más información sobre los datos de titulados universitarios con MBA.

7   Se citan las fuentes de datos y los cálculos en la Figura 2.5; asimismo, la Figura 4A (C2) del apéndice digital, «Tasa masculina y femenina de graduados universitarios (a la edad de treinta años)» extrapolada al año de nacimiento de 1998. (Salvo cuando se especifica lo contrario, todas las estadísticas de este capítulo sobre tasas de titulación universitaria provienen de estas fuentes).

8   Véase Goldin, Katz y Kuziemko (2006).

9   Los datos sobre los partos provienen del *Suplemento de fertilidad de junio* de la EPA y serán discutidos detalladamente en un capítulo posterior. Es temprano aún para precisar el impacto de la

pandemia de la COVID-19 y la recesión económica en la concepción y los nacimientos futuros, pero existe cierta evidencia de que pronto se producirá un significativo descenso en la natalidad.

10 Yohalem (1972), p. 52.

11 Véase la Figura 6.1, en la cual la edad promedio se refleja por año de nacimiento. Hasta el año de nacimiento de 1948, aproximadamente, la edad promedio del primer matrimonio era de unos veintitrés años, por lo que el punto de inflexión se produce alrededor de 1971.

12 Véase la Figura 6.1.

13 Véase el porcentaje de mujeres sin hijos por edades en la Figura 2.3. En cuanto al impacto de las técnicas de reproducción asistida, véase el capítulo 7.

CAPÍTULO 2

1 Manuscritos del censo de 1880. La región se llamaba Grant Creek y Hell Gate Valley en los manuscritos del censo de 1880 y Hellgate en 1910.

2 Office of History and Preservation, Office of the Clerk, Cámara de Representantes de Estados Unidos (2006), p. 40.

3 La cifra indica el número de electas, no el número de designadas, que es la manera en que algunas mujeres entraron al Congreso ocupando el asiento de sus maridos tras la muerte de estos.

4 Duckworth se graduó por la Universidad de Hawái en 1998 y obtuvo un MA en la Universidad George Washington y un doctorado por la Universidad Capella en 2015.

5 Gillibrand se graduó por el Dartmouth College en 1988 y obtuvo un JD en la Escuela de Derecho de UCLA en 1991.

6 La información sobre embarazos y las mujeres de la Cámara de Representantes proviene de <https://en.wikipedia.org/wiki/Women_in_the_United_States_House_of_Representatives#Pregnancies>.

7 El censo de Estados Unidos de 1940 es el primero en contener información sobre los logros educativos. Para fechas anteriores se

puede utilizar la información de los exalumnos registrada por varios investigadores (Cookingham, 1984; Solomon, 1985). Se trata de datos útiles que se han empleado aquí en algunos casos. Pero no constituyen amplias muestras ni abarcan el ámbito nacional, y están limitadas por la(s) institución(es) en cuestión.

8   Yohalem (1979), p. 54. La encuestada, como todas las de Yohalem en 1974, era una titulada o estudiante de la Universidad de Columbia de las que se graduaron en la década de 1940, y tenía alrededor de cincuenta años. Esta encuestada en particular, como muchas en su grupo, nunca tuvo hijos.

9   Sicherman y Green (1980), en la entrada de Virginia Apgar.

10 Véase Hsieh, Jones, Hurst y Klenow (2019).

11 Véase la Figura 2.3. Muchas de las estadísticas sobre hijos y matrimonio en esta sección se observan en las figuras 2.2 y 2.3.

12 Véase la Figura 4.1.

13 Estos datos se encuentran en Isen y Stevenson (2010), Tabla 3.1, quienes se sirven del Survey of Income and Program Participation (SIPP). Se refieren a mujeres blancas. Las tasas de divorcio de las mujeres negras fueron sustancialmente más elevadas que las de las blancas en el grupo de las que se casaron en la década de 1950. Por tanto, los índices eran considerablemente elevados antes del incremento. No se ofrecen datos para los grupos que se casaron antes de 1950. También me he servido de los datos de SIPP y he podido hallar que, de las nacidas en la década de 1930, el 17 % estaban divorciadas diez años después del matrimonio, y el porcentaje entre las nacidas en la década de 1940 era de un 32 %.

14 Yohalem (1979), p. 52. Las encuestadas estudiaron en la Universidad de Columbia a finales de la década de 1940 y nacieron entre 1919 y 1926 aproximadamente.

15 Yohalem (1979), p. 53.

16 Isen y Stevenson (2010), Tabla 3.1 de mujeres blancas con titulación universitaria. Entre las mujeres negras, el 32 % de las casadas en la década de 1960 se divorciaba antes de celebrar los veinte años de matrimonio, y lo hacía un 44 % de las que se casaron en la década de 1970.

17 El Programa CIRP de Universitarias de Primer Año (conocido como la encuesta Astin) del Instituto de Investigación en Educación Superior (HERI, por sus siglas en inglés) muestra que en su primer año de universidad el deseo de mujeres y hombres de lograr tanto una carrera como una familia se incrementó en los años de 1969 a 1985, cuando se alcanzó un punto de estancamiento en el que la carrera y la familia fueron representadas por respuestas a preguntas sobre varios objetivos. Agradezco a Dev Patel su trabajo en la producción de tendencias según los microdatos.

18 El censo de Estados Unidos registró las parejas homosexuales por primera vez en el ACS del año 2000. Con anterioridad, el censo generalmente registraba el sexo de uno solo de los miembros de la pareja del mismo sexo.

19 Véase la Figura 6.1, «Media de edad a la que las mujeres con titulación universitaria se casan por primera vez (nacidas entre 1925 y 1988)». Estos datos solo pueden ser fiables y consistentes a partir del Grupo 3.

20 Véase la Figura 1A (C2) del apéndice digital, «Porcentaje de mujeres blancas sin titulación universitaria que permanecieron solteras, por edad y año de nacimiento» y, del mismo, la Figura 2A (C2), «Diferencias entre el grupo de mujeres blancas que permanecieron solteras con y sin titulación universitaria». La comparación se realiza sobre las mujeres con un título de educación secundaria o inferior, no sobre quienes no obtuvieron un título universitario. La razón por la que se excluye el grupo de «algunos cursos universitarios» es que la composición de este se transforma a lo largo del siglo. Hacia finales del periodo, se asemeja más al grupo de las graduadas en escuelas de secundaria. Pero al inicio del periodo se incluye a quienes cursaron estudios de magisterio. Hasta hace poco, incluía también a las asistentas técnicas sanitarias.

21 Muchas razones explican por qué el porcentaje de casadas entre las mujeres negras con titulación universitaria es considerablemente menor que entre las blancas, sobre todo en el Grupo 5, que tiene aproximadamente 10 puntos porcentuales menos a edades entre cincuenta y cincuenta y cuatro años. Una es que los hombres negros no han incrementado su número de graduados universitarios

al mismo nivel que lo han hecho las mujeres negras. Véase la Figura 4A (C2) del apéndice digital, «Índices de titulación universitaria masculina y femenina por raza (a los treinta años)».

22 Lundberg, Pollak y Stearns (2016), Figura 3, p. 85. Para los periodos de 1980-1984 y de 2009-2013, el porcentaje de los nacidos de tituladas universitarias menores de cuarenta años, solteras y sin pareja (con quien comparta el hogar) cayó del 4 % al 2,5 %. El porcentaje entre las que sí cohabitaban creció del 1 % al 7 %. Los datos subyacentes provienen del National Survey of Family Growth (NSFG). La versión más reciente del NSFG, con la inclusión rutinaria de los nacidos de parejas del mismo sexo, muestra también que únicamente un 2,8 % de las tituladas universitarias que dieron a luz entre 2014 y 2017 no tenían pareja.

23 Los datos de mayor frecuencia provienen de los suplementos de fertilidad de junio de la EPA desde principios de la década de 1970. La información sobre las adopciones deriva de los sondeos del American Community Surveys acerca de las tituladas universitarias de cuarenta y cinco años, sin hijastros ni hijos biológicos, y nacidas entre 1955 y 1965.

24 Para realizar el cálculo de estas cifras he utilizado datos de dos bloques de cinco años de grupos de mujeres de mayor edad para poder así ampliar la información del Grupo 1 hasta 1880. No se han realizado observaciones significativas para la franja de edad de cuarenta a cuarenta y cuatro. El motivo es que los primeros datos a nivel nacional de nacimientos y logros académicos aparecieron en el censo de población en 1940.

25 Este cálculo se basa en el hecho de que el 92 % de esas mujeres estuvieron casadas alguna vez y en la asunción de que las mujeres que permanecieron solteras nunca, o casi nunca, dieron a luz.

26 Los datos sobre el número de partos se encuentran en la Figura 3A (C2) del apéndice digital, «Mediana de hijos de las mujeres con titulación universitaria», y resultan de la media de mujeres con partos y con cero partos.

27 Comparado con el Grupo 4, para quienes el promedio de partos es de 1,6 por mujer y de 2,2 para las que ya habían tenido al menos un hijo.

28 Los datos se deducen de los censos decenales de los años 1940 a 2000
    y de la EPA de los años posteriores. Puesto que son sondeos dece-
    nales, los datos sobre el empleo del censo de 1940 se verán influen-
    ciados por la Gran Depresión, así como el censo de 1950 puede
    haberse visto impactado por las experiencias de las mujeres duran-
    te la Segunda Guerra Mundial. La discusión sobre la población
    activa se sirve principalmente de información posterior a esas
    fechas. Por consiguiente, las conclusiones no están demasiado
    influenciadas por esos dos acontecimientos importantes. No po-
    demos incluir en el análisis de estos datos al Grupo 1, ya que la
    mayor parte de sus miembros serían de edad muy avanzada du-
    rante la realización del censo de 1940.

29 Utilizaré «empleo» y «participación en la población activa» indistin-
    tamente. La población activa la conforman quienes están empleados
    y quienes están buscando empleo de manera activa. Cuando la tasa
    de desempleo es baja, estos dos conjuntos están formados por un
    número de personas casi idéntico.

30 Los datos comienzan a partir de los veinticinco años, permitiendo
    que la mayoría haya finalizado sus estudios.

31 Se trata de un 45 % exactamente, aunque el porcentaje sigue cre-
    ciendo. Cabe señalar que, aunque los datos de la Figura 2.5 fina-
    lizan con el grupo de las nacidas en 1983, pueden ser extrapolados
    a los años de nacimiento posteriores.

32 Véase la Figura 4A (C2) del apéndice digital, «Índices de titulación
    universitaria masculina y femenina por raza (a los treinta años)».

33 Las series de mujeres contienen anomalías similares, pero mucho
    menos extremas —aunque no se reclutara a las mujeres—. Las
    mujeres decidían su futuro universitario influenciadas por los hom-
    bres. La influencia está relacionada, por una parte, con el cortejo
    y el matrimonio y, por la otra, con si las parejas que envían a un
    hijo a la universidad enviarían también a una hija.

34 Goldin, Katz y Kuziemko (2006) exploran las causas del relativo
    incremento del nivel académico de las mujeres tanto en Estados
    Unidos como en el resto del mundo.

35 Las dos series se presentan en la Figura 5A (C2) del apéndice
    digital, «Cociente de hombres en la universidad respecto a mujeres,

por año de asistencia y año de nacimiento». En la comparación de las dos series se asume que la graduación se produjo a la edad de veintidós años, aunque muchos individuos no se titularan tan jóvenes, en especial cuando se reclutaba a los hombres, y las mujeres regresaban a los estudios después de criar a sus hijos.

36 Parte de la diferencia está en los soldados de la guerra de Corea, pero la otra porción se encuentra en el reclutamiento que se daba en Estados Unidos en tiempo de paz, además de que algunos estudiantes universitarios realizaban el servicio militar.

37 Tabla 1Λ (C2) del apéndice digital, «Porcentaje de hombres y de mujeres estudiantes universitarios en instituciones de educación mixta: de 1897 a 1980». Véanse también Goldin y Katz (2011) y los datos subyacentes de este proyecto para información sobre la historia de la educación mixta en las universidades de Estados Unidos.

38 Aplico el nombre de mujeres de Radcliffe aunque en algún momento pasaran a ser mujeres de Harvard, dependiendo de la definición de cada cual. Para algunos, el punto de inflexión de la educación mixta se da en 1943, momento en que los hombres de Harvard y las mujeres de Radcliffe asistieron juntos a clase. Para otros, la transición se da en 1963, cuando los diplomas de ambos sexos se conferían por los «presidentes y miembros de la dirección de la Universidad de Harvard». Otros momentos cruciales incluyen los procesos de admisión en los que el alojamiento universitario fue mixto, a principios de la década de 1970, y en el año 1977, en que la admisión a Radcliffe significaba que una mujer estaba entrando en la Universidad de Harvard.

39 Lemann (2000).

40 Véase el apéndice de fuentes (C3), «Cuestionario de 1928 para las exalumnas de Radcliffe»; (C5), «Encuesta del centenario del Radcliffe College, 1977»; y (C7), «El proyecto *Harvard and Beyond*». Las tasas de matrimonio ofrecidas llegan hasta finales de 1970 para incluir solo a las mujeres de más de cuarenta y cinco años.

41 Véase la Figura 6A (C2) del apéndice digital, «Fecundidad y matrimonio para las tituladas en Radcliffe/Harvard respecto a todas las tituladas universitarias». El primer grupo de nacimientos ofre-

ce una excepción. La tasa de soltería del Grupo 1 fue más elevada en las graduadas de Radcliffe que en las de cualquier universidad de Estados Unidos. Un asombroso 50% de las nacidas antes del siglo xx y tituladas en Radcliffe no se había casado a los cincuenta, mientras que entre las tituladas de otras universidades el porcentaje era del 30%.

42 El porcentaje sin hijos es extremadamente bajo para las tituladas en Radcliffe del Grupo 3. Es posible que se encuestara de manera desproporcionada a las que tenían hijos. Los reencuentros atraen generalmente a individuos célebres o con hijos (o ambos). Pero las encuestas centenales de Radcliffe no se distribuyeron en reencuentros de exalumnas, sino que se recibieron por correo postal.

43 La Tabla 1A (C2) del apéndice digital ofrece datos sobre los porcentajes de hombres y mujeres estudiantes universitarios en instituciones de educación mixta y no mixta desde 1897 hasta el presente.

44 El término «sucesión generacional» procede del economista del trabajo John Dana Durand (1948).

45 La Figura 2A (C2) del apéndice digital ofrece las diferencias de las tasas de matrimonio para las mujeres con y sin titulación universitaria.

CAPÍTULO 3

1 Correo electrónico de Hugh Rockoff (doctorado en la Universidad de Chicago en 1972) del 19 de agosto de 2019. «La recuerdo [a Margaret Reid] casi como tú. La gente decía: "Ahí va una de las antiguas. Fue muy importante en su día y, sorprendentemente, ¡aún sigue investigando!". Lo único que recuerdo sobre su trabajo es que creó cierta polémica respecto al índice del coste de la vida durante la Segunda Guerra Mundial».

2 James Smith (doctorado en la Universidad de Chicago en 1972), en su correo electrónico del 11 de agosto de 2019, escribió: «Tuvimos algún contacto; asistió al taller de Becker». Por tanto, estudiantes con verdadero interés en la materia se relacionaron con Margaret Reid. Mi interés en la disciplina nació algo después de graduarme.

368 CARRERA Y FAMILIA

3   A finales de la década de 1970, el NBER se trasladó a Cambridge,
    Massachusetts, y se dedicó a otra misión. Formo parte de su gru-
    po de investigación desde 1979 y dirigí uno de sus primeros pro-
    gramas durante veintiocho años, de 1989 a 2017.
4   Congreso de Estados Unidos (1934). Notas del informe final
    (p. xi), «El Dr. Kuznets, director del trabajo, fue el responsable de
    la elaboración de las estimaciones finales, así como de la organi-
    zación y el texto del informe».
5   Congreso de Estados Unidos (1934), p. 4.
6   Para una visión más moderna véase Folbre (2001).
7   De 1943 a 1944, Reid fue consejera económica para la División
    de Normas Estadísticas de la Oficina de Administración y Presu-
    puesto, y de 1945 a 1948 fue la directora de la División de Eco-
    nomía Familiar en el Departamento de Agricultura.
8   En varias ocasiones Kyrk vivió con los hijos de su prima (hija de
    su tío Luther), quien tuvo cinco hijas y dos hijos. Cuando Kyrk
    vivía en Ames, Iowa, aparece en los manuscritos del censo de 1925
    de este estado como cohabitando con la mayor de las hijas de la
    familia Strine, Ruth, de catorce años. En la entrada sobre Kyrk del
    Notable American Women, Ruth se menciona como su «hija adopti-
    va». En 1940, cuando Kyrk vivía entre Washington y Chicago, apa-
    rece en el registro cohabitando con Margarite Strine, de veintisiete
    años, y Mary Strine, de veintitrés. Las entradas del censo han sido
    facilitadas por Ancestry.com. El nombre Strine aparece como
    Struie en el *Notable*. Pero los miembros de la familia están clara-
    mente registrados como Strine en los censos y en los certificados
    de defunción. Sin embargo, se debe hacer constar que Elizabeth
    Nelson, quien introdujo la entrada, estuvo en contacto con Ruth,
    por lo que no queda claro si se trata de un error tipográfico o no.
9   Los documentos internacionales existentes no revelan información
    sobre posibles compañeras de Reid o de Kyrk. En los documentos
    del censo no aparecen parejas femeninas o compañeras de piso de
    Reid. En cuanto a Kyrk, el censo muestra que vivió durante algún
    tiempo con sus sobrinas, y que en 1920 convivió con la matemá-
    tica Mary Emily Sinclair y los hijos pequeños de esta durante un
    breve periodo en el Oberlin College.

10 En los manuscritos del censo de 1900, Kyrk aparece junto a su padre, Elmer, un camionero. Su madre había fallecido poco antes. Kyrk dio clases antes de ir a la Universidad Wesleyana de Ohio, donde trabajó de niñera para el catedrático de Economía Leon Varroll Marshall, quien sería decano de la Escuela de Negocios de la Universidad de Chicago (actualmente Escuela de Negocios Booth). Se trasladó con su familia a Chicago, donde obtuvo su título de graduación en 1910. En Massachusetts dio clases en el Wellesley College y regresó a Chicago para realizar el doctorado mientras impartía clases en el Oberlin College. Cuando se inició la Primera Guerra Mundial, Kyrk se trasladó a Londres para trabajar como estadista con su director de tesis. Se doctoró por la Universidad de Chicago en 1920.

11 Véase la Figura 2.2.

12 Cabe recordar que el índice entre las mujeres negras con titulación universitaria ha sido especialmente elevado para las nacidas a partir de la década de 1960.

13 Véase la discusión anterior en la que se comparan las tasas de matrimonio y fecundidad entre las universitarias de Radcliffe/ Harvard y las de toda la población universitaria de Estados Unidos. En esta se demuestra que la selección de entrada a la universidad tiene poco que ver con los cambios en las tasas de matrimonio y fecundidad a lo largo de los años, puesto que la selección del grupo Radcliffe/Harvard era similar y constante y, sin embargo, los cambios sobre su demografía son casi idénticos a los que se producen para las demás universitarias.

14 De acuerdo con los manuscritos del censo, Dorothy y Paul estuvieron en Chicago en 1930 con sus cuatro hijos. En estos Dorothy está registrada como «maestra, universidad», y Paul como «profesor». Poco después Dorothy se fue al Smith College. En los manuscritos del censo de 1940, se encuentra en Northampton, como «maestra, universidad», con sus cuatro hijos adolescentes y Katharine Lumpkin, quien es una «investigadora economista». Ella y Lumpkin escribirían *Child Workers in America* y permanecerían como pareja durante treinta años.

15 De manera similar a lo que sucede históricamente en Estados Unidos, los datos muestran que, en la actualidad, en muchas par-

tes de Asia la tasa de matrimonio de las mujeres jóvenes con títulos de posgrado es muy baja. Las normas sociales a menudo dictan que las mujeres deben dedicarse al hogar en vez de invertir tiempo en sus carreras. Hwang (2016) reflexiona sobre el fenómeno «Gold Miss» en Corea y Japón.

16 Véase Alsan y Goldin (2019).

17 Esta cifra proviene de los volúmenes del *Notable American Women* (Sicherman y Green, 1980; Ware y Braukman, 2004), entradas dedicadas a las tituladas universitarias del Grupo 1.

18 Sobre el largo declive de la mortalidad infantil, véase Alsan y Goldin (2019). Preston y Haines (1991) exploran el estatus socioeconómico y la mortalidad infantil a principios del siglo xx.

19 En Sicherman y Green (1980) se hallan las biografías de las mujeres que murieron entre 1951 y 1975; en Ware y Braukman (2004) las de las fallecidas entre 1976 y 1999. Los primeros tres volúmenes contienen las biografías de las que murieron antes de 1951, entre las que se encuentran las miembros de Grupo 1. Estas no están contempladas en el conjunto de datos y probablemente fallecieran a edades entre cincuenta y setenta años.

20 Las mujeres de grupos de nacimiento más recientes que han sido incluidas habrían fallecido a edades relativamente tempranas. Por fortuna, estas son pocas.

21 De entre las ilustres que se casaron alguna vez, solo un 45 % no tuvo hijos. Entre todas las tituladas universitarias el porcentaje es del 29 %. El porcentaje de las ilustres que se casaron antes de los treinta y cinco años es algo más alta, de un 36 %. Véase la Figura 4.1.

22 Según las listas del censo de 1920, Mary Emily Sinclair tenía su residencia en Oberlin, Ohio, junto con sus dos hijos (identificados erróneamente como sus sobrinos) y con Hazel Kyrk, identificada como huésped. Véase también <https://mathwomen.agnesscott.org/women/sinclair.htm>.

23 Estos cálculos quedan descritos en el apéndice digital (C3), «Calculando la matriz de "éxito" del Grupo 1».

24 No considero la posibilidad de que el marido fallezca antes y ellas no se vuelvan a casar.

25 Los sondeos de Radcliffe de 1928 y de 1977 señalan que el porcentaje de mujeres que permanecieron solteras entre las nacidas antes de 1920 es mayor que el relativo al resto de la nación, pero menor que el de las nacidas después. Esta disparidad sugiere que los reencuentros de Radcliffe de la década de 1950 atrajeron de manera desproporcionada a quienes tenían hijos, pero que la selección anterior sobre la fecundidad había sido menor.

26 Esto se deduce de tabular el porcentaje de quienes estaban en la población activa en 1940 a edades comprendidas entre los cuarenta y los cincuenta años. Un 0,923 de las mujeres de cuarenta a cuarenta y cuatro años, con titulaciones universitarias de cuatro años o más, estaban entre la población activa. El porcentaje de las que tenían de cuarenta y cinco a cuarenta y nueve años era de un 0,893. Se trata de cifras muy elevadas.

27 Según el SIPP, la tasa de divorcio sobre los matrimonios contraídos en la década de 1920 es de aproximadamente un 20% para quienes estuvieron quince años casados y la esposa tuviera una titulación universitaria. Los matrimonios de las ilustres del Grupo 1 se produjeron con algo de anterioridad. Véase Stevenson y Wolfers (2007) para la descripción del procedimiento seguido.

28 Como lo hiciera Hazel Kyrk, tanto Edith como Grace Abbott tuvieron que ganar dinero para poder ir a la universidad. Tras graduarse en la Universidad de Nebraska, Edith Abbott consiguió una beca de ingreso a la Universidad de Chicago, donde fue estudiante de otra científica social, Sophonisba Breckinridge (1866-1948). Grace Abbott se graduó en la Universidad de Grand Island y terminó asimismo en la Universidad de Chicago. Las dos hermanas Abbott, junto con Breckinridge, trabajaron ofreciendo formación laboral a mujeres inmigrantes.

29 Sobre la historia del Departamento de Economía Doméstica y Administración del Hogar de la Universidad de Chicago, véase <https://www.lib.uchicago.edu/collex/exhibits/exoet/home-eco nomics/>.

30 Inicialmente Perkins fue nombrada miembro de la Comisión Industrial del Estado por el gobernador del estado de Nueva York, Al Smith.

31 Cookingham (1984) contiene una discusión sobre las demandas y quienes se opusieron a estas.

32 Shinn (1895). Shinn fue la primera mujer en recibir un título de doctorada por la Universidad de California. La cita es la siguiente: «Se podría decir, sin riesgo a equivocación, que no es porque anhelaran una vida social más estimulante; puesto que la mayoría eran maestras» (p. 947).

33 Shinn (1895), p. 948.

34 Shinn (1895), p. 948.

35 Grunwald y Adler (2005), p. 516.

36 Davis (1928). Nos indica que el 46% tenían entre treinta y treinta y nueve años, y que casi un 80% eran mayores de treinta. No menciona quién realizó la encuesta ni cuándo, pero, puesto que era un «cuestionario sobre la actividad sexual de la soltera promedio tras al menos cinco años de haber obtenido su titulación universitaria», probablemente lo realizara la propia Davis, investigadora y directora de la Oficina de Higiene Social de 1918 a 1928. Cabe señalar que Davis fue una eugénica cuyo trabajo en dicha oficina tenía que ver principalmente con el área de criminología y las posibles bases genéticas del comportamiento criminal.

37 Por lo visto, el cuestionario permitía que las encuestadas dieran respuestas abiertas. Resulta interesante que el 1,6% dijera que no se casaban porque estaban en «relaciones homosexuales». Davis no señaló que sus datos provenían del trabajo sobre sexualidad que había realizado, y que casi el 30% de la muestra de universitarias solteras había mantenido relaciones lésbicas en algún momento (véase 1929, p. 272). No es sorprendente que la mayoría de las mujeres que no habían tenido relaciones lésbicas dijera que no se casaron porque «no habían encontrado al hombre adecuado».

38 Véase «Katharine B. Davis Converted to Wets: Social Worker, Long Friendly to Prohibition, Now Favors Control by States», *The New York Times*, 26 de mayo de 1930.

39 Es poca la literatura existente sobre Katharine Bement Davis. La mejor descripción biográfica se encuentra en Gilette (2018).

40 Para la tabla incluida en Davis (1928) véase Davis (1929, p. 272). Una diferencia importante es que en su libro sobre sexualidad

separa las mujeres con relaciones lésbicas de las que no las tuvieron. En el conjunto que creó de 1.200 universitarias solteras, cerca de un 30% admitía haber preferido mantener relaciones homosexuales. Su libro dedica cerca de cien páginas al tema de la homosexualidad.

41 El sondeo de Radcliffe de 1928 se distribuyó por correo postal con motivo de la celebración de los cincuenta años de la universidad. A este respondieron casi 1.900 exalumnas de Radcliffe graduadas entre las décadas de 1880 y 1920. El muestreo total es de alrededor de 3.000 sujetos, pero incluye a estudiantes especiales, graduadas y quienes se trasladaron de universidad sin haber obtenido la titulación. Las encuestadas que respondieron «sí» a que «carrera y matrimonio» y «maternidad y matrimonio» eran posibles se interpretan como «de acuerdo incondicional», mientras que el grupo de «esperanzadas» queda registrado como «afirmación condicional». Estas cuestiones fueron interpuestas únicamente a quienes estuvieron «casadas alguna vez». En los cálculos se trata la respuesta «no» como respuesta negativa. Véanse Solomon (1985, 1989) y el apéndice de fuentes (C3), «Cuestionario de 1928 para las exalumnas de Radcliffe».

42 «Me presentaba a un empleo [académico] y, en cuanto veían que era negra, se acabó», señalaba en una entrevista ante un grupo de enfermeras geriátricas en 1981. Véase <https://www.sciencedirect.com/science/article/pii/S0197457281800936>.

CAPÍTULO 4

1 Véase Elizabeth Day, «*The Group* by Mary McCarthy», *The Guardian*, 28 de noviembre de 2009, <https://www.theguardian.com/books/2009/nov/29/the-group-mary-mccarthy>.

2 Todas las citas de *El grupo* de este capítulo son de Mary McCarthy (1963).

3 Solo se incluía en el *Notable* a las mujeres que reunían ciertos criterios y murieron dentro del límite de fechas seleccionadas. Puesto que las mujeres del último volumen, el quinto, fueron seleccionadas a finales de la década de 1990, las de la selección del

Grupo 2 habrían fallecido a edades más tempranas que las del primer grupo. La edad promedio de fallecimiento del primer grupo es de ochenta años, mientras que en el segundo es de sesenta y ocho. Asimismo, hay muchas más mujeres en el primer grupo que en el segundo, ya que dispusieron de más tiempo para llegar a ser ilustres. La edad promedio en el momento de la muerte es casi la misma que la media; por tanto, los casos especiales no afectan significativamente a la media de cada grupo.

4   Los datos sobre las mujeres sin preparación universitaria provienen de la Figura 1A (C2) del apéndice digital «Porcentaje de mujeres blancas sin titulación universitaria que permanecieron solteras, por edad y año de nacimiento». Véase también la Figura 2A (C2), «Diferencias entre el grupo de mujeres blancas que permanecieron solteras con y sin titulación universitaria».

5   Para una excelente, aunque difícil, interpretación del impacto de la gran presencia de los electrodomésticos en el hogar y la innovación en servicios públicos, véase Greenwood (2019). En el apéndice digital de Greenwood, Seshadri y Yorukoglu (2005) se ofrecen datos sobre la distribución de electricidad y la introducción de electrodomésticos en los hogares.

6   En el registro del año 1900 del censo de ocupaciones de la Oficina del Censo de Estados Unidos aparecen 327.586 maestras (se excluyen las profesoras a nivel universitario y las de música y arte) y un total de 431.179 de mujeres en todo el ámbito profesional especializado. Las cifras de oficinistas y vendedoras eran algo menores, con 85.269 administrativas, 86.158 estenógrafas y tipógrafas, y 74.186 contables.

7   En el año 1900 hubo 431.179 mujeres con trabajos de especialización (la mayoría de las cuales eran maestras). En 1930, la cifra es de 1.526.234. En 1900 hubo 260.963 oficinistas (secretarias, tipógrafas, estenógrafas, operadoras telefónicas y contables), pero en 1930 la cifra era de 1.986.830 (Oficina del Censo de Estados Unidos, 1904, 1933).

8   Oficina del Censo de Estados Unidos (1904, 1933). En 1900 hubo 327.586 profesoras no universitarias, y en 1930 la cifra fue de 853.987.

9   Rotella (1981) proporciona uno de los primeros y más exhaustivos análisis del ascenso de la tasa de empleo de las mujeres en el sector de oficina.

10 Sobre el «movimiento de educación secundaria», véase Goldin y Katz (2008), capítulos 5 y 6. Las «academias» que precedieron a muchos institutos no eran escuelas preparatorias de élite, muchas de las cuales fueron fundadas antes, algunas a principios del siglo xviii.

11 La norma era mucho menos aparente para las mujeres negras y sus familias, puesto que habían alcanzado, desde hacía algún tiempo, elevadas tasas de empleo en la agricultura y el servicio doméstico. No está claro si la ausencia de la norma significa que a la sociedad de entonces no le importaban los problemas de las mujeres negras, o que a los hombres negros no era necesario incentivarlos.

12 Véase Goldin (1990, 2006) sobre las causas a largo plazo del incremento de mujeres en la población activa.

13 Esto no ocurrió para las mujeres negras de la década de 1920, quienes a menudo no podían acceder a esos empleos, puesto que se les requería cierto nivel educativo. En una amplia serie de encuestas a las empresas sobre la contratación de oficinistas en 1939, los directores y responsables de recursos humanos admitían que sus empleados tenían enormes prejuicios en cuanto a trabajar con mujeres negras. Véase Goldin (2014a) para un análisis del contenido de las encuestas.

14 Sin la necesidad de construir un modelo elaborado, ni examinar los efectos del tiempo versus los efectos de los grupos (lo que los economistas llaman «efecto de cohorte»), simplemente podemos observar los cambios por edad versus cambios por tiempo. Alrededor del 25 % de las nacidas en 1902 estaban en la población activa a los treinta y dos años, pero el porcentaje es del 37 % para las nacidas cerca de 1917. Se producen incrementos similares en todos los grupos de edad. Asimismo, los cambios que se dan en el ciclo vital de una mujer también son muy importantes. En total, aproximadamente la mitad del incremento en los grupos de nacimientos entre 1900 y 1930 se debe a los cambios a lo largo del ciclo vital, y la otra mitad a las series temporales de cambios. Se

dio un cambio de alrededor de 20 puntos porcentuales entre los veintisiete y los cuarenta y dos años, y de 10 puntos porcentuales entre las mujeres que tenían o bien veintisiete años, o bien cuarenta y dos. (La información, procedente de los microdatos de varios censos de Estados Unidos, hace referencia a las mujeres blancas, en algún momento casadas y con titulación universitaria).

15 Estas políticas no eran exclusivas de Estados Unidos. Estaban presentes entre las docentes de países como el Reino Unido, Irlanda o Australia.

16 Goldin (1991) se sirve de sondeos de la década de 1930 y compilaciones procedentes de distritos escolares durante el siglo XX para analizar la instauración de barreras matrimoniales y su expansión durante la Gran Depresión.

17 Goldin (1991). Los datos provienen de los manuscritos originales del Boletín de la Oficina de la Mujer. Las oficinas, casi doscientas, se encontraban en Filadelfia y Kansas City. Los datos relativos a una tercera ciudad, Los Ángeles, ofrecen tasas menores (25 % y 10 %).

18 Los primeros datos disponibles son de 1931 y es difícil saber si estas políticas existieron antes de la recesión. Dado que se trataba de regulaciones, es posible que las empresas no dispusieran del tiempo suficiente para establecer nuevas políticas de contratación. El estudio de 1931 incluía 178 empresas de Chicago, Hartford, Nueva York y Filadelfia. La media ponderada por empleo femenino es aproximadamente cinco puntos porcentuales menor que la de 1940 en cuanto a políticas de barreras matrimoniales, aunque es similar para las políticas de retención.

19 Probablemente esas diferencias se daban ya en la década de 1920, si no antes, pero la información sobre la educación y el empleo está disponible a partir del censo de población de 1940.

20 Véase Goldin (1977).

21 Véase la Tabla 1A (C4) del apéndice digital, «Porcentaje de maestras casadas, por edad, raza y religión».

22 Pedersen (1987) proporciona un examen detallado del caso con entrevistas a las dos mujeres. De aquí proceden las citas sobre el caso en esta sección.

NOTAS 377

23 Carta #3930 de A. L. Williams, vicepresidente y tesorero de IBM,
    dirigida, entre otros, a los ejecutivos y directores de departamento
    de la sede mundial de la compañía el 10 de enero de 1951. <https://
    thesocietypages.org/socimages/2010/06/23/ibm-decides-to-let-
    women-work-after-marriage-1951/>.
24 Véanse *Sprogis v. United Air Lines, Inc.*, 308 F. Sup. 959 (N.D. Il.
    1970) y *Romasanta v. United Airlines, Inc.*, 537 F.2d 915 (7.º Cir.
    1976). La United fue solo una de las muchas compañías aéreas
    que en la década de 1960 excluía a las mujeres como auxiliares de
    vuelo. El caso Sprogis se llevó a juicio en 1966; el caso Romasan-
    ta, una demanda colectiva de pagos retroactivos, se presentó en
    1970. El eslogan (creado en 1965) es «fly the friendly skies».
25 Estas citas provienen de la información que extraje de los manus-
    critos de una encuesta de 1931, la Office Firm Survey. Véase Gol-
    din (1990), apéndice de datos. La cita «menos eficientes después
    del matrimonio» proviene de la Indemnity Insurance Company
    of North America; «algunos hombres son muy egoístas» es cita de
    F. A. Davis and Company Publishing.
26 Philadelphia Saving Fund Society (6 de diciembre de 1956), In-
    forme Hussey de 1957. Véase Goldin (1990), apéndice de datos.
27 Véase Seim (2008) para más detalles.

CAPÍTULO 5

1 Del episodio «Brother Ralph» (8.44).
2 En muchos episodios de *I Love Lucy*, Ricky trata de evitar, a menudo sin conseguirlo, que Lucy encuentre empleo. Véase, por ejemplo, la temporada 1, episodio 30, «Lucy Does a TV Commercial»,
   la temporada 3, episodio 2, «The Girls Go into Business».
3 Friedan (2013, orig. pub. 1963), p. 14.
4 Friedan (2013, orig. pub. 1963). Las citas en este párrafo se encuentran en las páginas 14, 15 y 112.
5 En esta fascinante biografía, Daniel Horowitz (1998) explora la
   veracidad de las afirmaciones de Friedan de que fue un ama de casa
   suburbana, no una feminista, antes de escribir su libro. Horowitz

también señala que las respuestas de sus compañeras de clase en el Smith College fueron más positivas de lo que ella expuso en su amplio resumen (p. 209). Según el biógrafo, Friedan se reinventó a sí misma y confirió a las encuestadas una visión más prejuiciosa de la vida.

6   Una titulación universitaria se define por haber completado cuatro cursos de universidad o haber obtenido un título de grado. Véase la Figura 2.5, «Tasa masculina y femenina de graduados universitarios (a la edad de treinta años)».

7   Estos hechos se deducen de la información recogida en el National Survey of College Graduates (NSCG), de 1993 a 2015, para los individuos que se graduaron en las décadas de 1940 a 1990. He computado por sexo el porcentaje de una clase de estudiantes de grado que después obtendrían un título superior académico (MA o doctorado) o profesional (JD, doctor en Medicina, o MBA). Se dio un crecimiento considerable en las mujeres de las décadas de 1940 a 1970. El porcentaje de los hombres creció ligeramente, pero luego declinó entre los cursos de obtención de grado de la década de 1970, posiblemente porque el empleo de los titulados no se veía pospuesto por la llamada a filas.

8   El porcentaje de todas las mujeres que obtenían un título ascendió de 0,058 a 0,12, y la de las graduadas que obtuvieron un título de posgrado se incrementó del 0,3 al 0,4. Por consiguiente, el porcentaje de todas las mujeres nacidas alrededor de 1940, en comparación con las nacidas cerca de 1920, que obtuvieron un título de posgrado se multiplicó por tres: $(0,43 \times 0,12) / (0,3 \times 0,058)$.

9   Véase la Tabla 1A (C5) del apéndice digital, «Porcentaje de exalumnas de Radcliffe con títulos de posgrado, por año de graduación: 1900 a 1969». Si añadimos títulos de máster, el total de las promociones en las décadas de 1920 y 1930 se eleva al 38%. Pero, entre las que obtuvieron una titulación universitaria a finales de la década de 1950, el porcentaje asciende a un asombroso 57%.

10 Se realiza una comparación entre las nacidas de 1934 a 1945, y las nacidas aproximadamente entre 1910 y los primeros años de la década de 1930. La tasa de abandono se calcula restando 1 a la proporción de aquellos que se graduaron en la universidad (en cuatro

años o más) respecto a quienes cursaron al menos un año de estudios universitarios, utilizando los datos del censo y de la EPA. La proporción se incrementa del 40% al 50% para las nacidas entre 1934 y 1945. Aunque parezca que estas cifras validen la dada por Friedan de un 60% de abandonos, el índice para los hombres, calculado de igual manera, es de un 50%. Estos dos índices son tan elevados porque algunos de estos estudiantes universitarios no abandonaron sus estudios, sino que fueron a universidades que ofrecían grados de dos años.

11 Los datos provienen del Radcliffe College Student Directories, <http://listview.lib.harvard.edu/lists/drs-43586165>. Muchas mujeres abandonaron la universidad durante la Segunda Guerra Mundial para trabajar como voluntarias y, tras un año o dos, regresaron a los estudios (suponiendo un problema en cuanto a la medición de tasas de abandono de la década de 1940).

12 Departamento de Trabajo de Estados Unidos, Oficina de la Mujer (1966). Véase la Tabla 3A (C5) del apéndice digital. Solo un 83% de los maridos no se oponían.

13 Las dos citas de este párrafo provienen de la encuesta de 1957 de la Oficina de la Mujer, y los comentarios de la encuesta de seguimiento de 1964. Véase el apéndice de fuentes (C5), «Encuesta de la Oficina de la Mujer del año 1957 y seguimiento en 1964».

14 Los datos del curso de promoción de 1957 muestran un 26% tras siete años de graduación para las mujeres con hijos menores de seis años, y un 37% para las madres de niños menores de seis años pero mayores de uno. Para las de la promoción de 1961, tres años después de obtener el título un 37% de las mujeres con hijos trabajaban. *Fuentes*: Departamento de Trabajo de Estados Unidos, Oficina de la Mujer (1966); muestras de microdatos del Archivo Nacional; microdatos de *Great Aspirations*. Véase el apéndice de fuentes (C5), «Encuesta de la Oficina de la Mujer del año 1957 y seguimiento en 1964»; (C5) «Los datos de *Great Aspirations*».

15 Encuesta de 1957 de la Oficina de la Mujer y comentarios de la encuesta de seguimiento de 1964.

16 En cuanto a los datos y hechos relativos a las barreras matrimoniales, véanse Goldin (1991) y Figura 4.2.

17 Tanto Dorothy como Paul obtuvieron un doctorado en Economía por la Universidad de Columbia, él en 1920 y ella en 1923. Se divorciaron en 1930 y sus cuatro hijos permanecieron con Dorothy en Northampton.

18 Horowitz (1998), p. 52. El curso se llamaba Economía 319 y se ofrecía una visión relativamente radical de la economía del trabajo a lo largo de la historia de Estados Unidos. Friedan aprendió sobre la lucha de clases, el capitalismo opresivo y demás teorías de izquierdas. Horowitz destaca principalmente que Friedan estuvo en contacto con un sofisticado pensamiento feminista. Según el biógrafo, esta afirmó no saber nada del feminismo antes de escribir *La mística de la feminidad* para ocultar sus orígenes izquierdistas y comunistas.

19 Véanse el capítulo 4 de este libro y Goldin (1991).

20 Manuscritos del Informe Hussey de 1957. Véase Goldin (1990), apéndice de datos.

21 Véase la Figura 2.5, «Tasa masculina y femenina de graduados universitarios (a la edad de treinta años)».

22 Encuesta de 1957 de la Oficina de la Mujer, y comentarios de la encuesta de seguimiento de 1964.

23 Véase la Figura 1A (C5) del apéndice digital, parte B, en la que se muestra el porcentaje de mujeres según nivel educativo casadas con un titulado universitario. Por ejemplo, para las mujeres nacidas en 1932, el porcentaje es del 70 % si se trata de tituladas universitarias, pero del 50 % si abandonaron sus estudios de grado tras tres años de universidad. La diferencia de 20 puntos porcentuales se mantiene para todos los años de nacimiento entre 1912 y 1950.

24 Abunda la literatura relativa a lo que supone retomar los estudios universitarios en cuanto a salud e ingresos. Con respecto a estos, véase Zimmerman (2014), y, sobre la relación existente entre la educación de una mujer y la de sus hijos, véase Currie y Moretti (2003).

25 Estos datos proceden de la Figura 5A (C2) del apéndice digital, «Cociente de hombres en la universidad respecto a mujeres, por año de asistencia y año de nacimiento». El máximo de 2,3 se alcanzó nada más finalizar la Segunda Guerra Mundial. A mediados de la década de 1950 la proporción fue del 1,7.

26 Véase la Figura 1A (C5) del apéndice digital, «Porcentaje de casadas con un titulado universitario según la educación de las mujeres, para las nacidas entre 1912 y 1980». Para calcular el año de graduación he asumido que las mujeres finalizan sus estudios universitarios a los veintidós años.

27 Véase Easterlin (1980) sobre el papel de las recesiones económicas y la edad a la que se contrae matrimonio por primera vez.

28 También en otros países se produjo un repunte en la fecundidad después de la Segunda Guerra Mundial, pero únicamente en Estados Unidos el *baby boom* se mantuvo durante décadas.

29 Véase la Figura 2.3.

30 Para información sobre cuánto se postergó el matrimonio de las no universitarias y el porcentaje de las que nunca se casaron, véase la Figura 2A (C2) del apéndice digital, «Diferencias de porcentajes entre las mujeres blancas que permanecieron solteras con y sin titulación universitaria».

31 El Departamento de Educación de Estados Unidos recopiló información sobre las disciplinas académicas a partir de las promociones de 1968. La información anterior proviene de diversas fuentes. Aunque los niveles y la tendencia general son similares, existen ligeras diferencias. Me he servido de todos los sondeos disponibles del NSCG para obtener el porcentaje de los grupos de titulados en varias disciplinas.

32 La diferencia de estimación entre los datos del sondeo sobre la promoción de 1957 (Tabla 3A [C5] del apéndice digital, «Algunas características demográficas y económicas de las tituladas universitarias: promoción de junio de 1957, encuestadas en enero de 1958 y 1964») y los del NSCG (Tabla 2A (C5) del apéndice digital, «Porcentaje de universitarias con determinados títulos de grado, por año de titulación») respecto a las tituladas en educación se debe, posiblemente, a que las encuestadas del NSCG, aunque se hubieran graduado en otra disciplina, declararon tener credenciales en educación. Decían poseer un título de grado que habían obtenido al menos treinta años antes de la encuesta, mientras que las encuestadas en 1957 se habían graduado recientemente.

33 Yohalem (1979), p. 53.

34 La noción de que los cursos de promoción de principios de la década de 1900 tenían menores índices de éxito que los de la década
de 1950 procede de la evidencia existente sobre su participación en
la población activa a edades entre los cuarenta y los cincuenta años.
Más adelante muestro estimaciones de éxito de carrera y familia por
grupos.

35 Steinmann *et al.* (2005) es una compilación reveladora de las trayectorias vitales de las graduadas por la Universidad de Cornell en
la promoción de 1950, escrita para disolver «el gran mito, un im-
perante —y erróneo— estereotipo».

36 Para las fuentes de los datos de esta sección, véase la Tabla 3A (C5)
del apéndice digital, «Algunas características demográficas y económicas de las tituladas universitarias: promoción de junio de 1957,
encuestadas en enero de 1958 y 1964».

37 Departamento de Trabajo de Estados Unidos, Oficina de la Mujer (1959, 1966). El número exacto en las observaciones del sondeo
original de 1957 es de 5.846 (más del 70 % del total inicial de
8.200), del cual 4.930 respondieron a la encuesta posterior (casi
el 85 % del primer grupo encuestado). La encuesta y el sondeo de
seguimiento se llevaron a cabo por correo postal. Véase el apéndice de fuentes (C5), «Encuesta de la Oficina de la Mujer del año
1957 y seguimiento en 1964».

38 Un 8 % más estudiaban y no trabajaban.

39 Solo el 2 % afirmó no tener planes de «trabajar en un futuro próxi-
mo». El 6 % señaló que trabajaría en un futuro «solo si es necesario,
por motivos económicos». Por tanto, únicamente un 8 % de las
mujeres no estaban seguras de si trabajarían en algún momento.

40 De los documentos de la encuesta original de 1964 depositados en
el Archivo Nacional. Véase el apéndice de fuentes (C5), «Encuesta
de la Oficina de la Mujer del año 1957 y seguimiento en 1964».

41 La tendencia es casi idéntica para los titulados y las tituladas universitarias, así como para los individuos de la Figura 5.1, salvo
porque las respuestas de las mujeres son 10 puntos porcentuales
más bajas en cada uno de los grupos de nacimiento. La tendencia
para los hombres con titulación universitaria también es casi la
misma que para todos los hombres, y solo en ocasiones los niveles

son ligeramente menores. La muestra de titulados universitarios es pequeña.

42 Departamento de Trabajo de Estados Unidos, Oficina de la Mujer (1966). Véase el apéndice digital, Tabla 3A (C5).

43 De los documentos de la encuesta original de 1964 depositados en el Archivo Nacional. Véase el apéndice de fuentes (C5), «Encuesta de la Oficina de la Mujer del año 1957 y seguimiento en 1964».

44 Las citas provienen de los documentos de la encuesta original de 1957 depositados en el Archivo Nacional. Véase el apéndice de fuentes (C5), «Encuesta de la Oficina de la Mujer del año 1957 y seguimiento en 1964». En el sondeo se pedía a las encuestadas que escribieran sus comentarios respecto a «la manera en que sus estudios universitarios han resultado valiosos». Este es el motivo por el cual la mayoría de los comentarios del sondeo de 1957 hacen referencia a sus cursos y titulaciones de grado.

45 Para los datos de esta sección, véase la Tabla 4A (C5) del apéndice digital, «Algunas características demográficas y económicas de las tituladas universitarias: promoción de 1961, encuestadas en primavera de 1961, 1962, 1963, 1964 y 1968».

46 *Great Aspirations* es una encuesta de población que incluye a casi 30.000 estudiantes (13.000 de ellos son mujeres) del último curso universitario de 1961 de 135 universidades de Estados Unidos. Se produjo un seguimiento anual hasta 1964, y de nuevo en 1968. Fue añadido un suplemento especial dedicado a las mujeres en 1964. Aunque la muestra disminuyó ligeramente en los años subsiguientes, se trata de un amplio estudio.

47 Véase Davis (1964).

48 En 2018, mi equipo de investigación y yo misma redescubrimos y recompusimos el material completo de las encuestas de 1961 a 1968. Explico por qué los documentos de *Great Aspirations* fueron ignorados durante cincuenta años en el apéndice de fuentes (C5), «Los datos de *Great Aspirations*».

49 En verano de 1961, solo el 9 % afirmó que sería «esposa y ama de casa» después de graduarse en la universidad; el 46 % aseguró que se dedicaría «a una carrera laboral a tiempo completo», y un 25 % quería continuar con su formación académica, trabajara o no.

50 Véase la Tabla 4A (C5) del apéndice digital, «Algunas características demográficas y económicas de las tituladas universitarias: promoción de 1961, encuestadas en primavera de 1961, 1962, 1963, 1964 y 1968».

51 En 1962, quienes afirmaron que verdaderamente serían amas de casa fueron solo un 20 %, y quienes verdaderamente creían que iban a ser amas de casa con un empleo ocasional, un 28 %. El resto, un 52 %, creyó que en algún momento entrarían en la población activa.

52 El 67 % de las mujeres de la promoción de 1961 estaban casadas tres años después de titularse, y el 63 % de estas tenían hijos.

53 Datos procedentes de diferentes grupos de afluencia del NSCG de 1993 a 2015. En ellos se muestra que el 40 % de las mujeres y el 50 % de los hombres que obtuvieron su título de grado alrededor de 1961 prosiguieron sus estudios postuniversitarios. En la encuesta de primavera de *Great Aspirations* el porcentaje es del 15 % para las mujeres y el 27 % para los hombres, aunque este fuera menor al del número de asistentes en cualquier otro momento del año.

54 Estos datos son más elevados que los de la Figura 5.1 provenientes del General Society Survey (GSS) para todos los individuos y, por tanto, serán todavía mayores que los de los titulados universitarios del GSS. Uno de los motivos es que los datos del GSS fueron recopilados más de veinte años después de los de *Great Aspirations*. Otra razón es que las respuestas del GSS son binarias, aunque en *Great Aspirations* yo haya agrupado las respuestas como estando «muy» y «algo» de acuerdo.

55 Las citas de este párrafo y el siguiente provienen de los documentos de la encuesta original de 1964 depositados en el Archivo Nacional. Véase el apéndice de fuentes (C5), «Encuesta de la Oficina de la Mujer del año 1957 y seguimiento en 1964».

CAPÍTULO 6

1   Estas leyes son el legado de un decreto federal antivicio de 1873 conocido coloquialmente como la ley Comstock y oficialmente

llamado *Act for the Suppression of Trade in, and Circulation of, Obscene Literature and Articles of Immoral Use* [Ley para la Supresión del Comercio y Circulación de Literatura Obscena y Artículos de Uso Inmoral]. Una normativa de importancia relativa, pero que sirvió para impulsar regulaciones del tipo «Comstock». La última de estas regulaciones prohibía la venta de anticonceptivos a quienes no estuvieran casados y fue revocada en 1974 (*Baird v. Lynch* en el Tribunal de Distrito Federal de Wisconsin).

2   Goldin y Katz (2002) ofrece los años en los que cambiaron las leyes estatales. Aunque esas mujeres podían obtener la píldora *de iure*, algunas dependían completamente de que la proveyeran los servicios sanitarios de sus universidades y es posible que no la consiguieran fácilmente.

3   En julio de 2020, el *New York Times* informó de que «Planned Parenthood de Nueva York retirará de su clínica de salud de Manhattan el nombre de Margaret Sanger, fundadora de la organización nacional, por su nociva relación con la eugenesia».

4   Katherine Dexter fue la primera mujer en obtener un título de grado en Biología por el MIT.

5   La National Organization for Women (NOW) fue fundada en 1966. Poco después, se crearon una serie de grupos de disensión, entre los que estaba el NY Radical Women, el Chicago Women's Liberation Movement, la Women's Equality Action League y la Redstocking. El desacuerdo radicaba en que NOW no compartía las visiones más radicales sobre la sexualidad, el Equal Rights Amendment (ERA) [Enmienda de Igualdad de Derechos] y los derechos reproductivos.

6   Según la EPA, las mujeres de este grupo, a edades próximas a los cuarenta y nacidas entre 1933 y 1942, ya habían tenido al menos un hijo.

7   Véase Smith e Hindus (1975). Los autores ponen en común los registros existentes sobre el matrimonio y la fecundidad de los siglos XVIII y XIX. Estos datos son muy intermitentes y poco claros. En algunos años (las décadas de 1770, 1890 y finales de 1950) se dan mayores niveles de embarazo prematrimonial, y en otros los índices son menores. Aunque se producen importantes fluc-

tuaciones en las estimaciones de los historiadores para los años que van de 1700 a 1950, la cifra del 20% es un promedio histórico razonable. En cuanto a la segunda mitad del siglo xx, los autores se sirven de los datos de la EPA en los que se ofrecen las fechas de matrimonio y partos. El corte diferencial ha sido situado aproximadamente en los ocho meses. Los partos producidos en los primeros ocho meses de matrimonio son considerados premaritales. En tiempos recientes, conforme el estigma sobre el sexo premarital es menor, los embarazos premaritales se han disparado, en especial entre las mujeres con menor formación académica.

8 Goldin y Katz (2002, Figura 6). Véase también Finer (2007) para estimaciones similares mediante las mismas fuentes. Cabe señalar que estas cifras ofrecen la edad promedio de la población y no requieren que el total de la población haya tenido relaciones sexuales alguna vez.

9 Rotz (2016) analiza el impacto del matrimonio a mayor edad y la probabilidad de divorcio.

10 Según los datos proporcionados en un capítulo anterior, el 19,7% de las universitarias nacidas alrededor de 1940 y con cerca de treinta y siete años no habían tenido un hijo, y el porcentaje a edades próximas a los cuarenta y cinco era de un 17,9%. Por tanto, Mary tenía solo un 9,4% de posibilidades de tener un hijo algún día. En cuanto al matrimonio, cerca del 10,5% de las nacidas alrededor de 1940 no se habían casado con cerca de cuarenta años, pero el 7,4% no estaría casada con cerca de sesenta años. Esto supone un 30% de posibilidades de casarse algún día. De forma separada, las dos posibilidades se dan con la condición de alcanzar los treinta y siete años sin haberse casado ni haber tenido hijos.

11 Entre las mujeres que, aunque asistieron a la universidad, no se graduaron (en estudios de grado de cuatro años) se produjo un incremento similar de la edad de matrimonio.

12 Véase el cálculo en Goldin (2006, Figura 9). Los datos se refieren a todas las mujeres, no únicamente a las que poseen un título de grado.

13 Por qué se incrementó la tasa de divorcios es un asunto más controvertido. Algunos pensaron que el incremento se debió únicamente

a los cambios legales de la década de 1960, con regulaciones más laxas respecto al estado civil y que permitían el divorcio unilateral. Otros sugirieron que, como en el teorema de Coase, los cambios legales no son el verdadero factor. La literatura empírica muestra que el efecto inmediato de las leyes fue un incremento en los divorcios, pero que, una década después, las tasas de divorcio volvieron a sus niveles iniciales. Para el resumen del debate y análisis empírico de los efectos a corto y largo plazo de las modificaciones de la regulación del divorcio, véase Wolfers (2006).

14 Stevenson (2007) identifica el efecto del cambio de la legislación de divorcio, observando el comportamiento de las parejas en sus primeros años de matrimonio antes y después de los cambios legislativos.

15 Aunque el uso del apelativo «Ms.» se extendió rápidamente, al principio hubo reticencia, incluso en el *New York Times*. En 1984, el periódico informaba de que «las ganancias de la cena [de los cincuenta cumpleaños de Gloria Steinem] se dedicarán a financiar la Fundación Ms. [...] en la que se publica la revista *Ms.* de la que la *señorita* Steinem es editora» (*The New York Times*, 24 de mayo de 1984, p. C10). Dos años después, ese mismo periódico cambiaba sus normas de estilo: «A partir de hoy, el *New York Times* empleará el título de cortesía *Ms.*» (*New York Times*, 20 de junio de 1986, p. B1).

16 Este tópico se analiza en Goldin y Shim (2004), donde se utilizan datos de la sección de Estilo del *New York Times*, de libros de reencuentros universitarios y de los registros de nacimientos en Massachusetts. La fracción de tituladas universitarias que mantuvieron sus apellidos, por razones inciertas, declinó en la década de 1990.

17 Goldin, Katz y Kuziemko (2006).

18 La vigesimosexta enmienda a la Constitución, ratificada en 1971, amplió la edad de voto para los individuos de dieciocho años, con lo que rebajó la mayoría de edad a los dieciocho. La medida fue incitada por el eslogan de la guerra de Vietnam «Si eres adulto para luchar, eres adulto para votar». Esta consigna se había originado durante la Segunda Guerra Mundial y diversos estados ya

habían rebajado la edad de voto para las elecciones estatales y locales antes de 1971.

19 Bailey (2006, 2010) investiga las consecuencias de la píldora sobre la fecundidad. Aunque permitiera a las mujeres controlar su fecundidad, la pastilla no reducía el número de partos. Sin embargo, permitía a las parejas decidir cuándo tendrían un hijo.

20 En Goldin y Katz (2002) se describe el modelo que genera un incremento de la edad en el primer matrimonio con la llegada de la píldora, y se ofrecen datos concernientes al momento en que esta era distribuida entre las mujeres jóvenes.

21 Correo electrónico de Betty Clark, geóloga del petróleo, a Brad DeLong (septiembre de 2010) tras aparecer «por casualidad en [su] clase de Economía de la que había oído hablar en los Berkeley webcasts». Correspondencia personal de Brad DeLong. Enfatizado en el original.

22 Collins (2009), en su extenso y cautivador volumen, llega a la misma conclusión.

23 Véase Goldin y Mitchell (2017) para las transformaciones de la participación laboral de la mujer desde la década de 1960.

24 Encuesta de la población de marzo sobre mujeres blancas no hispanas. La tasa de participación de las mujeres con un bebé se incrementó del 0,20 en 1973 al 0,62 en el año 2000, y ha permanecido aproximadamente a este nivel desde entonces.

25 La tasa de empleo de las mujeres de treinta y cinco años en 1978 era, exactamente, del 65%. Aunque los índices de empleo femenino se incrementaron, las aspiraciones del grupo más joven fueron mucho mayores, y sus nuevas expectativas fueron consistentes con el empleo que conseguirían. Cabe destacar que el cambio en las expectativas de empleo se produce a todas las edades de las encuestas. La respuesta de una chica de catorce años era casi idéntica a la de una de dieciocho.

26 De las entrevistas realizadas por la etnógrafa Mirra Komarovsky (1985) a universitarias de primer año en 1979 y las entrevistas de seguimiento cuando las del mismo grupo finalizaban sus estudios en 1983. «No quiero llegar a...», p. 172; «Mi madre nunca ha trabajado...», p. 173; «Mi madre siempre estaba en casa...», p. 139; «He deseado muchas veces...», pp. 148-149.

27 Las cifras exactas provienen de la EPA y para mujeres blancas casadas de entre treinta y cuatro y treinta y seis años. La cifra del 30 % de las madres es para el año 1962. Los datos de las dos encuestas NLS hacen referencia a mujeres blancas, puesto que la muestra de mujeres negras es muy pequeña.

28 Goldin, Katz y Kuziemko (2006) han comprobado que entre las adolescentes preuniversitarias (que tenían de catorce a dieciocho años en 1968), quienes afirmaron que estarían en la población activa a los treinta y cinco, obtuvieron notas en los exámenes de graduación un 14,3 % más altas que quienes dijeron que a esa edad estarían «en casa, con la familia». Las estudiantes del grupo anterior obtuvieron un promedio de titulación del 32,8 %, mientras que estas últimas obtuvieron un porcentaje del 18,5 %.

29 Para las tituladas universitarias, véase Goldin y Mitchell (2017).

30 La información sobre el relativo incremento en los cursos de matemáticas y ciencias, y los mejores resultados en los exámenes de matemáticas y de comprensión lectora, se ha extraído de la comparativa de la encuesta nacional longitudinal de 1972 y la encuesta nacional educativa de 1988 (respectivamente, NLS y NELS, por sus siglas en inglés). Estos cambios, aunque algo más importantes, son congruentes con los que refleja la Evaluación Nacional del Progreso Educativo (NAEP por sus siglas en inglés) y las transcripciones de las encuestas del Departamento de Educación de Estados Unidos. Véase Goldin, Katz y Kuziemko (2006).

31 La diferencia fue mucho menor porque los niveles eran mucho más bajos.

32 Se ha realizado el cálculo generando un simple índice de desigualdad sobre los títulos en los que hombres y mujeres se graduaron. Véase Goldin (2005).

33 Para realizar el cálculo y construir un índice de disimilitud nos servimos de los datos del HERI (conocidos también como datos Astin) sobre las intenciones de carrera laboral de los estudiantes de primer año. Desde 1985 hasta 2015, el índice ha permanecido alrededor del 25 %, pero había descendido de un 50 % de finales de la década de 1960.

34 Véase la Tabla 2A (C5) del apéndice digital, «Porcentaje de universitarias con determinados títulos de grado, por año de titulación».

35 En 1982, un 17% de los hombres y un 34% de las mujeres se titulaban en alguno de los dos campos.

36 Para los hombres se produjo un incremento del 24% en 1967 al 28% en 1982. En el campo de los negocios, las mujeres se graduaban en contabilidad, recursos humanos y marketing, mientras que los hombres lo hacían en finanzas.

37 Otra muestra de la importancia de los factores sociales y legislativos tiene que ver con los beneficios económicos producto de la experiencia, especialmente para las mujeres del Grupo 3. A partir de las décadas de 1970 y 1980, los ingresos según experiencia se incrementaron mucho más para las mujeres que para los hombres. Sobre esta materia véanse Blau y Kahn (1997), Olivetti (2006) y O'Neill y Polachek (1993). Olivetti muestra que, durante un periodo relativamente prolongado (comparando las décadas de 1970 y 1990), los beneficios incrementaron en un 25% para las mujeres y de un 6% a un 9% para los hombres.

38 Se ha señalado que incluso *dentro* de cada uno de los grupos, los ingresos de las mujeres se incrementaron respecto a los de los hombres. Esto sugiere que continúan a edades avanzadas y se deben, en parte, a los cambios en el mercado laboral o producidos por leyes antidiscriminatorias.

39 Véase Goldin y Katz (2018).

40 Véase Rubin, pp. 81, 83. Dos décadas antes llevó a cabo un estudio similar. En su trabajo más reciente realiza comparaciones con su investigación anterior.

41 O'Neill y Polachek (1993) han evaluado el incremento de ingresos relativos de las mujeres y han hallado que es mayor la diferencia en el incremento de beneficios por experiencia que el número de años trabajados. Sin embargo, no explican el incremento de beneficios por experiencia en cuanto a una mayor preparación para el mercado laboral, o un mejor trato en el empleo.

42 Se trata de datos muy fiables procedentes de los suplementos de fertilidad de junio de la EPA.

CAPÍTULO 7

1   La infertilidad y el proceso parental eran temas que se trataban en
Friends y *Sexo en Nueva York*, dos telecomedias muy populares de
finales de la década de 1990 y principios de 2000. En *Friends*,
Mónica y Chandler se casan, tienen problemas para concebir, y
enseguida encuentran un vientre de alquiler (mujer que dará a luz
antes de que acabe la serie). Charlotte, de *Sexo en Nueva York*,
también tiene dificultades para concebir. En *Vida privada* (2018),
una película de Netflix, un matrimonio desespera ante problemas
de concepción y tratamientos de fertilidad. Jennifer López, en *El
plan B* (2010) tiene un bebé mediante inseminación artificial y
después conoce a su tipo ideal. Jennifer Aniston, en *Un pequeño
cambio* (2010), también da a luz por inseminación artificial con un
donante de esperma que no es quien ella creía. La lista es infinita.
Sin duda, podemos ver las ansiedades del Grupo 5 reflejadas en la
cultura popular de su momento.

2   Véase la Figura 2.3. Además, cerca de 1,7 puntos porcentuales
más pudieron adoptar antes de cumplir los cuarenta y cinco. Cálculos sobre mujeres nacidas alrededor de 1955 y computados por el
ACS. (Se ha realizado prácticamente el mismo cálculo para las
nacidas de 1965 a 1969). Esto significa que el 26,3 % (28-1,7) de
las nacidas alrededor de 1955 no tuvieron un hijo biológico o
adoptivo.

3   Sobre bajas parentales en las políticas de empresa, véase Goldin,
Kerr y Olivetti (2020).

4   Komarovsky (1985) señala que las respuestas recibidas de un curso de promoción de 1985 fueron muy diferentes de las que se
habían registrado con anterioridad. El 85 % de las estudiantes de
últimos años afirmaron querer haber desarrollado una carrera y al
mismo tiempo formado una familia quince años después de graduarse, mientras que, cuarenta años antes, en la misma universidad,
el porcentaje había sido mucho menor.

5   John Bongaarts, experto investigador asociado de la ONG Population Council, cuestionó ciertos aspectos del estudio francés, en
especial que en este se concluya que se debe aconsejar a las muje-

res que tengan hijos antes. Véase *The New York Times*, 21 de marzo de 1982. El artículo original sobre el estudio de fertilidad en Francia sobre 2.193 mujeres se publicó en el *New York Times* el 18 de febrero de 1982.

6   Manning, Brown y Stykes (2015), tras recopilar datos del NSFG sobre la natalidad de los años de 2009 a 2013, informan que un 3 % de las tituladas universitarias que dieron a luz no estaban casadas o tenían pareja.

7   En la publicación *New Physician* del American Medical Student Association se señaló que alrededor de 1.100 bebés nacidos en 1962 en Estados Unidos fueron producto de la IA, de acuerdo con el *New York Times* del 8 de diciembre de 1962.

8   Según un artículo de Georgia Dullea aparecido en el *New York Times* el 9 de marzo de 1979.

9   Hemos utilizado el motor de búsqueda del Centro Nacional para la Información Biotecnológica de la Biblioteca Nacional de Medicina de Estados Unidos. Se contabilizaron todos los artículos con las palabras «human» [humana], «female» [femenina] e «infertility» [esterilidad], y se aplicó como denominador la palabra neutra «January» [enero]; en consecuencia, a lo largo de los años las cifras relativas son más exactas que las absolutas. El primer repunte de artículos sobre esterilidad tenía que ver con la cuestión de la edad. El segundo, mucho más importante, con los tratamientos de reproducción asistida.

10 El exponente proviene del Google Ngram (*infertility* + *IVF* [esterilidad + FIV]) según el corpus de «American English 2009». La serie se incrementa alrededor del año 1970, y después de la década de 1980 es mucho mayor.

11 Los datos provienen de una búsqueda de artículos que contuvieran las palabras «female» [femenina] o «woman» [mujer] junto con «infertility» [esterilidad] divididos por todos los artículos con la palabra «January» [enero]. Esta última es una palabra neutral utilizada para dar escala al número total y a la longitud de los artículos.

12 Esto ocurrió entre 1986 y 1987, tras la aparición de un artículo académico de David Bloom, economista y demógrafo, demostrando que las mujeres que tenían hijos antes de los veintidós años

acababan por tener menores ingresos en sus vidas que las que posponían la maternidad hasta los veintisiete años. Asimismo, Bloom y su coautor James Trussell habían escrito ampliamente sobre la falta de hijos y la maternidad postergada, como lo hiciera también la coautora Anne Pebley. Bloom, junto con su coautor Neil Bennett, publicó un artículo controvertido sobre las consecuencias de retrasar el matrimonio. Se trata de artículos muy citados sobre las múltiples consecuencias de la maternidad postergada.

13 Menken, Trusell y Larsen (1986) analizan los prejuicios en cuanto a los datos disponibles sobre esterilidad y concluyen que esta, en realidad, es mucho menor de lo que presentan las estimaciones (probablemente de un 6% a los veinte años y de un 16% cumplidos los treinta). El porcentaje de parejas con dificultades para concebir es mayor.

14 Véase el Boston Women's Health Book Collective (1970).

15 Boston Women's Health Book Collective (1984), p. 420.

16 Datos de los suplementos de fertilidad de junio de la EPA. Las del Grupo 4 son mujeres con titulación universitaria nacidas entre 1948 y 1957; las del Grupo 5 son nacidas entre 1960 y 1985.

17 La información de este párrafo proviene de los microdatos (de 1973 a 2018) de los suplementos de fertilidad de junio de la EPA. Los grados profesionales y doctorados están a un nivel superior al de máster.

18 De las mujeres nacidas entre 1949 y 1953 con un título de especialización profesional (MD, JD, etc.) o un doctorado, el 39% no tenía hijos (viviendo con ellas) a edades entre los cuarenta y los cuarenta y cuatro, según los microdatos del NSCG de 1993 a 2017. Pero el porcentaje baja hasta el 22% para las nacidas después de 1969.

19 Bitler y Schmidt (2012) analizan el impacto de los requerimientos estatales que obligan a las aseguradoras a cubrir una serie de tratamientos de reproducción asistida en sus planes de seguros médicos. Comprobaron que en los quince estados en los que se aplicaban estas leyes, las mujeres más mayores y con formación académica incrementaron enormemente el uso de esos tratamientos. Véase en su informe la Tabla 1 con los años en los que se

aplicaron aquellos requerimientos, especialmente a finales de la década de 1980.

20 Comparamos los grupos 4 y 5 puesto que damos por entendido que ninguna mujer de los grupos anteriores dio a luz mediante reproducción asistida. Por consiguiente, la cifra del 50 % es la más elevada posible. Para hacer el cálculo se han utilizado los datos disponibles en el CDC, pero estos empiezan en 2011. Según mis estimaciones, el número total de primeros partos de las mujeres con titulación universitaria nacidas alrededor del año 1976 fue de 550.000, de los cuales cerca de 20.000, o lo que es lo mismo, un 3,6 %, fueron «asistidos». Si el 80 % de las nacidas en 1976 tuvo el primer parto, pero el 74 % de las nacidas aproximadamente en 1956 había parido alguna vez, la cifra de 20.000 «explica» el 50 % de la diferencia. Y, si una cuarta parte de las nacidas con anterioridad hubieran dado a luz mediante técnicas de reproducción asistida (digamos, 5.000 partos), estas técnicas explicarían el 37 %.

21 Véase el apéndice de fuentes (C7), «Éxito de carrera y familia».

22 Calculado mediante el NLSY97.

23 Office of History and Preservation, Office of the Clerk, Cámara de Representantes de Estados Unidos (2008), p. 596. Citas recogidas en una entrevista entre la representante Clayton y Marian Burros, columnista gastronómica del *New York Times*, aparecida el 20 de junio de 1993 en el artículo «Rep. Mom» del *Chicago Tribune*.

24 De hecho, las mujeres del Grupo 3 eran un poco más jóvenes si considero las diferencias en el tiempo que tardaron a ser elegidas. Para hacerlo, he generado un Grupo 3 de la misma extensión que el Grupo 4 (confiriéndoles años de nacimiento entre 1930 y 1943) pero con la probabilidad de ser elegidas al Congreso solo hasta el año 2005, ofreciéndoles el mismo número de años de que dispusieron las mujeres del Grupo 4 para ser elegidas. De ese modo, los grupos 3 y 4 son comparables. El resultado es que el Grupo 3 tiene un promedio de edad en el momento de la elección de 51,9 años, y el Grupo 4 permanece en 52,7.

25 Para poder comparar los grupos 4 y 5 mantengo el Grupo 4 como el de las nacidas entre 1944 y 1957, pero creo un Grupo 5 de la misma extensión, con mujeres nacidas entre 1958 y 1971. Registro

a qué edades serían elegidas por primera vez si las congresistas del Grupo 4 hubieran tenido solo hasta 2005 para ser elegidas, lo que ofrece a ambos grupos el mismo número de años. La edad promedio del Grupo 5 es de 48 años, y la del Grupo 4 es de 47,1.

26 En 2018, 33 mujeres fueron elegidas por primera vez a la Cámara de Representantes y 3 al Senado. Más una mujer que llegó al Senado en 2019 tras unas elecciones especiales. Después de aquel, el año con mayor número de mujeres electas fue 1992, con 24 representantes y 4 senadoras. Casi igualando esos registros, en 2020 hubo 26 mujeres electas a la Cámara de Representantes y una al Senado. Tanto el año 2018 como el de 1992 han sido descritos como «el año de la mujer». La 117.ª legislatura del Congreso tiene el récord en cuanto a número de mujeres: más de 140.

27 Véase el apéndice de fuentes (C7), «El proyecto *Harvard and Beyond*». Para más información sobre el proyecto véanse también Goldin y Katz (2008a) y el siguiente enlace: <https://scholar.harvard.edu/goldin/pages/harvard-and-beyond-project>.

28 Véase Bertrand, Goldin y Katz (2010).

CAPÍTULO 8

1 Ledbetter e Isom (2012), p. 115. Muchos de los detalles de esta sección provienen de la lectura de esta biografía.

2 «By the fall of 2005, the Eleventh Circuit Court of Appeals... reversed the jury veredict, stating that my case was filed too late» (Ledbetter e Isom 2012, p. 202).

3 550 U.S. ___ (2007) Ginsburg, J., desacuerdo, Tribunal Supremo de Estados Unidos n.º 05-1074, *Ledbetter contra Goodyear Tire & Rubber Company, Inc.*, 29 de mayo de 2007, p. 19.

4 La brecha salarial de género se estabiliza para luego estrecharse ligeramente. La edad a la que la brecha empieza a cerrarse es menor en los grupos más tempranos de tituladas universitarias, probablemente porque estas tenían hijos antes. Comienza a estrecharse a mayor edad para los posteriores grupos de tituladas, seguramente porque tenían hijos más tarde.

5 La diferencia de ingresos según sexo a menudo se expresa matemáticamente en logaritmos, y el cociente en términos logarítmicos es una diferencia. Eso se debe a que el logaritmo de los cocientes es la diferencia de los logaritmos: log(x/y) = log(x) - log(y).

6 Véase Pew Research (2017).

7 Véase Bohnet (2016).

8 Lo que llevó a tomar esa medida fue un incidente racial en Filadelfia. Para saber más del caso de Starbucks, véase <https.//www. vox.com/identities/2018/5/29/17405338/starbucks-racial-bias-training-why-closed>.

9 Goldin y Rouse (2000).

10 Sobre la iniciativa de la alcaldía de Boston, véase <https://www. boston.gov/departments/womens-advancement/aauw-work-smart-boston#about-the-workshops>.

11 Los detalles de la ley se encuentran en <https://www.mass.gov/ info-details/learn-more-details-about-the-massachusetts-equal-pay-act>. Esa legislación también obliga a ofrecer el mismo salario por un trabajo comparable (lo que es un concepto complicado).

12 Las diferencias ocupacionales por género se miden mediante una construcción conocida como el «índice de disimilitud», que se define de la siguiente manera:

$$I = \frac{1}{2} \Sigma_i |m_i - f_i|$$

donde $m_i(f_i)$ es la fracción de trabajadores masculinos (femeninos) en cada una de las ocupaciones y de la economía. Si hombres y mujeres están distribuidos de manera uniforme en todas las ocupaciones, entonces el índice es igual a cero. El índice da la fracción de trabajadoras mujeres (u hombres) que habrían cambiado de ocupación para obtener una distribución es equitativa por sexo. Si no se solapan las ocupaciones, el índice es entonces igual a uno y todas las mujeres (y todos los hombres) tendrán que cambiar de ocupación. Téngase en cuenta que para calcular la fracción de cada ocupación femenina (o masculina) se requiere la información del total de hombres y mujeres en la fuerza laboral. Si la cantidad de hombres y mujeres es la misma, la fracción de ocupación femenina i será $[f_i / (m_i + f_i)]$.

13 Goldin (2014a) ofrece información de un amplio sondeo empresarial del año 1939 sobre las ocupaciones segregadas y por qué se dieron estas a menudo complicadas restricciones. A los hombres se les permitía ocupar posiciones de poca importancia, como la de «chico de los recados», prohibidas para las mujeres. Estas podían acceder a puestos de cierto nivel, como el de estenógrafa, ocupación vetada a los hombres.

14 Existen muchas maneras de calcular el índice de disimilitud. Véase, por ejemplo, Hegewisch y Hartmann (2014) para una tendencia cronológica de 1972 a 2011.

15 Véase Goldin (2014). En un contexto de regresión, desaparecería del 22% al 30% de la brecha. La cifra menor es para todos los trabajadores, y la mayor es para los titulados universitarios en una regresión que contiene algunas variables como la edad cuartal, la formación académica, las horas y las semanas de trabajo, y la variable ficticia femenina. Se han incorporado variables ficticias de ocupación y la estimación es el cambio de coeficiente sobre el elemento femenino. Si, en lugar de ello, practicáramos el sencillo experimento de aplicar a la mujer la distribución ocupacional del hombre, la brecha en el grupo de titulados universitarios se estrecharía entre un 30% y un 40%.

16 Existen alrededor de 500 ocupaciones registradas en el censo de Estados Unidos. Algunas están definidas de manera muy específica, otras de forma más general. «Médico» es una amplia categoría e incluye especialidades que van desde cirujano a psiquiatra. Un «abogado» podía trabajar en un bufete, en un despacho, en el Gobierno o como asesor legal en una empresa, por mencionar algunos casos. Por tanto, una ocupación no es necesariamente lo mismo que un trabajo. Es más bien un oficio.

17 Por otra parte, el promedio cambiará cuando los ingresos de los hombres (comparativamente a los de las mujeres) contengan valores extraordinarios más altos. Puesto que los ingresos que ofrece la EPA están truncados, los salarios extremadamente elevados no son de gran importancia en el cálculo.

18 Véase Goldin y Katz (2008).

19 Blau y Kahn (2017), Tabla 4, muestra una estimación de la brecha salarial de 1980 y de 2010, así como la parte de la brecha que se

debe a las diferencias en formación académica y experiencia laboral. En 1980 la brecha salarial de género era de 0,62, y un porcentaje del 29 % tenía que ver con esa diferencia de, según se denomina en economía, factores de «capital humano». Un 52 % se debía a esos diversos factores y a las ocupaciones y el sector de los trabajadores. En 2010 la brecha se estrechó hasta 0,79, y solo un 15 % tenía sus causas en factores de «capital humano». De acuerdo con sus estimaciones, el porcentaje en 2010 está directamente relacionado con la ocupación y el sector es mayor que en 1980. La principal conclusión es que en 1980 las diferencias de «capital humano» fueron mucho más importantes que en 2010. Debemos señalar que estas estimaciones se refieren a todos los trabajadores y no solo a los que poseen una titulación universitaria.

20 Blau y Kahn (2017), Tabla 2, ofrece promedios anuales de empleo a tiempo completo y de al menos 26 semanas para hombres y mujeres de entre veinticinco y sesenta y cuatro años, en el Panel Study of Income Dynamics (PSID). Los hombres estuvieron empleados casi 7 años más que las mujeres en 1981 y solo 1,4 años más en 2011.

21 Véase el extenso trabajo de Muriel Niederle, por ejemplo, en Niederle y Vesterlund (2007).

22 Debo señalar que los cocientes de los ingresos salariales por sexo (en la Figura 8.2) se aplican esencialmente sobre la media, y de alguna manera van a ser menores que los cocientes de los promedios. Los cocientes de los promedios han sido descritos anteriormente, puesto que es una medida estándar y se ve menos afectada por los ingresos muy elevados.

23 Como vemos en Goldin (2014), el incremento de la brecha de género cesa y esta empieza a disminuir hasta estabilizarse a la edad en que la mujer alcanza aproximadamente entre cuarenta y cincuenta años. La edad precisa depende del grupo de nacimiento considerado.

24 Estudio dirigido por Marianne Bertrand, profesora en la Escuela de Negocios Booth de la Universidad de Chicago, Lawrence F. Katz, y yo misma. Véase Bertrand, Goldin y Katz (2010).

25 La muestra de titulados MBA incluye a los graduados entre 1990 y 2006. Hemos agregado el grupo de quienes se graduaron

de diez a dieciséis años antes. Me referiré a ellos como a los titulados trece años antes. En 2006 realizamos un sondeo sobre los titulados, y la Escuela de Negocios de la Universidad de Chicago nos ofreció datos administrativos de los individuos cuando eran estudiantes de primer año.

26 Otro de los requerimientos es que las mujeres no hubieran tenido una baja laboral de más de seis meses. Las barras oscuras son para todas las mujeres de la muestra en comparativa con todos los hombres. Las barras claras muestran las mujeres que no habían tenido hijos hasta ese momento; por tanto, la muestra de estas barras cambia con el tiempo.

27 Las MBA que tuvieron hijos poco después de obtener su titulación y que continúan trabajando han sido positivamente seleccionadas. Esto significa que, por razones imprevistas y, por tanto, inmensurables, posiblemente tuvieran mejores salarios. Después de dar a luz, sus ingresos siguen siendo mayores que los de las mujeres sin hijos. Conforme son más las mujeres con hijos, las diferencias de ingresos por motivos de maternidad adquieren mayor importancia.

28 Véase la Figura 2A (C8) del apéndice digital, «Cociente de ingresos anuales de las mujeres (respecto a los hombres) MBA a aproximadamente trece años (diez a dieciséis años) desde la titulación».

29 Las ausencias del trabajo deben haber sido superiores a seis meses en cada caso y no incluir baja maternal y permisos familiares.

30 La afirmación de que las MBA se ausentan del trabajo por más tiempo durante la primera década desde la obtención de su título proviene del estudio de *Harvard and Beyond*. Véase Goldin y Katz (2008a) para más información. Los datos del estudio muestran que de los titulados en Harvard alrededor de 1980, un 97% de los MD, el 94% de los doctorados, el 91% de los JD y el 87% de los MBA tenían un empleo quince años después de haber obtenido su título de grado. Estos resultados difieren ligeramente para los graduados cerca de 1990 (96% MD, 94% doctorados, 87% JD y 85% MBA).

31 El término *opt out* [elegir dejar] fue popularizado por Lisa Belkin en un artículo del *New York Times Magazine*: «The Opt-Out Revolution» (26 de octubre de 2003). A este le siguieron una gran

cantidad de artículos refutando y aceptando la idea de que dejar el trabajo fuera cada vez más habitual.

32 Las brechas de salario por sexo mencionadas en este párrafo tienen en cuenta las aptitudes en el momento de obtener el título de MBA. Estas aptitudes incluyen los cursos y los grados en la escuela de negocios.

33 Véase Cortés y Pan (2020), quienes concluyen que dos terceras partes del total de la brecha salarial de género se deben a las diferencias de penalización parental en el mercado laboral.

34 El salario medio anual de los hombres de nuestra muestra, siete años después de la titulación MBA, es de 200.000 dólares. Estos hombres ganaban algo más que los maridos de las tituladas MBA. El nivel de ingresos de 200.000 dólares de los esposos de tituladas MBA incluye cerca del 40 % de las mujeres con MBA (de los años del sondeo) casadas y con hijos.

35 Bertrand, Goldin y Katz (2010), Tabla 9. La estimación incluye efectos fijos individuales.

36 Bertrand, Goldin y Katz (2019), Tabla 6.

37 Goldin, Kerr, Olivetti y Barth (2017).

38 En cuanto a Suecia, véase Angelov, Johansson y Lindahl (2016); y Kleven, Landais y Søgaard (2019) para Dinamarca.

39 El último grupo de nacimientos se sitúa en el año 2002, puesto que los autores necesitan quince años para observar la afectación de los hijos.

40 Kleven, Landais y Søgaard (2019) analizan también el impacto de los abuelos para realizar una estimación de la transmisión intergeneracional de los roles de género que provoca que algunas parejas se especialicen más en el cuidado de sus hijos que otras.

41 Hemos utilizado los datos regresivos de Angelov, Johansson y Lindahl (2016) de la Tabla 3, para observar que los ingresos anuales crecen en 0,279 puntos logarítmicos (o en un 32 %) para las parejas quince años después de tener el primer hijo. Antes de tener un hijo, los miembros de la pareja cobraban lo mismo, mientras que quince años después el marido cobra 1,32 veces más que su esposa. Es decir, el cociente de ingresos de la mujer respecto al hombre queda reducido de 1 a 0,76. Si el marido

hubiera ganado 1,8 veces más que ella antes de tener el hijo, ahora ganaría 1,56 veces más. En este caso el cociente se reduce de 0,85 a 0,64.

42 Véase Kleven *et al.* (2019) para una comparación de penalizaciones por países.

43 Pew Research (2012), N = 2.511.

44 Goldin y Katz (2008a) estiman las penalizaciones sobre tiempo de ausencia laboral y las estandarizan a los dieciocho meses quince años después de la graduación universitaria. Un titulado MBA ganaría solo el 60%, un JD o doctorado únicamente el 71% y un MD sería el menos perjudicado, ganando un 84% de los ingresos anuales.

45 Véase el apéndice digital (C8), «Ocupaciones en el American Community Survey (ACS) y la muestra O*NET». Se han considerado ocho informes del ACS, de 2008 a 2016. Selecciono trabajadores a tiempo completo todo el año para generar la comparativa entre las muestras de empleados masculinos y femeninos.

46 No debe sorprender que se incluyan muy pocas ocupaciones en servicios de protección personal y en transporte, puesto que solo se han considerado los puestos de titulados universitarios.

47 Equiparo la ingeniería a la tecnología, aunque esta también incluya matemáticas e informática.

48 La Tabla 2A (C8), «Valores O*NET y cocientes de ingresos por sexo», proporciona el promedio (ponderado y no ponderado) de características de O*NET y el logaritmo (por cocientes de ingresos según género) de la regresión, por grupo ocupacional.

49 Las características de O*NET fueron medidas mediante un índice creado por el BLS usando información de varias fuentes, incluida la ofrecida por los trabajadores en sus ocupaciones. Para realizar un sencillo promedio de los valores de estas características, he debido estandarizarlas primero (con promedio = 0 y desviación estándar = 1), puesto que cada una de las características se mide de forma diferente y pueden ocurrir divergencias muy variables.

50 La Figura 1A (C8) del apéndice digital, «Desigualdad en los ingresos y la brecha salarial de género», muestra la relación entre la medida 90-10 de desigualdad de ingresos masculinos y la brecha de género en cada una de las 143 ocupaciones. Esa medida es igual

a los ingresos anuales para un trabajador masculino al percentil 90 dividido por los mismos al percentil 10. Generalmente, esta estadística se calcula, como vemos en la figura, como el logaritmo de los ingresos al percentil 90 menos el logaritmo de los ingresos al percentil 10. Los ingresos considerados equivalen a los residuales de la regresión de ingresos descrita con más detalle en el apéndice digital. La medida de la brecha salarial de género es la misma en todo el capítulo

CAPÍTULO 9

1   Promedios para trabajadores a tiempo completo, todo el año, provenientes del censo de 1970 y del ACS de los años de 2014 a 2016. A tiempo completo equivale a treinta y cinco horas o más, y los hombres trabajan más horas que las mujeres.

2   Lepore (2018) señala que Frankfurter tomó la decisión a pesar de haber sido informado de que Ginsburg no quería «ser quien llevara los pantalones».

3   Estos y otros resultados en el capítulo muestran datos de acceso restringido sobre los antiguos estudiantes de Derecho objeto de seguimiento en varios intervalos desde la obtención del JD. Véase el apéndice de fuentes (C9), «Conjunto de datos de la Encuesta de investigación sobre exalumnos de la facultad de Derecho de la Universidad de Míchigan». Los números en bruto muestran que las JD ganan un 90 % de lo que ganan sus homólogos masculinos a los cinco años de titulación. Pero, cuando consideramos el tiempo trabajado y la experiencia profesional, no se detectan diferencias de ingresos. Además, incluso cuando las mujeres trabajan algunas horas menos a partir de los cinco años, la diferencia del total de horas es poca.

4   En cuanto a las horas, véase la Figura 9.1. «Tiempo parcial» se define como menos de treinta y cinco horas semanales. En cuanto a la participación en la fuerza laboral, véase la Figura 9.2.

5   Recordemos que, tras cinco años, el 80 % de las mujeres y el 90 % de los hombres trabajaban más de cuarenta y cinco horas semanales.

6   Véase la Tabla 1A (C9) del apéndice digital, «Ecuación de los ingresos de titulados JD: Encuesta sobre exalumnos de la facultad de Derecho de la Universidad de Míchigan, muestra longitudinal».

7   Véase también Azmat y Ferrer (2017) para una explicación similar de la brecha salarial de género entre abogados usando la muestra de la American Bar Association de la encuesta de 2006 para «Después de doctorarse en Derecho» a los seis años de superar los exámenes. Los autores sostienen que los hombres tienen más éxito porque trabajan más horas y afianzan clientes de ingresos elevados, pero solo han podido estudiar a estos abogados a seis años tras la titulación.

8   Los resultados de regresión que ofrecen la cifra del 81 %, así como la del 56 %, se encuentran en la Tabla 1A (C9) del apéndice digital: «Ecuación de los ingresos de titulados JD: Encuesta sobre exalumnos de la facultad de Derecho de la Universidad de Míchigan, muestra longitudinal» y proceden de Goldin (2014), Tabla 1.

9   Los resultados se encuentran en la Tabla 1A (C9) del apéndice digital: «Ecuación de los ingresos de titulados JD: Encuesta sobre exalumnos de la facultad de Derecho de la Universidad de Míchigan, muestra longitudinal».

10 Las probabilidades de llegar a asociado se estiman sobre los miembros de bufetes en el año cinco e incluye las horas trabajadas, las variables sobre los registros académicos, la existencia de hijos en el año quince, una interacción de mujeres e hijos, y una variable ficticia femenina.

11 Véase la Tabla 1A (C9) del apéndice digital, «Ecuación de los ingresos de titulados JD: Encuesta sobre exalumnos de la facultad de Derecho de la Universidad de Míchigan, muestra longitudinal». El cociente de la variable femenina en la regresión de la tarifa por hora, una vez que se agregan las horas trabajadas de manera contemporánea, es insignificante.

12 Resulta interesante que el promedio para los abogados masculinos en el año quince —unos 200.000 dólares en 2007— es aproximadamente igual que la mediana para los maridos de las tituladas JD. Estos, puesto que la distribución masculina muestra una cola larga a la derecha, tienen un promedio menor que el del conjunto de

los abogados. Téngase en cuenta que no todos los esposos son abogados. La mediana en la muestra de MBA también era de 200.000 dólares (en 2006).

13 Los cocientes de los ingresos por sexo se aplican sobre la media de trabajadores masculinos y femeninos, a tiempo completo, todo el año. Sirviéndome de los coeficientes de mis análisis previos, que mantienen constantes los factores de horas, semanas, edad, etc., y proporcionan cocientes promedio, los abogados están en la posición 29 empezando por el final de una lista de 143 ocupaciones.

14 Téngase en cuenta que la inequidad en la pareja puede existir, y existe, en parejas del mismo sexo. A cualquier pareja con responsabilidades familiares le resultará costoso que ambos miembros se empleen en el trabajo de horario más flexible.

15 Esta cifra es para la farmacéutica media que trabaja a tiempo completo, todo el año, en 1970.

16 La cifra de 94 centavos viene dada por un promedio de dos estimaciones. La cifra de 96 surge de un análisis de las medias sirviéndonos de los datos del ACS de 2014 a 2016. El análisis de regresión de uno de los capítulos anteriores nos da la cifra de 92 centavos.

17 La evidencia que respalda estas afirmaciones se encuentra en Goldin y Katz (2016), Tabla 4.

18 Los ingresos medios vienen dados por los salarios y las primas más las ganancias de la empresa para trabajadores a tiempo completo, todo el año, con edades comprendidas de los veinticinco a los sesenta y cuatro años. Los datos provienen del censo de población de 1970, 1980, 1990 y 2000, así como del ACS de 2009 y 2010.

CAPÍTULO 10

1 Hoy lo son un 77%. En ese mismo año las mujeres que se doctoraron en Medicina fueron únicamente un 8%. Véase la Figura 6.3 para los datos relativos al porcentaje de mujeres recientemente tituladas en escuelas profesionales. La cifra por edad de mujeres en el total de veterinarios se puede encontrar en la Figura 2A (C10) del apéndice digital, «Porcentaje de mujeres veterinarias, a tiempo

parcial y propietarias, por edad». Esos datos subestiman el número de mujeres de los cursos recientes, puesto que son aproximadamente de hace una década.

2 CSWEP *Annual Reports* (varios años). Solo se encuestó a las instituciones académicas con un programa de doctorado. El porcentaje de mujeres entre los doctorados en Economía se ha mantenido entre el 30% y el 35% por lo menos en los últimos veinte años.

3 Datos de Ginther y Kahn (2004) y de CSWEP *Annual Reports* (varios años) para los departamentos con programas de doctorado.

4 Ginther y Kahn (2004) se sirven de los datos recogidos por la National Science Foundation (NSF) conocidos como el Survey of Doctoral Recipients (SDR) para probar que el progreso de las mujeres en varios campos académicos es más lento que el de los hombres, y el de la economía es uno de ellos.

5 La mayor categoría comprende más de cien empresas CPA, y la menor la forman entre dos y diez. Estas empresas varían mucho según empleo. En 2016 había unas 42.000 empresas CPA en Estados Unidos. De estas, 41.600 empleaban a menos de veinte personas. Pero en cada una de las mayores empresas, conocidas como las *Big Four* (Deloitte, PWC, EY y KPMG), trabajaban más de 3.000 CPA, entre muchos más empleados. En Deloitte, la más grande, hay más de 50.000 personas, y en KPMG, la menor de las *Big Four*, más de 30.000. Las cifras de empleo incluyen a los empleados de otros departamentos, como los de consultoría. Las *Big Four* no publicitan la división por sexos de sus asociados.

6 Esta y las demás cifras de asociadas en las pequeñas y grandes empresas de contabilidad proceden de la encuesta de género de las empresas CPA (AICPA 2017). Burke, Hoitash y Hoitash (2019) utilizan datos de auditorías para mostrar que las mujeres constituyen un 17,7% de todos los auditores asociados en las cuatro principales empresas de contabilidad.

7 Los estudios AICPA no informan sobre el número de empresas en cada categoría de tamaño existente en el sondeo. Casi todas las CPA presentes son empresas activas con más de cien empleados CPA.

8 Azmat y Ferrer (2017).

9   Esta afirmación se atribuye a David Solomon, <https://dealbreaker.
    com/2013/11/goldman-sachs-spells-out-new-saturday-rule-for-
    junior-employees>.

10 Bank of America adquirió Merrill Lynch en el año 2009, aunque
    pasó a llamarse Bank of America en 2019.

11 Véase una actualización del anuncio en <https://www.forbes.com/
    sites/kaytiezimmerman/2016/09/11/what-amazons-new-30-hour-
    work-week-means-for-millennials/#sda95c89ba4>.

12 Véanse McCracken (2000) y Molina (2005). En 1989, se fundó
    Deloitte & Touche LLP de la fusión de dos empresas Deloitte
    Haskins & Sells y Touche Ross & Co.

13 Véase Hewlett (2008).

14 Burke, Hoitash y Hoitash (2019) pueden servirse de datos públi-
    cos y accesibles sobre socios CPA de auditorías, gracias a que una
    ley vigente requiere que las empresas CPA notifiquen la identidad
    del socio responsable de cada auditoría. En 2017, Deloitte (la ma-
    yor empresa) tenía un porcentaje de socias femeninas del 17,4 %;
    PWC (la segunda mayor) un 18,7 %; EY (la tercera) un 19,9 % y
    KPMG (la cuarta) un 13,7 %.

15 Las principales empresas CPA contratan a una pequeña fracción
    de empleados CPA, de manera que, aunque el porcentaje de mu-
    jeres sobre el total pueda ser del 50 %, es posible que la fracción de
    estas en las mayores compañías de CPA sea considerablemente
    menor.

16 Véase Antecol, Bedard, y Stearns (2018).

17 Ramey y Ramey (2010); estimación de ATUS de datos en 2015,
    por autor, de 2010 a 2018. Las cifras ofrecidas aquí provienen de
    los gráficos y del análisis regresivo de adultos de veinticinco a
    sesenta y cuatro años con variables ficticias de edad, año, educación
    y sexo. El tiempo dedicado a los hijos incluye «mantenimiento» y
    educación, ocio, viajes y otros.

18 Guryan, Hurst y Kearney (2008) ofrecen evidencia del tiempo
    dedicado a los hijos de 2002 a 2003 y muestran un fuerte gradien-
    te respecto a la educación en Estados Unidos y en otros lugares.
    Los progenitores con mayor formación académica dedican más
    tiempo a sus hijos.

19 Pew Research (2012), N = 2.511. Microdatos utilizados: <https://www.pewresearch.org/social-trends/datasets/>. Son resultados para q26a: «¿Considera que pasa demasiado tiempo con sus hijos, demasiado poco, o el apropiado?». Esta pregunta se realizó solo a los progenitores con un hijo de dieciocho años o menor. Se aplican muestras ponderadas.

20 Pew Research (2012). La información mostrada corresponde a q26a.

21 Pew Research (2012). La información mostrada corresponde al rango de q40a a q40d. El único atributo más importante que la flexibilidad en el trabajo para las mujeres con titulación universitaria fue la estabilidad en el empleo.

22 Pew Research (2010), N = 2.691. Se han utilizado microdatos y muestras ponderadas. La información mostrada corresponde a q17. Las conclusiones del informe de Pew Research han sido comparadas con un sondeo de CBS/*NY Times* de 1977 en el que el porcentaje de quienes afirmaban que el mejor matrimonio era el que más compartía era de un 48 %, mientras que en 2010 era de un 62 % (p. 26).

23 El sondeo *Harvard and Beyond* se realizó en 2006. Las promociones de ca. 1990 eran todavía muy jóvenes para completar su fertilidad. Sin embargo, las doctoras en esos cursos tuvieron más hijos entonces que las mujeres que obtuvieron otros títulos de posgrado. Se incluyen las adopciones de niños menores de tres años. Curiosamente, los doctores masculinos de la muestra no tuvieron más hijos que los hombres titulados en otros campos. Aunque tuvieran más hijos que las médicas, tenían menos que los hombres con titulaciones de MBA o JD.

24 Me sirvo de la versión restringida del Estudio de Seguimiento Comunitario (CTS). Este no ofrece mucha información demográfica sobre los médicos, como pueda ser el estado civil o el número de hijos y las edades de estos. Los análisis del CTS en este capítulo quedan condicionados a que sean entre veinte y cien las horas trabajadas semanalmente, y que el empleo ocupe al menos cuarenta semanas anuales. Véase el apéndice de fuentes (C10), «Estudio de Seguimiento Comunitario». Puesto que no disponemos de información detallada sobre ingresos para 2008, el análisis queda generalmente restringido a los años de 1996 a 2004.

25 Son promedios para médicos que trabajan entre veinte y cien horas semanales (la distribución de horas se ha ajustado) y durante, al menos, cuarenta semanas al año. La diferencia por sexos del horario semanal sería aún mayor si dispusiéramos de información sobre los hijos. La división entre médicos «más jóvenes» y «mayores» está en cuarenta y cinco años. Téngase en cuenta que no se trata de una muestra aleatoria, sino que el CTS excluye a los médicos sin pacientes propios.

26 En los datos de la Asociación Médica Estadounidense (AMA, por sus siglas en inglés) sobre las especialidades de los recién titulados se muestra una mayor fracción de mujeres que en los ofrecidos por el CTS. Eso se debe, en parte, a que los datos de la AMA son más recientes.

27 Tomo como referencia las horas de los médicos masculinos para conferir mayor causalidad a la afirmación.

28 La relación entre el porcentaje de mujeres y el promedio de horas trabajadas de los hombres menores de cuarenta y cinco años es profunda en las diecinueve especialidades con las suficientes mujeres como para poder ser estudiadas. Existen dos excepciones: ginecología y obstetricia, y pediatría. En estas especialidades la cifra de mujeres es mayor de lo previsto en cuanto a la relación entre horas y número de mujeres. Sin considerar las dos excepciones, el coeficiente de correlación entre el porcentaje de mujeres y las horas semanales de los hombres es aproximadamente de -0,8. Para toda la muestra es de -0,66.

29 Los datos sobre el porcentaje de mujeres en cada especialidad proviene de la AMA (2013), pero los referentes a las horas son del CTS. Se han utilizado los datos AMA 2013 para lograr mayor consistencia con los del CTS.

30 Véase la Figura 1A (C10) del apéndice digital, «Horas trabajadas de los médicos por especialidad, sexo y edad», donde se ofrece la relación entre las horas de los doctores, hombres y mujeres, por especialidad y grupo de edad.

31 El CTS no ofrece experiencia laboral y estas estimaciones usan información relativa al tiempo transcurrido desde la titulación MD. Tampoco recoge información respecto a los hijos y otras variables

familiares. Para el cálculo de las brechas salariales de género, véase la Tabla 1A (C10) del apéndice digital, «Los médicos y la brecha salarial de género», en la que la variable dependiente es el logaritmo (de ingresos anuales). Téngase en cuenta que la cifra de 0,67 proviene de col. (1), puesto que exp(0,408) = 0,665; y la cifra 0,82 viene dada de col. (4), puesto que exp(0,203) = 0,816.

32 Medscape (2018), sondeo al que respondieron más de 20.000 médicos de veintinueve especialidades. La distribución de minutos se ofrece por intervalos. Para calcular los tiempos promedio generalmente he utilizado la media del intervalo. Para el límite superior de este (>25 minutos) he asignado 32 minutos, y 8 minutos para el intervalo inferior.

33 Las especialidades médicas proceden de la American Association of Medical Colleges (AAMC) de 2018 respecto a los datos de 2017. «Joven» supone menor de cuarenta y cinco años.

34 El empleo a tiempo parcial de las pediatras se incrementó, entre los años 1993 y 2000, del 24 % al 28 % (Academia Americana de Pediatría, 2002). Los datos que ofrece el CTS son del 30 % para las jóvenes pediatras en 2008 marcando como edad límite los treinta y cinco años. Según *Journal of Pediatrics* (2016) de Cull *et al.*, el 35 % de las pediatras y el 8 % de los pediatras masculinos trabajaban a tiempo parcial.

35 No es una de las especialidades comprendidas en el conjunto de datos del CTS porque los anestesiólogos generalmente no disponen de pacientes propios. El sondeo de CTS se realiza sobre médicos y sus «comunidades» de pacientes.

36 El porcentaje por edad de 2008 se encuentra en la Figura 2A (C10) del apéndice digital, «Porcentaje de mujeres veterinarias, a tiempo parcial y propietarias, por edad», parte A. El de mujeres entre los veterinarios de veinticinco a treinta y un años era de un 0,72, y un 0,16 en los de edades de los cincuenta y siete a los sesenta y uno.

37 Información procedente de los datos confidenciales del sondeo sobre formación, horario, ingresos y propiedad de los veterinarios, para 2007 y 2009, que me proporcionó la AVMA. Aunque puede que alguna información haya cambiado en la última década, estos son los datos más recientes de que disponemos. La profesión es

demasiado minoritaria como para servirnos de los datos del censo. Véase el apéndice de fuentes (C10), «American Veterinary Medical Association (AVMA). Conjuntos de datos de 2007 y 2009».

38 Mediana de distribución de horas por sexos.

39 Los datos de la AVMA muestran que, mientras solo un 5 % de las veterinarias entre veintiocho y treinta y un años trabajan a tiempo parcial, a edades entre treinta y dos y cuarenta y seis lo hace el 22 %, y un 30 % a los sesenta. Un mero 5 % de veterinarios masculinos trabaja a tiempo parcial a los cincuenta años, momento en que el índice comienza a ascender. Véase la Figura 2A (C10) del apéndice digital, «Porcentaje de mujeres veterinarias, a tiempo parcial y propietarias, por edad», parte B.

40 Véase la Figura 2A (C10) del apéndice digital, «Porcentaje de mujeres veterinarias, a tiempo parcial y propietarias, por edad», parte C.

41 La cifra de 0,72 es sobre la constante de año de graduación.

42 Las demás variables incluidas en todas las estimaciones son el año de encuesta, la variable ficticia del tamaño de la comunidad, y el número de años desde la consecución del título veterinario. «Tiempo completo» se define como cuarenta horas o más, y «todo el año» se refiere a cuarenta y cinco semanas o más. Las variables adicionales concernientes a la formación veterinaria y al empleo son la participación en la dirección, programas de residencia, y sector de empleo (por ejemplo, Gobierno, industria, educación, práctica privada).

43 Ganan más los veterinarios masculinos casados que los solteros, mientras que sucede lo contrario con las veterinarias. Este es un resultado que se halla en diversos estudios a lo largo de todas las ocupaciones. La diferencia revela el papel que juega la carga doméstica según sexos. Se trata de diferencias difíciles de calcular conociendo solo el número de horas trabajadas. Si incluimos el estado civil y la interacción con la mujer, el cociente se incrementa hasta 0,90. Como hemos visto en muchos otros estudios, estas observaciones hacen difícil adjudicar los motivos del resto de la brecha. Puede que medir el número de horas sea un mal sustituto de la alteración horaria. Para quienes no están en la práctica privada, la brecha salarial de género es menor.

44 He excluido al profesorado de educación primaria y secundaria, donde puede que sean más.

45 McCracken (2000), p. 5.

46 Krentz (2017). Mientras escribo esto, las consultorías más importantes, incluidas Deloitte Consulting y BCG, tienen una política de bajas maternales y paternales de seis semanas remuneradas.

47 Véase Olivetti y Petrongolo (2017), Tabla 1, para el cociente: (gastos gubernamentales para la atención a la infancia y la educación infantil) / PIB. Mientras que la cifra para Estados Unidos es de 0,4, para Francia es de 1,2, en Suecia es el 1,6 y en el Reino Unido el 1,1. Los países con gobiernos de mayores cocientes de gasto en la infancia sobre el PIB tienen también, por norma general, mayor participación femenina en la población activa.

48 Uno de los gobernadores de la Reserva Federal, Jerome Powell, ha afirmado lo mismo para dar apoyo a las políticas de ayudas a la infancia capaces de aumentar la tasa de empleo femenina. Véase Jeanna Smialek, «Powell Says Better Child Care Policies Might Lift Women in Work Force», *The New York Times*, 24 de febrero de 2021.

EPÍLOGO

1 Anteriormente había definido al Grupo 5 como el de los nacidos entre 1958 y 1978 para poder seguir su recorrido hasta los cuarenta años. Pero, como señalé entonces, el grupo incluye a mujeres todavía más jóvenes y la fecha límite final no está aún definida.

2 Amanda Taub, «Pandemic Will "Take Our Women Ten Years Back" in the Workplace», *The New York Times*, 26 de septiembre de 2020.

3 Patricia Cohen y Tiffany Hsu, «Pandemic Could Scar a Generation of Working Mothers», *The New York Times*, 3 de junio de 2020.

4 Julie Kashen, Sarah Jane Glynn y Amanda Novello, «How COVID-19 Sent Women's Workforce Progress Backward», Center for American Progress, 30 de octubre de 2020, <https://www.

americanprogress.org/article/covid-19-sent-womens-workforce-progress-backward/>.

5   Deb Perelman, «In the Covid-19 Economy You Can Have a Kid or a Job. You Can't Have Both», *The New York Times*, 2 de julio de 2020. Véase también Allyson Waller, «Woman Says She Was Fired Because Her Children Disrupted Her Work Calls», *The New York Times*, 8 de julio de 2020.

6   En los datos mensuales de la EPA sobre la participación en la población activa empleados, se tuvieron en cuenta los índices desde septiembre de 2020 a enero de 2021 comparados con los de septiembre de 2019 a enero de 2020. «Hijos» son todos los de madres custodias. Las mujeres negras con formación inferior a un título de grado, de edades entre los treinta y cinco y los cuarenta y cuatro, y con al menos un hijo de cinco a trece años, tenían una participación mucho menor que las de mujeres blancas en el mismo conjunto demográfico.

7   Deryugina *et al.* (2021) encuestaron a académicos entre mayo y julio de 2020 y mostraron que el tiempo de investigación decreció para todos los progenitores, pero en especial para las mujeres. Flaherty (2020) analizó los datos de la revista *Elsevier* en los que se mostraba que las publicaciones de las mujeres aparecían con menos frecuencia que las de los hombres en los primeros meses de la pandemia, excepto en las de biología.

8   Para una tesis similar véase Garbes (2021). Véase también Jessica Bennett, «Three Women on the Brink», *The New York Times*, 4 de febrero de 2021, sobre el «*Primal scream* de Harvard».

9   Hice una búsqueda por «discriminación sexual» y por «discriminación de género». La palabra «sexo» se utilizó mucho más que «género» hasta cerca del año 2010. Reduje el número de entradas añadiendo una palabra neutral (en este caso, «enero»), para delimitar el tamaño del periódico. De esta manera pude crear una lista. Véase la Figura 1A (Epílogo), del apéndice digital «Descontento de género: búsqueda de expresiones en el *New York Times*, de 1960 a 2019». Google Ngram (usando inglés americano, 2019) muestra una tendencia similar a partir de 1960, aunque el incremento es menos pronunciado en años recientes.

10 El movimiento #MeToo empezó en 2006, pero adquirió reconocimiento nacional (y global) en 2016 tras las alegaciones de Gretchen Carlson de acoso sexual contra el presidente y fundador de Fox News, Roger Ailes, y las de muchas otras mujeres que hicieron alegatos similares. Las acusaciones contra Bill Cosby aparecieron en 2015, pero el *New York Times* no dedicó demasiada cobertura a #MeToo hasta el año 2016.

11 Estas estimaciones ofrecen una correspondencia entre la ocupación del individuo en el IPUMS EPA (clasificación del censo de 2017), y la de los veintidós agregados de dos cifras de los grupos de ocupaciones según la categorización de la Standard Occupational Classification (SOC) de 2018 de la Oficina de Estadísticas Laborales (BLS, por sus siglas en inglés). Podría haber utilizado la posibilidad de trabajar desde casa para cada una de las más de 500 ocupaciones listadas y posteriormente agregadas, pero las cifras no hubieran diferido significativamente.

12 La EPA de mayo a diciembre de 2020 planteaba la cuestión «¿Tuvo que teletrabajar a causa de la pandemia?». El porcentaje de los encuestados que respondieron afirmativamente descendió en diciembre de 2020 al 43 %.

13 Las cifras de desempleadas y de «empleadas, pero sin trabajar» pertenecen a la EPA de abril de 2020.

14 Las familias han sido categorizadas por edad del hijo menor. Puede haber más de un hijo en la familia.

15 Aunque pueda parecer una fracción pequeña, en todas las familias de la muestra la madre tiene un empleo.

16 Madres desempleadas con un esposo empleado y al menos un hijo menor de dieciocho años; padres empleados cuyas esposas están desempleadas y con al menos un hijo menor de dieciocho años.

17 Se ha estimado el incremento de tiempo dedicado a los hijos utilizando sondeos a gran escala (por ejemplo, Andrew *et al.*, 2020) llevados a cabo durante el periodo de confinamiento para así ofrecer una muestra razonable de las cargas sobre quienes tienen hijos en edad preescolar y escolar. Véase la Figura 2A (Epílogo) del apéndice digital, «Horas de cuidado infantil de madres con estudios

universitarios y empleadas, con esposos también con estudios universitarios y empleados, según la edad del hijo menor».

18 Estos cálculos aceptan el número de horas proporcionado por los hombres. Existen evidencias sustanciales que señalan que los hombres exageran el total de horas que dedican al hogar, en especial al cuidado de sus hijos. Pero el ATUS se asegura de que el total de horas incluya el total de la jornada, de manera que cualquier exageración en el resultado de cuidados infantiles se atribuiría a otro uso del tiempo.

19 Estos progenitores dedicaron quince horas semanales, y las madres, antes del confinamiento, invertían el 58% del total. En confinamiento el total fue más del doble, llegando a treinta y tres horas semanales, pero las madres dedicaron entonces un 52%.

20 Véase Andrew *et al.* (2020). Pew Research (2020) informa que en octubre de 2020 la mitad de las madres y de los padres que teletrabajaban afirmó sufrir interrupciones.

21 Para los dos tipos de estimaciones, véase la Figura 2A (Epílogo) del apéndice digital, «Horas de cuidado infantil de madres con estudios universitarios y empleadas, con esposos también con estudios universitarios y empleados, según la edad del hijo menor». Un método asume que el total de las horas parentales en el periodo p. C. / d. C. se sitúan a medio camino entre las de a. C. y las de d. C., pero los padres regresan a las horas a. C. En el otro método las horas de los progenitores con hijos en edad preescolar se acercan más a a. C., y las de quienes tienen al hijo menor en edad escolar son más cercanas a las horas d. C. Esto queda reflejado por el hecho de que las guarderías estuvieran abiertas y las escuelas públicas no.

22 En la EPA de principios de mayo de 2020, una de las cuestiones específicas para las personas con empleo fue: «¿Ha teletrabajado o trabajado de manera remunerada desde su hogar en las últimas cuatro semanas a causa del coronavirus?». El 60% de los titulados universitarios respondió afirmativamente entonces. En septiembre de 2020, solo el 40% trabajaban desde casa. Los datos publicados no están separados por sexos, pero, en ambos meses la fracción de mujeres que habitualmente teletrabajaron es mayor que la de los hombres.

23 Elisa Martinuzzi y Marcus Ashworth, «Banker Culture Slips in the Pandemic», Bloomberg, 25 de septiembre de 2020, <https://www.bloomberg.com/opinion/articles/2020-09-25/why-wall-street-wants-bankers-back-in-the-office?leadSource=uverify%20wall>.

24 Handley (2020).

25 Véase la discusión previa sobre el cálculo de p. C./d. C. Los números agregados en este periodo no provocan variaciones en los dos tipos de asunciones en la Figura 2A (Epílogo) citada más arriba.

26 Las mujeres suponen el 48% de la fuerza laboral civil de Estados Unidos según los cálculos de la EPA de enero a marzo de 2020. También son el 48% de los empleados de dieciocho a sesenta y cuatro años.

27 Las subvenciones a los centros infantiles provenían de la Ley de Obras Públicas de Defensa de 1941 (artículo II de la Ley de Vivienda para la Defensa Nacional de 1940), diseñada para contribuir a las necesidades básicas de las comunidades. Se denominó ley Lanham, nombre con el que sigue conociéndose en la actualidad.

28 Coleman (1968).

29 Más detalles en la Jewish Women's Archive Encyclopedia, <www.jwa.org>.

30 «Mrs. Nora S. Barney, Architect, 87, Dies», *The New York Times*, 20 de enero de 1971.

31 <https://www.npr.org/2010/07/03/128249680/martin-ginsburgs-legacy-love-of-justice-ginsburg>.

32 <https://www.mic.com/articles/110848/9-quotes-prove-ruth-bader-ginsburg-has-all-the-relationship-advice-you-ll-ever-need>.

33 Sondeo *Great Aspirations* de la promoción de 1961. (Véase el apéndice de fuentes [C5], «Los datos de *Great Aspirations*»).

34 El General Social Survey (GSS) planteó la cuestión de si «Para una esposa es más importante respaldar la carrera de su marido que desarrollar una carrera propia». De los titulados universitarios de todas las edades en 1977, un 33% estuvo de acuerdo (hombres y mujeres en igual medida); y de 1985 a 1990 el porcentaje fue del 20% (algo menor entre las mujeres). El número de observaciones para los titulados universitarios es escaso (unas 250) en cada sondeo.

La pregunta fue planteada por última vez en la encucsta del GSS de 1998, en la que estuvieron de acuerdo el 14%.

35 <https://knowledge.wharton.upenn.edu/article/high-powered-women-and-supportive-spouses-whos-in-charge-and-of-what-2/>.

36 <https://knowledge.wharton.upenn.edu/article/high-powered-women-and-supportive-spouses-whos-in-charge-and-of-what-2/>.

37 Las mujeres del Grupo 5 de la Figura 7.1 de entre 40 y 44 años tienen una tasa de carrera y familia del 22%, y esta se incrementa hasta el 31% a edades de 50 a 54 años. Pero sus homólogos masculinos (titulados universitarios) alcanzan un porcentaje del 63% en ambos grupos de edad.

38 Pew Research (2020), pp. 4, 14, 23. Téngase en cuenta que estos datos fueron recogidos en octubre de 2020.

39 Véase, por ejemplo, «Return-to-Office Plans Are Set in Motion, but Virus Uncertainty Remains», *The New York Times*, 4 de marzo de 2021.

ÍNDICE ALFABÉTICO

Abbott, Edith, 48, 87, 373 n.

Abbott, Grace, 373 n.

abogados

brecha de género en los ingresos entre, 230-231, 236, 237, 242-252, 403 n., 404 n., 406 n.

entornos laborales para, *247*, 247-248

horas de trabajo para, 28, 244, 244-252, 255

imágenes en programas de televisión, 242, 250, 264

mujeres del Grupo 1 como, 85, 93

mujeres del Grupo 4 como, 159, 180, *181*, 203

mujeres del Grupo 5 como, 204, 207

progresión profesional para, 267, 271

trabajo codicioso para, 28

abortos, 161, 162, 193

Abzug, Bella Savitzky, 52

académicos

asociados, 267, 270, 271-273

brecha salarial de género entre, 230-231, 402 n.

discriminación en contratos, 313

impacto sobre el trabajo era COVID, 299, 414 n.

Mujeres del Grupo 1, 73-78, 79-80, 85, 86, 93

Mujeres del Grupo 2, 96, 118-121

Mujeres del Grupo 4, 158, 182

Mujeres del Grupo 5, 205, 206-207, *207*

nepotismo, 80, 118

porcentaje femenino, 269, 407 n.

progresión de carrera, 267, 272, 276

títulos superiores, 267-268

trabajo codicioso para, 28

véase también maestros

acoso y agresión sexual, 20, 21, 42, 209, 210, 213, 300, 316, 415 n.

Addams, Jane, 87
Administración de Alimentos y
Medicamentos (FDA), 25,
156, 169
adopción, 23, 61, 82, 83, 340, 366
n., 409 n.
Ailes, Roger, 415 n.
Alexander, Sadie Mossell, 49, 92,
312, 315
Amazon, 274
American Community Survey
(ACS), 222, 232, 361, 366 n.
American Veterinary Medical
Association (AVMA), 345-
346, 412 n.
Ames, Jesse Daniel, 48-49
Anderson, C. Arnold, 117, 118
antifeminismo, 152
Apgar, Virginia, 43-44, 364 n.
Arnaz, Desi, 123
«ascenso o salida», posiciones de,
267, 268, 270, 271-272, 277,
292, 293, 309
ascensos
discriminación y negación sexual, 210
horas de trabajo ligadas, 267,
271
momento de, 26, 268
trabajo codicioso y, 28, 29, 32
asuntos de salud
argumento de la universidad
como factor de riesgo para
la salud, 88
condiciones laborales insegu-
ras como, 106

COVID-19 como, *véase* pandemia de COVID-19
empleo necesario por, 88, 132
tasas de mortalidad y, 81
Australia, barreras matrimoniales,
378 n.
auxiliares de vuelo, 116, 379 n.
ayuda a niños dependientes, 310

baby boom, 23, 100, 131, 136, 137,
315, 383 n.
Bachman, Michele, 203
baja maternal, 401 n.
véase también baja paternal
baja parental, 189, 206, 207, 272,
293, 315
véase también permiso parental
Ball, Lucille, 123
véase también I Love Lucy, serie de televisión
Bank of America Merrill Lynch,
273, 274, 408 n.
Barney, Morgan, 313
barreras de retención, 109, 110
barreras en el embarazo, 19-20,
117
barreras matrimoniales
barreras en la contratación y,
41-42, 52, 109, 116, 129-
130
definidas, 20
diferencias raciales en, 113-
114, 130
expansión en la era de la Gran
Depresión, 19-20, 51, 96,
101, 109-112, *111*, 129, 311

fin de, 54, 114-116, 130-131, 316

para maestros, 41, 52, 80, 109-111, *111*, 114, 116, 129, 316, 378 n.

para trabajadores de oficina, 41, 51, 112, 115, 129-130

razones para, 116-117

Barron, Jennie Loitman, 312

Basden, Mildred, 52, 114, 115, 316

BCG (Boston Consulting Group), 413 n.

Beard, Mary Ritter, 48

Becker, Gary, 74

Beutler, Jaime Herrera, 40

Blatch, Nora, 312

Bloom, David, 394 n., 395 n.

BLS (Bureau of Labor Statistics), *véase* Oficina de Estadísticas Laborales

Bombeck, Erma, 53, 64, 151, 152, 153, 315

Bongaarts, John, 393 n.

Bottoms, Keisha Lance, 24

Bowman, Mary Jean, 117, 118

Braun, Carol Mosley, 56

brecha salarial de género, 209-238

cambios generacionales y progreso en, 34-35, *218*, 219

demandas por, 20-21, 210

desigualdad de ingresos y, 29, 237, 302, 404 n.

discriminación salarial y, 21, 209-214

discriminación sexual y, 209-214

disminución de la sustitución perfecta, 234-235, *259*, 261-264

disminución de productos y servicios estandarizados, 234, 258, 263

edad y cambios en, 212, *221*, 222-223, 397 n.

educación y, 220, 399

en carreras financieras y de negocios, 224-229, *223*, 232-233, 237, 402 n.

entre abogados, 230-231, 236, 237, 242-252, 403 n., 404 n., 406 n.

entre farmacéuticos, 255-263, 406 n.

entre médicos, 231-232, 233, 237, 285, 288, 403 n.

entre veterinarios, 291, 412 n.

experiencia laboral versus interrupciones en la carrera y, 221-228, 231, 245, 250, 400 n., 401 n.

Grupo 2, 220

Grupo 3, 217, 220

Grupo 4, 184, 217, 220, 301

Grupo 5, 217, 220, *221*, 222-223

horas de trabajo y, 30-32, 217-218, 224, 227-231, 234, 237, 238, 243-244, *244*, 260-263, 277, 282, 404 n.

inequidad de parejas y, 22-23, 29-32, *31*, 208, 235, 238, 250, 254, 261, 278 leyes que abordan, 209, 210, 215

naturaleza dinámica de, 212

niños, cuidado y, 22, 30-32, 221, 223-224, 227-239, 245, 248-254, 257, 260, 402 n.

por ocupación, 232-237, *232*, 403 n.

prejuicio de género y, 17, 214, 242, 248

priorización de la carrera de los esposos debido a, 151, 250

problema persistente de, 17-23, 33-37, 208, 242, 255

segregación ocupacional y, 21, 215, 217, 238

trabajo codicioso y, 19-20, 28-32, *31*

véase también discriminación salarial

Breckinridge, Sophonisba, 373 n.

Buck, Pearl Syndenstriker, 49, 86

Burke, Yvonne Brathwaite, 40

Bushnell, Candace, 96

Cámara de Representantes, mujeres en, 39, 40, 152, 203, 211, 363, 396 n., 397 n.

cambios sociales

creación de logros de mujeres graduadas universitarias, 35, 45-46

Grupo 4 mujeres experimentando, 173-185

mejoras de equidad de pareja con, 295

Mujeres del Grupo 3 que experimentan, 134-137

capacidad negociadora, 17, 212, 220, 238

Carlson, Gretchen, 415 n.

carrera legal, *véase* abogados

carrera médica, *véase* dentistas; médicos, enfermeros; farmacéuticos; veterinarios

carreras

ambiciones y aspiraciones para, 41-42, 45, 54, 55, 56-57, 300

ascensos en, *véase* ascensos

barreras para, 43-45

brecha laboral, 22-23

conflictos temporales entre la familia y, 24-27, 208, 274-275, 281-296

de mujeres universitarias, 23-38, 39-40, 43-46

definición de, 42-43, 198

disparidades de género en, 17-38

edad y logros en, 78, 84, 117, 199-204, 266-269

efectos del cuidado en, 17, 27, 29-33, 117, 227

identidad vinculada a, 23, 35, 100

segregación ocupacional de, 20-21, 41, 216

trabajo codicioso y, *véase* trabajo codicioso

trabajos versus, 43, 85

véase también empleo; grupos;

ocupaciones específicas; trabajo

carreras empresariales, *véase* carreras financieras y empresariales

carreras financieras y de negocios
  brecha salarial de género en, 224-229, *223*, 232-233, 237, 402 n.
  fenómeno de las «fugas en los conductos» y respuesta en, 270, 273, 275
  mujeres del Grupo 2 en, 102
  mujeres del Grupo 4 en, 159, 180-181, *181*
  mujeres del Grupo 5 en, *207*, 207
  obstáculos de nepotismo en, 117-118
  porcentaje de mujeres en, 270-271, 275, 407 n.
  problema jefe-agente en, 273
  progresión profesional en, 267, 272-273
  sustitución perfecta en, 263
  títulos avanzados para, 267-268
  trabajo codicioso en, 29

Carson, Rachel, 50
Cheney, Liz, 24
Chisolm, Shirley, 43, 44
Clark, Betty, 172, 390 n.
clase social
  educación y, 68, 69, 78
  programas de la era de la Gran Depresión por, 310-311

tasas de empleo de mujeres negras vinculadas a, 112-113

Clayton, Eva McPherson, 202, 203, 396 n.
Clinton, Hillary Rodham, 56, 301, 316
Colton, Frank, 157
Comisión para la Igualdad de Oportunidades de Empleo, EEOC, demandas ante la, 21, 210
Comstock, Ada, 51, 119, 120, 121, 135, 315
Comstock, ley, 386 n., 387 n.
condiciones de trabajo
  discriminación por género y, 209-212
  en trabajo codicioso, 28-33
  en trabajos de oficina, 105
  inseguros y sucios, 106
  véase también horas de trabajo
conflictos de tiempo
  equilibrio entre carrera y familia, 17-20, 57, 189, 204-208, *207*
  problema persistente de, 208
  transformación del trabajo para abordar, 291-293
  véase también flexibilidad temporal; flexibilidad del tiempo; horas de trabajo
Congreso
  Kuznets, informe al, 75-76
  mujeres en, 39, 40, 43, 201, 202, 203, 204, 211, 363 n., 396 n., 397 n.

conjunto de datos, 141, 232, 343, 411 n.
contracepción
acceso al Grupo 4, 56, 156-159, 160, 163, 169-173, 316, 387 n.
edad, acceso a, 156, 170
equilibrio entre la carrera y la familia con, 45
fertilidad y, 171, 191, 390 n.
Investigación y desarrollo de, 49, 157
leyes sobre, 156, 169-172, 387 n.
matrimonio y acceso a, 25, 155, 160-163, 389 n.
referencias en programas de televisión a, 155, 158, 169
rudimentaria, 81
Cook, Michael, 275
corporaciones
abogados empleados por, 247
carreras financieras en, véase carreras financieras y de negocios
farmacéuticos empleados por, 257-259, 263
veterinarios empleados por, 290-291
Cosby, Bill, 415 n.
COVID-19, pandemia
conflictos de tiempo, 249, 274, 295-296
cuidado de personas dependientes en, 17, 19-20, 274, 295-296, 297-299, 302-309, 414 n., 415 n.
desempleo durante, 108, 297, 303-304
disparidades de género magnificadas en, 297-299, 310
efectos en la educación, 36, 297-299, 303-310
efectos, 36, 297-300, 302-309
efectos en la tasa de natalidad, 363 n.
equilibrar carrera y familia en, 19, 35, 295-296, 298-299
oportunidades de cambios en la estructura laboral, 37, 264, 295-296
papel de los farmacéuticos en, 258
recesión económica, 108-109, 295, 297-300, 310, 315
trabajar desde casa durante, 274, 295, 303, 304, 309, 317, 415 n., 416 n.
trabajo flexible en, 278-279, 317
véase también trabajar desde casa
Coyle, Grace, 48
crecimiento económico, 36, 44, 45, 93
Credit Suisse, 273, 274
cuidado infantil
acceso de las mujeres del Grupo 3 a, 128, 146, 151,
acceso de los médicos a, 283
COVID-19, efectos de la pandemia en, 274, 295, 297, 302, 305-307

financiamiento de la ley Lanham, 311, 417 n.
programa de la era de la Gran
   Depresión para, 310-311
subsidio del costo de, 295,
   310-311, 413 n., 417 n.
véase también cuidado familiar
Current Population Survey (CPS),
   167

Davis, Katharine Bement, 89, 90,
   374 n.
Dean, Madeleine, 203
Decimonovena Enmienda, 39
Deloitte, 275-276, 293, 407 n.,
   408 n.
DeLong, Brad, 172, 390 n.
dentistas, 237, 331
derecho a voto, 86, 91, 100, 156
desempleo
   declive de la Segunda Guerra
      Mundial, 110-111, 131
   era de la Gran Depresión, 97,
      108-112, 135, 310
   pérdida de identidad con, 183
   periodo COVID-19, 108, 297,
      303-304
desigualdad de ingresos, 28, 237,
   302, 403 n.
   véase también brecha salarial
      de género
Dexter, Katharine, *véase* McCormick, Katharine Dexter
Dinamarca
   cuidado infantil, 311
   estudio de ingresos, 229

discriminación
   crecimiento económico con la
      disminución de, 44
   empleo, *véase* discriminación
      en el empleo discrimina-
      ción en la contratación
   ingresos, 20, 209-214
   leyes antidiscriminatorias, 181-
      182, 302
   racial y étnica, 41, 90, 92, 214,
      377 n.
   véase también brecha salarial
      de género
discriminación en contratación
   barreras matrimoniales (o a la
      contratación) como, 42, 80,
      109, 116-117, 129
   evidencia histórica de, 20, 41
   véase también discriminación
      laboral
discriminación en el empleo
   barreras matrimoniales, *véase*
      prohibiciones laborales de
      matrimonio
   barreras por embarazo, 117
   brecha salarial de género y, *véa-
      se* brecha salarial de género;
      experiencias del Grupo 3
   demandas legales sobre, 20, 210
   motivación racial y étnica, 41,
      93, 377 n.
   normas sociales y, 42, 79, 101,
      311
   problema persistente, 21
   pruebas históricas, 20, 41, 312-
      313

segregación ocupacional y, 398 n.

vetos por nepotismo, 21, 80, 118, 131

véase también discriminación en la contratación

discriminación racial y étnica

antiprejuicios o formación sobre diversidad, 214

barreras laborales con, 42, 92

eugenesia y, 90

discriminación salarial, 21, 212, 316

véase también brecha salarial de género; desigualdad de ingresos

discriminación sexual

brecha salarial de género y, 209-214

como término, 17

descontento causado por, 301, 414 n.

Ley de Derechos Civiles de 1964 que la prohíbe, 116, 211

problema persistente de, 41-42

véase también brecha salarial de género

disparidades de género

brecha salarial como, *véase* brecha salarial de género

cambios generacionales y progreso en, 34-37

en carreras y familias, 17-38

inequidad de parejas y, 29-33

magnificación debido a la pandemia de COVID-19, 297-299, 309

problema persistente de, 17-19

véase también entradas de grupos

diversidad, formación en, 214

división del trabajo

desigualdad en parejas, *véase* falta de equidad en la pareja

en el hogar, 234

en la fabricación, 103-104

trabajadores de oficina y, 104

divisiones de grupo de mujeres graduadas universitarias

años de nacimiento para, 47, 47-48

puentes entre, 73-74

testigo entregado al siguiente grupo, 45, 48, 71-72, 92

visión general de, 45-46, 47

divorcio

diferencia entre mujeres negras y blancas, 364 n.

empleo necesitado por, 54, 132

en Grupo 1, 86, 313

en Grupo 3, 53, 55, 364 n.

en Grupo 4, 55

leyes sobre, 53, 56, 163, 166

matrimonios por conveniencia y, 163

Djerassi, Carl, 157

Douglas, Dorothy Wolff, 50, 80, 130, 314, 315

Douglas, Paul, 50, 130
Duckworth, Tammy, 24, 40, 41, *47*, 363 n.

Earhart, Amelia, 89, 315
Economics of Household Production (Reid), 74
edad
acceso limitado a anticoncep-tivos por, 156, 170
brecha de ingresos de género cambia con, 212, *221*, 222, 397 n., 399 n.
de estudiantes universitarios/ graduados, 67, 78
de la mayoría, 156, 169-170
de madres al nacer niños, 26, 40, 62, 71, 136, 187-196, 394 n.-395 n.
derechos de voto y, 156
discriminación laboral basada en, 210-211
en la iniciación de relaciones sexuales, 161, 388
fertilidad y, 190, 193
logros profesionales y, 78, 84, 117, 199-204
matrimonio en relación con, *véase* edad marital
relojes biológicos y, 163, 184, 190, 269
tasas de empleo por, 66-67, 107, 374 n., 377 n.
educación
antifavoritismo, diversidad, 214

brecha salarial de género y, 220, 399
clase social y, 68, 69, 78
coeducación en, 69, 119, 302, 369 n.
costo de, 131
de mujeres del Grupo 1, 48-49, 64-72, *66*, 77, 373 n.
de mujeres del Grupo 2, 52, 64-72, *68*, 104
de mujeres del Grupo 3, 53, 64-71, *68*, 133, 138, 145-146, 149, 151, 159, 174, 380 n., 383 n., 385 n.
de mujeres del Grupo 4, 54-57, 64-72, *68*, 160, 163, 165, 172, 178-182, *181*, 194, 203-204, 269, 396 n.
de mujeres del Grupo 5, 57, 64-72, *68*, 194-195, *207*, 396 n.
demandas de trabajos de ofi-cina para, 104
edad al momento de, 67, 78, 367
efectos de la pandemia de COVID-19 en, 36, 297-299, 303-310
efectos del embarazo en, 61
efectos matrimoniales en, 60, 126
elección de carrera universita-ria, 138, 146, 159, 180, 383 n.
eliminación de barreras para, 44

estadísticas de género sobre, 23, 67, 133, 382 n.

instituciones de un solo sexo, 68, 71

leyes antidiscriminación para, 181-182, 302

movimiento de escuelas secundarias para, 104

ocupación específica, 138, 159

para farmacéuticos, 258-259

prohibiciones en, 41-42

proporción de sexos en, 67, 133, 382 N.

tasas de abandono en, 125, 126, 381 n.

tasas de graduación universitaria, *68*

títulos avanzados y profesionales en, *véase* títulos avanzados y profesionales

véase también mujeres graduadas universitarias

educación contra el sesgo, 214

educación mixta, 67, 68, 120, 320, 368 n., 369 n.

efectos profesionales del cuidado, 17, 29-33, 117, 226

aumento del tiempo dedicado a, 278-281, 306, 409 n., 416 n.

brecha salarial de género y, 22, 30-32, 221, 224, 226-238, 244, 248-253, 257, 401 n., 402 n.

de la época de la Gran Depresión, 310-311

economía de, 77, 295, 310-311, 318

efectos en los ingresos de, 17, 30-33

en la pandemia de COVID-19, 17, 274, 295-296, 297-299, 303-309, 414 n., 415 n.

estructura laboral modificada para abordar el, 37

flexibilidad de tiempo para, 30-32, 280

responsabilidades de guardia en el hogar, *véase* responsabilidades de guardia en el hogar

valor y costos del, 17, 27

véase también cuidado infantil

electricidad/ electrificación, 80, 100, 376 n.

embarazo

abortos finalizados, 161, 162

discriminación laboral para, 19-20, 117

educación afectada por, 61

premarital, 24, 161-163, 388 n.

prevención de la anticoncepción, *véase* anticoncepción; píldora

tecnologías de reproducción asistida para, *véase* tecnologías de reproducción asistida

véase también fertilidad

Emhoff, Douglas, 314

empleo

carrera distinguida de, 42, 85

crecimiento económico con barreras reducidas, 44-45
discriminación en, *véase* discriminación en el empleo; discriminación en la contratación
divorcio que requiere, 54, 132
experiencias del grupo con, *véase* experiencias laborales
tasas de, *véase* tasas de empleo
tiempo parcial, *véase* empleo a tiempo parcial
véase también carreras; fuerza laboral; trabajo
empleo a tiempo parcial
brecha salarial de género y, 231-232, 233, 237, 285, 288, 403 n.
de farmacéuticos, 260
de médicos, 28, 266, 282-288, 292, 409 n., 411 n.
de veterinarios, 290
del Grupo 5, 204-208
horas de trabajo y, 119, 153, 205-206, 225-226, 244, 247, 250, 259-260, 411 n.
empleo por cuenta propia
brecha salarial de género y, 225, 226, 232-233, 236
por farmacéuticos, 255, *256*, 256-258
por veterinarios, 290-291, 292
Encuesta Astin sobre universitarias de primer año, *176*, 330
Encuesta de población activa (EPA), 326, 341, 345, 361, 385 n.

Encuesta de uso del tiempo en América (ATUS), 279, 305
Encuesta nacional longitudinal sobre la juventud (1979), 175, *176*, 341
Encuesta nacional longitudinal sobre mujeres jóvenes (1968), 175, *176*
Encuesta sobre el uso del tiempo de los estadounidenses, 279
Encuestas de la Asociación Nacional de Educación, 110
Encuestas de la Oficina de la Mujer, 136, 141-142, 145, 337-338, 362 n., 381 n., 382 n., 384 n., 385 n.
encuestas nacionales de la fuerza laboral farmacéutica, 344
enfermeros, 21
Enmiendas a la Educación (1972), artículo IX, 181-182
enmiendas constitucionales
Decimonovena (sufragio femenino), 39
Vigesimosexta (edad de mayoría de edad), 156, 170, 389 n.
Equal Employment Opportunity Commission (EEOC), demandas, 21, 210
equidad en la pareja
cambios generacionales hacia, 35, 71, 278, 281
costo de, 208, 235, 238, 249-250, 254, 277-278, 292
definición de, 208

428 CARRERA Y FAMILIA

efectos de la pandemia de COVID-19 en, 306

falta de equidad en la pareja, *véase* falta de equidad en la pareja

igualdad de género y, 277-278, 302

mejora de la flexibilidad del tiempo, 294

mejoras en la estructura laboral, 262, 262, 294

mejoras en los cambios sociales, 295

valor de esforzarse por la equidad en la pareja, 45

véase también falta de equidad en la pareja

Ermotti, Sergio, 309

Ernst and Young (ahora EY), 275

escuela secundaria, movimiento de, 13, 70

escuelas de derecho, mujeres en, 43, 241, 363 n.

escuelas de negocios, 267

escuelas y academias, 105, 377 n.

véanse también carreras financieras y de negocios

especialización

a domicilio, 166-167, 403 n.

brecha de ingresos de género y costos de, 231, 277

entre médicos, 283-288, 292, 410 n.

normas sociales incentivadoras, 253

trabajo codicioso y, 28

estigma social, del empleo femenino, 106, 113, 123, 128

estructura del trabajo

brecha salarial de género debido a, 245, 254

cambio de, 37, 106, 261-264, 265-266, 281-296, 315, 317

flexibilidad en, *véase* flexibilidad de tiempo

horas trabajadas, *véase* horas de trabajo

Estudio de Salud y Jubilación (HRS), 341

eugenesia, 90, 387 n.

experiencias laborales

en Grupo 1, 46-50, 64, *65*, 102, 112, 140, 376 n., 383 n.

en Grupo 2, 52, 64, 66-67, 98, 101-107, 111-113, 311

en Grupo 3, 53, 63-64, 66-67, 127, 129-131, 138, 142-147, 152-153, 159, 174, 197, 199, 313, 381 n., 385 n.

en Grupo 4, 54-57, 65-66, 153, 160, 168-169, 173-177, *176*, 181-184, *183*, 198, 199, 203, 390 n., 392 n.

en Grupo 5, 57, 64, 65-66, 177, 189, 198-208

falta de equidad en la pareja

brecha salarial de género y, 22-23, 29-32, *31*, 208, 235, 238, 250, 254, 261, 278

cambios generacionales y progreso en, 35

cuidado de los dependientes y,
26-27, 29-32
desigualdad de género y, 277-
278
disparidades de género y, 29-
33
exceso de trabajo y, 27, 28-32,
31
parejas del mismo sexo, 32,
295
familias
conflictos de tiempo entre carrera y, 23-27, 208, 249,
274, 293-296
cuidado en, *véase* cuidado; cuidado de niños
definición de, 42, 198
disparidades de género en, 18,
29-37
idealizado en programas de
televisión, 124
mujeres graduadas universitarias que tienen, 24-37, 40,
45
véase también embarazo y
crianza; entradas de grupo
niños y adolescentes; ma-
dres; padres; progenitores
farmacéuticos
ajustes de trabajo para, 255,
256, 256-259, 263
brecha salarial de género y,
255-263, 406 n.
doctorados, *véase* académicos;
títulos avanzados y profesionales

educación para, 258-259
horas de trabajo para, 255,
256, 256, 259-263
imágenes de programas de televisión de, 255-256
mujeres del Grupo 4, 180
porcentaje de mujeres, 255-
256, *256,* 259, 260
sustitución perfecta entre, 259,
260-263
Father Knows Best, programa de
televisión, 124, 127
FDA, *véase* Administración de
Alimentos y Medicamentos
feminismo de segunda ola, 124,
172, 177
feminista, movimiento, 54, 130,
172, 177, 379 n., 382 n.
véase también antifeminismo
fertilidad
anticoncepción y, 170, 192
diferencias entre grupos en, 62
edad y, 190, 193
infertilidad versus, 191-193,
196, 395 n.
posterior a la Segunda Guerra
Mundial, 382 n.
tecnologías de ayuda, *véase*
tecnologías de reproduc-
ción asistida
véase también baby boom; embarazo; procreación y crianza;
tasas de natalidad
fertilización *in vitro* (FIV), 57, 63,
191
Fey, Tina, 187, 316

Finkenauer, Abby, 204
flexibilidad de tiempo
brecha salarial de género y, 30-32, 238-239, 253
disminución de ingresos con, 30-32, *31*
en carreras financieras y de negocios, 207, 229, 275 276
estructura laboral modificada para incluir, 36
para farmacéuticos, 260
para médicos, 285-288
periodo de COVID, 278, 317
reducción del costo de, 264, 282, 294
trabajos codiciosos que no ofrecen, 30-32
valor de, 280, 409 n.
véase también trabajo desde casa
flexibilidad temporal, 239, 264, 282
véase también flexibilidad de tiempo
Fogel, Robert W., 75
Forest, Lee de, 313
Francia
cuidado infantil en, 82, 294, 413 n.
estudio de la fertilidad en, 394 n.
Friedan, Betty
biografía de, 380 n., 382 n.
crítica del Grupo 3 de, 125-126, 134, 137, 139, 145, 154

educación de, 130, 382 n.
en Grupo 2, *47*, 51, 316
feminismo de la segunda ola impulsado por, 125
La mística de la feminidad de, 52, 54, 124, 133, 140, 382 n.
sobre «el problema sin nombre», 17
Friends, serie de televisión, 393 n.

Gardner, Erle Stanley, 241
General Social Survey (GSS), 143, *144*, 329, 386 n., 417 n.
gestación subrogada, 187
Gillibrand, Kirsten Rutnik, 40, 363 n.
Ginsburg, Marty, 313
Ginsburg, Ruth Bader, 211, 241, 242, 404 n.
Goldman Sachs, 273, 309
Goldstein, Bettye, *véase* Friedan, Betty Goodyear
Gran Depresión
apoyo al cuidado en, 310-311
desempleo en, 97, 108-112, 135, 310
efectos del matrimonio por, 135
estadísticas económicas necesarias por, 75
expansión de la prohibición del matrimonio con, 19-20, 51, 96, 101, 109-112, *111*, 129, 311
mujeres del Grupo 2 durante, 97, 109-112

Great Aspirations, proyecto, 148, 150, 322, 338-340, 385 n., 386 n., 417 n.

Greenhouse, Linda, 70

grupo, El (McCarthy), 95-98, 100, 107, 108, 119

Grupo 1, graduadas alrededor de 1900 a 1910, 73-93
  activismo entre, 87, 91
  ambiciones y aspiraciones de, 88
  años de graduación de, 46, *47*, 48
  años de nacimiento de, 46, *47*
  barreras y limitaciones para, 79-81
  destacadas entre, 48, 79, 82-87, 99
  divorcio en, 86, 313
  educación en, 48-49, 64-72, *66*, 77, 373 n.
  elección entre familia y carrera para, 46-50, 83-84
  Kyrk en, 48, 77-79, 83-84, 92, 315, 370 n.
  lecciones de, 92-93, 96
  matrimonio en, 48, 58-60, *59*, *65*, 74, 79, 81-86, 88-91, 99, *99*, 112, 373 n.
  procreación y crianza de hijos en, 46-49, 61-64, *62*, *65*, 74, 79, 83-85, 90, 98, 99, 372 n.
  Rankin en, 40, 41, *47*, 48, 201, 315
  Reid en, 48, 73-78, 85, 92, 315, 318, 369 n.

relevo entregado por, 92

tasas de empleo y experiencias en, 383 n.

visión general de, *47*, 48-50, 92

Grupo 2, graduadas alrededor de 1920 hasta mediados de 1940, 95-121
  ambiciones y aspiraciones de, 97
  años de graduación de, *47*, 51
  años de nacimiento de, 47, 51
  avances en tecnología doméstica que afectan, 100
  barreras y limitaciones para, 96, 101
  brecha de ingresos de género para, 220
  como generación puente, 62
  destacadas en, 99, 119
  educación en, 52, 64-72, *68*, 104
  efectos de la Gran Depresión en, 97, 109-112
  Friedan en, *47*, 51, 316
  lecciones del Grupo 1 para, 96
  maternidad y crianza de hijos en, 51, 61-63, *62*, *65*, 65, 98-100
  matrimonio en, 52, 58-62, *59*, *65*, 98-99, *98*, 107, 113
  obligaciones matrimoniales para, 51-52, 96
  tasas de empleo y experiencias en, 311
  trabajo, luego familia en, 52

trabajos de oficina para, 97, 101-108, 112, 376 n.

vidas seriales de, 119

visión general de, 47, 52

Grupo 3, graduadas a mediados de 1940 hasta mediados de 1960, 123-154

ambiciones y aspiraciones de, 126, 127, 141-152

años de graduación de, 47, 53

años de nacimiento de, 47, 53, 199

brecha de ingresos de género para, 216-217, 220-221

cambios sociales para, 134-137

crítica de Friedan sobre, 125-126, 134, 137, 139, 145, 154

divorcio en, 53, 55, 364 n.

educación en, 53, 64-71, 68, 133, 138, 145-146, 149, 151, 159, 174, 380 n., 383 n., 385 n.

encuesta de la promoción de 1957 sobre, 141-147, 384 n.

encuesta de la promoción de 1961 sobre, 147-154, 385 n.

familia, luego trabajo en, 53, 128, 138, 152, 154, 197

imágenes de programas de televisión sobre, 123-124, 127-128, 144

lecciones de, 55, 159, 174, 176

maternidad y crianza de hijos en, 52-53, 55, 61-64, 65, 127-128, 134-136, 148, 164, 197, 199

matrimonio en, 53-54, 58-61, 59, 65, 70, 126-128, 132-137, 142-148, 164, 166, 167, 313, 382 n.

normas sociales que influyen, 143, 144, 148, 150

plan de juego de, 139-153

tasas de abandono entre, 125-127, 301 n.

tasas de empleo y experiencias en, 129

temas de cuidado infantil para, 128, 142, 147, 151, 154

vidas en serie de, 140

visión general de, 47, 53

Grupo 4, graduadas alrededor de mediados de 1960 hasta 1970, 155-185

acceso a anticoncepción en, 56, 156-159, 160, 163, 169-173, 316, 387 n.

ambiciones y aspiraciones de, 174-185

amplios horizontes de, 174-185

años de graduación de, 47, 54

años de nacimiento de, 47, 54, 198

brecha de ingreso de género para, 185, 217, 220, 301

cambios en las normas sociales para, 169, 173-185

carrera, luego familia en, 54-57, 160, 163-164

divorcio en, 55

educación en, 54-57, 64-72, *68*, 160, 163, 165, 172, 178-182, *181*, 194, 203-204, 269, 396 n.

identidades en, 168, 170, 183-184

imágenes de programas de televisión sobre, 155, 158, 164, 316

lecciones de, 189

lecciones del Grupo 3 para, 48, 55, 158-159, 174

matrimonio en, 54-61, *59*, 66, 71, 160, 163-166, *167*, 171, 316, 388 n.

nombres en, 168

procreación y crianza de hijos en, 56, 61-63, *62*, *65*, 70, 160, 163-164, 168, 171, 184, 194, 198, 199, 388 n., 396

revolución silenciosa en, 155, 158, 168-174

tasas de empleo y experiencias en, *176*, 183, 390 n.

visión general de, *47*, 54-57

Grupo 5, graduadas alrededor de 1980 a 1990 y en adelante, 187-208

ambiciones y aspiraciones de, 313, 394 n.

años de graduación de, *47*, 57

años de nacimiento de, 40, *47*, 57, 396 n.

brecha de ingresos de género para, 217, 221-222, *221*, 302

carrera y familia en, 57, 189, 204-208, *207*

edad y avance profesional en, 189

educación en, 57, 64-72, *68*, 194-195, *207*, 396 n.

efectos de la pandemia de COVID-19 en, 299

éxito definido por, 196-204

imágenes de televisión y cine de, 187-188, 393 n.

lecciones del Grupo 4 para, 46, 48, 189

maternidad y crianza de hijos en, 57, 61-63, *62*, *65*, 187-188, 189-196, 198, 199, 204-208, *207*, 316, 393 n., 395 n.

matrimonio en, 58-61, *59*, *65*, 166, *167*, 204, 316, 365 n.

tasas de empleo y experiencias en, *176*

visión general de, *47*, 57

grupos raciales

barreras matrimoniales por, 114, 130

educación por, 64-66, 105

estadísticas de matrimonio por, 58, 61, 113, 366 n.

estadísticas de tasa de natalidad por, 63

tasa de empleo por, 112-113

véase también mujeres blancas; mujeres negras

GSS, *véase* General Social Survey

guarderías, *véase* cuidado infantil

Guerra Mundial, Primera, 70, 78, 371 n.

Guerra Mundial, Segunda, 77, 107, 110-111, 116, 131, 133-134, 135, 138, 139, 179, 295, 311, 316, 367 n., 369 n., 381 n., 382 n., 383 n., 389 n.

Harris, Kamala, 316

Harvard and Beyond, proyecto, 205, 207, 231, 283, 320, 323, 342-343, 368 n., 397 n., 401 n., 409 n.

Harvard-Radcliffe, *véase* Radcliffe-Harvard College

Hassan, Maggie Wood, 203

hombres
apoyo a la igualdad de género por parte de, 314
casados, *véase* esposos; matrimonio
como padres, *véase* padres
cualidades y aspiraciones para las parejas de, 71
éxito profesional para, 199-201
graduados universitarios, 23, 65-68, *68*, 71, 133, 149, 178-179, 368 n., 380 n.
normas sociales que incentivan el trabajo de, 106, 377 n.
redes de contactos masculinas de, 18, 245
trabajo a tiempo completo y crianza por parte de, 206, 417 n.

trabajo de oficina para, 104
vínculo identidad-carrera para, 183
véase también entradas relacionadas con el género

Honeymooners, The, programa de televisión, 123-124

Hooley, Darlene Olson, 202

Hopper, Grace, 51

horas de trabajo
abordando problemas vinculados a, 266-267, 272-274, 281-296
ascensos y avance profesional ligados a, 267, 271
brecha salarial de género y, 30-32, 217-218, 224, 227-231, 234, 237, 238, 243-244, *244*, 260-263, 277, 282, 404 n.
conservación del tiempo para mejorar, 281, 288
de oficina, 106
entre abogados, 28, 244, 244-252, 255
entre farmacéuticos, 255, *256*, 256, 259-263
entre médicos, 266, 282-288, 292, 409 n.
entre veterinarios, 28, 266, 288-290, 412 n.
exigencias laborales excesivas para, 28-32, *31*
flexibilidad de, *véase* flexibilidad de tiempo
guardias, *véase* guardias en responsabilidades laborales

ingresos de los esposos que influyen en los de las mujeres, 228, 249, 280-281
problema jefe-agente y, 272-273
sistema de dos niveles para, 265-266
sustitución entre colegas que disminuye, 234, 259, 260-264, 287-291
trabajo a tiempo parcial y, 119, 153, 205-206, 225-226, 244, 247, 250, 259-260, 411 n.
Hurston, Zora Neale, 51

I Love Lucy, programa de televisión, 123, 124, 379 n.
IBM, 115, 379
identidad
carreras ligadas a, 24, 35, 43, 100, 183
divorcio y cambios en, 55, 166
mujeres del Grupo 4 reclamando su propia, 168, 170, 183-184
igualdad de género, 21, 27, 29, 36, 217, 230, 251, 254, 261, 262, 278, 283, 291, 302, 320
índice de disimilitud, 391 n., 398 n., 399 n.
índice precios al consumo (IPC), 77
industrialización, 105
infertilidad, 191-193, 196, 393 n.
véase también tecnologías de reproducción asistida

ingenieros, 215, 216
ingresos
aumento del ingreso de las mujeres del Grupo 4, 185
carrera definida en relación con, 198
desigualdad del ingreso, *véase* brecha salarial de género; desigualdad del ingresos; discriminación de ingresos
efectos del cuidado en, 17, 30-33
efectos del trabajo desde el hogar en, 308
gastos de cuidado infantil y, 128
horas de trabajo de las mujeres y los ingresos de los esposos, 228, 249, 280-281
por experiencia, 392 n.
priorización de la carrera de los esposos para, 151, 250
trabajo codicioso y, 19, 28-33, 37
véase también clase social
inmigrantes
sentimiento antiinmigrante, 90
tasas de natalidad entre, 83
inseminación artificial, 187, 190, 191, 393 n.
instituciones no mixtas, 67, 68, 69, 70, 71, 79
Iowa State College, 74, 77, 87, 117, 118
Irlanda, barreras matrimoniales en, 378 n.

Jacobs, Sarah, 204
JD, *véanse* abogados; títulos avanzados y profesionales
Johnson, Virginia, 90
jubilación, 147, 152, 173, 183

Keller, Helen, 48
Kirchwey, Freda, 86
Kirkpatrick, Jeane, 53, 64, 151, 152, 316
Knopf, Adolph, 312
Knopf, Eleanora Frances, 312
Kober, Alice, 51
KPMG, 407, 408 n.
Krentz, Matthew, 293
Kuznets, Simon, 75, 76, 77, 370 n.
Kyrk, Hazel, 48, 77, 78, 79, 83, 85, 92, 315, 370 n., 371 n., 372 n., 373 n.

Landy, Anita, 52, 114, 115, 316
Laskawy, Phil, 275
Leave It to Beaver, programa de televisión, 124, 127
Ledbetter, Lilly, 21, 209, 211, 238, 316
Ledbetter contra Goodyear Tire & Rubber Co. (550 US 618), 211
lesbianas, 50, 374 n.
    véase también parejas del mismo sexo
ley antivicio, 156, 386 n.
Ley de Derechos Civiles (1964), artículo VII de la, 116, 210, 211

Ley de Discriminación por Edad en el Empleo, 210
Ley de Equidad Salarial (California), 209, 211
Ley de Equidad Salarial Lilly Ledbetter, 209, 211
Ley de Igualdad Salarial (1963), 210
Ley de Igualdad Salarial (2018, Massachusetts), 215
Ley Integral de la Seguridad Social (1935), 310
Ley Lanham (1943), 311, 417 n.
leyes antidiscriminatorias, 181, 392 n.
Lichtenstein, Roy, 185
Lumpkin, Katharine DuPre, 50, 371 n.

madres
    aumento del cuidado entre ellas, 280, 306, 408 n.
    brecha salarial de género para, 22, 29-32, 221, *223*, 226-237, 248-253, 257, 260, 302, 401 n., 404 n.
    carrera de mamá para, 17
    discriminación laboral para, 19-20
    edad al momento del nacimiento de los hijos, 26, 40, 62, 71, 136, 187-196, 394 n.
    efectos de la pandemia de COVID-19 en, 36, 297-300, 303-309

madres que se quedan en casa, 17, 125, 150

mujeres graduadas universitarias como, 23-27

normas sociales para aquellas con hijos en edad preescolar, 143, *144*, 150, 154

permiso de maternidad para, 188, 272, 413 n.

solteras, *véase* padres solteros

tasas de mortalidad entre ellas, 81

véase también procreación y crianza; progenitores

madres amas de casa, 17, 124, 139, 146, 147, 148, 149, 386 n.

maestras, 46, 85, 88, 102, 113, 130, 138, 139, 142, 153, 159, 179, 182, *183*, 215, 374 n., 376 n.

barreras matrimoniales para, 41, 52, 80, 109-111, *111*, 114, 116, 129, 316, 378 n.

educación parental en el hogar como, 36

segregación ocupacional como, 216

véase también académicos; grupos

Mamá de alquiler, película, 187

manufactura, 103-106, 303

maravillosa señora Maisel, La, programa de televisión, 169

Marcus Welby, doctor en Medicina, serie de televisión, 265

margarina, controversia de la, 117-118

maridos

carrera de la mujer secundaria a la carrera del, 150, 250, 313

contribuciones de las mujeres a la educación del, 168

esposas trabajadoras de, 106, 113, 123, 128, 144, 280-281, 311, 313

expectativas de las mujeres para con el, 202

graduados universitarios como, 128, 133, 281

horas de trabajo de las mujeres en relación con los ingresos del, 228, 249, 280-281

restricciones matrimoniales y apoyo presumido por parte de, 110

reubicación o lazos geográficos para la carrera o educación de, 25, 32, 117, 164, 221, 277, 286

véase también parejas

Masters, William, 90

matrimonio

anticoncepción y, 25, 155-156, 160-162

brecha de género en ingresos después de, 22, 221

cambios de nombre después de, 88, 168

de mujeres graduadas universitarias, 25-26

discriminación laboral debido a, 19-20

educación y, 60, 126
fin del divorcio, *véase* divorcio
igualdad en, 41-42
mujeres del Grupo 1, 48, 58-60, *59*, *65*, 74, 79, 81-86, 88-91, 99, *99*, 112, 373 n.
mujeres del Grupo 2, 52, 58-62, *59*, *65*, 98-99, *98*, 107, 113
mujeres del Grupo 3, 53-54, 58-61, *59*, *65*, 70, 126-128, 132-137, 142-148, 164, 166, *167*, 313, 382 n.
mujeres del Grupo 4, 54-61, *59*, 66, 71, 160, 163-166, *167*, 171, 316, 388 n.
mujeres del Grupo 5, 58-61, *59*, *65*, 166, *167*, 204, 316, 365 n.
personas del mismo sexo, *véase* parejas del mismo sexo
véase también parejas barreras matrimoniales; entradas de grupo; equidad de pareja; esposos
Mayer, Marissa, 314
MBA, 22, 23, *181*, 206, *207*, 207, *223*, 223-232, 239, 267, 268, 283, 320, 322, 323, 362 n., 380 n., 400 n., 401 n., 402 n., 403 n., 406 n., 409 n.
véase también carreras financieras y empresariales; escuelas de negocios; títulos avanzados y profesionales
McAfee, Mildred, 135

McCarthy, Mary, 95, 96, 98, 107, 119
McClintock, Barbara, 51
McCormick, Katharine Dexter, 48, 157, 316
McCracken, Douglas, 293
McDaniel, Lilly, *véase* Ledbetter, Lilly
MD, 206, *207*, 230, 231, 232, 266, 283, 285, 345, 395 n., 401 n., 403 n., 410 n.
véase también médicos; títulos avanzados y profesionales
médicos
brecha salarial de género entre, 231-232, 233, 237, 285, 288, 403 n.
especialización por, 283-288, 292, 410 n.
flexibilidad horaria para, 284-288
horas de trabajo y responsabilidades de guardia de, 28, 266, 282-288, 292, 409 n., 411 n.
imágenes en programas de televisión de, 265
mujeres del Grupo 4 como, 160, 180, *181*
mujeres del Grupo 5 como, 205, *207*, 208
porcentaje de mujeres, 266
procreación y crianza entre, 282-283, 409 n.
segregación ocupacional de, 21

sustitución entre, 281, 288

trabajo codicioso para, 28

véase también dentistas; veterinarios

Meek, Carrie, 152

Meek, Kendrick, 152

#MeToo, movimiento, 20, 300, 301, 415 n.

mística de la feminidad, La (Friedan), 52, 54, 124, 133, 140, 382 n.

Moore, Mary Tyler, 316

   véase también The Mary Tyler Moore Show

Morella, Connie, 202

Morrison, Toni, 53

mortalidad, tasas de, 81, 316, 372 n.

«Ms.», apelativo, 54, 168, 389 n.

mujer del año, La, película, 86

mujeres

   casadas, *véase* matrimonio

   como madres, *véase* madres; padres

   derechos de voto de, 39, 86-87, 156

   graduadas universitarias, *véase* mujeres graduadas universitarias

   solteras, *véase* mujeres solteras

   véase también entradas relacionadas con el género

mujeres blancas

   barreras matrimoniales para, 113

   cuidado de personas dependientes por, 310-311

divorcio entre, 364 n.

matrimonio entre, 59, 113

tasas de empleo de, 113

mujeres graduadas universitarias

   anticoncepción para, *véase* anticoncepción

   brecha salarial de género para, *véase* brecha salarial de género

   cambios sociales con, 35, 45

   carreras de, 24-38, 39-40, 43-46

   como madres, *véase* madres

   como mujeres solteras, 34, 39, 44

   conflictos de tiempo para, *véase* conflictos de tiempo

   costo de la educación para, 131

   familias de, 24-38, 40, 45-46

   Grupos de, *véanse* entradas de grupo

   matrimonio de, *véase* matrimonio

   mujeres blancas como, *véase* mujeres blancas

   mujeres negras como, *véase* mujeres negras

   número de, 23, 66-70, *68*, 178-179, 298

   procreación y crianza entre, *véase* procreación y crianza

   reuniones para, 85, 165-166

   títulos avanzados y profesionales, *véase* títulos avanzados y profesionales *véase también* educación; entradas de grupo; mujeres graduadas universitarias; mujeres solteras

mujeres negras, 64, 65, 80, 114, 325, 366 n., 371 n., 377 n., 391 n., 414 n.

barreras matrimoniales para, 113, 130

Chisolm rompiendo barreras para, 4J

cuidado de personas-dependientes por, 310

divorcio entre, 364 n.

en Grupo 1, 49, 93, 112, 113

en Grupo 2, 51, 112-113

en Grupo 3, 151, 152, 364 n.

en Grupo 4, 56

en Grupo, 5, 365 n.

Grados avanzados y profesionales de, 49, 152

matrimonio entre, 61, 113, 365 n.

número de graduadas universitarias, 66

tasas de empleo de, 112, 113, 377 n., 414 n.

tasas de natalidad entre, 63

mujeres sin hijos/libres de hijos

brecha salarial de género entre, *223*, 224, 228, 248

en Grupo 1, 39-40, 48, 61-63, *62*, *65*, 79, 83-85, 372 n.

en Grupo 2, 62-63, *62*, *65*, 98, 99

en Grupo 3, 61-64, *62*, *65*, 136, 369 n.

en Grupo 4, 56, 61-63, *62*, *65*, 187

en Grupo 5, 61-63, *62*, *65*, 196

mujeres solteras

adopción por parte de, 83

anticoncepción para, 25, 155-156, 169 172

mujeres graduadas universitarias como, 33-34, 39, 44

tasas de natalidad entre, 366 n., 394 n.

como madres, *véase* padres solteros

véanse también entradas de grupos

Napolitano, Grace, 53, 152

natalidad bajo la píldora

COVID-19, efectos de la pandemia, 363 n.

en Grupo 1, 83, 90

en Grupo 2, 363 n.

en Grupo 3, 56, 135-136

en Grupo 4, 367 n.

en Grupo 5, 57, 63

entre tituladas universitarias, 24, 26

véase parto y miedo al parto

niños y adolescentes

adopción de, 42, 61, 83, 187, 283, 393 n.

cuidado de, *véase* cuidado de niños

edad de mayoría de edad para, 156, 170, 389 n.

mujeres graduadas universitarias que tienen, 23-38, 40, 46

procreación y crianza de, *véase* procreación y crianza

tasas de mortalidad infantil y juvenil para, 81

véase también entradas de grupo

nombres de mujer, 87-88, 168, 368 n.

nombres de soltera, 88

normas de género

cambios en la pandemia de COVID-19, 303, 315

desigualdad de parejas reforzando lo tradicional, 29, 253

ralentización de la carrera influenciada por, 33-34

transmisión intergeneracional de, 402 n.

normas sociales

barreras laborales con, 41-42, 79, 311

cambios del Grupo 4, 169-170, 173-185

cambios en, *véase* cambios sociales

Grupo 3 mujeres influenciadas por, 143, *144*, 148, 150

hombres incentivados a trabajar por, 106

horas de trabajo y, 253

independencia patriarcal, 50

para madres de niños en edad preescolar, 143-144, *100*, 150, 154, 174

parejas del mismo sexo restringidas por, 50

Notable American Women, 48, 49, 81, 370 n., 372 n.

Notestein, Wallace, 120

Nuestros cuerpos, nuestras vidas, 193

Ocasio-Cortez, Alexandria, 41, 204

O'Connor, Sandra Day, 43, 44, 241, 242

Oficina de Estadísticas Laborales (BLS), 219, 403 n., 415 n.

Oficina Nacional de Investigación Económica (NBER), 75, 323, 361

O*NET (Occupational Information Network), 233, 235, 251, 403 n.

Organización Nacional de Mujeres, 158, 387 n.

orquestas, audiciones proyectadas para, 214

padres

aumento del cuidado entre, 280, 287, 293, 306, 311, 409 n.

costo de la carrera versus el tiempo familiar para, 231, 280 efectos de la pandemia de COVID-19 en, 306, 416 n.

permiso de paternidad para, 294

soltero, *véase* padres solteros

véase también progenitores

padres y madres solteras, 17, 82, 191, 297

Pao, Ellen, 300-301

parejas

equidad/falta de equidad en, *véase* equidad en la pareja; falta de equidad en la pareja

equilibrando carrera y familia en, 17, 19-20

parejas del mismo sexo, *véase* parejas del mismo sexo

véase también esposos; matrimonio

parejas del mismo sexo

carreras de alto poder para, 72

datos censales de, 58, 365 n.

igualdad de género en, 29

inequidad de pareja en, 32, 295

matrimonio y, 50, 375 n.

normas sociales restrictivas, 50

paternalismo, 227, 228

Paul, Alice, 48

Perelman, Deb, 299

Perkins, Frances, 87, 88, 373 n.

permiso familiar, *véase* permiso parental

Perry Mason, serie de televisión, 241-242, 245, 250, 256

Pieri, Jules, 314

píldora

acceso al Grupo 4, 56, 156-159, 160, 163, 169-173, 316, 387 n.

edad y acceso a, 155-156, 169-170

fertilidad y, 170-171, 192, 390 n

investigación y desarrollo de, 48, 157

leyes sobre, 156, 169-171, 387 n.

matrimonio y acceso a, 25, 155-156, 160-162

referencia en programas de televisión, 155, 158, 169

véase también contracepción

Pincus, Gregory, 157

plan B. El, película, 393 n.

planificación de familia, 170, 171

Plummer, Christopher, 213

población activa

definición de, 367 n.

fenómeno de las «fugas en los conductos» en, 269-278

mujeres graduadas universitarias en, 34, 299

participación (tasas), 63-66, 65, 112, 128, 173-176

salida y reingreso a, 53, 107, 127-129, 138, 152, 159, 174

véase también carreras; empleo; fenómeno de las «fugas en los conductos»; grupos; trabajo

Power, Samantha, 24
prejuicio de género
    brecha salarial de género y, 17, 214, 242, 248
    capacitación contra el prejuicio o de diversidad que, 214
    como término, 17
    salida de la fuerza laboral debido a, 270
    véase también discriminación sexual
Presbyterian Board of Christian Education, 117
Proceso de admisión, película, 187
procreación y crianza
    en Grupo 1, 46-49, 61-64, *62*, *65*, 74, 79, 83-85, 90, 98, 99, 372 n.
    en Grupo 2, 51, 61-63, *62*, *65*, 65, 98-100
    en Grupo 3, 52-53, 55, 61-64, *65*, 127-128, 134-136, 148, 164, 197, 199
    en Grupo 4, 56, 61-63, *62*, *65*, 70, 160, 163-164, 168, 171, 184, 194, 198, 199, 388 n., 396
    en Grupo 5, 57, 61-63, *62*, *65*, 187-188, 189-196, 198, 199, 204-208, *207*, 316, 393 n., 395 n.
    entre médicos, 282-283, 409 n.
    entre mujeres graduadas universitarias, 23-24, 26-27, 40
    véase también entradas de grupo; tasas de natalidad
progenitores
    baja parental para, 189, 272, 293, 315
    responsabilidades de guardia de, 27, 30-32, 235, 277
    véase también madres; maternidad y crianza de los hijos; padres
prohibiciones de nepotismo, 21, 80, 117-118, 131
proporción de estudiantes universitarios por sexo, 67, 133
prostitución, estudio de, 90
puestos editoriales, 96, 117
Putnam, George, 89
PWC, 407, 408 n.

Quintos, Karen, 314

Radcliffe-Harvard College
    educación mixta en, 119, 368 n.
    matrimonio y maternidad y crianza entre graduados de, 70, 368 n., 371 n.
    mujeres afiliadas al Grupo 1, 87
    mujeres afiliadas al Grupo 2, 51, 126
    Proyecto Harvard and Beyond, 205, *207*, 231, 283, 320, 323, 342-343, 368 n., 397 n., 401 n., 409 n.
    sondeos de alumnas de, 90-91, 373 n., 375 n.

tasa de abandono de, 127, 381 n.

Rankin, Jeannette Pickering, 39-41, *47*, 48, 201, 315, 316

recesiones económicas

efectos matrimoniales, 135

Gran Depresión, *véase* Gran Depresión

pandemia de COVID-19, 108-109, 295, 297-300, 310, 311

«recesiones femeninas» como, 299

vínculos con el cuidado, 295, 310-311, 317

reencuentros universitarios, 85, 165, 369 n., 373 n., 389 n.

Reformas educativas, artículo IX (1972), 181-182

registros de personal, 114-115

Reid, Helen Rogers, 86

Reid, Margaret Gilpin, 48, 73, 74, 76, 77, 78, 79, 92, 93, 315, 318, 369 n., 370 n.

Reino Unido

cuidado de la infancia en, 294, 413 n.

interrupciones laborales en la era COVID, 307, 416 n.

prohibiciones matrimoniales en, 378 n.

relaciones sexuales, 25, 158, 160-162, 388 n.

relojes biológicos, 184, 269

responsabilidades de guardia para la casa

brecha salarial de género y, 234-237, 253-254

inequidad de pareja en, 27, 30-32, 235, 277

responsabilidades laborales de guardia

brecha salarial de género y, 218, 235-237, 251-253, 277

eliminación del sistema de dos turnos, 277

inequidad de pareja en, 27, 30-32, 277

véase también horas de trabajo

Rice, Condoleezza, 56

Rich, Adrienne, 70

Rock, John, 157-158

Rockefeller, Fundación, 90

Rockefeller, John D., 90

Rockefeller Plaza, programa de televisión, 187

roles de género, 124, 150, 253, 322, 402 n.

Roosevelt, Franklin Delano, 87-88, 96, 310

Rubin, Lillian, 184

Sanger, Margaret, 157, 316, 387 n.

Schlafly, Phyllis, 53, 64, 152, 316

Schultz, Theodore, 117

segregación ocupacional, 21, 215, 217, 238, 398 n.

seguro

educación universitaria como, 131-132

estructura laboral de los farmacéuticos afectada por,
257
mujeres del Grupo 3, 131
tecnologías de reproducción
asistida cubiertas por, 196,
394 n.
trabajadores de oficina del
Grupo 2, 102
Senado, mujeres en el, 39, 56, 211,
316, 397 n.
servicio doméstico, trabajadores
del, 105, 113, 377 n.
servicios, sector de, 303
Sexo en Nueva York (Bushnell), 96
Sexo en Nueva York, serie de televisión, 393 n.
Shinn, Milicent, 88-89, 374 n.
Shore, Dinah, 52
Sinclair, Mary Emily, 83, 370 n.,
372 n.
sindicatos, 116
Smith College, 80, 119, 120, 130,
371 n., 380 n.
Solomon, David, 309, 364 n.
sondeo sobre la promoción de
1957, 138, 141-147, 381 n.,
383 n.
sondeo sobre la promoción de
1961, 147-153, 381 n., 385 n.,
386 n.
Sotomayor, Sonia, 56
Spacey, Kevin, 213
Starbucks, 214, 398 n.
Steinem, Gloria, 54, 168, 389 n.
Suecia

estudio de ganancias en, 229
guarderías en, 294, 311, 413 n.
sufragista, movimiento, 39, 87
sustitución entre compañeros,
281, 287-288

Taeuber, Conrad, 119
Taeuber, Irene Barnes, 119
tareas del hogar
demandas de, 37, 80, 101, 307
división del trabajo en, 234
economía de lo no remunerado, 74-77
enfoque de las mujeres del
Grupo 3 en, 123-124, 146-
148
enfoque del Grupo 4 lejos de,
167
responsabilidad compartida
para, 280-281
tecnologías para ayudar, 45,
93, 100, 139
véase también cuidado del hogar
tasas de abandono, 153, 270, 381 n.
tasas de empleo
diferencias raciales, 113, 376
n.
edad y, *66*, 107, 374 n., 378 n.
efectos de la pandemia de
COVID-19 en, 299, 303-
304, 415 n.
en Grupo 1, 383 n.
en Grupo 2, 311
en Grupo 3, 129
en Grupo 4, *176*, 183, 390 n.
en Grupo 5, *176*

en los grupos, 63, 64, 65
subsidios de cuidado infantil
y, 295, 413 n.
véase también experiencias laborales; fuerza laboral de
tasas de mortalidad infantil y juvenil, 81
Taussig, Frank, 70
Taussig, Helen, 70
techo de cristal, 17
tecnología
brecha salarial de género en
ocupaciones en, 233
estructura de trabajo de los
farmacéuticos cambia con,
258
hogar, 45, 92, 100, 139
horas de trabajo reducidas por
los empleadores en, 274
oficina, 103-104
reproductivo, *véase* tecnologías
de reproducción asistida
trabajo flexible y, 282
tecnologías de reproducción asistida
cobertura de seguros, 196
edad y fertilidad, 190, 193
fertilizaciones *in vitro*, 57, 63,
191
Grupo 4, 396 n.
Grupo 5, 188, 191-193, 196,
396 n.
infertilidad necesaria, 190-
193, 196, 396 n.
inseminación artificial, 187,
190

tituladas universitarias usando,
26, 57, 63-64
véanse también las entradas de
grupos
tecnologías domésticas, 45, 92,
100, 139
teletrabajo, 274, 295, 303, 304,
309, 317, 415 n., 416 n.
véase también trabajo desde
casa
The Mary Tyler Moore Show, serie
de televisión, 155, 158, 164,
316
Thompson, Dorothy, 86
tiempo libre
brecha salarial de género y,
225, 231, 246, 401 n.
obligatorio, 273
Time's Up, Movimiento, 301
títulos avanzados y profesionales
edad y tiempo de, 267
en Grupo 1, 48, 78, 373 n.
en Grupo 3, 149, 151, 381 n.,
386 n.
en Grupo 4, 55, 56, 160, 163,
165, 180-181, *181*, 194-
195, 204, 269, 395 n.
en Grupo 5, 194, 206-207,
207
mujeres graduadas en, 23-24,
26-27, 194, 203
tasas de matrimonio asiático
con, 372 n.
véanse también entradas de
grupos
títulos de grado, *véanse* títulos de

formación avanzada y profesional
títulos profesionales, 49
  véanse también títulos avanzados y profesionales
Todo el dinero del mundo, película, 213
trabajadores administrativos, *véase* empleados de oficina
trabajadores agrícolas, 108, 113, 377 n.
trabajadores de oficina
  barreras matrimoniales para, 41, 51, 112, 115, 129-130
  mujeres del Grupo 1 como, 74, 102, 376 n.
  mujeres del Grupo 2 como, 98, 101-107, 111-112, 376 n.
  mujeres negras, 377 n.
  reingreso a la población activa como, 53
trabajadores minoristas, 96, 103, 107
trabajadores sociales, 39, 90, 96, 137, 145
trabajo
  a distancia, *véase* trabajo a distancia desde hogar
  codicioso, 19, 28-33, 37, 294, 362 n.
  estructura de, *véase* estructura del trabajo
  horas de, *véase* horas de trabajo
  oficina, *véase* trabajadores de oficina

transformación, 292-293
  véase también carreras; empleo; fuerza laboral
trabajo codicioso, 19, 28-33, 37, 294, 362 n.
trabajo desde el hogar, *véase* teletrabajo
trabajo no remunerado de las mujeres, 76
  véase también cuidado
trabajo no remunerado en el hogar, economía de, 34
trabajos versus carreras, 42-43, 85
Trahan, Lori, 24

UBS Group AG, 309
Un pequeño cambio, película, 393 n.
United Airlines, 116, 379 n.
Universidad de Chicago
  brecha salarial de género para graduados de, 223, 401 n.
  mujeres del Grupo 1 afiliadas a, 48, 73, 77, 80, 83, 87, 373 n.
  mujeres del Grupo 2 afiliadas a, 118
  prohibiciones de nepotismo en, 80, 118, 130
Universidad de Columbia, 75, 313, 320, 364 n., 382 n.
Universidad de Cornell, 95, 165, 312-313, 319
Universidad de Míchigan
  Encuesta a exalumnos de la facultad de Derecho, 270

Encuesta sobre el uso del tiempo de los estadounidenses, 279

Universidad de Minnesota, 119, 120

van Kleeck, Mary, 48
veteranos, 40, 67, 135, 179
veterinarios
brecha salarial de género en
ιιι, 291, 112 ιι.
horas de trabajo y responsabilidades de guardia de, 28, 266, 288-290, 412 n.
mujeres del Grupo 2 como, 96
mujeres del Grupo 4 como, 180, 266
porcentaje de mujeres, 266, 289, 411 n.
sustitución entre, 289
trabajo codicioso para, 28
viajes, restricciones sobre, 274
Vials, programa de televisión, 255

Vida privada, película, 393 n.
Vietnam, guerra de, 66, 389 n.
Vigesimosexta Enmienda, 156, 170, 389 n.

Wahlberg, Mark, 212-213
Walmart, 258, 312
Weis, Anita, 114-115
véase también Landy, Anita
Weis, Arthur, 114
Williams Colleen 69, 87, 135, 371 n.
White, Katharine Sergeant Angell, 49, 86
Williams, Michelle, 212-213
Women and Their Bodies: A Course, 193
Works Progress Administration (WPA), 310

Young, Robert, 265

«zarpa de gato», doctrina, 211

Esta obra se terminó de imprimir
en el mes de septiembre de 2024,
en los talleres de Grafimex Impresores S.A. de C.V.,
Ciudad de México.